# Microsoft Access 2000

MANUALES AVANZADOS

Director de colección: Julián Casas Luengo
Joaquín Suárez Sánchez de León

Diseño de cubierta: Narcís Fernández

Coordinador editorial: José María Delgado Cabrera

Autoedición: ROS Multimedia Publishing & Translation S.L.
(Grupo ROS)

Realización de cubierta: Gracia Fernández-Pacheco

MANUAL AVANZADO DE

# Microsoft Access 2000

ALFONSO GAZO CERVERO

ANAYA MULTIMEDIA

Juan Ignacio Luca de Tena, 15. 28027 Madrid
Depósito Legal: M. 33.910-1999
ISBN: 84-415-0933-6
Printed in Spain
Imprime: Artes Gráficas Guemo, S.L.
Febrero, 32. 28022 Madrid

*A mis padres, Gaspar y María del Pilar, y a mi hermana María del Pilar.*

## Agradecimientos

En este punto, quiero comenzar agradeciendo muy especialmente a dos profesionales de Grupo ROS: Sandra Suárez y José María Delgado. Éste es el octavo libro que escribo con vosotros, pero nunca me cansaré de incluiros en este apartado. Especial y particularmente en esta ocasión tengo que daros las gracias por vuestro apoyo y vuestra confianza. Vosotros sois los mayores responsables de que me guste mi trabajo.

También tengo que agradecer a mis amigos José María, Rita y María Elena todo su apoyo, especialmente ante la multitud de respuestas que habéis tenido que escuchar ante la pregunta: ¿qué tal el libro?

Tampoco puedo olvidar a personas como Ángel o José Luis, cómplices de que de vez en cuando saliera a tomar un café durante el desarrollo del libro.

Gracias también a José Luis González, la persona que me ha llevado de la mano durante todo este último año en mi trayectoria profesional. Es el mayor artífice de que consiga lo que pretendía: trabajar en la Universidad.

Quiero agradecer nuevamente la colaboración tanto de Amparo Navasa como de Juan Manuel Murillo. Colaboraron en la edición del *Manual Avanzado de Access 97* en dos capítulos que se han mantenido prácticamente íntegros. Su colaboración me dio la seguridad suficiente como para estar orgulloso de haber vuelto a incluir los capítulos 2 y 3.

# Índice

# *Introducción*

Hace ya algunos años que tuve la suerte de poder comenzar a trabajar con la primera versión de Access: Access 1.0. Previamente había desarrollado algunas cosillas sin importancia, totalmente intrascendentes, en dBASE. Recuerdo que lo primero que me llamó la atención era su nuevo -para mí- sistema de relaciones entre tablas. Intenté pasar algunos de los datos que tenía en mis archivos dBASE a Access, pero me encontré con una gran cantidad de problemas, ya que todo lo que hacía era absolutamente nuevo y desconocido para mí.

Una vez que conseguí crear unas tablas y entender por encima el sistema de relaciones me lancé a crear un formulario. Ahora mismo no puedo recordar cómo lo creé, pero no estoy seguro de que en Access 1.0 existiera algún tipo de asistente que me ayudara a crear el formulario.

Poco a poco comencé a entender de qué iba todo aquello. Realmente tardé algún tiempo en comprenderlo, porque por aquel entonces ya apareció Access 2.0. Externamente parecía no haber ninguna diferencia respecto de sus antecesores, pero al empezar a trabajar con él me di cuenta de que incluía bastantes herramientas para ayudar al diseñador de bases de datos.

Desarrollé un par de aplicaciones que, en aquel momento, yo creí de buena calidad. Ahora miro atrás y, sinceramente, hay muchas cosas que no habría hecho del modo en que las hice entonces. Sin embargo, ¡aquello funcionaba!

Una de las cosas que recuerdo de cuando comencé a trabajar con Access es que fui a una librería que se precia de traer bastantes libros de informática, con la esperanza de encontrar algún libro que me ayudara a comprender cuáles eran los pasos correctos para diseñar una base de datos. No quería un libro que me explicara que para crear una nueva tabla tenía que pulsar el botón "nuevo" -eso ya lo sabía-, sino un libro que me ayudara a aprender más rápidamente cómo podía crear una buena base de datos usando Microsoft Access.

Pero no encontré ese libro. Miré, rebusqué, pregunté, pero todos los libros que encontré se encontraban a un nivel muy básico. Nada de Access Basic, muy poquita cosa acerca de macros, y mucho hablar de cómo insertar botones, cuadros de texto, etiquetas, etc. en un formulario. No puedo decir que aquellos libros fueran malos, sino que, simplemente, no eran lo que yo estaba buscando.

Con esta experiencia he tratado de enfocar este libro. He tratado de crear un libro tal y como me habría gustado encontrar, un libro que habría comprado cuando empecé a trabajar con Access.

Precisamente por eso no te encuentras ante un libro técnico, que describe las características más recónditas de Microsoft Access. Lo que he tratado de escribir es un libro práctico, que describa aquello que pienso que es necesario saber cuando se diseña una base de datos, desde conceptos de diseño gráfico para los formularios hasta el uso de librerías de enlace dinámico (DLL) desde Access Basic.

Podría decirse que aquello que he pretendido con este libro es plasmar cómo diseñar una base de datos usando Access 2000, y no cómo usar Access 2000 diseñando una base de datos. El objetivo es el resultado, no la herramienta.

Una cosa más: los métodos e ideas expresados en este libro no tienen por qué ser los únicos, ni siquiera los mejores. Para mí lo son, pero seguramente habrá personas que no estén de acuerdo con alguno -espero que no con todos- de los métodos expuestos en el libro. Ésta es una de las mayores riquezas de Access 2000 y de todas las herramientas de diseño visual en general: nunca hay un solo modo de resolver un determinado problema.

# Convenios utilizados en este libro

Este libro se precia de ser fácil de entender y de usar. Lee la introducción que encontrarás en la página de presentación de cada capítulo para hacerte una idea de lo que aprenderás en él y de su relación con el contenido del resto del libro.

Hemos diseñado varias características especiales en este manual para acelerar el proceso de aprendizaje. Las más importantes son estas que aparecen a continuación:

- Las figuras, a lo largo del libro, te muestran la apariencia de la pantalla del ordenador según se van desarrollando las diferentes tareas con el programa.
- Hay algunos comandos que se activan mediante combinaciones de teclas. En este libro, las combinaciones de teclas se separan por el signo más (+). Así, Alt+F4 significa que debes mantener pulsada la tecla Alt, y, sin soltarla, pulsar la tecla F4 (suelta las dos más o menos al mismo tiempo).
- Los menús, cuadros de diálogo, ventanas y sus opciones correspondientes se representan con un tipo de letra distinto. De esta forma, hablaremos de la opción Abrir del menú Archivo.
- A veces, si hay que seleccionar un conjunto de menús y comandos de menús unos tras otros, en el libro aparecen seguidos en el orden de selección. Por ejemplo, para seleccionar el comando Archivo, Abrir abre el menú Archivo y selecciona el comando Abrir.

Además de todos estos puntos, este libro también incorpora un conjunto de iconos que sirven para resaltar cierta información y avisarte de posibles problemas. Estos iconos son los que te presentamos a continuación.

**Aviso**

*Posibles problemas y fallos de los programas. También se usa cuando puede que lo dicho en el libro no coincida con lo que aparece en tu ordenador.*

**Consejo**

*Ideas o recetas que, procedentes la mayoría de ellas de la experiencia, pueden resultarte útiles en el trabajo con el ordenador personal.*

**Truco**

*Este otro icono también está asociado a los consejos, pero a aquellos que sirven para ahorrar tiempo en las distintas actividades con el programa.*

**Nota**

*Información adicional a la incluida en el texto que puede resultar interesante o necesaria.*

# 1 Introducción a Microsoft Access 2000

Microsoft ha conseguido, con Access 2000, acercar al usuario al diseño y uso de sistemas de bases de datos. Al igual que ocurre con aplicaciones como Word o Excel, cuya simplicidad de uso puede llegar a encubrir, en ocasiones, su gran potencia, debajo de la apariencia simple del entorno de Access se esconde un potentísimo sistema gestor de bases de datos relacionales.

Si quieres saber qué es lo que puedes y lo que no puedes hacer con Access, éste es tu capítulo.

# Introducción

No es ningún secreto la gran importancia que tiene la información en la sociedad en la que vivimos. Hechos tan frecuentes como leer un periódico, escuchar la radio o ver la televisión se han hecho tan habituales y cercanos que sería extraño prescindir de ellos sin causar algún trastorno, por pequeño que éste fuera.

Quizá nunca nos hemos parado a pensar que detrás de aquel reportero que vemos en la televisión contándonos qué es lo que está ocurriendo al otro lado del planeta hay un gran despliegue de medios, tanto técnicos como humanos. ¿A qué viene ese impresionante despliegue de medios? Muy sencillo: la sociedad consume ávidamente información de todo tipo. Y tanto mejor cuando esta información se obtiene de forma más fácil y rápida.

Evidentemente, estos dos factores son cruciales. Todos queremos tener información de primera mano, de los últimos descubrimientos o de los últimos acontecimientos, y no queremos complicarnos la vida para obtenerla.

Pero hay otro factor. En un momento en que el bombardeo de información puede llegar a ser masivo e incluso incontrolado, queremos seleccionar, del modo más sencillo posible, tan sólo aquella información que nos es útil o nos resulta interesante en un determinado momento.

Si lo que deseamos es obtener información acerca de las prestaciones de un determinado coche de reciente aparición, desearemos tener un acceso directo y selectivo a esa información. Queremos tener un sistema al que podamos indicarle "quiero información acerca del coche X", y el sistema sea el que se encargue de realizar el trabajo de selección.

Con la llegada de la informática, el acceso a la información se convirtió en algo rápido. Los ordenadores trabajan rápidamente realizando labores para las que están programados. Pero no son lo suficientemente inteligentes como para saber si la información que nos va a ofrecer es la que buscamos o no. Dicho de otro modo: no son capaces de seleccionar la información, a no ser que se programen específicamente para dicho menester.

Para ir entrando en materia, veamos un ejemplo práctico. Supongamos que, en una gran universidad estamos seleccionando candidatos potenciales entre los alumnos para formar parte del equipo de baloncesto de la universidad.

Un sistema de información básico realizaría un listado de todos los alumnos matriculados, y el sufrido entrenador del equipo de baloncesto tendría que coger el listado completo y señalar aquellos que sobrepasaran una altura mínima. A estos los señalaría como posibles candidatos. Después estudiaría otros factores, según su experiencia, para elegir a los alumnos que más se acercaran a las características que él desearía en los componentes del equipo de baloncesto.

¿Cómo podemos mejorar esto? ¿Cabría la posibilidad de que todo este trabajo lo realizara un sistema informático?

Queremos darle al sistema la capacidad de discernir entre toda la información que puede ofrecernos. Concretamente, queremos que nos imprima un listado con los alumnos que sobrepasen una determinada altura mínima. Mejor aún, queremos que imprima un listado con los alumnos que sobrepasen la altura mínima, estén comprendidos (en la medida de lo posible) en un rango de edad preestablecido por el entrenador, que tengan buenas notas, buen comportamiento, etc. Queremos buscar información imponiendo ciertas restricciones en las características de ésta.

**Nota**

*Nuestro objetivo al crear una base de datos es que el usuario pueda disponer de la información que desea (y que se le puede proporcionar), en el momento que la desea, tal y como la desea. Si alguno de estos puntos falla, será señal de que hay un error de diseño en la base de datos.*

Pero, en informática, lo deseable no es siempre lo más eficiente o más fácil de realizar. Generalmente, cuantas más prestaciones se le piden a un sistema informático, más caro y/o lento resulta éste.

Así que habrá que hacer una serie de compromisos entre lo que se desea que realice el sistema y la implementación real del sistema en sí. Evidentemente, el sistema debe llegar a realizar todo aquello que se espera de él, pero quizá existan algunos puntos que deben funcionar de forma más eficiente que otros.

Por ejemplo, el centro de reclutamiento de una ciudad puede encontrar muy útil seleccionar la información de las personas según su sexo y fecha de nacimiento, pero no le resultaría tan interesante seleccionar la información según el número de teléfono.

**Nota**

*En el ejemplo concreto que acabamos de exponer, habría que estudiar la correcta creación de índices para cada campo de las tablas. Veremos este punto en el capítulo dedicado a la creación de tablas en Access 2000.*

# La gestión de la información

Access 2000, como veremos a lo largo del libro, es un sistema gestor de bases de datos relacionales. En el capítulo siguiente, dedicado al diseño de la estructura de la base de datos, veremos más concretamente para qué nos puede servir que Access sea un gestor de bases de datos relacionales. Para ello, evidentemente, también veremos qué es exactamente un sistema con esa característica.

Pero podemos ver, por encima, cuál es el modo en el que Access 2000 gestiona la información, para que nos vayan sonando las cosas cuando hablemos de ello (figura 1.1).

---

**Aviso**

*No, no te asustes. No vamos a dedicar decenas y decenas de páginas a explicarte qué es una tabla. Estamos seguros de que ya lo sabes, y no nos hemos olvidado de que estamos ante un Manual Avanzado, orientado a usuarios ya iniciados. Tan sólo queremos repasar, una por una, cuáles son las características de Access 2000.*

---

## Tablas

Como seguramente ya conoces, las bases de datos se basan en unos objetos, denominados tablas, para almacenar la información. Estas tablas son similares a una hoja de cálculo e, incluso, a las tablas de Word. La diferencia es que las tablas de una base de datos almacenan la información de forma estructurada. Si, por ejemplo, tenemos una base de datos que contiene información acerca de las personas con las que nos relacionamos, en esta base de datos existirá una tabla que contenga el nombre, apellidos, dirección, etc. A todas estas unidades de información se les denomina *campos*.

Además Access, como sistema gestor de bases de datos relacional que es, no sólo almacena la información en tablas, sino que además es capaz de almacenar una serie de parámetros de modo que cada tabla no sea una entidad completamente aislada, sino que, por el contrario, sean elementos cohesionados entre sí, dotando al sistema de una información que le acerca más a la información presente en el mundo real.

Nunca olvidemos que nuestra base de datos no es más que un sistema que va a tener que almacenar información extraída del mundo real,

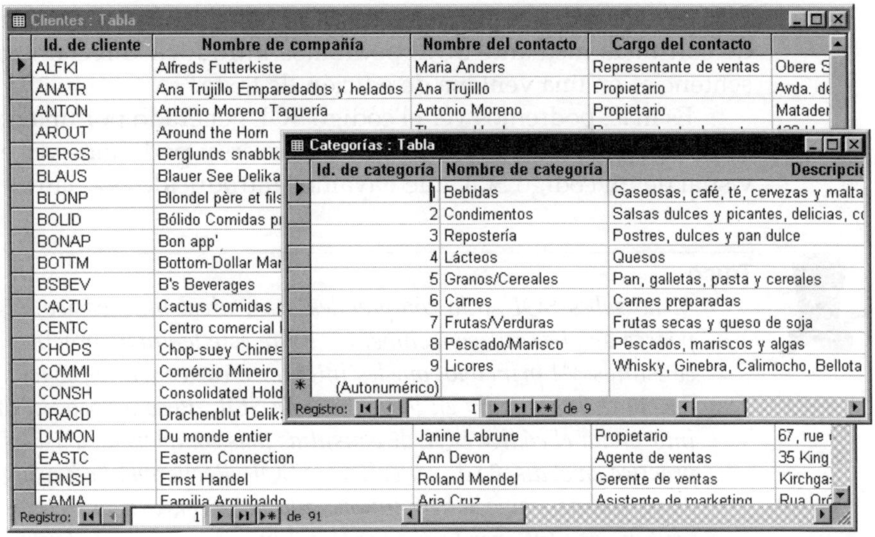


*Figura 1.1. Datos y más datos*

abstraerla en entidades lógicas con las que el ordenador pueda tratar en sus circuitos electrónicos y acabar guardándola en algún dispositivo de almacenamiento.

## Consultas

Una vez almacenada la información, Access también tenía que proveer algún método para acceder a ella. Para ello disponemos de los objetos *consulta*. A través de estos objetos podremos seleccionar la información, tal y como veíamos en la introducción. Access incluye un número de tipos de consultas suficiente como para cubrir cualquier tipo de petición de información sobre la base de datos. Es más, las consultas no sólo sirven para extraer información de la base de datos, sino también para modificar, eliminar o agregar información.

Access proporciona métodos de creación visual de consultas, es decir: se pueden crear consultas a base de clics de ratón. Se arrastran los campos a la cuadrícula de la consulta, se selecciona el modo de ordenación, el formato, los parámetros, etc., todo mediante el ratón.

Pero también podemos usar el lenguaje de consultas que se ha impuesto de forma rotunda en los sistemas gestores de bases de datos: el

SQL (Structured Query Language). Si ya tenemos experiencia en la creación de consultas mediante SQL, podremos introducir directamente nuestras sentencias en una ventana de edición de texto.

Es más, podremos ver el código SQL generado por una consulta que hayamos creado de forma visual, y viceversa: podremos ver el resultado visual de un código SQL que hayamos introducido previamente.

---

**Truco**

*Si no sabes SQL, o lo comprendes a un nivel muy básico, seguramente podrás ampliar tus conocimientos sobre este lenguaje practicando con las consultas. Al principio, puedes intentar crear consultas sencillas, y ver el diseño de la consulta en la ventana de SQL. Poco a poco podrás intentar interpretar el código SQL de consultas más complejas... y así irás cogiendo práctica en el diseño de consultas en SQL. Recuerda que hay algunos tipos de consultas, como las de unión, que no se pueden crear más que en la ventana de SQL, por lo que te vendrá bien aprender este lenguaje.*

---

Y es que Microsoft Access, al igual que cualquier sistema gestor de bases de datos que pretenda triunfar, no podía permitirse el lujo de no soportar SQL. Veremos algunos ejemplos de uso de SQL en el capítulo dedicado a consultas.

## Access 2000 y las bases de datos ante el usuario

Pero las herramientas de Access 2000 no terminan aquí, ni mucho menos. Una vez que tenemos las herramientas para almacenar, añadir, modificar, eliminar y consultar la información, Access 2000 nos proporciona herramientas, además, para que la interacción usuario/base de datos sea más sencilla. Estas herramientas son los *formularios*. Con ellos tenemos acceso a todos los elementos disponibles en el entorno Windows: botones, barras de herramientas, menús, cuadros de texto, imágenes, gráficos, etc.

Estos elementos serán, pues, aquellos con los que interaccionen los usuarios de nuestra base de datos. Como veremos en el capítulo 3, es fundamental que el diseño de los formularios resulte agradable y cómodo al usuario.

¿Cómo se produce esta interacción? Como veremos en el capítulo 3, tendremos formularios que sirvan a distintos cometidos. Como una clasificación preliminar podemos usar:

- Formularios de datos
- Formularios de comandos

En la figura 1.2 podemos encontrar un ejemplo claro de cada uno de ellos.

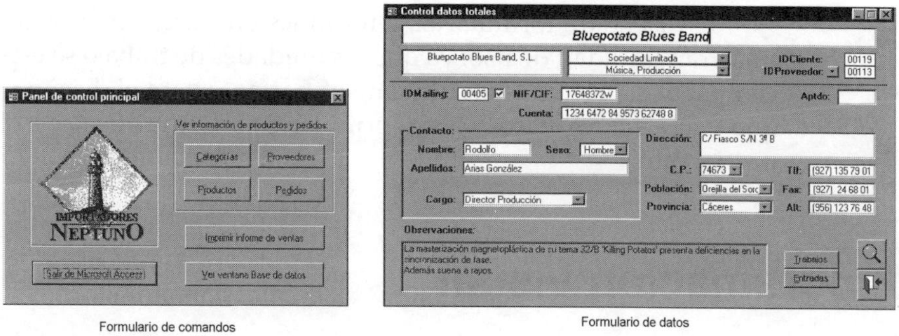


*Figura 1.2. Un formulario de comandos y uno de datos*

Para la creación de formularios, Access nos proporciona un entorno de trabajo de diseño totalmente visual. Si queremos insertar un cuadro de texto, hacemos clic sobre el botón de la barra de herramientas que contiene un cuadro de texto, y posteriormente situamos el cuadro de texto en el lugar del formulario en el que deseemos. Y así con cada uno de los elementos que nos proporciona Access.

**Nota**

*Esto no ha sido siempre así. Hace algunos años, el desarrollo de aplicaciones para Windows era mucho más engorroso, ya que cada elemento de Windows se debía crear con líneas y líneas de código, y hasta que no se ejecutaba el programa no se podía ver si el elemento estaba bien situado y tenía el tamaño deseado. Cada elemento que se quería crear en la aplicación había que hacerlo realizando llamadas al API. En el capítulo 11 veremos qué son estas llamadas y para qué nos pueden servir en Access 2000.*

Además, Access nos proporciona herramientas para la obtención de resultados impresos. A estas herramientas se les denomina *informes*. La metodología de diseño de los informes no es básicamente diferente a la usada en el diseño de formularios de *salida de datos*. Pero los informes nos proporcionan algunas herramientas adicionales que los formularios no nos ofrecen, como la agrupación por campos independientes. De este modo, en un informe es sumamente sencillo (si la base de datos está bien diseñada) realizar un listado de todos los pedidos realizados a cada proveedor. En listados de este tipo resulta más cómodo que los pedidos aparezcan agrupados por proveedor, si no necesitamos imponer ningún otro criterio.

El diseño de formularios e informes en Access proporciona además una gran facilidad de uso, ya que las unidades de trabajo se especifican en centímetros. Esto es especialmente importante para el diseño de informes que van a ser impresos sobre formularios preimpresos, como puede ser una factura.

## Programación visual

Acabamos de hablar del diseño visual de formularios y de informes. Además previamente habíamos mencionado las capacidades de diseño visual para las consultas. Si nunca has usado alguna herramienta visual de creación de aplicaciones, quizá no te sorprenda que puedas situar elementos estándar de Windows sobre un formulario directamente con el ratón. En ese caso, seguramente no te sorprenderá que, sin pulsar ninguna tecla más que los botones de tu ratón, puedas crear botones que abran formularios, tablas, impriman informes, incluso marquen números de teléfono.

Pero te aseguro que no deja de sorprenderme. Si ahora pudiéramos traer del pasado (pongamos hace unos doce años) a algún programador experto en el diseño de aplicaciones, y le dijéramos que podemos diseñar una aplicación de base de datos completa prácticamente tan sólo con nuestro ratón (en aquel entonces ya existían ratones), probablemente el pobre hombre soltaría una sonora carcajada.

Y es que la metodología de diseño visual no se limita al emplazamiento de elementos sobre un formulario o informe, ni a la generación automática de consultas o de filtros. Access incluye una serie de asistentes que nos permiten programar el comportamiento de la mayoría de estos elementos sin tener que escribir una sola línea de código. Puedes hacer la prueba: crea un archivo de base de datos, crea un formulario, vete al modo de diseño de formulario, pulsa sobre el icono "crear botón", y el botón no aparecerá sin más, sino que vendrá acompañado de un cuadro de diálogo como el de la figura 1.3.

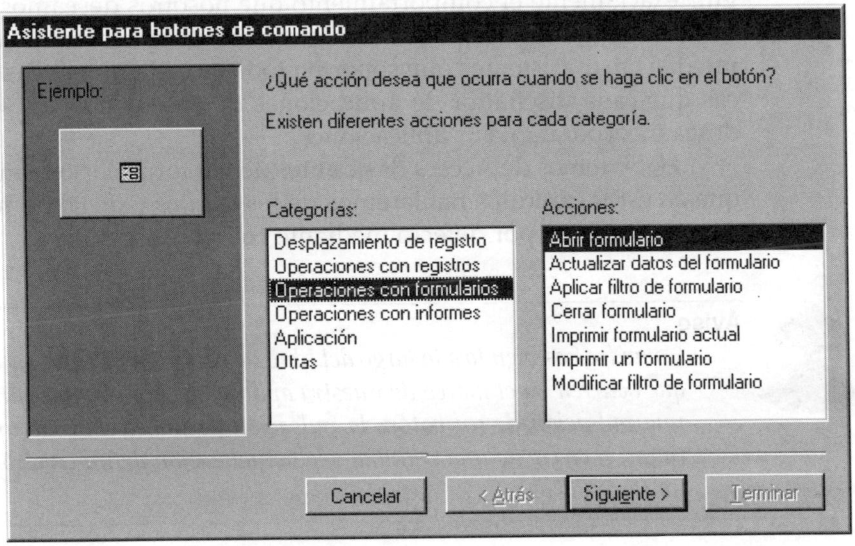


*Figura 1.3. El asistente para creación de botones*

Podemos crear botones que, al ser pulsados, realicen las tareas más variopintas. Pero no sólo de pan vive el hombre ni sólo de botones están compuestos los formularios. Tenemos asistentes para la generación de botones de radio, listas desplegables, etc.

Después de haber diseñado todo esto puede ser necesario que necesitemos introducir pequeñas modificaciones en el comportamiento de los objetos. Entonces será el momento de echar mano de las herramientas de automatización y programación que nos proporciona Access: las macros y el potente lenguaje Access Basic, que veremos en los capítulos 9 y 4, respectivamente.

Sí, sí, has leído bien. Hablamos de Access Basic antes que las macros y antes de un montón de otras cosas. ¿Por qué? Aunque usando Access seríamos capaces de crear correctas aplicaciones de bases de datos, queremos ir más allá. Puesto que estás ante un Manual Avanzado, no nos conformamos con aquello que es más fácil de hacer, aquello que simplemente "funciona", sino que queremos construir una aplicación que responda de una forma fiel a lo que nosotros esperamos de ella. Queremos crear exactamente lo que tenemos en nuestra cabeza, sin estar sujetos a las limitaciones que la programación visual nos impone.

La programación visual es un gran avance, pero a la hora de conseguir exactamente el comportamiento que nosotros deseamos, puede que se nos quede un poco corta. Es lógico. Los diseñadores de Microsoft no pueden crear asistentes que soporten todas y cada una de las características que cada diseñador de aplicaciones de bases de datos sobre Access desea incorporar en sus aplicaciones.

Hablaremos de Access Basic antes de ver formularios e informes porque en estos capítulos hablaremos de los *eventos* y de cómo modificar su comportamiento por defecto mediante código Access Basic.

**Aviso**

*Como iremos viendo a lo largo del libro, los eventos no son más que sucesos que ocurren en el marco de nuestra aplicación. Por ejemplo, un* evento *es una pulsación de un botón, la pulsación de una tecla o de un botón del ratón, el cierre de una ventana o la actualización de un cuadro de texto de un formulario.*

# Integración y conectividad

Examinemos por un momento la naturaleza de Access: Access 2000 es un sistema gestor de bases de datos relacional, diseñado para ordenadores personales. En los ordenadores personales se suelen tener instaladas más aplicaciones. Si piensas en un ordenador personal para uso en el hogar, seguramente este ordenador tendrá algún procesador de textos, quizá una hoja de cálculo, algún programa de tratamiento gráfico muy básico... Un ordenador personal destinado para uso de oficina no tendrá unos requerimientos básicos muy diferentes.

Desde hace algún tiempo los desarrolladores de *software* para ordenadores personales cayeron en la cuenta de que un ordenador no se suele destinar única y específicamente a una tarea, y comenzaron a dar importancia a la integración de aplicaciones heterogéneas. ¿Para qué nos puede servir integrar un procesador de textos y una base de datos? ¿Qué utilidad podemos darle? Seguramente habrás pensado en la aplicación más directa que se le suele dar a la agrupación procesador de textos/base de datos: la realización de envíos de correspondencia masiva (o no tan masiva).

Seguro que no nos resultaría excesivamente difícil encontrar algún ejemplo en el que nos resultara de utilidad la integración de una hoja de cálculo y una base de datos, e incluso la integración de un programa de presentaciones y una base de datos.

---

**Nota**

*Este cambio de mentalidad provocó el que las empresas de software pasaran de vender sus aplicaciones de forma independiente a venderlas de forma conjunta, dentro de lo que se denominan "suites".*

---

Además, si tenemos en cuenta la importancia que ha pasado a tener Internet para el mundo de los ordenadores personales, llegaremos a que podría ser importante que incluso las bases de datos ofrecieran algún tipo de conectividad con Internet.

Pues bien, Access 2000 nos permite hacer todo esto y mucho más. Mediante su gran capacidad para el manejo de objetos OLE y para la comunicación con aplicaciones vía DDE, Access 2000 es capaz de incorporar objetos como documentos, hojas de cálculo, imágenes, y prácticamente todo aquello que se nos ocurra ¡¡dentro de una tabla!! Pero las capacidades de Access no se quedan ahí, sino que también da soporte como servidor OLE, de forma que otras aplicaciones se puedan comunicar con él.

¿Qué ocurre con la conectividad? Access 2000 soporta el manejo de un gran número de formatos de datos usados en otras aplicaciones. Es capaz de leer bases de datos de dBASE, Paradox, acceder a servidores vía ODBC...

¿Internet? Access es capaz de generar, de forma automática, páginas Web con los datos que nosotros le indiquemos, y siguiendo una plantilla de una página Web que nosotros le proporcionemos. ¿Más? Access 2000 no sólo genera páginas finales, sino que además es capaz de crear archivos en formato ASP, que nos permiten diseñar el modo en el que queremos presentar los datos en una página Web si estos datos se encuentran ubicados en un servidor. De este modo, no generamos la página Web directamente desde Access, sino que indicamos al servidor cómo debe hacerlo.

Y todo esto teniendo en cuenta que además podemos enviar datos a través de correo electrónico, sincronizar bases de datos que hayan sido modificadas de forma simultánea (lo cual es útil en el desarrollo y acceso a bases de datos a través de Internet, por ejemplo), y un largo etcétera.

# La seguridad

Cuando en una base de datos se está tratando con algún tipo de información de índole confidencial, es necesario restringir el acceso a esa información tan sólo a las personas autorizadas a obtenerla. Imaginemos el caso de una empresa con varios departamentos. Está claro que el departamento de contabilidad necesitará tener acceso a toda la información de tipo económico. Pero esto no está tan claro para el departamento de atención al cliente. En este departamento se necesitará tener acceso directo a todos los datos de un determinado cliente, el estado de sus pedidos, etc. Pero no será necesario (en la mayoría de los casos) que los empleados de este departamento tengan acceso a la facturación de la empresa.

Además, podríamos necesitar crear algún tipo de política de permisos de acceso. Podría haber usuarios que no pudieran ni leer ni escribir en determinadas tablas, podría haber usuarios que no pudieran escribir, pero sí leer, podría haber usuarios que tan sólo pudieran añadir información, pero no leer la ya existente, y así un largo etcétera.

Access 2000 dispone de la posibilidad de asignar todos estos tipos de restricciones. Dispone de herramientas para mantener a usuarios independientes, así como la agrupación de los mismos. Podemos establecer permisos sobre cualquier objeto de la base de datos: tablas, consultas, formularios, informes y macros. La correcta administración de usuarios, grupos y permisos podrá hacer que aplicaciones de Access puedan utilizarse en todo tipo de empresas, sean del tipo que sean.

**Aviso**

*Microsoft advierte que, en caso de que la seguridad del sistema sea crítica, se debe usar algún tipo de servidor con grandes garantías, como Microsoft SQL Server, ya que Access, aunque incorpora un sistema de seguridad bien estructurado, podría contener errores en este sistema que pusieran en peligro la seguridad de los objetos de la base de datos. De todos modos, la explotación de estos errores corresponde a expertos en informática especializados en estos temas, por lo que normalmente no será necesario adoptar esta medida.*

Si piensas desarrollar bases de datos tan sólo para uso personal, seguramente no necesitarás conocer cómo Access es capaz de implantar políticas de seguridad en sus bases de datos. Pero si vas a desarrollar alguna base de datos para alguna empresa, quizá te interese estudiar el tema.

# 2 Diseño de una base de datos

A lo largo de la historia de la informática se ha ido mejorando la tecnología del hardware, consiguiendo ordenadores y periféricos cada vez más potentes. Con el software ha ocurrido lo mismo, aunque su evolución ha ido siempre un poco por detrás del hardware.

Sin embargo, desde hace tiempo, los ingenieros se preocupan no sólo de la tecnología del hardware o software, sino también de la metodología de diseño de las aplicaciones, ya que tan importante es disponer de un equipo tecnológicamente avanzado como de un software bien desarrollado y que se ajuste a las necesidades del usuario.

Antes de nada, debemos detenernos a reflexionar cómo va a funcionar exactamente nuestra base de datos y de qué modo se puede hacer que sea más eficiente, correcta y fácilmente ampliable.

# Introducción

En casi todo proyecto, el correcto planteamiento de las fases iniciales del mismo determina en gran medida su éxito. Un análisis o planteamiento incorrecto cuando el proyecto todavía se encuentra en una fase inicial probablemente repercutirá negativamente en el desarrollo y finalización de este proyecto.

Los proyectos informáticos no son en absoluto diferentes al resto, al menos en este punto. Todos los errores cometidos en las fases iniciales serán arrastrados por todas y cada una de las fases siguientes hasta que sean subsanados, lo cual resulta tanto más difícil cuanto más se haya avanzado en el proyecto. Por ello, cada vez se le da más importancia (hablando de los proyectos informáticos) a un correcto planteamiento en las fases iniciales del proyecto. De hecho, hace algún tiempo surgió la figura del *analista de sistemas*, cuyo cometido es precisamente hacer que el proyecto se plantee correctamente en todas sus fases.

Llegados a este punto, puedes pensar que únicamente quieres desarrollar una base de datos sencilla, incluso tan sólo para gestionar tus datos personales (teléfonos, CD's, etc.), y todo esto te puede llegar a sonar a cuento chino. Podría parecer que no necesitas un planteamiento previo a la base de datos, y que puedes mantener en tu cabeza las estructuras necesarias.

Nosotros te recomendamos que intentes plantear tu base de datos desde el principio. La impaciencia en ver la base de datos funcionando probablemente redundará más tarde en que habrá consultas que no puedas realizar, o que tendrás que hacer de un modo mucho más complejo. Redundará en que seguramente no podrás gestionar bien la información, la cual posiblemente se encontrará duplicada a lo largo de las tablas, amenazando la integridad de la base de datos. Y, por supuesto, el funcionamiento de la base de datos, de este modo, estará lejos de ser óptimo. Piensa que, si tu base de datos es sencilla, tendrás que invertir poco tiempo en analizar las relaciones y las tablas. Y si tu base de datos no es tan sencilla, el no llevar un análisis correcto desde el principio probablemente provocará un replanteamiento total una vez que hayas avanzado en la creación de la base de datos.

# Las bases de datos

Bueno pero, ¿qué es una base de datos? Si has usado bases de datos no relacionales como dBASE, o has trabajado con algún tipo de hoja de cálculo, es probable que relaciones el concepto de base de datos con el concepto de tabla. Una base de datos en Access 2000 es algo más, mucho más, que un conjunto de tablas que contienen datos.

---

**Nota**

*Suponemos conocido el concepto de tabla. En caso de que no fuera así, consulta las primeras páginas del capítulo dedicado a las tablas, donde encontrarás una breve descripción de estos elementos.*

---

Una base de datos está compuesta de estructuras que almacenan información, así como de elementos que saben cómo manejar e interpretar esa información.

De este modo, una base de datos de Access 2000 está compuesta de:

- tablas,
- consultas sobre esas tablas,
- formularios para presentar, editar y añadir información, además de para ofrecer un alto nivel de interacción con el usuario,
- informes para presentar e imprimir resúmenes o documentos como facturas, informes de ventas, etc.,
- macros y código Access Basic para modificar y extender el comportamiento por defecto de todos los elementos anteriormente descritos.

# Las aplicaciones de base de datos

Se dice que una base de datos es un conjunto de tablas, consultas, formularios, informes, macros y módulos. A una base de datos se le dice que es una aplicación cuando todos estos elementos se encuentran diseñados de forma interrelacionada, formando un todo. El añadirle la palabra 'aplicación' es una especie de etiqueta de calidad.

Así, un usuario de una aplicación de base de datos no necesitará conocer el funcionamiento de Access 2000, ya que interactuará con los datos contenidos en nuestro sistema a través de un conjunto de formularios. Precisamente ése es nuestro objetivo.

Si eres un programador, o te gusta la programación, y nunca has diseñado ninguna base de datos utilizando Access, quizá pienses que una aplicación de base de datos de Access 2000 se construye a partir de su potente lenguaje Access Basic. Pero en Access las cosas son diferentes que en el resto de lenguajes de programación. En Access, el código Access Basic se ejecuta en el contexto de un objeto y de un evento asociado, por lo que hay que partir de unos objetos para poder comenzar a escribir código sobre ellos. Incluso de podría decir que en el diseño de una aplicación de base de datos usando Access 2000 podría ser innecesario escribir ningún tipo de código.

**Nota**

*Es cierto que se puede acceder a los elementos de la base de datos, e incluso crearlos, modificarlos y eliminarlos usando el DAO, pero si tu idea es trabajar así te recomendamos que uses Visual Basic.*

Aun así, lo cierto es que cuando una aplicación de base de datos se ha desarrollado de una forma estructurada, y se pretende que el resultado sea bueno, se suelen incluir fragmentos de código Access Basic en la base de datos para modificar el comportamiento por defecto de los elementos.

# FrontEnds y BackEnds

Qué Dios me perdone pero voy a utilizar los conceptos anglosajones a lo largo del libro. Lo cierto es que no he encontrado una traducción sencilla para estas dos palabras, así que nos referiremos a estos conceptos con los nombres que la gente utiliza.

Estos conceptos están íntimamente relacionados con el concepto de aplicación de base de datos. La idea es separar por un lado los datos y la lógica para acceder a ellos y por otro, toda la lógica necesaria para el interfaz de usuario, es decir, formularios, informes, etc.

Así, un BackEnd viene definido por las tablas que contienen los datos, las relaciones entre ellas y, en algunos casos, ciertas consultas sobre dichas tablas.

Sin embargo, un FrontEnd no almacena datos, pero sabe cómo trabajar con ellos. Un FrontEnd es el que presenta al usuario un interfaz homogéneo y sencillo para trabajar con los datos. Presenta los formularios para ver, modificar, añadir y eliminar datos. Es capaz de imprimir documentos a partir de los datos almacenados en el BackEnd, pero siempre según unas directrices de formateo dadas en el FrontEnd.

**Nota**

*Utilizaremos estos conceptos más adelante a lo largo del libro. Los hemos introducido aquí para poderlos describir de una forma más o menos abstracta. Sin embargo, a lo largo del libro iremos explicando si un determinado elemento pertenece al BackEnd o al FrontEnd y cuáles son las implicaciones de que así sea.*

Realizando esta separación, estaremos independizando los datos en sí de la aplicación que trabaja con ellos. Así, si se necesita modificar el interfaz de usuario, el FrontEnd se verá afectado, pero el BackEnd no. Del mismo modo, si se hace necesario modificar la tecnología que almacena los datos, será posible hacerlo sin modificar el FrontEnd.

**Aviso**

*Esta posibilidad es más importante de lo que pudiera parecer a primera vista, especialmente en entornos empresariales. Si los requerimientos de acceso a una base de datos aumentan de forma significativa, será necesario un cambio en la tecnología empleada. Cuanto menos afecte esto a la aplicación de base de datos, menos dinero se gastará en desarrollo. Y esto, en una empresa (y no sólo allí), es bueno.*

Sin detenernos en más detalles introductorios, comencemos estudiando cómo diseñar una base de datos.

# ¿Para qué va a servir la base de datos?

Sin duda la pregunta más importante al inicio del desarrollo es precisamente ésta. ¿Qué se espera de la base de datos? ¿Qué necesidades tiene que cubrir?

Una base de datos se crea para dar solución a un problema o a un conjunto de ellos. Para ello, lo primero que debemos hacer es conocer el problema. Una vez conocido, deberíamos definirlo de forma detallada.

**Aviso**

*Si la base de datos no es sencilla, o si la estamos desarrollando para algún cliente, sería bueno definir el problema sobre un documento escrito. En este documento reflejaríamos la situación actual, por qué existe el problema, y lo describiríamos de forma detallada. Sin embargo, si la base de datos no es demasiado compleja, este documento no es necesario. Basta con que tengas las ideas claras en tu cabeza.*

¿Cómo definir el problema con un nivel de detalle suficiente? Si estás desarrollando la base de datos para alguien, pregúntale qué es lo que espera, de forma detallada, de la base de datos. ¿Qué informes tiene que imprimir? ¿Cuáles serán sus formularios? ¿Qué búsquedas se desean? Si existiera algún tipo de formulario impreso que hubiera que introducir en la base de datos, o que la base de datos tenga que imprimir, hazte con él.

Después de definir el problema, ya sabemos de forma concreta cuáles son las necesidades que podría cubrir la base de datos. Por ello, en esta fase es en la que se van a analizar las soluciones que ofrece la base de datos.

**Consejo**

*Ten en cuenta que posiblemente la información que recojas ahora va a ser la única información de la que dispongas más tarde, a la hora de elaborar la estructura de la base de datos. Por ello, es muy importante que toda esta información sea completa y detallada.*

Una vez que esta fase se considere finalizada, y se pase a la siguiente, no se debería añadir, eliminar o modificar la descripción de aquello que se espera de la base de datos. Por ello es muy importante quedar plenamente satisfecho con el resultado de esta fase (figura 2.1).

**Aviso**

*Este último punto es muy difícil de llevar a cabo. Una vez que se ha comenzado con la implementación de la base de datos, normalmente habrá características que serían deseables en la base de datos, que no supondrían demasiado esfuerzo adicional, y que no se tuvieron en cuenta en la primera fase. Sin embargo, deberemos asumir estos cambios de última hora como imprevistos. Es decir, lo que no podemos hacer es posponer hasta este punto el estudio de aquellos aspectos que no hubieran quedado claros en la primera fase.*

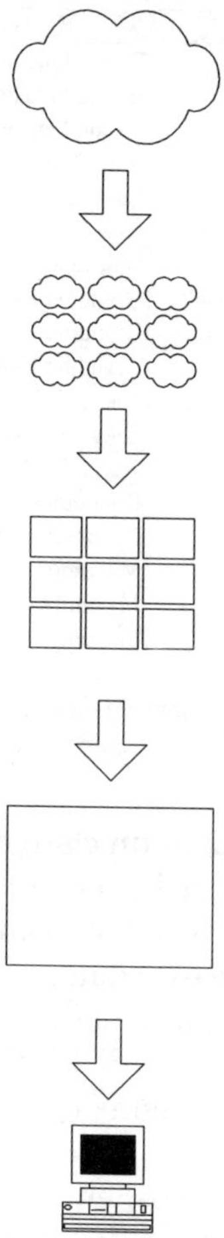


*Figura 2.1. Del problema a la base de datos*

## El problema de la duplicación y eliminación de información

Cambiemos de tercio. Observa por un momento la figura 2.2. Muestra una tabla de productos, así como la información del proveedor que sirve el producto.

| | Id. | Nombre de producto | Nombre de compañía | Dirección |
|---|---|---|---|---|
| ▶ | 1 | Té Dharamsala | Exotic Liquids | 49 Gilbert St. |
| | 2 | Cerveza tibetana Barley | Exotic Liquids | 49 Gilbert St. |
| | 3 | Sirope de regaliz | Exotic Liquids | 49 Gilbert St. |
| | 4 | Especias Cajun del chef Anton | New Orleans Cajun Delights | P.O. Box 78934 |
| | 5 | Mezcla Gumbo del chef Anton | New Orleans Cajun Delights | P.O. Box 78934 |
| | 65 | Salsa de pimiento picante de Luisiana | New Orleans Cajun Delights | P.O. Box 78934 |
| | 66 | Especias picantes de Luisiana | New Orleans Cajun Delights | P.O. Box 78934 |
| | 6 | Mermelada de grosellas de la abuela | Grandma Kelly's Homestead | 707 Oxford Rd. |
| | 7 | Peras secas orgánicas del tío Bob | Grandma Kelly's Homestead | 707 Oxford Rd. |
| | 8 | Salsa de arándanos Northwoods | Grandma Kelly's Homestead | 707 Oxford Rd. |
| | 9 | Buey Mishi Kobe | Tokyo Traders | 9-8 Sekimai |
| | 10 | Pez espada | Tokyo Traders | 9-8 Sekimai |
| | 74 | Queso de soja Longlife | Tokyo Traders | 9-8 Sekimai |
| | 11 | Queso Cabrales | Cooperativa de Quesos 'Las Cabras' | Calle del Rosal 4 |
| | 12 | Queso Manchego La Pastora | Cooperativa de Quesos 'Las Cabras' | Calle del Rosal 4 |
| | 13 | Algas Konbu | Mayumi's | 92 Setsuko |
| | 14 | Cuajada de judías | Mayumi's | 92 Setsuko |
| | 15 | Salsa de soja baja en sodio | Mayumi's | 92 Setsuko |

*Figura 2.2. Ejemplo de información duplicada*

La tabla de la figura 2.2 es un claro ejemplo de aquello que se puede hacer en cualquier tabla, e incluso con cualquier hoja de cálculo. Ahora imagínate que uno de los proveedores cambia de dirección. Imagínate que, desde que se implantó la base de datos, se han incorporado 300 productos a este proveedor. Entonces, para modificar la dirección de este proveedor, ¡¡hay que modificar 300 registros de la tabla!! Estaríamos entonces ante un simple (o no tan simple) problema de eficiencia. Pero hay casos todavía peores. Observa la figura 2.3.

Ahora resulta que tenemos, en el segundo registro de la tabla, una dirección mal escrita del proveedor que sirve el producto. Pero, ¿cómo sabe el ordenador que precisamente esa dirección es la que está mal escrita?, ¿y si fueran los demás registros los que tuvieran mal la dirección y la del segundo registro fuera la correcta?, ¿y si tuviéramos un número mucho más elevado de registros, con varias direcciones diferentes para un mismo proveedor?

Y los problemas no terminan aquí. Imagínate que tenemos, en nuestra tabla un proveedor que únicamente sirve un producto. Al dar de alta el producto en nuestra base de datos tendremos también que introducir los datos del proveedor, ya que estos datos (los del proveedor) no existen en ningún otro producto de la base de datos. Si, por cualquier motivo, hay que eliminar este producto de la base de datos, con él también se perderán los datos del proveedor. Quizá nos hubiera interesado eliminar los datos

| Id. | Nombre de producto | Nombre de compañía | Dirección |
|---|---|---|---|
| 1 | Té Dharamsala | Exotic Liquids | 49 Gilbert St. |
| 2 | Cerveza tibetana Barley | Exotic Liquids | 40 Gilbert St. |
| 3 | Sirope de regaliz | Exotic Liquids | 49 Gilbert St. |
| 4 | Especias Cajun del chef Anton | New Orleans Cajun Delights | P.O. Box 78934 |
| 5 | Mezcla Gumbo del chef Anton | New Orleans Cajun Delights | P.O. Box 78934 |
| 65 | Salsa de pimiento picante de Luisiana | New Orleans Cajun Delights | P.O. Box 78934 |
| 66 | Especias picantes de Luisiana | New Orleans Cajun Delights | P.O. Box 78934 |
| 6 | Mermelada de grosellas de la abuela | Grandma Kelly's Homestead | 707 Oxford Rd. |
| 7 | Peras secas orgánicas del tío Bob | Grandma Kelly's Homestead | 707 Oxford Rd. |
| 8 | Salsa de arándanos Northwoods | Grandma Kelly's Homestead | 707 Oxford Rd. |
| 9 | Buey Mishi Kobe | Tokyo Traders | 9-8 Sekimai |
| 10 | Pez espada | Tokyo Traders | 9-8 Sekimai |
| 74 | Queso de soja Longlife | Tokyo Traders | 9-8 Sekimai |
| 11 | Queso Cabrales | Cooperativa de Quesos 'Las Cabras' | Calle del Rosal 4 |
| 12 | Queso Manchego La Pastora | Cooperativa de Quesos 'Las Cabras' | Calle del Rosal 4 |
| 13 | Algas Konbu | Mayumi's | 92 Setsuko |
| 14 | Cuajada de judías | Mayumi's | 92 Setsuko |
| 15 | Salsa de soja baja en sodio | Mayumi's | 92 Setsuko |

*Figura 2.3. Ejemplo de información inconsistente*

del producto sin perder los datos del proveedor, pero el diseño de la "base de datos" no nos lo permite.

Lo ideal habría sido separar la información de los productos y la información de los proveedores, y tener alguna herramienta que nos asocie productos con proveedores. Precisamente para suplir estas y otras carencias surge el modelo relacional.

# El modelo relacional

Decimos que Access 2000 (así como todas las versiones anteriores de Access) es un *Gestor de bases de datos relacional*.

¿Qué es una base de datos relacional? Es una base de datos que además de los elementos presentes en las bases de datos (tablas, consultas, formularios, etc.) incluye un modo de *relacionar* las tablas. Es por ello por lo que denominamos *Relaciones* a estas herramientas.

Siguiendo con nuestro ejemplo, para evitar los problemas expuestos anteriormente, hemos decidido almacenar los productos en una tabla "Productos" y los proveedores, en una tabla "Proveedores".

Si tenemos una tabla "Proveedores" y otra tabla "Productos", lo ideal será que la base de datos "conozca" que tienen algo que ver, ya que los productos son servidos por los proveedores. En este caso se crearía una relación entre la tabla "Productos" y la tabla "Proveedores". Así, "Productos" y "Proveedores" dejan de ser elementos independientes desde el punto de vista de la base de datos. Fíjate en la figura 2.4.

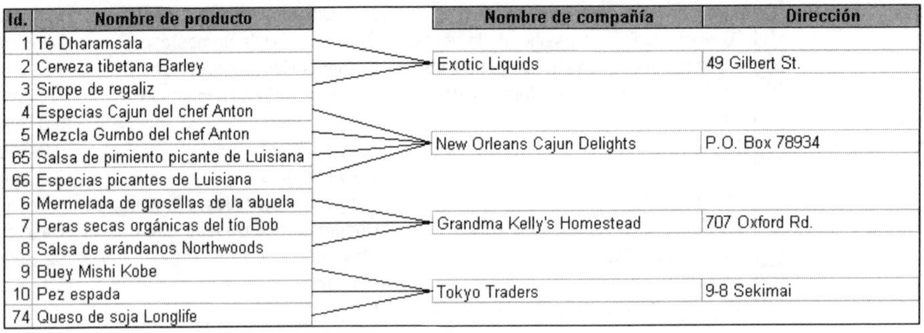


*Figura 2.4. Relación entre dos tablas*

Ahora existe un único lugar donde se almacenan los datos de un producto y un único lugar donde se almacenan los datos de un proveedor (contrariamente a lo que ocurría antes).

Evidentemente, un planteamiento de este tipo exige un estudio previo a la implementación. Como venimos afirmando a lo largo del capítulo, no podemos simplemente comenzar con la implementación de la base de datos sin haber dado una serie de pasos antes.

Concretamente, en el tema que ahora nos ocupa, tenemos que estudiar algún modo de estructurar nuestras ideas para afrontar con éxito la creación de las tablas y de las relaciones en nuestra base de datos. Una de las mejores herramientas de las que podemos disponer para ello es el diagrama entidad-relación de nuestra base de datos.

# El diagrama entidad-relación

Para representar las tablas que existen en una base de datos, así como las relaciones que existen entre ellas, se utilizan los diagramas "entidad-relación". En estos diagramas se muestran las tablas de la base de datos y las relaciones que existen entre ellas, además de mostrar su cardinalidad y su opcionalidad.

**Nota**

*Estos diagramas son muy similares al contenido de la ventana* **Relaciones**, *que podemos encontrar en Access 2000 bajo el menú* **Ver**.

Veamos todos estos conceptos uno por uno, estudiando cómo elaborar un diagrama entidad-relación.

# Elaboración del diagrama entidad-relación

Para proceder con éxito a la elaboración del diagrama entidad-relación, debemos tener claros los siguientes conceptos:

- Una *entidad* es un elemento que existe (de forma tangible o intangible), y que puede distinguirse de otros elementos.
- Una *relación* crea algún tipo de asociación entre dos elementos (entidades) distintos.

Por ejemplo, en nuestro esquema de proveedores y productos: "Sirope de regaliz", "Salsa de pimiento picante de Luisiana", "Pez espada", "Exotic Liquids", "Tokio Traders" son entidades, y hay una relación entre el proveedor "Exotic Liquids" y el producto "Sirope de regaliz", así como existe una relación entre el proveedor "Tokio Traders" y el producto "Pez espada".

## Los conjuntos de entidad

Un conjunto de entidad no es más que una agrupación de entidades del mismo tipo. En nuestro caso, "Proveedores" sería uno, al igual que "Pedidos". Los conjuntos de entidad se representan con un rectángulo que contiene el nombre del conjunto de entidad. Observa la figura 2.5.

## Los conjuntos de relación

Los conjuntos de relación, de forma análoga, están formados por todas las relaciones existentes entre los conjuntos de entidad. Los conjuntos de relación son más difíciles de percibir que los conjuntos de entidad.

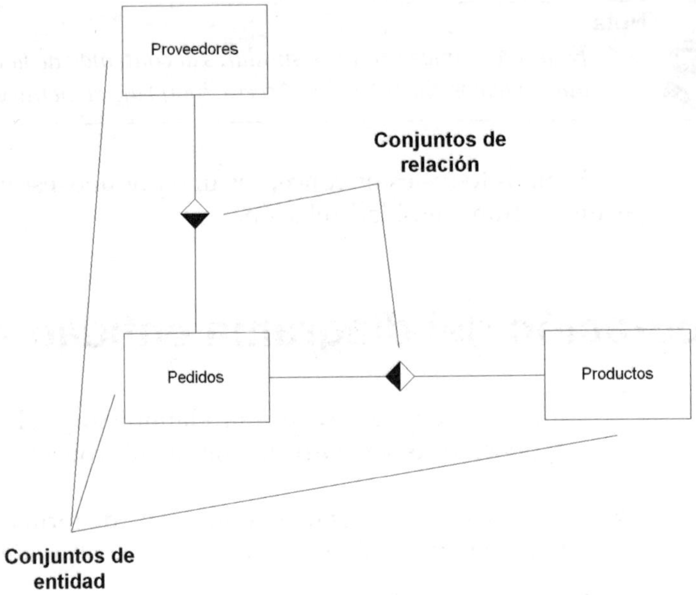


*Figura 2.5. Los elementos de un diagrama entidad-relación*

Parece claro que "Proveedores" sea un conjunto de entidad, pero lo no está que haya que crear un conjunto de relación entre "Proveedores" y "Pedidos".

Los conjuntos de relación se representan con una línea que une dos conjuntos de entidad. En la mitad de esta línea aparece un cuadrado rotado 45º, que tiene significados diferentes según la forma en la que esté rellenado. Observa la figura 2.6.

**Aviso**

*Es importante que la diferencia entre conjunto y ocurrencia quede clara. "Juan" es una entidad, "Personas" es un conjunto de entidad. "Juan" asociado a "Pedido del 15/01/98" es una relación, "Proveedores" relacionado con "Pedidos" es un conjunto de relación.*

## Determinación de las entidades del sistema

Las entidades son cosas o elementos distinguibles en el sistema (las de fuera del sistema no nos interesan).

Las entidades de un sistema las podemos agrupar en tres grandes bloques:

- Físicas: objetos físicos del sistema como son: personas, elementos, nóminas, facturas, etc.
- Abstractas: entidades organizativas como son: proyectos, departamentos, presupuestos, etc.
- Sucesos: situaciones que ocurren o suceden como son: entregas, fallos en el sistema, ventas, cobros, etc.

## Determinación de los conjuntos de entidad

En un mismo conjunto de entidad deben estar los elementos que tengan las mismas propiedades.

Por tanto, todos los productos estarían en el conjunto "Productos" y ninguno en el conjunto "Proveedores".

## Determinación de los conjuntos de relación

Definidos ya los conjuntos de entidad, hay que ver qué relaciones existen entre ellos. Estas relaciones son las que se definen como conjuntos de relación.

## Determinación de los atributos

Todavía nos resta completar el diagrama entidad-relación añadiendo toda la información interesante para que, al estar documentado al máximo, sea lo más *autoexplicativo* posible. De este modo, entre otras cosas, debemos determinar los atributos de cada conjunto y mostrarlo en el diagrama.

Los *atributos* son, por lo tanto, las propiedades que tienen los elementos que forman un conjunto. Mostraremos los atributos al lado de cada conjunto de entidad. Además de esto, debemos tener en cuenta que uno de los atributos debe actuar como *Identificador* de cada entidad del conjunto. Este atributo especial se muestra subrayado, para distinguirlo del resto.

**Nota**

*Un identificador es un atributo que distingue de forma unívoca a una entidad dentro del conjunto de entidades. Dentro de un mismo conjunto de entidades, no pueden existir dos entidades diferentes con el mismo identificador. Por ejemplo, un identificador de una persona en un censo de población podría ser su DNI.*

En los ejemplos que se muestran en los libros, los atributos siempre aparecen muy claros: se pone el típico ejemplo de proveedores y pedidos, y se dice que los atributos de un proveedor son su nombre, dirección, teléfono, etc. En los pedidos, se dice que los atributos son la fecha del pedido, el proveedor, etc.

Con ejemplos así, y sin una profundización mayor, es fácil caer en una serie de errores, que debemos evitar por todos los medios. En la determinación de los atributos de cada conjunto entidad, deberías considerar las siguientes reglas:

### Cada atributo de una entidad debe estar relacionado directamente con el tema de la entidad

Esto parece evidente, pero es una buena regla a tener en cuenta a la hora de determinar los atributos de un conjunto entidad. Por ejemplo, si tenemos un conjunto entidad "Productos", a primera vista no parece que el teléfono del proveedor que sirve el producto sea un atributo adecuado para el conjunto entidad, no porque no esté relacionado, sino porque no lo está directamente.

### Nunca incluyas datos derivados o calculados

Por ejemplo, si tienes un conjunto de entidad "Pedidos", no incluyas el coste total del pedido si puedes calcularlo a partir de los detalles del pedido ya almacenados. Si puedes calcularlo, calcúlalo.

### Incluye toda la información necesaria

A pesar de que debes cuidar el número de campos y su longitud para no malgastar espacio en el disco duro, trata de no caer en la racanería. Si una información te puede resultar útil, inclúyela. Es mejor definir un atributo ahora que definirlo más tarde. Si una vez diseñada la base de datos, te das cuenta de que te vendría bien incluir un determinado atributo en una tabla, para incluir ese atributo tendrás que modificar (en el mejor de los casos) la tabla y los formularios que la utilicen, para incluir el nuevo campo. Ahora simplemente tienes que incluirlo en tu esquema. Tú verás.

## Determinación de la cardinalidad

La *cardinalidad* expresa el *número de relaciones* en las que puede aparecer involucrada una determinada entidad. Nosotros trabajaremos con cardinalidades 1:1 (uno a uno), 1:N (uno a varios) y N:M (varios a varios). Observa los ejemplos de la figura 2.6.

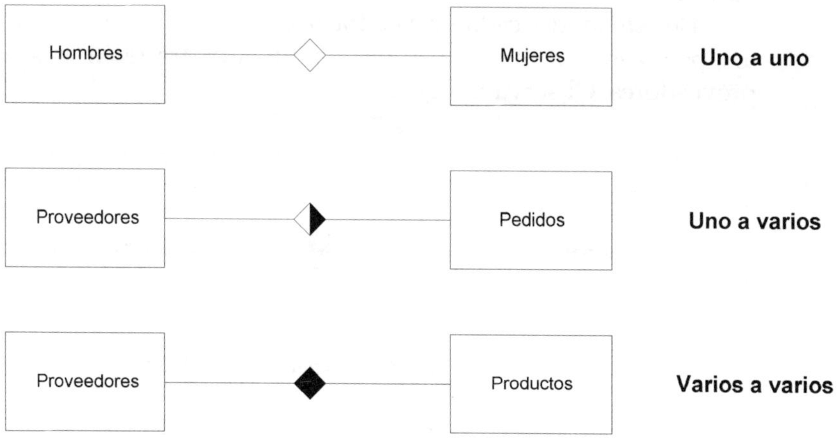


*Figura 2.6. Las cardinalidades en nuestro esquema entidad-relación*

### Relaciones uno a varios

Es el tipo más usual de relación. Por ejemplo, en nuestro caso, se daría si cada pedido sólo se realiza a un proveedor (el caso más usual). Para ser más claros, si tenemos una relación uno a varios entre "Proveedores" y "Pedidos", cada proveedor podrá tener asociados varios pedidos, pero un pedido tan sólo podrá tener asociado un proveedor. Observa la figura 2.7.

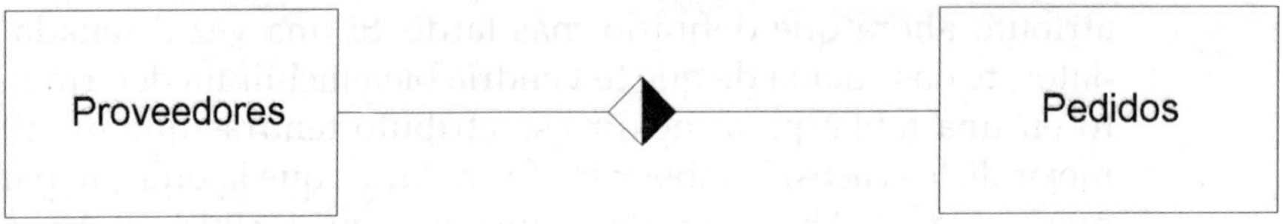


*Figura 2.7. Relación uno a varios*

## Relaciones varios a varios

Este tipo de relación es un poco más complejo. Imaginemos ahora que llevamos un control de productos en nuestra base de datos. Los proveedores sirven productos, de modo que cada proveedor sirve varios productos. Pero, a su vez, un mismo producto puede ser servido por varios proveedores. En ese caso tendríamos que usar una relación varios a varios.

De este modo, cada proveedor podrá tener asociados varios productos, pero cada producto, a su vez, también podrá tener asociados varios proveedores. Observa la figura 2.8.

*Figura 2.8. Relación varios a varios*

## Relaciones uno a uno

En esta relación se determina que cada entidad tan sólo puede estar asociada a otra. Por decirlo de otro modo, cada proveedor tan sólo podrá servir un pedido y cada pedido tan sólo podrá ser servido por un proveedor. En nuestro ejemplo, esta relación no parece muy útil. Con otro ejemplo quizá quede más claro. Imagínate un censo de población. Ahora imagínate que tenemos que almacenar una relación del tipo "está casado/con". Este tipo de relación es, claramente (al menos en la cultura occidental), uno a uno. Puedes ver representada una relación uno a uno en la figura 2.9.

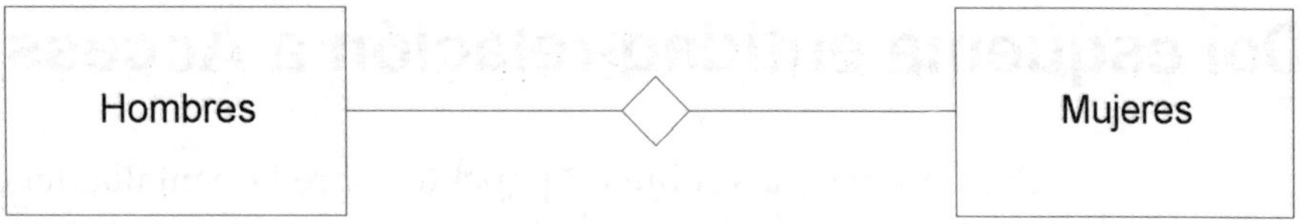


*Figura 2.9. Relación uno a uno*

Aparte de estos casos especiales, las relaciones uno a uno se suelen emplear para ampliar información acerca de una determinada entidad, información que no deseamos incluir entre los atributos de la misma entidad, sino que queremos almacenar de forma independiente. Antes de crear una relación uno a uno por esta causa, asegúrate de que lo que realmente quieres hacer no es añadir campos a la tabla.

## Determinación de la opcionalidad

Puede darse el caso de que algunas entidades de un conjunto de entidad no necesiten participar en un determinado conjunto de relación, es decir, no necesiten estar ligadas a otras entidades por alguna relación del conjunto de relación. Esto se representa con un pequeño círculo cerca del conjunto de entidad cuya participación es opcional en la línea que le une con la relación.

La figura 2.10 muestra un ejemplo de opcionalidad en un esquema entidad-relación.

**Aviso**

*Hasta aquí hemos utilizado los conceptos "Conjunto de entidad" y "Conjunto de relación". A partir de aquí nos referiremos a estos conjuntos como "Entidad" y "Relación", no porque sea así, sino porque es la nomenclatura que usa Access 2000.*

*Figura 2.10. Ejemplo de opcionalidad*

# Del esquema entidad-relación a Access 2000

Bien. Ya tenemos sobre un papel (o sobre la pantalla del ordenador) el esquema entidad-relación de nuestra base de datos. Parece que ya va siendo hora de aproximarnos un poco a lo que vamos a tener que hacer en Access, ya que, hasta ahora, ni siquiera lo habíamos mencionado.

Lo cierto es que desde el esquema entidad-relación al diseño de las estructuras en Access hay unos pasos que son puramente mecánicos y, sobre todo, bastante sencillos. Comencemos.

**Aviso**

*Tan sólo recordarte que en el capítulo dedicado a tablas y relaciones, se explicará todo lo relativo a la creación de tablas y relaciones ya sobre una base de datos de Microsoft Access 2000. Aquí te vamos a decir qué tablas y qué relaciones tendrás que crear. En el capítulo de tablas te diremos cómo crearlas.*

## Las entidades

Cada entidad se transforma inmediatamente en una tabla. La entidad "Pedidos" se transforma en la tabla "Pedidos". Sus atributos pasan a ser sus campos, y su identificador pasa a ser su clave primaria.

**Consejo**

*Si no conoces estos conceptos, te aconsejamos que leas el capítulo dedicado a las tablas, donde se exponen, antes de continuar.*

## Las relaciones

La creación de las relaciones es un proceso prácticamente inmediato. Veamos una por una las relaciones que podemos tener.

### Uno a varios

Para crear una relación uno a varios, tenemos que incluir un atributo adicional en la tabla que tiene cardinalidad 1 en la relación. A este atributo le llamamos *clave externa*, y no es más que una referencia a la clave primaria de los registros de la tabla relacionada. Por ello la clave externa debe ser del mismo tipo que la clave primaria de la tabla relacionada. Observa la figura 2.11.

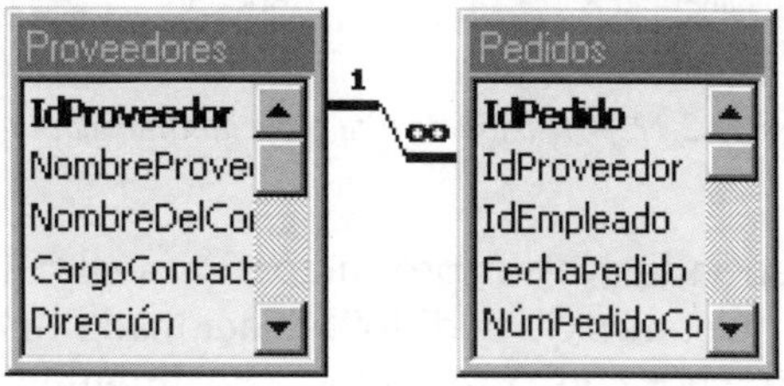


*Figura 2.11. Una relación uno a varios*

## Uno a uno

En el modelo relacional, podemos considerar las relaciones uno a uno como un caso particular de relación de uno a varios. Para crear una relación uno a uno, procedemos del mismo modo que en el caso anterior, es decir, creamos una *clave externa* que referencie a la clave primaria de la otra tabla.

La diferencia entre una relación uno a uno y una relación uno a varios es que, en la relación uno a uno, tenemos que imponer una condición de unicidad en la *clave externa*. Esto quiere decir que la clave externa no puede tener duplicados, del mismo modo que las claves primarias. En Access 2000, esta condición se impone creando un índice sin duplicados sobre la clave externa, como veremos en el capítulo dedicado a las tablas.

## Varios a varios

Para las relaciones varios a varios no basta con añadir una clave externa, sino que necesitamos una tabla auxiliar. Situaremos esta tabla entre cada relación de las entidades relacionadas "varios a varios", de forma que crearemos dos conjuntos de relación "uno a varios". Observa la figura 2.12, y todo este lío estaría más claro.

¿Qué es exactamente lo que hemos hecho? Hemos creado una relación varios a varios entre "Pedidos" y "Productos". Esto es porque un mismo producto puede aparecer en varios pedidos, y un pedido puede

*Figura 2.12. Creación de una tabla auxiliar para una relación "varios a varios"*

tener asociados varios productos. Para ello, hemos creado una tabla intermedia: "Detalles de pedido", relacionada uno a muchos con "Pedidos" y uno a muchos con "Productos". Realmente, "Detalles de pedido" no contiene más que las líneas de cada pedido que se ha realizado en la base de datos. Detente a pensar por qué.

# Conclusiones

Pues con esto concluimos el análisis de la estructura de la base de datos, para pasar al diseño de nuestros formularios. Tan sólo recordar que en este capítulo hemos tratado de sentar las bases para crear, de forma estructurada, un diseño correcto que no haya que variar en las siguientes fases de desarrollo.

Pero, en contra de la opinión de muchos, es prácticamente imposible crear un diseño perfecto, inmutable. A pesar del interés que pongamos en que el diseño de las estructuras de la base de datos sea bueno, probablemente más tarde encontraremos algún detalle que haya que cambiar para poder continuar. Evidentemente, cuanto más tiempo hayamos dedicado al análisis de las estructuras, menos probabilidad tendremos de encontrarnos con tropiezos de este tipo, pero nunca podremos asegurar que nuestra base de datos esté exenta de este tipo de imprevistos.

Una vez más queremos subrayar la importancia del correcto desarrollo de la fase que acabamos de exponer, que además suele ser, en la mayoría de las ocasiones, infravalorada.

# 3

# *Diseño de los formularios*

**H**ace algunos años, los pocos afortunados que tenían acceso a los ordenadores personales eran unos entendidos en la materia. De hecho, se impuso el tópico de que para usar un ordenador había que ser casi un "genio informático".

Con este panorama, las aplicaciones que más éxito tenían eran las de gran funcionalidad, que entonces sólo se podía conseguir a base de complicadas combinaciones de teclas y, en algunos casos, a base de tímidos golpes de ratón. El tiempo de aprendizaje de uso de una aplicación era elevado. Lo importante no era tanto cómo trabajaba la aplicación, sino qué era lo que hacía.

Sin embargo, ahora la situación está cambiando. Las aplicaciones están evolucionando. ¿Quieres saber en qué? ¿Quieres no quedarte atrás? Pues ponte cómodo y sigue leyendo.

# Introducción

En los años 80 se trató de impulsar una máxima en el mundo de la informática: "Un ordenador personal en cada casa y en cada oficina". Seguramente los informáticos de aquella época poco podían imaginar que apenas 10 años después, prácticamente se había conseguido el objetivo.

Cada vez son más los hogares que tienen un hueco reservado para un ordenador personal. Un ordenador personal que no suele tener encomendadas complejas tareas de cálculo, sino más bien el uso de aplicaciones simples y de fácil manejo. Estamos hablando de un procesador de textos, alguna hoja de cálculo y, en ocasiones, varios juegos.

Y se reclama una mayor facilidad de uso. Los usuarios no estamos dispuestos a leernos manuales de más de mil páginas para aprender a usar un procesador de textos o un programa de diseño gráfico. Y estos mismos usuarios son los que después van a trabajar a una oficina y se encuentran enfrente de un ordenador. A muchos les gustaría que el ordenador de su oficina fuera tan sencillo de usar como el de su casa, pero en muchos casos, se encuentran que no es así.

Aun así, no podemos, ni de lejos, afirmar que la importancia de la funcionalidad de las aplicaciones haya pasado a un segundo plano. Es importante que las aplicaciones sean potentes. Examinemos por ejemplo el procesador de textos Microsoft Word. Puede ser tan simple o tan complejo como el usuario quiera. Se puede usar Microsoft Word para escribir una simple carta en la que, a lo sumo, se han subrayado un par de palabras, pero también se pueden definir macros complejas, se pueden crear textos que se combinarán después con bases de datos para realizar mailings, etc.

Recuerdo hace tan sólo unos años, cuando el procesador de textos más extendido era WordPerfect 5.1. Consistía en una aplicación en modo texto (esto es, no presentaba ningún gráfico, ningún icono en pantalla), donde todo se hacía a base de combinaciones de teclas (F6 para negrita, F8 para subrayar...), o en un menú lleno de opciones, accesible tanto mediante teclado como mediante ratón. Seguramente los más viejos del lugar recordarán esa pantalla azul ante la cual pasamos tantísimas horas.

WordPerfect existía prácticamente en todos los ordenadores con MS-DOS. Era "El Procesador de Textos". Sin embargo, la situación cambió de repente, con la llegada de Windows 3.1 y Microsoft Word 2.0. Este procesador de textos era diferente a WordPerfect. Las tareas se hacían mediante pulsaciones de ratón. Disponíamos de botones (¡de botones!). Si queríamos poner una palabra en negrita, la seleccionábamos y pulsábamos un botón con una 'N'.

Estábamos ante un programa en el que se había dado una gran importancia a la facilidad de uso. Al arrancar Microsoft Word, aparecía una pantalla en blanco donde se comenzaba a escribir. Si concluíamos nuestra tarea, no teníamos que buscar entre pantallas y pantallas de menús para poder imprimir nuestro trabajo. Tan sólo teníamos que dirigirnos con el ratón a la parte superior de la pantalla y pulsar un botón que contenía un icono con forma de impresora.

WordPerfect no reaccionó a tiempo, y cuando quiso proponer un procesador de textos más cercano al usuario, más sencillo de usar, Microsoft ya había contraatacado con su Microsoft Word 6.0, aún más fácil de usar (y también más potente).

Y así hemos llegado hasta la actualidad, donde disponemos de Microsoft Word 2000, un procesador de textos que es capaz de ir realizando una corrección ortográfica y gramatical a medida que escribimos. Hasta puedes disponer de un ayudante para realizar tus trabajos (figura 3.1).

*Figura 3.1. El ayudante de Office. ¿Podríamos habérnoslo imaginado en las aplicaciones de hace tan sólo cinco años?*

¿Qué es lo que queremos decir con todo esto? Queremos subrayar la importancia que tiene en la actualidad el aspecto de las aplicaciones y, sobre todo, su facilidad de uso. Es primordial que el usuario se sienta cómodo con la herramienta que tiene delante.

El construir una aplicación de base de datos que sea capaz de generar todo tipo de informes no va a servir de nada si el usuario no es capaz nunca de llegar hasta esas opciones. Quizá deberíamos haber centrado nuestros esfuerzos en desarrollar un interfaz agradable y fácil de usar.

En este capítulo vamos a exponer algunas conclusiones extraídas de estudios realizados en el campo del diseño de interfaces de usuario, diseño de formularios, diseño gráfico, etc. Sin duda pensamos que la diferencia entre una aplicación de base de datos mediocre y una buena está no sólo en la calidad de su implementación, sino también en la calidad del diseño de aquello que el usuario va a tener delante. Si aún no estás convencido, observa la figura 3.2.

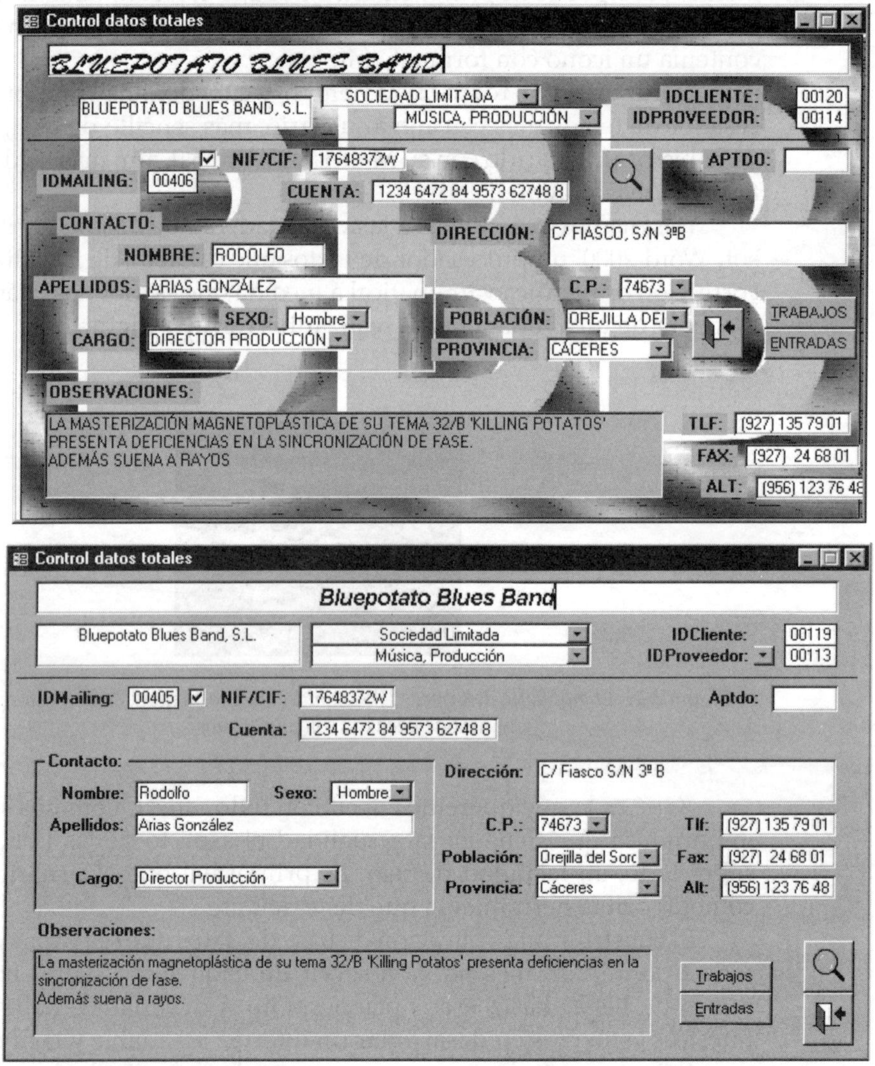


*Figura 3.2. Dos formularios con la misma información. ¿Con cuál preferirías trabajar?*

# ¿Para qué sirve un formulario?

Definir cuáles son las funciones que puede desempeñar un formulario en Microsoft Access podría resultar de gran ayuda a la hora de diseñar estos formularios. Pero antes, introduzcamos algunos conceptos:

## Entradas y salidas

Definimos como *entrada de datos* al proceso de introducir información en nuestra base de datos. Tanto la adición de información como la modificación de la existente forma parte del proceso de entrada de datos.

Definimos como *salida de datos* al proceso de extraer (en el sentido de visualizar, no de eliminar) información de nuestra base de datos.

## El interfaz de usuario

Definimos como *interfaz de usuario* al entorno a través del cual se produce la comunicación entre el ordenador y la persona que lo utiliza. Realmente, desde el punto de vista del usuario, el interfaz que lo comunica con el ordenador no debe ser considerado distinto de lo que permite a un piloto pilotar su avión o lo que permite a un médico interpretar un escáner.

Del mismo modo que es lógico que un piloto tenga en su panel de mandos todos los dispositivos necesarios para controlar el vuelo, parece lógico que un usuario de un sistema informático disponga de un conjunto de herramientas que le permitan desempeñar su trabajo de la mejor forma posible. Asimismo, un piloto no necesita tener control sobre la válvula de inyección de combustible de su motor, puesto que ésta pertenece al motor, y deben ser los mecánicos los que se ocupen de controlarla y de que funcione correctamente. Del mismo modo, un usuario de un sistema informático no debe tener control sobre los detalles internos del sistema.

## Los formularios en Microsoft Access

Se han escrito gran cantidad de libros hablando del diseño de interfaces de usuario, y de entradas y salidas de datos. Se diferencia entre el diseño del interfaz de usuario, y el diseño de entradas y salidas de datos. Pero en Access esta diferencia no queda muy clara. Veamos por qué.

El diseño del interfaz, y de entradas y salidas se realiza a través del diseño de formularios. Son los formularios los que contienen los elementos (botones) que nos permiten realizar unas acciones u otras (diseño del interfaz de usuario), pero asimismo son los formularios los que contienen los elementos que sirven para mostrar e introducir información (diseño de entradas y salidas). Es más, suele ser una situación habitual encontrarse formularios que contienen ambos tipos de elementos.

**Nota**

*Los formularios no son los únicos elementos que nos permiten interaccionar con el sistema en Microsoft Access. También podemos disponer de menús y de barras de herramientas, pero dado que la programación es más compleja, no siempre se usan. Por ello, para simplificar, consideraremos el diseño del interfaz de usuario dentro del diseño de formularios.*

Resumiendo, con los formularios el usuario puede:

- **Comunicar** qué desea hacer (interfaz de usuario)
- **Obtener** información (salida de datos)
- **Introducir** información (entrada de datos)

# ¿Qué información mostrar?

El estudio de la *cantidad* de información que se va a mostrar en un formulario determinado puede parecer irrelevante. En muchos casos, se obvia este estudio y se continúa con el siguiente. Pero es importante controlar la cantidad de información que hay que mostrar. Es evidente que un formulario de clientes debe contener el nombre y teléfono del mismo, pero no lo es que contenga la lista de facturas emitidas al cliente, o su saldo.

El incluir en el formulario de clientes un listado con todas las facturas emitidas a ese cliente puede resultar útil en algunas ocasiones, pero en otras, también puede saturar al formulario de información innecesaria, haciendo que el formulario sea incómodo para el trabajo habitual. Quizá en determinadas ocasiones sea mejor incluir un botón "Facturas" dentro de dicho formulario, de modo que al pulsar este botón aparezca *otro* formulario con la información relativa a las facturas emitidas.

El abrumar al usuario con información puede resultar en una aplicación espectacular, pero incómoda. Sin embargo, tampoco podemos correr el riesgo de situarnos en el otro extremo: una excesiva escasez de información generará ansiedad en el usuario, que tendrá que pulsar botones y botones para encontrar la información que desea. De nuevo nos encontraríamos en el caso de haber creado una aplicación incómoda por no haber regulado correctamente la cantidad de información. Por ejemplo, en un formulario de clientes, no tiene sentido tener que pulsar un botón para poder ver algo tan usual como su teléfono (figura 3.3).

*Figura 3.3. ¿Proporciona suficiente información este formulario?*

¿Cómo sabremos si hemos alcanzado alguno de los dos límites? Mostrando, en principio, sólo aquella información que el usuario considere como importante. Por ejemplo, en un formulario de creación de una factura parece útil incluir todos los datos acerca del cliente (dirección, teléfono, etc.), pero no necesariamente importante. En la mayoría de los casos, bastará indicar el nombre del cliente en el formulario de creación de la factura (figura 3.4).

**Consejo**

*A la hora de imprimir la factura, lógicamente, deberán aparecer ciertos datos del cliente, pero no suele ser necesario que la información aparecida en los formularios sea un fiel reflejo de la información que aparecerá en los informes.*

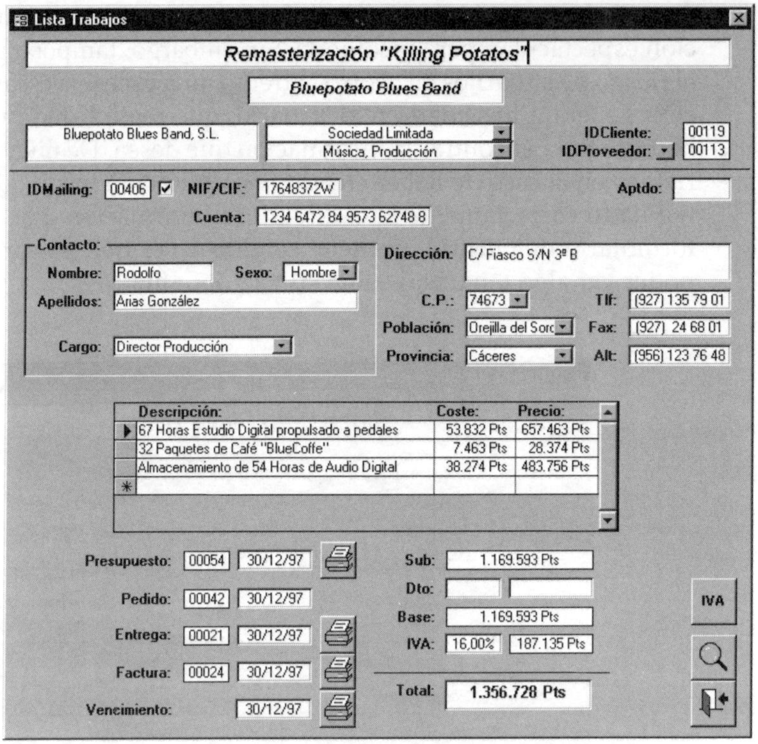


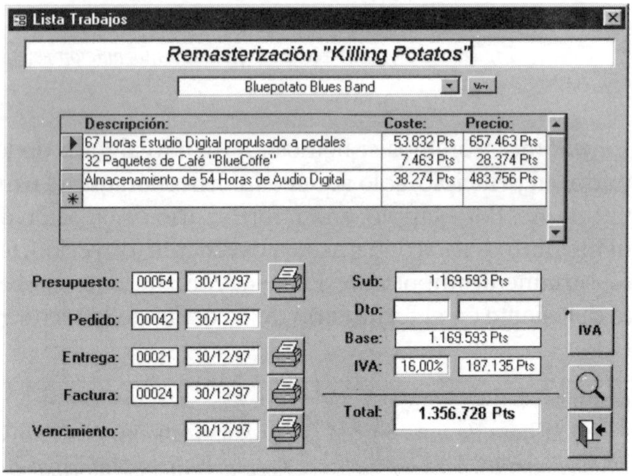


*Figura 3.4. Dos formularios de creación de factura*

## La entrada de datos

Todo lo expuesto en este capítulo es válido para cualquier formulario, sea cual sea su función. Pero en los formularios que sirvan para entrada de datos, debemos hacer algunas consideraciones adicionales, antes de continuar.

Imaginemos qué es lo que pasaría si nuestros formularios no tuvieran un diseño correcto en lo que a la entrada de datos se refiere. Imaginemos, por ejemplo, que cada vez que un usuario tuviera que iniciar una transacción en un banco tuviera que introducir la fecha y la hora. Evidentemente, este tipo de información puede ser proporcionada fácilmente por el sistema, de forma automática, así que... ¿por qué no hacerlo?

Entonces... ¿qué información es la que debemos dejar al usuario y cuál es la que debe proporcionar automáticamente el sistema?

El usuario no debería tener que introducir la siguiente información:

- **Datos constantes**, como la fecha y la hora actual.
- **Detalles que el sistema puede recuperar**, como la descripción de un producto, dada la clave que lo identifica.
- **Detalles que el sistema puede calcular**, como el subtotal de una factura o la cantidad de IVA.

## ¿Cómo mostrar la información?

Una vez que sabemos qué información debemos mostrar en cada formulario, habremos hecho ya un pequeño esbozo del número de formularios, las relaciones entre ellos, cómo pasar de uno a otro, etc. Seguramente tendremos algún papel lleno de garabatos que tan sólo nosotros entenderemos. Pues tenemos que cuidarlo como oro en paño, porque ahora lo vamos a usar.

Al determinar la información que se va a mostrar en el formulario nos habremos encontrado con que no sólo tenemos que decidir qué información incluir, sino cómo hacerlo. Esto implica saber dónde vamos a situar cada campo dentro del formulario, con qué tipo de letra, con qué color, qué colores vamos a usar en los formularios, etc.

Éste es un paso importante, ya que va a ser la "cara" del programa, lo que el usuario va a ver en último término.

# Un aspecto homogéneo

No es difícil encontrarse con bases de datos diseñadas usando Access con muchos formularios que, si los observamos de forma independiente, parecen no tener nada en común, pudiendo llegar incluso a decirse que podrían pertenecer a bases de datos completamente diferentes.

Quizá éste es uno de los puntos que más se pasa por alto, especialmente si participan varias personas en el desarrollo de la base de datos. Se desarrollan los formularios uno por uno y de forma independiente. El resultado es que cada formulario tiene los botones en lugares diferentes, incluso con distintos textos o iconos para las mismas acciones. Algunos formularios tienen un botón para salir, otros no... los colores, tipos de letra, tamaños y formas son diferentes entre sí...

Evidentemente, hemos expuesto una situación extrema, pero que no es tan rara de encontrar. Realmente no es necesario que todos los formularios sean exactamente iguales, con los mismos colores, tamaños y formas, pero lo que sí es necesario es que exista una cierta similitud en todos los objetos de la base de datos, para que el usuario obtenga una sensación de homogeneidad y, sobre todo, de robustez.

**Consejo**

*Antes de comenzar con el diseño de los formularios sobre Microsoft Access, puedes intentar crear dos formularios-plantilla: un formulario para entrada y salida de datos, y otro para ejecución de órdenes. Después puedes usar estos formularios como plantilla para los que crees.*

# Los colores

No es fácil sentar una base sobre la que apoyarse en el tema del color. Por ello, trataremos de dar algunas reglas básicas para el tratamiento del color en nuestros formularios.

Seguramente habremos leído y oído una y otra vez que no hay que abusar del color en nuestros formularios, que usemos colores para resaltar la información importante, que combinemos los colores de forma que resulte cómoda, etc. Todo esto es cierto, pero nosotros hemos querido profundizar un poco más en la teoría del color para extraer algunas normas prácticas para poder seguir en el diseño de nuestros formularios.

# El fondo

Lo primero que deberíamos definir es el color del fondo y el color de primer plano. Access 2000 nos proporciona la posibilidad no sólo de definir un color de fondo, sino que el fondo sea un dibujo o una textura en mapa de bits.

Nuestra recomendación es no usar texturas o dibujos de fondo o, en caso de usarlos, que el contraste de esta imagen sea mínimo. Pensemos en que podría darse el caso de que los usuarios de nuestra base de datos tuvieran que pasar varias horas delante de los formularios que diseñemos. Un fondo con una imagen de alto contraste distraerá la atención de los datos situados en el primer plano. Este fondo quizá le dé un aspecto más llamativo a nuestra base de datos, pero seguramente también la hará más incómoda. En la figura 3.5 puedes ver un ejemplo de un fondo inadecuado para su uso en un formulario.

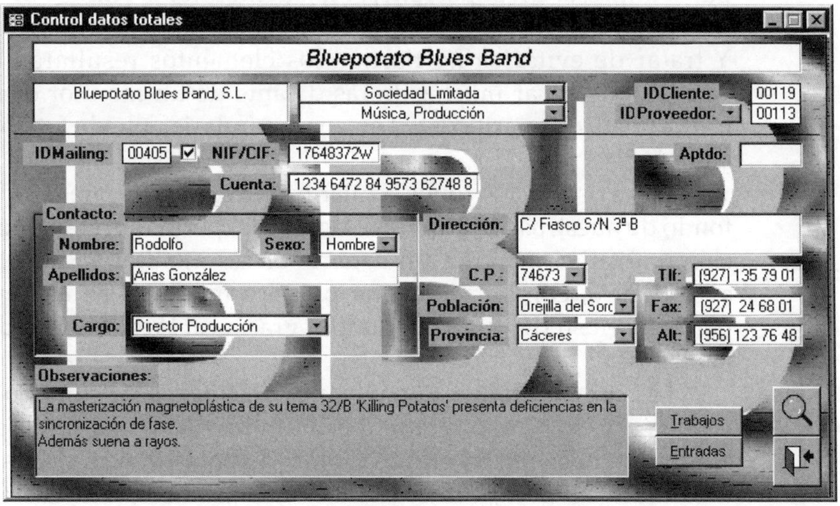


*Figura 3.5. ¿Parece este formulario adecuado para trabajar continuamente?*

# El color de primer plano respecto al color de fondo

El color de primer plano y el color del fondo están estrechamente relacionados. No se puede cambiar uno sin que la combinación se vea afectada. Si cambiamos uno de los dos, quizá haya que revisar el otro.

La característica principal de esta combinación es que debería ser una combinación de alto contraste. Es obvio que combinaciones del tipo gris oscuro/negro o del tipo blanco/gris claro no parecen demasiado buenas.

Se han realizado gran cantidad de estudios acerca del efecto del color sobre la retina humana, y existen muchos diseñadores que se han aventurado a clasificar las combinaciones de colores. Todos estos diseñadores coinciden en una serie de combinaciones que parecen muy buenas y otras, que no deberían usarse nunca. Pero las clasificaciones acaban variando mucho entre sí, así que no queremos incluir ninguna en este libro, puesto que una clasificación de este tipo puede resultar muy discutible.

Lo que no resulta tan discutible es lo que hemos afirmado anteriormente, y es que la combinación primer plano/fondo debe ser una combinación de alto contraste.

Tampoco debemos olvidar nunca que un monitor no es como un papel impreso. Un papel refleja luz; un monitor la emite. Por ello, deberíamos tratar de evitar usar colores claros en el fondo de nuestros formularios. Y tratar de evitarlos no porque los elementos resultaran poco claros, sino porque pasar muchas horas delante de un monitor que usa fondos claros (blanco, amarillo, etc.) en sus formularios puede fatigar la vista del usuario.

Los grises y los tonos azulados parecen una buena opción para el fondo de nuestros formularios. Algunos expertos afirman que la combinación que fatiga menos a un usuario en un monitor CRT es blanco sobre azul oscuro, combinación que prácticamente no se usa en Windows, pero que en su día fue muy famosa gracias al WordPerfect, del que antes hablamos.

Las combinaciones que *nunca* deberíamos usar son rojo/azul, azul/rojo, verde/rojo, rojo/verde, en ninguna de sus gamas. Estos colores, aunque se encuentran en posiciones distintas dentro del espectro de la luz visible, no producen combinaciones de alto contraste y fatigan especialmente al usuario.

Tampoco deberíamos usar formularios que contengan elementos en rojo y en azul simultáneamente. Los expertos en estos temas afirman que el cristalino enfoca de forma distinta el color rojo que el azul, con lo que la inclusión de textos con estos dos colores en un mismo formulario obligaría al usuario a reenfocar cada vez que cambiara de un texto a otro, siendo éste uno de los factores que más fatiga visual provoca. Así que es mejor evitarlo.

# Las formas

Dentro del diseño de las formas del formulario incluimos lo siguiente:

- Tamaño y proporciones del formulario.
- Tipos de letra y tamaños que se va a usar.
- Elementos de entrada/salida de datos.
- Botones.
- Elementos adicionales (líneas, imágenes, etc.).

## Tamaño y proporciones del formulario

En este punto deberíamos considerar cómo de grande y qué forma va a tener nuestro formulario: si va a ocupar toda la pantalla, si va a ser cuadrado, rectangular, etc.

El primer punto que nunca debemos olvidar es que el formulario se va a mostrar en la pantalla de un ordenador. Esta pantalla mantiene unas determinadas proporciones con las que el usuario es familiar. Para tratar de mantener las proporciones del monitor, tengamos en cuenta que la proporción ancho/alto de un monitor estándar es de 4:3, es decir, el ancho es 1,33 veces más grande que el alto.

También debemos tener en cuenta que, dada un área determinada, el cuadrado es el elemento que optimiza el espacio ocupado. ¿Qué quiere decir esto? Que, generalmente, es más difícil llenar un formulario con forma de cuadrado que con forma de rectángulo. En contraposición, un formulario cuadrado con la misma información parecerá más pequeño que un formulario alargado. Esta consideración debemos tenerla en cuenta una vez que conocemos la cantidad de información que debemos mostrar en el formulario. Si la cantidad de información es escasa, un formulario alargado, bien horizontal o verticalmente, puede ser una buena idea. Si la cantidad de información es grande, un formulario cuadrado o ligeramente alargado horizontalmente (para adaptarse a las proporciones del monitor) será el más adecuado para no "apelotonar" la información.

Y, sobre todo, debemos tratar de evitar la aparición de barras de desplazamiento a causa de un tamaño excesivo del formulario. Si no nos queda más remedio que incluir algún tipo de barra de desplazamiento, deberíamos preferir una barra de desplazamiento vertical a una horizontal. Las barras de desplazamiento horizontal son más incómodas porque hacen que el usuario tenga que moverse de izquierda a derecha para cada línea.

Las barras de desplazamiento vertical son las únicas herramientas de las que disponemos en el caso de la presentación de un *Formulario Continuo,* que frecuentemente aparecen como subformularios y, menos habitualmente, como formularios independientes. Resaltamos que es muy importante en estos casos tratar de evitar las barras de desplazamiento horizontales.

### Resolución de pantalla

Hay un aspecto que todavía no hemos mencionado, y que no por ello es menos importante. En el momento de diseño de los formularios se trabaja sobre un ordenador determinado, con un monitor determinado, y una resolución determinada. Es un error frecuente el diseñar una base de datos tomando como base la resolución de nuestro monitor, sin tener en cuenta que quizá los usuarios de esta base de datos no dispongan de la posibilidad de tener esa resolución en sus equipos.

No es improbable que, por ejemplo, el ordenador que usemos para el desarrollo de nuestra base de datos disponga de una resolución de 1024x768 píxeles, y que después los usuarios de esta base de datos dispongan de equipos que tan sólo puedan llegar a 800x600 o peor aún: 640x480.

Entonces, si hemos partido de una resolución mayor que la que los usuarios disponen en sus equipos, el resultado será posiblemente que los formularios se saldrán de la pantalla, con lo que Access tendrá que usar barras de desplazamiento para dar la posibilidad de visualizar todo el formulario.

Sin embargo, si hemos partido de una resolución menor que la que los usuarios disponen en sus equipos, los formularios no serán más grandes que la pantalla, pero en casos extremos podría ocurrir que los textos resultaran demasiado pequeños y, por tanto, ilegibles.

En la figura 3.6 se refleja la relación entre resolución de desarrollo y resolución de uso, cuáles podrían ocasionar problemas y cuáles resultan adecuadas.

## Los textos

El tipo de letra usado en el diseño de los formularios es un elemento muy importante al considerar la homogeneidad de los formularios en la

| | | Resolución de desarrollo | | | |
|---|---|---|---|---|---|
| | | 640x480 | 800x600 | 1024x768 | 1200x1024 |
| Resolución de uso | 640x480 | Perfecto | Regular. Es probable que algunos formularios se salgan del área de trabajo y aparezcan barras de desplazamiento | Mal. Ajustar los tipos de letra y el tamaño de los formularios para que dejen de aparecer las barras de desplazamiento. | Muy mal. Rediseñar completamente todos los formularios |
| | 800x600 | Bien. Revisar los formularios más pequeños y los que tengan gran cantidad de información | Perfecto | Regular. Es probable que algunos formularios se salgan del área de trabajo y aparezcan barras de desplazamiento | Mal. Ajustar los tipos de letra y el tamaño de los formularios para que dejen de aparecer las barras de desplazamiento. |
| | 1024x768 | Regular. Probablemente la mayoría de los textos serán ilegibles | Bien. Revisar los formularios más pequeños y los que tengan gran cantidad de información | Perfecto | Regular. Es probable que algunos formularios se salgan del área de trabajo y aparezcan barras de desplazamiento |
| | 1200x1024 | Mal. Rediseñar completamente los formularios | Regular. Probablemente la mayoría de los textos serán ilegibles | Bien. Revisar los formularios más pequeños y los que tengan gran cantidad de información | Perfecto |

*Figura 3.6. Relación entre resolución de desarrollo y resolución de uso*

base de datos. Si cada formulario usa un tipo de letra distinto para presentar los datos, la base de datos resultará claramente menos homogénea que si usamos el mismo tipo de letra para todos los formularios de la base de datos.

Los textos deberían cumplir las siguientes características:

## Legibilidad

Probablemente, la característica que más conviene cuidar en el diseño de una base de datos es la legibilidad de los textos.

¿Qué características son deseables para que un texto sea legible?

- NO ES RECOMENDABLE USAR MAYÚSCULAS EN TODO EL TEXTO. Aunque pueda parecer que el uso de mayúsculas puede resaltar un determinado texto, lo único que hace es disminuir su legibilidad, especialmente si el texto no es corto. Se debería evitar el uso de mayúsculas (salvo en la primera letra) especialmente en los nombres de los campos, así como en todas las casillas de introducción de datos. Observa el efecto de las mayúsculas sobre la legibilidad del texto en la figura 3.7.

*Figura 3.7. Efecto del uso de mayúsculas sobre la legibilidad del texto*

- El tipo de letra es especialmente importante en lo que a legibilidad se refiere. Se debe evitar el uso de letras de tipo script, así como de ancho pequeño. Tipos de letra de las familias Times, Courier o Arial parecen una buena opción. Por ejemplo, en la figura 3.8 hemos usado un tipo "BrushScript" para representar los textos del formulario.
- El tamaño de las letras debe ser suficiente como para poderlo leer. Un tamaño pequeño producirá fatiga en el usuario. Un tamaño demasiado pequeño, lógicamente, impedirá la lectura. Observa el efecto de un tamaño demasiado pequeño en la figura 3.9.
- La alineación de los textos también juega un papel importante en la legibilidad. Una alineación no homogénea, aplicada sin seguir ningún tipo de norma, dificultará la legibilidad del formulario. En la figura 3.10 puedes ver un ejemplo.

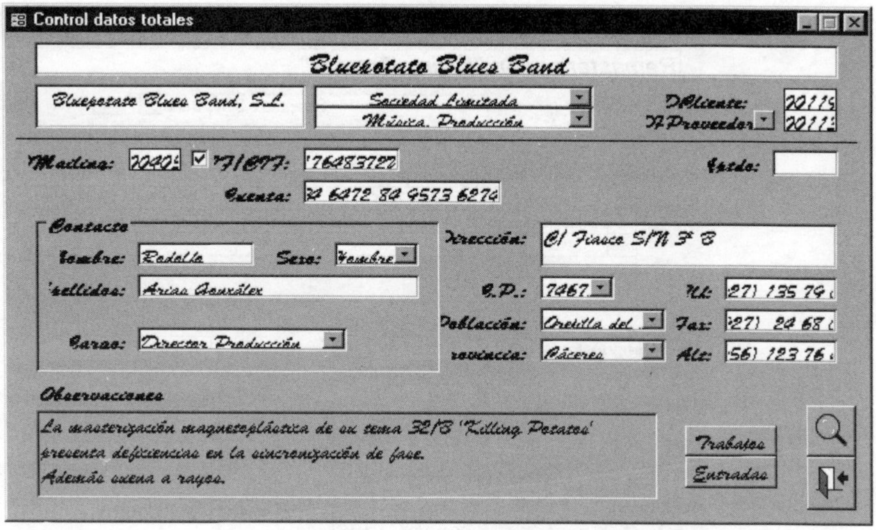


*Figura 3.8. Ejemplo de texto ilegible debido al tipo de letra*

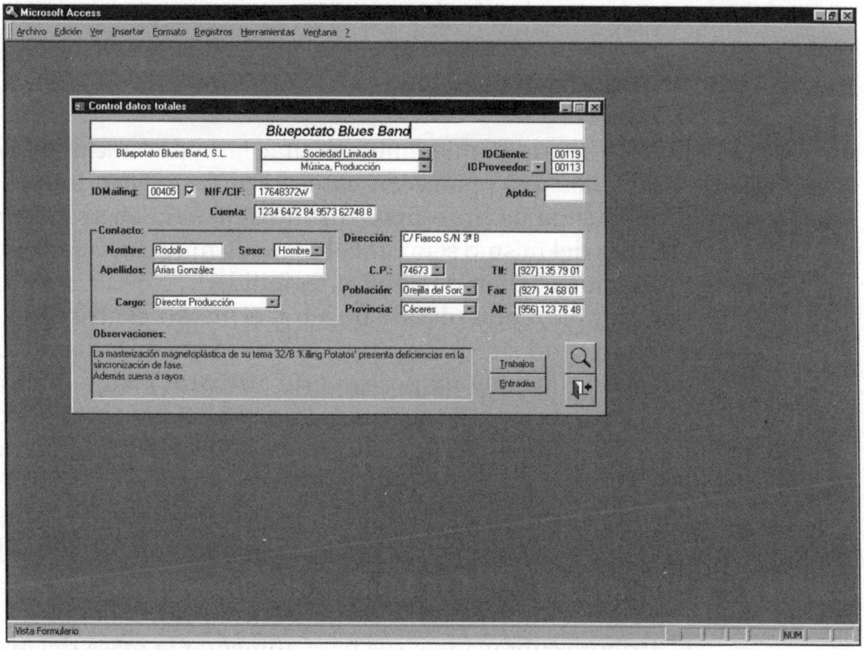


*Figura 3.9. Ejemplo de tamaño incorrecto del tipo de letra*

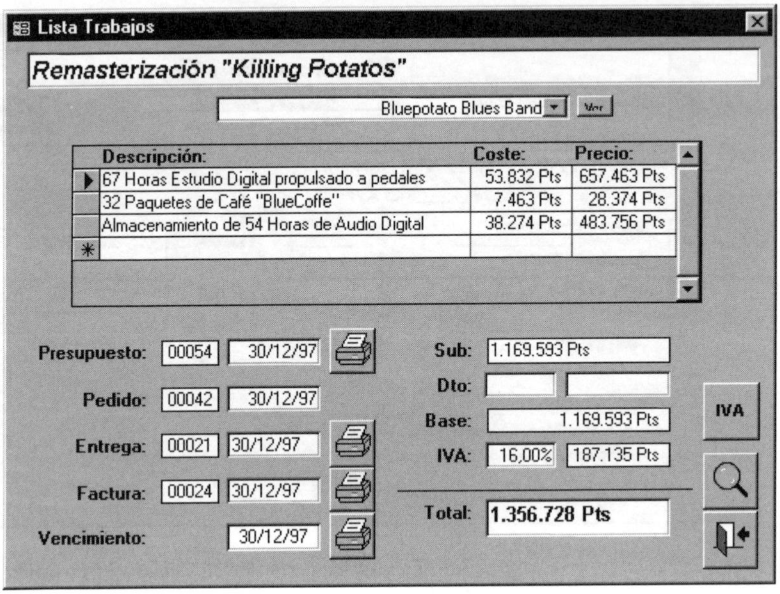


*Figura 3.10. Ejemplo de alineación incorrecta*

## Uniformidad

En este apartado queremos resaltar la importancia que los tipos de letra y tamaños que aparezcan en el formulario sean lo más uniformes posible. Si incluimos cinco tipos distintos de letra en un mismo formulario, la lectura del mismo será probablemente muy cansada, aún si los tipos de letra elegidos tienen una buena legibilidad.

Por ejemplo, dado un tipo de letra, el añadir el atributo **negrita** a un determinado texto sin duda propiciará que este texto llame más la atención que los textos que no posean este atributo. Pero tampoco podemos caer en el error de usar las negritas indiscriminadamente, ya que entonces se producirá justo el efecto contrario, y además el formulario será más ilegible.

El añadir el atributo *cursiva* al texto puede dotar al mismo de mayor elegancia y dinamismo, pero también disminuirá su legibilidad. Debemos olvidarnos por completo de diseñar un formulario cuyos textos estén todos en cursiva (lo cual no es extraño encontrar).

El atributo subrayado sirve para aumentar la masa del texto. Esto no tiene por qué estar ligado exactamente con que el texto subrayado sea más llamativo. El subrayado añade peso al texto, lo que en algunos casos puede ser contraproducente porque podemos desequilibrar el formulario, como veremos más adelante en el apartado "Peso de los objetos".

### Diferenciación

En Access disponemos de una gran cantidad de herramientas para llevar a cabo una diferenciación del texto. Por diferenciación entendemos que la información considerada como importante posea un formato diferente a la información no considerada así. Por ejemplo, imaginemos el formulario de clientes de una base de datos de una empresa. En la mayoría de los casos, la información más importante es el nombre del cliente al que nos estamos refiriendo, para no confundirlo con otro. En este caso, la diferenciación podría consistir en que el cuadro de texto que contiene el nombre del cliente sea más grande, el tamaño del texto más grande que el resto e incluso que pudiera poseer el atributo negrita.

## Los botones

Ahora que ya sabemos qué información debemos mostrar, y cómo hacerlo, veamos algunos elementos adicionales que deberían estar presentes en todo formulario.

Partimos de que queremos diseñar una aplicación en la que el usuario se sienta cómodo, siempre sepa qué va a ocurrir tras realizar una determinada acción, y sobre todo, sepa cómo hacer lo que desea. Muchas veces ocurre, sobre todo si no se conoce bien el sistema, que el usuario está en una situación a la que no deseaba llegar y de la que no sabe cómo salir. Imaginemos que al Sr. Pérez, que nunca había usado un ordenador, le acaban de poner uno en su despacho. Muy seguro de sí mismo, agarra el ratón y empieza a pulsar por todas partes. De repente, aparece el diálogo de configuración de Hardware de Windows 95. El pobre hombre empieza a temblar y todo lo que quiere hacer en ese momento es salir de ahí sin que ocurra nada. Afortunadamente alguien le explicó que a la derecha del título de la ventana hay un botón que contiene una 'X', que sirve para cerrar dicha ventana. Pulsa el botón, la ventana se cierra y el Sr. Pérez vuelve a respirar.

¿Qué podemos hacer para evitar que ocurra esto? En lo que al diseño de formularios respecta, deberíamos considerar que en todo formulario tendría que existir un botón Salir, de modo que el usuario siempre sepa cómo puede salir de ese formulario, de forma sencilla.

El criterio para la elaboración del botón puede variar, evidentemente. A algunos diseñadores les bastará con el botón Salir que proporciona Windows 95 en cada ventana. Pero un botón Salir un poco más grande, y con un texto o un icono en su interior podría resultar más claro para los usuarios no iniciados. Imagínate por un momento que nunca has usado un ordenador, y ahora observa la figura 3.11. ¿Cómo saldrías del formulario?

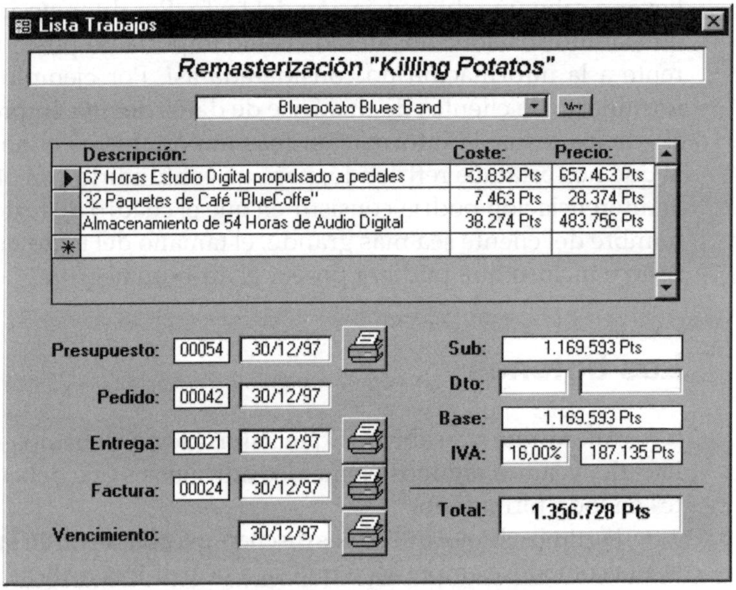


*Figura 3.11. Formulario sin el botón Salir. ¿Qué haría un usuario novato para poder salir?*

Los expertos en diseño de interfaces de usuario recomiendan, además, que el sistema proporcione algún tipo de ayuda a la que el usuario pueda recurrir en cualquier momento. Llegados a este punto, deberíamos afirmar algo así como que debería existir una ayuda clara, que explique los pasos que se deben seguir para realizar una determinada acción, que explique claramente cuáles son los elementos del formulario, etc.

Pero, al final, son muy pocas las bases de datos que incluyen una ayuda interactiva, así que creemos que la mejor recomendación que podemos hacer en este punto es tratar de que el formulario sea autoexplicativo.

¿Cómo conseguirlo? Las etiquetas explicativas de la información contenida en cada campo (Nombre, Apellidos, etc.) son de gran ayuda si son breves, pero descriptivas. Lo mismo ocurre con los botones que haya que incluir en el formulario. Si se usan descripciones breves, pero buenas, o bien si se usan iconos claramente descriptivos, el usuario tendrá una idea clara de qué es lo que ocurrirá al pulsar el botón. En la figura 3.12 puedes ver un ejemplo de un formulario que no es, en absoluto, autoexplicativo. Le faltan etiquetas que describan cada campo y los iconos de los botones no parecen tener un significado claro.

**Consejo**

*Si usas iconos para describir las funciones de los botones, trata de que los iconos sean lo más descriptivos posible. Un icono descriptivo es aquel que se aproxima al máximo a su acción en el mundo real. Por ejemplo, si un botón sirve para imprimir un informe, lo más lógico sería que el icono del botón fuera una impresora imprimiendo un papel.*

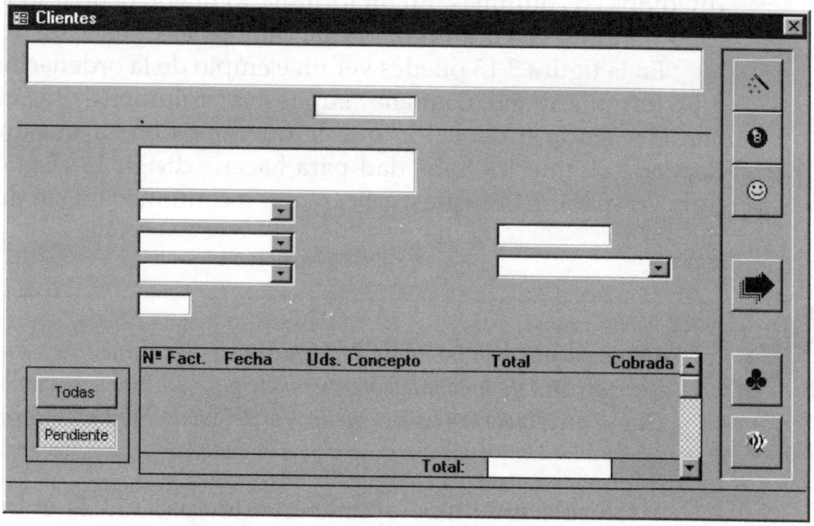


*Figura 3.12. Un formulario nada autoexplicativo*

# La distribución

Definidas las formas, pasamos a ver la distribución de estas formas sobre el formulario. Veamos algunas recomendaciones básicas de distribución de los elementos sobre el formulario.

## Colocados por orden de uso

Dentro del apartado de distribución, uno de los apartados que más afecta a la comodidad de uso del formulario es la distribución de los elementos según su orden de uso.

Por ejemplo, al introducir datos en un formulario de clientes, el primer dato que conoceremos será el nombre del cliente, así que sería una buena idea que este cuadro de texto fuera el primero que apareciera en el formulario.

Con esto introducimos la necesidad de definir algún tipo de orden. La primera ordenación que se nos viene a la cabeza es justamente la que usamos para leer y escribir: de izquierda a derecha y de arriba abajo.

Pero la ordenación real no es exactamente el tomar el formulario, coger el orden de los elementos e irlos situando de izquierda a derecha y de arriba abajo. Pensemos por ejemplo en un periódico, cuyos textos están divididos en columnas. En un formulario puede ocurrir lo mismo: puede estar dividido en columnas, lo cual cambia la ordenación de los campos.

En la figura 3.13 puedes ver un ejemplo de la ordenación que se le da a un formulario que contiene "supuestas" columnas. Que el usuario siga con la vista la ordenación que le queremos dar a nuestro formulario depende de nuestra habilidad para hacerle dirigir la vista de un lugar a otro. Los parámetros que explicaremos a continuación sin duda te ayudarán a esto.

**Nota**

*Seguramente sabrás que la ordenación de los elementos viene dada por el llamado Orden de tabulación, que podemos cambiar seleccionando la opción* Orden de tabulación *bajo el menú* Ver *del modo Diseño de formularios.*

Y tan sólo un último apunte en este apartado: si el formulario que estamos diseñando va a servir para la introducción de datos desde un formulario impreso, deberíamos intentar que el formulario de nuestra base de datos se asemejara al máximo al diseño del formulario impreso.

## Peso de los objetos

En la distribución de los elementos en el formulario también hay que tener en cuenta lo que los diseñadores gráficos llaman "peso de la mancha",

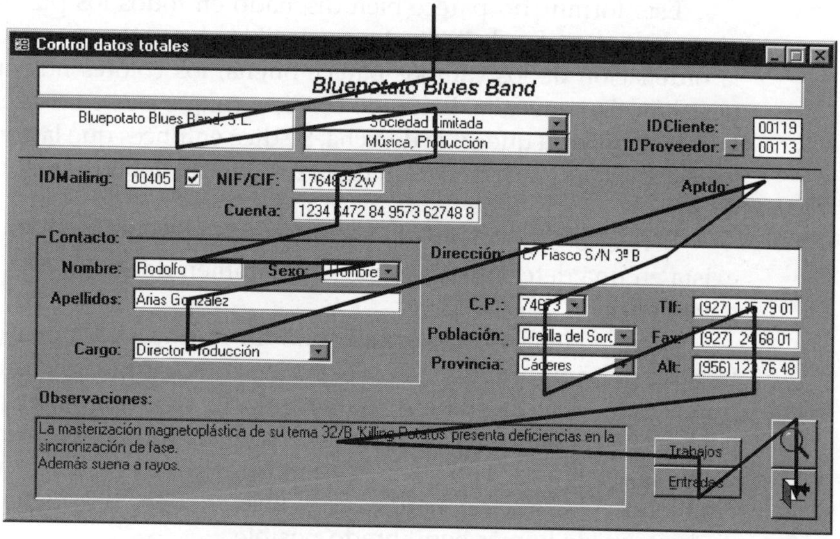


*Figura 3.13. Ejemplo de ordenación en un formulario*

refiriéndose al "peso" de los objetos. Es un concepto difícil de explicar, pero fácil de entender. Observa el formulario de la figura 3.14.

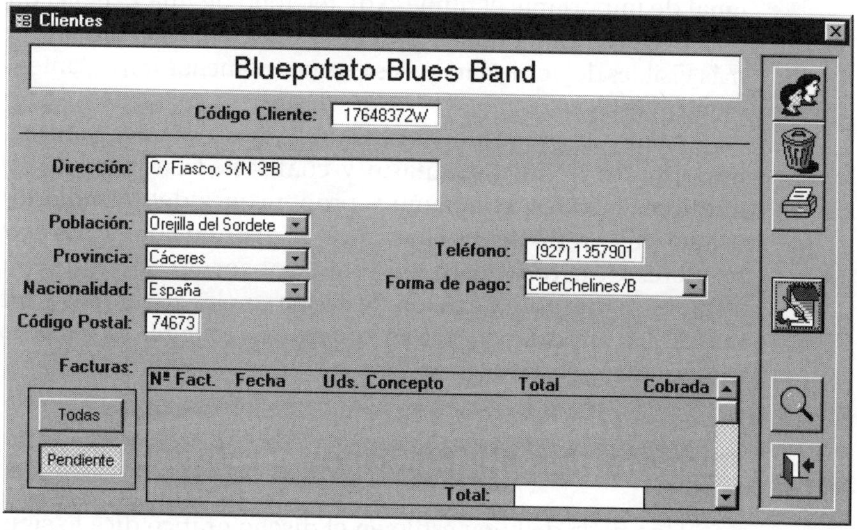


*Figura 3.14. Un formulario desequilibrado hacia la izquierda*

Este formulario parece bien diseñado en todos los puntos que hasta ahora hemos explicado: los textos son legibles, los botones parecen intuitivos, la ordenación de los campos parece buena, los colores no son extraños... pero hay algo que falla. Este fallo consiste en que existen más elementos en la zona izquierda que en la derecha. Se dice entonces que la zona izquierda "pesa" más que la derecha. Un buen formulario debería tener el peso equilibrado.

Pero el peso no depende exclusivamente del número de objetos que exista en una determinada zona, sino también de su tamaño, color y distribución.

¿Qué podemos hacer para equilibrar nuestros formularios? Aquí los factores más importantes son la experiencia y la intuición. Es el diseñador quien debe decidir cuándo un formulario se encuentra equilibrado y cuándo no. Seguramente nos encontraremos en ocasiones en las que la cantidad de información que se va a mostrar en el formulario nos impedirá equilibrar el formulario, pero nuestro objetivo debe ser siempre que el formulario quede lo más equilibrado posible.

## Colocados por orden de importancia

En la distribución de los elementos dentro del formulario deberías además tener en cuenta la importancia de cada elemento. No siempre es igual de importante el número de teléfono de una persona que su NIF.

Los elementos más importantes deberían estar situados en las zonas más visibles del formulario y los elementos menos importantes, en las zonas menos visibles.

Ahora la pregunta es obvia: ¿cómo sé cuáles son las zonas más importantes de un formulario y cuáles no? La respuesta depende de múltiples factores: el tamaño y proporciones del formulario, los colores usados en el resto de los elementos, la distribución de los demás elementos, etc. Con todo esto podemos observar la figura 3.15, donde se muestra una aproximación de lo que son las zonas más y menos importantes. La importancia va en orden decreciente, es decir, la zona más importante es la 1, luego la 2...

## Respetar las alineaciones y tabulaciones

Una regla de buen estilo en el diseño gráfico dice lo siguiente: "Con dos elementos distribuidos en un mismo espacio, denotaría una línea de

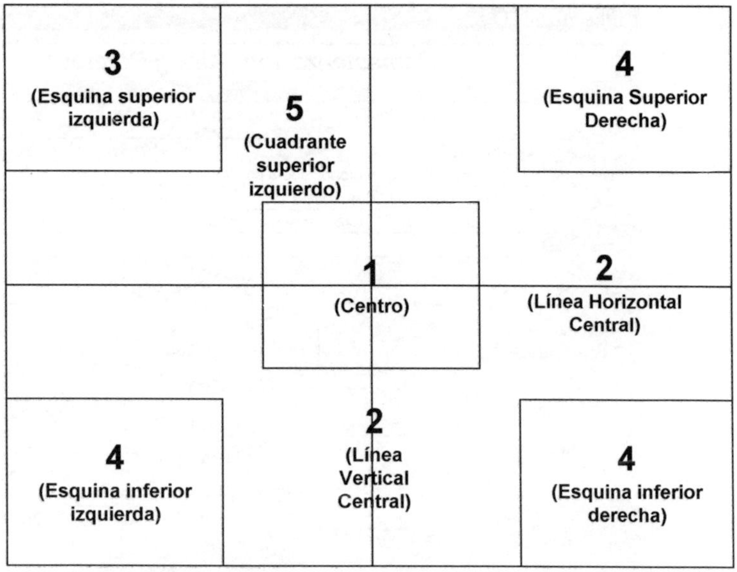


*Figura 3.15. Clasificación de las zonas de importancia en un monitor*

buen estilo si trazando una línea imaginaria alguno de sus lados coinciden en una misma línea visual".

Si cumplimos esta sencilla norma (a la vez que intuitiva), obtendremos formularios con un aspecto robusto y organizado. De otro modo, nuestros formularios parecerán desordenados, y desconcertarán al usuario que, aunque pudiera acostumbrarse a trabajar con ellos, no le parecerán bien diseñados. Observa la figura 3.16, cuyo error se encuentra precisamente en la falta de alineación entre elementos.

## Uniformidad en la distribución

Anteriormente hemos hablado de la importancia de la creación de formularios "autoexplicativos". Lo que no hemos dicho es que esta "autoexplicación" no depende sólo del texto que se use o del icono que se incluya, y como no te queremos ocultar nada, vamos a ver de qué más depende.

A todo el mundo le gusta saber dónde están las cosas, para no tener que buscarlas. Un ejemplo: piensa por un momento en la distribución de los interruptores de la luz de tu casa. Ahora piensa en la distribución de los interruptores de la luz de cualquier otra casa. ¿Encuentras algo en

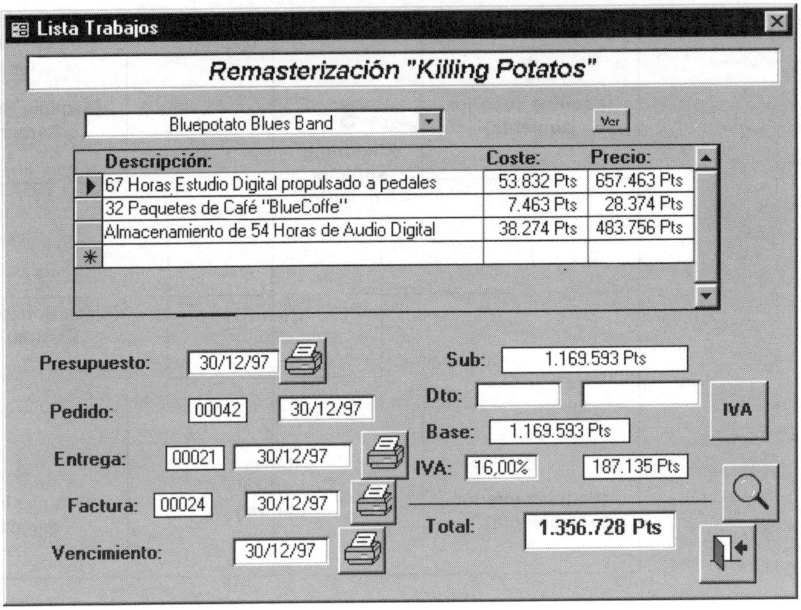


*Figura 3.16. Ejemplo de un formulario que no respeta las alineaciones*

común? Existen una serie de normas que dictan que los interruptores que encienden y apagan la luz en una habitación se deben encontrar, aproximadamente, a un metro de altura desde el suelo. Imagínate que en cada habitación el interruptor estuviera a una altura totalmente distinta. Probablemente tendrías que comprarte una linterna para buscar los interruptores y así poder encender la luz.

Del mismo modo que no buscas los interruptores de la luz en tu casa, porque después de haberlos usado un par de veces ya te acostumbraste a la posición... ¿por qué no hacer lo mismo en la base de datos?

Si sitúas siempre el botón Salir en el mismo lugar, ocurre que aunque uses distintos iconos para representarlo (algo que no te recomendamos, por cierto), el usuario se dirigirá al lugar en el que se ha acostumbrado a encontrar el botón Salir en los formularios anteriores.

Ahora pongamos un ejemplo: en todos los formularios de la base de datos sitúas el botón Salir en la esquina inferior derecha. Ahora creas un nuevo formulario que en esa esquina no tiene el botón Salir, sino un botón de búsqueda, porque has situado el botón Salir en otro lugar. ¿Qué crees que ocurrirá cuando el usuario desee salir del formulario? Probablemente se dirigirá a la esquina inferior derecha esperando encontrar el botón Salir.

Si se da cuenta de que el botón que allí se encuentra no es el botón Salir, tendrá que recorrer todo el formulario en busca de tan preciado botón. Cuando lo encuentre lo pulsará, pero hemos hecho perder tiempo al usuario. Además, probablemente esta situación del botón Salir incomodará al usuario y tratará de evitar el uso de ese formulario.

Pues igual que ocurre con los botones de acción, ocurre con el resto de elementos del formulario. Este punto ayuda en gran medida a dotar de homogeneidad a tu base de datos, y nuestro consejo es que lo tengas muy en cuenta.

## ¿No ponemos gráficos?

Access 2000 nos proporciona herramientas para la generación de un amplio abanico de representaciones gráficas de los datos. Las representaciones gráficas pueden resultar de gran ayuda a la hora de mostrar mucha información en un espacio reducido, y además de una forma llamativa. Las gráficas pueden ser muy adecuadas para mostrar, por ejemplo, la evolución de los beneficios o los gastos a lo largo del tiempo, pero tienen el inconveniente de no ser, a menudo, tan precisas como la información numérica que las generó.

Al igual que con todo, no conviene abusar. En el equilibrio encontramos el mejor consejo. Y, como siempre, en la opinión de las personas que van a usar cada formulario.

## ¿Y si el formulario no nos gusta?

Una vez que hemos visto todos los pasos que se van a seguir en el diseño de un formulario puede ocurrir que hayamos diseñado unos cuantos formularios ya sobre Access. Es una situación frecuente que, después de haber estudiado cada uno de los puntos mencionados anteriormente, después de haber intentado seguir las reglas de buen estilo, el aspecto visual del formulario no nos guste. También puede ocurrir incluso que el formulario sea incómodo, pero resulta más improbable.

¿Qué solución plantean muchos usuarios no experimentados cuando el aspecto de un formulario no es bueno? Muy sencillo: si la información está muy dispersa, la juntamos y tratamos de "tapar" el hueco que falta. Si hay algún "hueco" que tapar, siempre se "puede usar alguna imagen". Por ejemplo, incluir en un formulario de clientes una imagen con dos personas dándose la mano. Otros tratan de cambiar los colores del fondo y del primer plano, e incluso poner una imagen de fondo en el formulario. E incluso hay quien (los más avispados) incluye alguna gráfica generada a partir de los datos del formulario.

Resumiendo, hay quien "parchea" un diseño pobre incluyendo elementos espectaculares o llamativos, creyendo que con eso el formulario gana en calidad. Esto es un error. En muchos casos, la inclusión de imágenes o gráficas puede ser de gran ayuda, e incluso podría ser necesaria. El error no está en el hecho de incluir imágenes, sino en el porqué. Si las imágenes se incluyen para enriquecer un diseño pobre, es un error. Si las imágenes se incluyen para complementar un diseño correcto, esto seguramente hará que el formulario tenga una mayor calidad.

¿Cuál es la frontera que hace que pasemos de un caso a otro? Eso es lo que no te podemos decir aquí. Es criterio del diseñador determinar si el diseño de un formulario es bueno o no.

Y... ¿cuál es nuestra recomendación? Si consideramos que el error se encuentra en los colores usados, la solución es bien sencilla: modificamos los colores hasta que encontremos justo lo que deseamos.

Si consideramos que el error se encuentra en la distribución, en algunos casos bastará con desplazar algún elemento o grupo de elementos. En otros casos, más graves, quizá haya que plantearse la redistribución completa de todos los elementos del formulario.

Sin embargo, si consideramos que el error se encuentra en el diseño de las formas, lo más eficaz suele ser eliminar (sí, así de drástico) todos los elementos del formulario, y partir desde cero.

**Consejo**

*En este punto, si el formulario sigue sin gustarte, y no encuentras ninguna solución adecuada para ello, quizá deberías replantearte si todas las decisiones que has tomado con respecto al diseño del formulario son correctas, incluyendo las decisiones en torno a la cantidad de información que se va a mostrar. Muchos analistas y diseñadores parten de la base de que todos los pasos que se han ido dando anteriormente son correctos, pero, por ejemplo, no siempre el diseño de la base de datos es perfecto, aun en el caso de que haya sido muy estudiado. Pues ocurre exactamente lo mismo con el diseño de los formularios.*

# El tiempo de respuesta

Puede parecer extraño el título de este apartado: "Tiempo de respuesta". ¿Por qué tenemos que considerar el tiempo de respuesta en el diseño de los formularios? Puede parecer evidente que el tiempo de respuesta debe ser mínimo, pero no es así. Un interfaz de usuario amigable no debe generar incertidumbre en el usuario. El usuario siempre debería saber qué es lo que va a ocurrir al pulsar un determinado botón o dar una determinada orden. "Saber lo que va a ocurrir" también incluye el factor tiempo: el usuario espera que la orden se ejecute en un determinado margen de tiempo. Si una determinada orden tarda dos segundos en ejecutarse, el usuario, al dar la orden, ya sabrá el tiempo que va a tardar, y se predispondrá a esperar ese tiempo, quizá aún deseando que la orden tardara menos tiempo.

Pero hay algo peor que una ejecución lenta: es una ejecución cuyo tiempo de respuesta varía en un rango amplio. Si para una orden concreta, la aplicación unas veces responde al cabo de 0,1 segundos y otras al cabo de 4, esto producirá cierta incertidumbre en el usuario, quizá de forma inconsciente, pero producirá una incertidumbre que el usuario preferiría eliminar.

Los expertos afirman que es mejor que el tiempo de respuesta de una aplicación sea siempre, por ejemplo, de 2 segundos, a que varíe entre 0,5 y 3,5 segundos. De hecho, dan la siguiente recomendación referente al tiempo de respuesta: un tiempo de respuesta demasiado elevado aburrirá al usuario, que pasará la mayor parte del tiempo esperando; un tiempo demasiado corto abrumará al usuario, que puede llegar a sentir ansiedad por responder rápidamente a la máquina; un tiempo de respuesta aleatorio producirá incertidumbre en el usuario, haciéndole sentir incómodo con la aplicación.

Todo esto se ajusta en la implementación de la aplicación. ¿Qué es lo que puede reducir el tiempo de espera? Una base de datos correctamente estructurada con una implementación limpia, sin chapuzas. ¿Qué puede hacer que el tiempo de espera sea estable? Esto es más complicado.

Cuando veamos que el tiempo de espera para la ejecución de una orden (y consideraremos como orden algún tipo de consulta a la base de datos) no sea estable, lo primero que deberemos ver es la consulta que se tiene que ejecutar. El que existan consultas anidadas (es decir, una consulta que se ejecuta sobre los resultados de otra consulta) es el mayor desencadenante de una desestabilización en el tiempo de espera. En este caso, quizá deberíamos revisar el diseño de la base de datos.

También puede ocurrir que un formulario tenga que presentar información que proviene de varias consultas. Por ejemplo, si tenemos una lista desplegable, cuyo contenido se obtiene con una consulta que nada tiene que ver con la consulta propia del formulario. En este caso, antes de que el formulario muestre su información, tendría que ejecutar *dos* consultas, una para el formulario y otra para la lista desplegable.

Esto también puede desestabilizar el tiempo de respuesta. Y en este caso, la solución es más compleja. Debes revisar las consultas a ejecutar en el formulario por si se pueden optimizar. Si no fuera así, quizá tendrías que estudiar el separar en varios formularios la información que deseas mostrar en uno solo.

Y no olvidemos que, durante el desarrollo de la base de datos se suele trabajar con un conjunto pequeño de datos. Este conjunto de datos seguramente no será el conjunto con el que se trabaje cuando la base de datos esté terminada. Por ejemplo, personalmente nos ha ocurrido que en el desarrollo de una base de datos de control de stocks habíamos trabajado con un conjunto muy reducido de productos: unos 20. Al terminar la base de datos y entregársela al cliente, éste hizo la carga de datos, con lo que la base de datos pasó a tener un gran número de productos. Esto provocó que el tiempo de respuesta de un formulario en concreto se desestabilizara, y examinando el código del formulario y las consultas utilizadas se detectó un error de diseño, que hubo que corregir y que implicó la modificación de varias consultas y varios formularios.

Por ello, antes de considerar una base de datos como terminada, deberíamos hacer una carga masiva de datos, aunque los datos sean ficticios, para comprobar el correcto funcionamiento de cada una de las partes de la base de datos.

## Últimas palabras

Por último, no queríamos concluir este capítulo sin mencionar la regla de las reglas: se pueden haber cumplido todas las reglas de buen estilo. Se puede haber estudiado muy detenidamente cada pantalla, cada formulario de una base de datos. Se puede haber empleado una gran cantidad de tiempo en desarrollar muchas herramientas de ayuda al usuario. Pero, todo esto no sirve de nada si el usuario no se siente cómodo en el entorno, si no lo encuentra agradable para trabajar.

¿Cómo podremos, entonces, diseñar interfaces que agraden a los usuarios? Igual que ocurría con el diseño de la base de datos en sí, la mejor forma de averiguar qué interfaz desea el usuario es preguntárselo. Le exponemos varias propuestas de interfaz, y que él elija el que más le guste.

Y, como siempre, la experiencia es nuestra gran aliada. A crear bases de datos se aprende creándolas. A diseñar formularios e informes se aprende diseñándolos.

# 4 Introducción a Access Basic

Access Basic es la baza más importante de Microsoft Access para conferirle toda su potencia y flexibilidad. Bien es cierto que se pueden construir aplicaciones completas sin escribir una sola línea de Access Basic, pero no está tan claro que se pueda hacer sin escribir ni una sola expresión.

Access Basic puede utilizarse en todos los objetos de la base de datos, desde tablas hasta informes, y a lo largo del libro, iremos viendo ejemplos de las ventajas que puede tener el que así sea.

Por ello, antes de pasar a ver los objetos de la base de datos, hemos querido comenzar con una introducción a Access Basic. Ya que va a ser una herramienta que vamos a utilizar en la creación de cada objeto de la base de datos, es algo que debemos conocer antes de crearlos.

# Introducción

En este capítulo no podemos darte un curso de programación de Access Basic, ya que a pesar de la sencillez de este lenguaje, también es grande su amplitud.

Es posible que hayas oído hablar de Visual Basic, Visual Basic para Aplicaciones, o Visual Basic Script. Todos estos lenguajes son algo así como primos hermanos.

De hecho, de lo que disponemos en Access no es exactamente Access Basic, sino Visual Basic para Aplicaciones, pero utilizaremos el término Access Basic para abreviar. Visual Basic surgió como una herramienta sencilla para crear aplicaciones de forma visual. El concepto de programación visual ya lo conoces: consiste en que los elementos a utilizar en cada ventana (botones, cuadros de texto, etc.) se definen directamente sobre el diseño en pantalla. Cada elemento además tiene una serie de propiedades a las que podemos acceder a través de cuadros de diálogo, sin necesidad de ir a una ventana de código (figura 4.1).

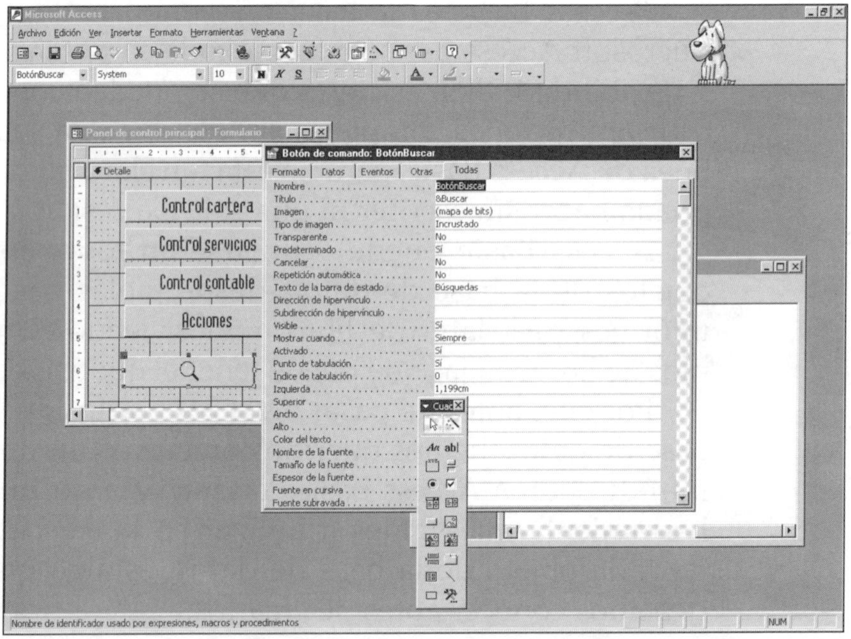


*Figura 4.1. Diseño visual de un formulario*

Visual Basic esconde, detrás de un entorno visual de desarrollo similar al de Microsoft Access (guardando las distancias, claro), un lenguaje de programación similar al BASIC, pero al que se han añadido elementos existentes en lenguajes mucho más modernos, concretamente los lenguajes orientados a objetos.

**Nota**

*No te asustes si no conoces algunos de los términos que exponemos aquí, poco a poco irán quedando claros.*

Access Basic es muy similar, con la salvedad de que está orientado a su utilización con Access.

A lo largo de todo este libro insistiremos sobre una misma idea: el proceso de desarrollo de una base de datos consiste en plasmar todas nuestras ideas, expresadas de un modo que el ordenador pueda entender. Y una de las herramientas que utilizaremos para este menester será Access Basic. Recalquemos este punto: la idea es que el ordenador haga lo que nosotros queremos *exactamente* del modo que nosotros queremos. No nos basta con que haga *más o menos* lo que pensábamos. En algunos casos, puede resultar complejo, pero con Access podemos hacer prácticamente cualquier cosa que imaginemos. Tan sólo hay que saber utilizar todas las facilidades que pone a nuestro alcance.

Sin más, comencemos por la base de todas las aplicaciones de base de datos: los eventos.

# Eventos

Estamos rodeados de eventos. Los hay de todo tipo y en todas partes. Un evento puede ser desde una salida de sol hasta un teléfono sonando. Dependiendo del tipo de evento, del momento en el que ocurra, y de la persona es posible que un evento interrumpa algún tipo de actividad (como puede ocurrir si un teléfono comienza a sonar), o que pase inadvertido totalmente (como una salida de sol para una persona que está durmiendo).

Pero las personas no son las únicas que perciben eventos y son capaces de responder a ellos. Imaginemos ahora un teléfono: para un teléfono, la pulsación de una tecla es un evento, y responderá a él tan sólo si está conectado a una pared y la línea está descolgada.

Dejando las figuras a un lado y centrándonos en nuestro tema, podemos encontrar eventos muy diferentes en Windows.

Podemos abrir o cerrar una ventana, hacer *clic* sobre un botón, pulsar una tecla, etc. Para Windows, todo esto son eventos y, como antes, puede que generen algún tipo de respuesta, o puede que pasen totalmente inadvertidos. Por ejemplo, hacer clic sobre cualquier lugar del escritorio es un evento, pero no producirá ningún efecto.

Si, sin embargo, hacemos clic sobre uno de los iconos del escritorio, este icono se seleccionará.

En Access ocurre lo mismo: Access puede recibir eventos, pero, lo más importante, también puede indicar al usuario que ha ocurrido un evento. Por ejemplo, Access puede informar que se ha abierto una ventana o que se ha eliminado un registro. Son eventos que la aplicación de base de datos puede ignorar, o puede tratar.

Imaginemos ahora un documento de Word. Lo modificamos y, después, sin guardarlo, intentamos cerrar Word. Word recibe un evento "Cerrar", comprueba que el documento todavía no se ha guardado, y reacciona ante este evento mostrando un cuadro de diálogo, en el que se pregunta al usuario si desea guardar el documento.

¿Cómo podemos hacer algo así en Access? Los formularios disponen de la capacidad de asignar acciones a los eventos.

Por ejemplo, un formulario dispone de la capacidad de indicar a la aplicación que se ha producido un evento "Cerrar". Concretamente, vemos este evento en la tabla de propiedades del formulario (figura 4.2)

Si la casilla correspondiente al evento está vacía, quiere decir que el evento será ignorado por la aplicación de base de datos. Sin embargo, podemos indicar que la aplicación debe tratar este evento de algún modo. Concretamente, podemos hacer que la aplicación trate el evento bien con un procedimiento de evento o bien con una macro. Iremos viendo qué son estas cosas.

# Acciones

Todo en Access se mueve a través de eventos. No hay nada que surja espontáneamente. Esto rompe la filosofía de programación tradicional, en la que un programa no era más que un conjunto de subtareas. Ahora tenemos también conjuntos de subtareas, pero que se realizan tan sólo en el caso de que ocurra un evento.

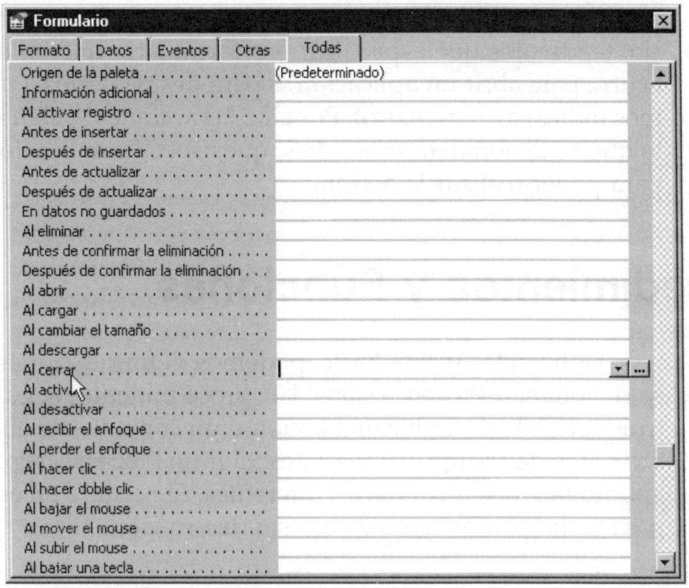


*Figura 4.2. Distintos eventos que se pueden generar desde un formulario*

Hablando en términos un poco más rigurosos, un evento puede provocar la realización de una Acción o de un conjunto de ellas.

Como sabemos, una acción puede ser la apertura o cierre de un formulario, la ejecución de una aplicación, el desplazamiento a un registro diferente, etc. Ahora nuestro problema es cómo indicarle a Access la acción que queremos realizar. Tenemos dos modos:

- Utilizando una macro: es el modo más simple. Disponemos de una ventana con una lista de cuadros combinados. En cada cuadro combinado podemos seleccionar una acción a ejecutar.

**Nota**

*Veremos con más detalle todo esto que estamos tratando en el capítulo dedicado a macros.*

- Utilizando código Access Basic. Requiere un conocimiento un poco más profundo del funcionamiento de Access, pero una vez adquirido, la utilización de código resulta más potente que la utilización de macros.

Pero no todas las acciones son iguales: para poder abrir un formulario, tendremos que especificar *qué* formulario queremos abrir. Lo mismo ocurre para abrir un aplicación, o para desplazarnos a un registro (deberemos indicar a *qué* registro). Por ello, las acciones suelen ir acompañadas de lo que se denominan *parámetros*, que especifican la información necesaria para poder realizar la acción.

# Procedimientos y Funciones

Utilizando Access Basic, podemos definir acciones en entidades que se denominan Procedimientos. Un procedimiento, según como esté construido, puede describir una acción o un conjunto de ellas. Para comenzar a ver algo de código, vamos a describir un Procedimiento que lleve a cabo la apertura de dos formularios diferentes. El nombre de estos formularios se pasa como parámetro. Vemos esta descripción:

```
Sub AbrirFormularios( Primero, Segundo )

    'Abrimos el formulario Primero
    DoCmd.OpenForm Primero

    'Y abrimos el formulario Segundo
    DoCmd.OpenForm Segundo

End Sub
```

La detallamos a continuación:

- Sub indica que estamos definiendo un procedimiento: a continuación de Sub se debe indicar el nombre del procedimiento. Utilizaremos este nombre para referirnos a este procedimiento más adelante.
- Parámetros: a continuación del nombre, y entre paréntesis, aparecen los parámetros del procedimiento, en el caso de que los tuviera. Debemos tener en cuenta que no siempre son necesarios los parámetros. Si un procedimiento tiene más de un parámetro, deberán ir separados por comas.
- Comentarios: como veremos al final de este capítulo, es muy importante incluir comentarios descriptivos en el código que escribamos. Los comentarios vienen precedidos por un carácter apóstrofe ('). De este modo, Access no intentará ejecutar el texto que describe el comentario.

- Instrucciones: son las que describen las acciones en sí. En nuestro caso hemos usado una instrucción de tipo DoCmd.OpenForm. Más adelante veremos qué es exactamente esto, pero por ahora tan sólo comentaremos que su ejecución implica la apertura del formulario cuyo nombre se pasa como parámetro.
- End Sub: nos indica que ya hemos finalizado la definición del procedimiento.

En cuanto a las funciones, son básicamente similares a los procedimientos, pero existe una diferencia entre estas dos entidades: la diferencia consiste en que una función no sólo realiza una acción o un conjunto de ellas, sino que devuelve un resultado. Este resultado puede venir en función de sus parámetros o no. Por ejemplo, podríamos definir la función Suma del siguiente modo:

```
Function Suma(A, B)

    'Suma los números A y B
    'y devuelve el resultado
    Suma = A + B

End Function
```

La Expresión A + B calcula la suma de los dos números. El asignar Suma a la Expresión lo que hace es indicar a Access que la función debe devolver el valor que ha tomado la Expresión.

# Expresiones

La ayuda de Access define una expresión como una combinación de símbolos (identificadores, valores y operadores) que produce un resultado. La definición no es mala, pero quizá deberíamos matizarla: estos símbolos no pueden combinarse de cualquier forma, sino que deben seguir una serie de reglas sintácticas.

Así, A+B es una expresión, ya que es un conjunto de identificadores y operadores (no hay ningún valor) que produce un resultado.

Una expresión seguirá siendo una expresión, independientemente de su complejidad.

Si lo que tenemos es una combinación de símbolos que producen un resultado, tenemos una expresión.

Como veremos, usaremos expresiones en gran cantidad de ocasiones a lo largo del desarrollo de una aplicación de base de datos. Una expresión nos permitirá, por ejemplo, calcular el total de una factura a partir de su base imponible y su IVA:

```
Total = BaseImponible * (1 + IVA)
```

Pero vamos a ver un poco más despacio qué operadores tenemos en Access Basic.

## Operadores

No vamos a incluir una referencia de todos los operadores de los que puedes disponer en Access, porque para eso ya tienes la ayuda. Además, puedes utilizar el Generador de expresiones, que veremos en el capítulo dedicado a las consultas. Lo que sí vamos a ver son los distintos operadores de los que puedes disponer. Imagina la expresión:

```
5+3
```

Es una expresión, porque contiene dos valores, un operador y devuelve un resultado. Ahora imagina esta otra:

```
5>3
```

También es una expresión, porque contiene dos valores, un operador, y también devuelve un resultado. Es posible que te preguntes: ¿qué resultado devuelve? Examinemos la expresión. No es una expresión *aritmética*, sino *lógica*. Las expresiones lógicas tan sólo pueden devolver dos valores: Cierto y Falso (o sus equivalentes en inglés, que son los que Access Basic reconoce: True y False). Volviendo a nuestra expresión, cinco es mayor que tres, luego la expresión devuelve el resultado True.

Podemos agrupar operaciones lógicas y aritméticas:

```
(5*3)<=(20+7)
```

También devuelve True.

Podemos incluir incluso cadenas de texto en operaciones lógicas:

```
"A">"B"
```

Devuelve False, porque "A" está situada antes que "B" siguiendo un orden alfabético. Éste es el orden que se sigue para la comparación de cadenas.

Sin embargo, ¿qué ocurriría si intentamos lo siguiente?:

```
5>"A"
```

Si intentas ejecutarlo, verás que esta expresión devolverá un error.

# Tipos de datos

El problema de la expresión anterior es que los tipos de datos sin incompatibles. ¿En qué cabeza cabe intentar comparar un número con un texto? Access, Visual Basic y todos los lenguajes de programación en general imponen restricciones a la hora de operar con identificadores y valores. Y esto es porque no todos los datos son iguales. Podemos tener datos numéricos, textos, fechas, etc.

Hasta ahora hemos trabajado con datos sin especificar de qué tipo eran, y Access nos lo permite. Sin embargo, este modo de trabajo resulta menos eficiente que si hubiéramos especificado el tipo de datos. Por ejemplo, para la función Suma, en lugar del listado anterior, deberíamos haber definido algo así:

```
Function Suma(A As Integer, B As Integer) _
                                  As Integer

    'Suma los números A y B
    'y devuelve el resultado
    Suma = A + B

End Function
```

**Nota**

*El carácter subraya (_) se utiliza para poder indicar que la línea actual continúa en la siguiente. Puedes eliminarlo siempre que concatenes ambas líneas. En el libro, te lo encontrarás frecuentemente debido a las restricciones en cuanto a ancho de línea que imponen los editores.*

La diferencia con el listado anterior la encontramos en la primera línea, en la que ahora estamos especificando de qué tipo son los parámetros, y de qué tipo es el valor que devuelve la función. De hecho, estamos especificando un tipo Integer.

**Consejo**

*En la ayuda de Access encontrarás una referencia completa acerca de todos los tipos de datos disponibles desde Access Basic. Tan sólo mencionar que, cuando no se especifica un tipo de datos, se asume* Variant, *un tipo genérico.*

En el capítulo dedicado a las tablas veremos con más detenimiento los tipos de datos más utilizados en Access, por lo que no nos detendremos más en este punto.

Tan sólo resaltar la idea de que cuanto más se ajuste un tipo de datos al valor, Access lo tratará de un modo más eficiente.

# Variables

Hasta ahora tan sólo hemos trabajado con parámetros y resultados de funciones, pero, en ocasiones, nos interesará disponer de algún lugar donde almacenar información, aunque sea de forma temporal. Por ejemplo, podemos almacenar el resultado de una operación si éste va a ser necesario más de una vez.

Estos "almacenes" de información se denominan Variables en Access Basic. Para cada variable se debe asignar un tipo de datos o, si no, se asumirá un tipo Variant.

Para declarar variables, utilizaremos la siguiente sintaxis:

```
Dim nombre As tipo
```

Tras esto, que se denomina *declaración*, habremos reservado un espacio al que podemos referenciar mediante nombre, que almacenará datos del tipo tipo.

## Declaración implícita

Existe un modo de que podamos utilizar variables sin necesidad de declararlas mediante Dim. Es lo que se denomina Declaración implícita. La idea es que Access, cada vez que encuentre un nombre al que no tiene asignado ningún valor, lo tomará como una variable a partir de entonces. Eso sí, de tipo Variant.

Este tipo de declaración aunque más cómoda, resulta menos eficiente y además suele producir una mayor cantidad de errores que la declaración mediante Dim (también llamada declaración explícita).

Ocurre así sencillamente porque podemos utilizar cualquier nombre en nuestro código Access Basic, y será válido, ya que, aunque la variable no haya sido declarada, se declarará automáticamente. El problema es que, entonces, si escribimos mal el nombre de una variable ya declarada, el error no podrá detectarse. Imagínate el siguiente código:

```
Dim Numero1 As Integer
Dim Numero2 As Integer
Numero1 = 5
Numero2 = 10
Suma = Numero1 + Numero
```

En este código, para empezar, estamos declarando de forma explícita tanto Numero1 como Numero2. Posteriormente, declaramos la variable Suma de forma implícita, lo cual no es necesariamente malo. Sin embargo, si examinamos la expresión que se asigna a la variable Suma, veremos que referencia a la variable Numero1 y a una nueva variable que se declara de forma implícita: Numero.

Lo que realmente queríamos era sumar Numero1 y Numero2. Sin embargo, la expresión funciona, Access no encuentra el error, pero el resultado de la expresión es 5, en lugar de 15 como esperábamos.

Por ello, te recomendamos que desactives la posibilidad de utilizar la declaración explícita. Puedes hacer esto desde el cuadro de diálogo que aparece al seleccionar la opción Opciones del menú Herramientas cuando te encuentres en la ventana de edición de Visual Basic (figura 4.3).

Tras desactivar la declaración implícita, debería aparecer el siguiente texto en todos los módulos que crees.

```
Option Explicit
```

# Constantes

Las constantes son similares a las variables, pero la diferencia es precisamente que no pueden cambiar su valor. La utilización de constantes no es absolutamente necesaria, ya que donde utilicemos una constante,

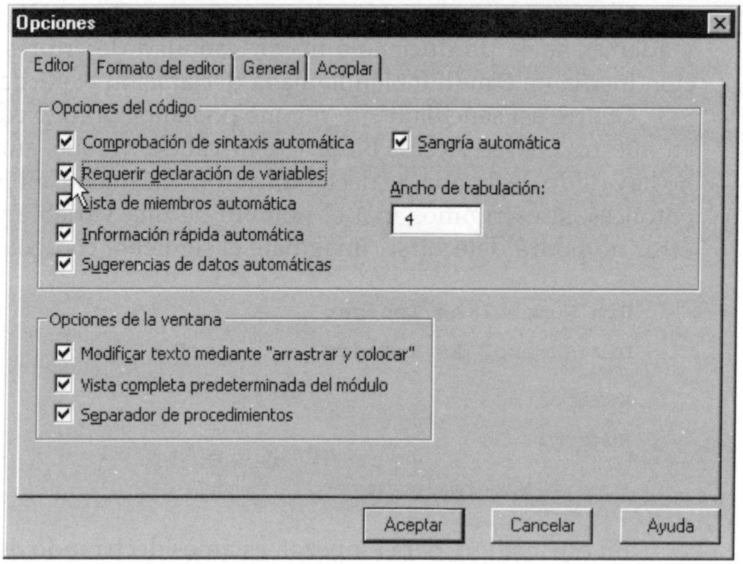


*Figura 4.3. Desactivación de la declaración implícita*

siempre podremos usar también el valor directamente. Pero la utilización de constantes, además de añadir claridad al código, tiene otras ventajas.

Imaginemos una aplicación de base de datos que sirve para emitir facturas. Todas las facturas se emiten siempre con un IVA fijo (en nuestro ejemplo, 16%). En esta aplicación podríamos definir la siguiente función:

```
Function ObtenerTotal(BaseImponible _
                      As Currency) _
                      As Currency

    ObtenerTotal = BaseImponible * _
                   (1 + IVA)

End Function
```

Y previamente podíamos haber definido IVA como una constante:

```
Const IVA As Single = 0.16
```

El hacer esto es equivalente a lo siguiente:

```
ObtenerTotal = BaseImponible * 1.16
```

Que, por otro lado, ocupa menos.

Sin embargo, imaginemos que utilizamos la constante IVA no sólo en esta función, sino en varias a lo largo de un módulo.

Si, en un momento dato, el IVA cambia, deberemos ir función por función cambiando el factor que se aplica a la base imponible. En caso de haber utilizado una constante, tan sólo será necesario cambiar la definición de la constante, en un solo lugar.

Por ello, además de mejorar la legibilidad del código, la utilización de constantes hace que el código sea más fácilmente mantenible, en el sentido de que, si es necesario hacer modificaciones, resulten mucho más sencillas de hacer.

# Estructuras de control

En muchas ocasiones durante el desarrollo de la base de datos nos vamos a encontrar con que la ejecución de una acción depende de una determinada condición. Por ejemplo, en una base de datos que deba imprimir un listado con periodicidad semanal, se insertará la comprobación de esta condición en algún lugar de la base de datos.

## Estructuras de decisión

Las aplicaciones de base de datos disponen siempre de una ventana principal. Podemos asociar un procedimiento al evento AlAbrir de esta ventana. Con esto, estaremos consiguiendo ejecutar este procedimiento cada vez que se abra la base de datos. Parece un buen sitio para realizar la comprobación. Podríamos resumirlo del siguiente modo:

```
Al abrir la ventana principal
   Si hay que imprimir el listado
      ImprimirListado
Fin
```

**Nota**

*A este modo de expresar la ideas se le denomina pseudocódigo, y suele resultar de utilidad a la hora de describir algoritmos complejos o con gran cantidad de condiciones.*

Hay que imprimir el listado será una expresión lógica, que devuelva un valor True o False. Por ejemplo, si queremos imprimir el listado los viernes, será algo así:

```
WeekDay(Now())=6
```

Lo detallamos a continuación:

- WeekDay es una función que devuelve el número de día de la semana en función de la fecha que se le pasa como parámetro. 1 es Domingo.
- Now es una función que devuelve la fecha actual del sistema. Por ello, la expresión WeekDay(Now()) devuelve el número de día de la semana de la fecha actual
- Después, comparamos este número con 6, que corresponde al viernes. Si la expresión devuelve True, es que el día actual es Viernes, y la aplicación debe imprimir el listado. La expresión devolverá False en el resto de los casos.

## If...Then...Else

Access Basic nos permite expresar el pseudocódigo anterior gracias a la estructura If...Then...Else, cuya sintaxis presentamos a continuación:

```
If condicion Then
    [Instrucciones]
[Else
    [Instrucciones]]
End If
```

**Nota**

*Un convenio para la especificación de una sintaxis es que el bloque que aparece entre corchetes ([]) es opcional. Por ello, el bloque* ***Else*** *es opcional.*

Con la estructura anterior, si condicion devuelve True, se ejecutará el primer bloque de instrucciones. En caso de que devuelva False, si se ha especificado Else, se ejecutará el segundo bloque. La estructura finaliza con End If.

En nuestro ejemplo, escribiríamos lo siguiente:

```
Sub Form_Open(Cancel As Integer)
    If Weekday(Now()) = 6 Then
        DoCmd.OpenReport "Listado1"
    End If
End Sub
```

**Nota**

*DoCmd.OpenReport sirve, como veremos más adelante, para imprimir un informe que tenga como nombre lo que se pasa como parámetro.*

## Select..Case

Complicando un poco más el ejemplo, puede que queramos imprimir un listado en función del día en el que nos encontremos. Por ejemplo, el lunes querríamos imprimir el "Listado1", el martes el "Listado2" y el miércoles el "Listado3". Podemos imponer todas estas condiciones mediante estructuras If..Then, pero Access dispone de una estructura de decisión más clara a la vez que eficiente. Su sintaxis es la siguiente:

```
Select Case Expresión
  [Case conjunto de valores
    Instrucciones]
  [Case Else
    Instrucciones]
End Select
```

Creemos que el código del ejemplo es suficientemente claro:

```
Select Case WeekDay(Now())
  Case 2
    DoCmd.OpenReport "Listado1"
  Case 3
    DoCmd.OpenReport "Listado2"
  Case 4
    DoCmd.OpenReport "Listado3"
End Select
```

## Estructuras de repetición

Ahora imaginemos otro ejemplo.

Una vez que sabemos que debemos imprimir un listado, es posible que se nos pregunte por el número de copias.

Si queremos imprimir 100 copias de un mismo listado, una de las formas de proceder sería ejecutar 100 órdenes de imprimir.

**Consejo**

*No es el método más óptimo, ya que hay otra forma de hacer esto, pero lo utilizaremos como ejemplo.*

Para tareas así podemos utilizar lo que se denominan Estructuras de repetición.

### For..Next

La estructura de repetición que mejor se adapta a lo que necesitamos hacer es la estructura For..Next, cuya sintaxis mostramos a continuación:

```
For Contador = Inicio To Fin [Step Salto]
  [Instrucciones]
Next Contador
```

Contador debe haber sido declarada como una variable (si no permitimos la declaración implícita).

Al iniciar la estructura de repetición, Contador tomará el valor especificado por Inicio. El bloque de instrucciones se ejecutará hasta que Contador llegue al valor especificado por Fin.

Contador se incrementa en uno cada vez que se llega a Next. En caso de que se haya especificado un valor de Salto, Contador se incrementará en ese valor en lugar que de uno en uno.

Para imprimir 100 veces un mismo listado, podríamos escribir:

```
Dim Contador As Integer
For Contador = 1 To 100
  DoCmd.OpenReport "Listado"
Next Contador
```

### Do..Loop

Esta estructura presenta cuatro tipo de sintaxis diferentes.

- Ejecuta el bloque de instrucciones siempre que la condición devuelva True:

```
Do While Condición
   [Instrucciones]
Loop
```

- Ejecuta el bloque de instrucciones siempre que la condición devuelva False:

```
Do Until Condición
   [Instrucciones]
Loop
```

- Ejecuta el bloque de instrucciones, y si la condición devuelve True, vuelve a hacerlo. La diferencia es que el bloque de instrucciones se ejecuta, con certeza, por lo menos una vez.

```
Do
   [Instrucciones]
Loop While Condición
```

- Similar a la anterior es la estructura siguiente, sólo que el bloque se vuelve a ejecutar si la condición devuelve False

```
Do
   [Instrucciones]
Loop Until Condición
```

## Tratamiento de errores

En una aplicación pueden ocurrir todo tipo de errores, desde el intentar imprimir un formulario que no existe hasta pretender asignar una cadena de texto a una variable de tipo Integer.

Sin embargo, el usuario de la aplicación no tiene la culpa de los errores que hayan podido cometer los desarrolladores. Por ello, debemos tratar de no asustar al usuario con errores tan crípticos como el que aparece en la figura 4.4.

En el caso de que se produzca un error, si no hemos indicado a Access cómo se debe comportar exactamente, lo que hará será mostrar un cuadro de diálogo indicando el código del error o, si el asistente de Office está visible, será el asistente quien muestre el error. Éste último caso es el que se muestra en la figura 4.4.

---

**Nota**

*Cuando no se ha modificado el modo de tratamiento de errores, los errores se consideran como "fatales", ya que detienen la ejecución.*

---

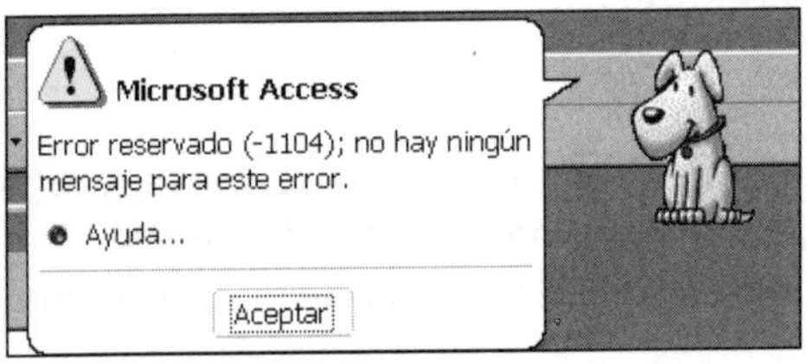


*Figura 4.4. Debemos evitar que el usuario tenga que tratar con situaciones como ésta*

De hecho, podemos considerar la ocurrencia de un error como un evento "especial". Para tratar con los errores, Access nos proporciona los métodos que se indican en la tabla 4.1.

*Tabla 4.1. Diferentes formatos de la instrucción* On Error

| Método | Descripción |
|---|---|
| On Error Goto *etiqueta* | Si ocurre un error, la ejecución abandona su secuencialidad para continuar a partir de la primera instrucción desde la etiqueta |
| On Error Resume Next | En caso de que ocurra un error, la ejecución continúa a partir de la instrucción siguiente a la que generó el error |

*(continúa)*

*Tabla 4.1. Diferentes formatos de la instrucción On Error (continuación)*

| Método | Descripción |
|---|---|
| On Error Goto 0 | Desactiva los efectos de el establecimiento de control de errores efectuado con uno de los dos formatos anteriores. A partir de esta instrucción, el tratamiento de errores será el estándar deAccess. |

A pesar de que la ayuda de Access recomienda el uso de On Error Resume Next, la utilización de este formato de instrucción no nos permitirá tener tanto control sobre la recuperación de errores como nos permite el formato On Error Goto etiqueta.

Imaginemos que queremos controlar posibles errores a la hora de abrir un formulario.

Para ello, podemos escribir algo parecido a lo siguiente:

```
Sub AbrirFormulario( Formulario As String )
    'Establecemos el control de errores
    On Error Goto ErrorAbriendo
    'Abrimos el formulario
    DoCmd.OpenForm Formulario
    Exit Sub
ErrorAbriendo:
    MsgBox "Ha ocurrido un error " &_
           "al intentar abrir el " &_
           "formulario " & Formulario
    Resume Next
End Sub
```

Veamos cómo funciona:

1. Establecemos que, si ocurre algún error, la ejecución debe saltar a la primera ejecución que se encuentre tras la especificación de la etiqueta ErrorAbriendo. Una etiqueta se especifica mediante un nombre seguido del carácter dos puntos (:).
2. Abrimos el formulario.

3. Salimos del procedimiento. Es importante incluir Exit Sub, ya que de otro modo, la ejecución continuaría en la siguiente instrucción, que es la que muestra el mensaje de error. El hecho de definir una etiqueta no altera el orden lógico de una ejecución; tan sólo sirve para marcar un punto.
4. En caso de que ocurra un error, mostramos un cuadro de diálogo informando de ello al usuario. Esto es un ejemplo, ya que las instrucciones dedicadas al tratamiento de errores podrían realizar tareas diferentes.
5. Después de que el usuario acepte el cuadro de diálogo, continuamos en la instrucción siguiente a la que causó el error, mediante Resume Next.

# Clases

Para comprender cuál es el concepto de Clase en Access, vamos a poner un símil. Imagínate por un momento el monitor de tu ordenador. Vamos a considerarlo como un objeto.

Un monitor puede estar encendido o apagado, y dispone de un botón para conmutar entre ambos estados. Además, un monitor tiene asociados unos parámetros de brillo y contraste, que podemos modificar accionando los controles correspondientes.

Separemos conceptos. Por un lado, un monitor tiene *información* acerca de su estado. Esta información indica si el monitor está encendido o apagado, o la cantidad de brillo y contraste configurados. Por otro, el monitor dispone de controles para realizar *acciones* sobre él. De hecho, dispone de un botón que lo enciende o lo apaga, y también dispone de controles que modifican el brillo o el contraste. Las *acciones* que se pueden efectuar sobre el monitor acaban afectando a la *información* que contiene.

Éste es, básicamente, el enfoque que debemos tomar para describir el funcionamiento de una clase. Ahora, de forma más rigurosa, una clase está formada por:

- Atributos: los atributos se refieren a la información que almacena el objeto. Por ejemplo, en el caso del monitor, dispondríamos de un atributo con valor *booleano*: Encendido, y dispondríamos de dos atributos con valor numérico: Brillo y Contraste.

- Métodos: los métodos especifican las acciones que se pueden realizar sobre el objeto y que, generalmente, acarrearán un cambio en sus atributos.

  Por ejemplo, para el caso del monitor, dispondríamos de los siguientes métodos:

  - AccionarBotónEncendido: el botón de encendido se presiona, y cambia el estado entre encendido/apagado. Disponemos de un solo método porque no podemos Apagar un monitor apagado o Encender un monitor encendido.
  - ModificarBrillo(Brillo As Integer): este método admite un parámetro, y es el nuevo brillo. Los controles de ajuste de brillo no sólo dicen que hay que modificar el brillo, sino que también indican el valor.
  - ModificarContraste(Contraste As Ingener): este método es similar al anterior.

---

**Nota**

*Las clases también pueden tener* Propiedades*, pero esto lo veremos un poco más adelante.*

---

## Un ejemplo práctico

En Access no vamos a trabajar con objetos físicos como el monitor, sino más bien con elementos lógicos. Por ejemplo, podemos considerar una ventana como un objeto. Vamos a centrarnos en sus características más básicas.

Una ventana viene definida, entre otras muchas cosas, por su altura y su anchura. Por ello, en Access, un objeto de tipo formulario dispone de información InsideHeight e InsideWitdh que representan, respectivamente, altura y anchura.

Para acceder a esta información tendríamos que utilizar una sintaxis como la siguiente:

```
NombreObjeto.InsideHeight
```

El carácter punto (.) sirve para identificar métodos, atributos o propiedades dentro de una clase.

### Propiedades

Una propiedad representa el tercer tipo de elemento que podemos disponer en una clase. Es una mezcla entre método y atributo, ya que a través de una propiedad podemos acceder a la información de un atributo, pero también modificarla.

---

**Nota**

*Los atributos no se pueden ni leer ni modificar directamente. Si se necesita acceder a la información de un atributo, debe ser a través de un método o una propiedad.*

---

La idea es poder hacer lo siguiente, y que funcione:

```
Ventana.InsideHeight = 100
```

Intuitivamente, la ejecución de la línea anterior cambiaría el valor del atributo asociado a la altura de la ventana. Pero no basta con eso, ya que *también* debe cambiar la altura de la ventana.

De nada serviría cambiar el atributo si la ventana sigue apareciendo en pantalla con el mismo tamaño. Por ello, la propiedad InsideHeight no sólo modifica el valor del atributo, sino que también realiza las llamadas pertinentes al API de Windows para que la altura de la ventana se vea modificada.

Este concepto es importante: se puede *ejecutar* código con tan sólo cambiar el valor de una propiedad. Utilizaremos esta idea de forma reiterada durante el desarrollo de nuestras aplicaciones de base de datos.

## La clase DoCmd

En Access disponemos de gran cantidad de clases. Podemos ver estas clases, así como todos sus métodos y propiedades, gracias al Examinador de objetos, que vemos en la figura 4.5.

Habrá clases que nos resulten más útiles que otras, del mismo modo que habrá propiedades que resulten más útiles que otras, o métodos que resulten más útiles que otros. Pero lo que es indiscutible es que la clase más utilizada desde código Access Basic es DoCmd.

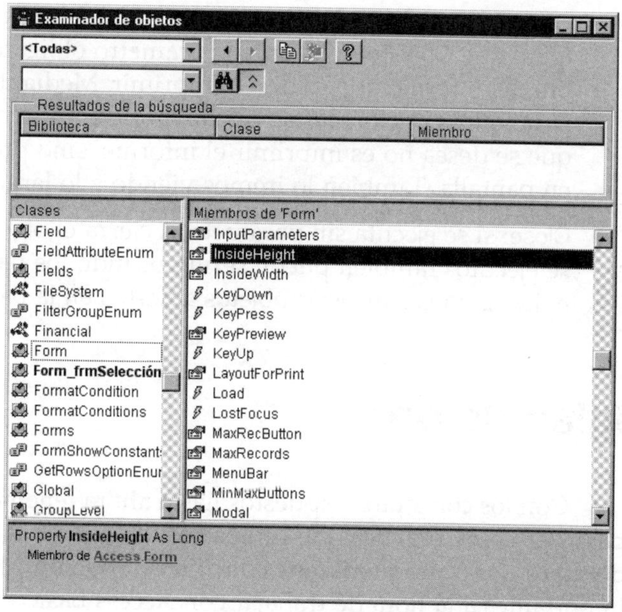


*Figura 4.5. El examinador de objetos*

Esta clase posee métodos para ejecutar *todas* las acciones que se pueden ejecutar desde una macro. Para realizar acciones como abrir o cerrar un formulario o imprimir un informe, deberemos usar la clase DoCmd.

**Consejo**

*Desde el examinador de objetos puedes seleccionar una entrada y pulsar* F1 *para pedir información sobre el elemento que tienes seleccionado. Te recomendamos que vayas al examinador de objetos, selecciones la clase* DoCmd *y pulses* F1 *para que aparezca la ayuda en línea asociada a esta clase.*

Con mucha diferencia, los tres métodos asociados a esas tres acciones van a ser las que más utilicemos de la clase DoCmd:

- OpenForm. Es el método que sirve para abrir un formulario en nuestra aplicación de base de datos. Admite una gran cantidad de parámetros, de los que tan sólo es obligatorio indicar el nombre del formulario. Iremos viendo cómo se utiliza este método a lo largo del libro.

- OpenReport: este método sirve para imprimir un informe. Al igual que OpenForm, el único parámetro obligatorio es el nombre del informe que se desea imprimir. Mediante uno de los parámetros opcionales se puede, por ejemplo, indicar que lo que se desea no es imprimir el informe, sino previsualizarlo en pantalla. También lo iremos viendo a lo largo del libro.
- Close: si se ejecuta sin parámetros, cierra el objeto desde el que se ejecutó. También puede servir, usando los parámetros opcionales, para cerrar otros objetos abiertos en la base de datos.

# Las reglas de oro

Con los conceptos expuestos hasta ahora tenemos más que suficiente para ver casos prácticos de utilización de código Access Basic a lo largo del libro. Pero no queríamos concluir sin dar un repaso a las ideas más importantes a la hora de trabajar con Access Basic y Access en general.

## Documentar el código

Una buena documentación es fundamental para facilitar el desarrollo y, sobre todo, las posteriores modificaciones en una base de datos. Personalmente, no deja de asombrarme cómo las personas más expertas en el desarrollo de aplicaciones son las que más tiempo invierten en documentar el código. En principio, parece lógico que cuanta más experiencia tenga una persona en el desarrollo de aplicaciones, más rápidamente identificará cómo funciona un fragmento de código, y menos necesitará de documentación que se lo explique. Pero a pesar de la aparente pérdida de tiempo que puede suponer el incluir comentarios en el código Access Basic, si la aplicación tiene un cierto tamaño, sin duda no habrá sido tal pérdida de tiempo sino que además lo ahorrará en el futuro.

Y es que está muy claro. Cuando estás trabajando delante de la ventana de edición de Visual Basic, tienes las ideas muy claras, y comprendes perfectamente el código que escribes. También comprendes perfectamente el código que escribiste ayer, o hace dos días. Pero imagínate el caso de que entregas una aplicación, completa, a un usuario. La aplicación funciona correctamente y el código es limpio, sin "chapuzas". Trascurre un año, y el usuario pide que se agregue cierta funcionalidad a la aplicación.

Si la aplicación estaba bien documentada, te costará mucho menos trabajo comprender su funcionamiento que si no la habías documentado en absoluto. Puede ser que no nos creas, pero no te aconsejamos que corras el riesgo de verte en la situación no entender cómo funciona tu propio código. Y no serías el primero. Eso sí, la documentación tiene que ser útil. No puede ser una mera traducción Español-Access Basic. Por ejemplo, una documentación como la que se muestra a continuación:

```
'Dependiendo del valor de
'WeekDay(Now()), hacemos lo siguiente:
Select Case WeekDay(Now())

  ' Si es 2
  Case 2
    'Abrimos "Listado1"
    DoCmd.OpenReport "Listado1"

  'Si es 3
  Case 3
    'Abrimos "Listado2"
    DoCmd.OpenReport "Listado2"

  'Si es 4
  Case 4
    'Abrimos "Listado3"
    DoCmd.OpenReport "Listado3"

'Fin del Select
End Select
```

Este tipo de documentación sí que es una pérdida de tiempo. Lo que tenemos que incluir como comentarios en el código no es lo que hace cada línea, sino las ideas generales de funcionamiento. Más bien algo así:

```
'Obtenemos el día en el que
'nos encontramos ahora
Select Case WeekDay(Now())

  'Si es lunes, imprimimos el
  '"Listado1"
  Case 2
    DoCmd.OpenReport "Listado1"
```

```
    'Si es martes, imprimimos el
    '"Listado2"
    Case 3
      DoCmd.OpenReport "Listado2"
    'Si es miércoles, imprimimos el
    '"Listado3"
    Case 4
      DoCmd.OpenReport "Listado3"
End Select
```

**Consejo**

*Todo lo que hemos expuesto acerca de la documentación del código es perfectamente aplicable a otro tipo de documentación, como las descripciones de los campos en las tablas o de las acciones en las macros.*

## Realizar copias de seguridad

Lo decimos ahora, lo repetiremos más adelante, y lo recalcaremos posteriormente. Debemos tener siempre copias de seguridad actualizadas. Puesto que esto es un Manual Avanzado de Access, debemos ceñirnos a este tema, pero es importante que siempre dispongamos de copias de seguridad actualizadas de todos los datos con los que trabajemos.

En el caso del desarrollo de aplicaciones, la existencia de copias de seguridad es doblemente importante, ya que corremos el doble de riesgos de perder la información:

- Por un lado, y al igual que con el resto de datos, puede ocurrir cualquier tipo de desgracia que haga perder los datos del disco duro, desde un error en la tabla de asignación de archivos hasta eventos drásticos, como incendios, inundaciones o terremotos.
- Por otro, no olvidemos que en una aplicación de base de datos estamos manejando datos. Y este manejo puede implicar, en ocasiones, la modificación o eliminación parcial o completa de los datos. Por ello, cuando estemos desarrollando partes de la aplicación que vayan a efectuar alguna de estas operaciones sobre los datos, nos deberemos asegurar que disponemos de una copia de seguridad actualizada de los datos contenidos en

la base de datos. Esto es especialmente importante para el caso de las consultas de acción, que veremos en el capítulo dedicado a consultas, o para código Access Basic que contenga instrucciones de acceso a datos a través de DAO, ADO o SQL.

## Depurar, depurar, depurar

Otro punto muy importante en el desarrollo de las aplicaciones de base de datos es asegurarse de haberla probado bien. Sabemos que todo *software* tiene errores, forman parte de él y es prácticamente inevitable que así sea. Pero quedarse estancado en esa presunción no es suficiente. Debemos probar nuestra aplicación, y seguro que encontraremos algún error que subsanar. Es posible que existan otros errores que hayamos pasado por alto pero, por lo menos, habremos subsanado algunos.

## Utilizar la ayuda

No podemos esperar conocer de forma absoluta todo aquello que Access ofrece.

No podemos pretender conocer a la perfección todas las clases que Access proporciona, todos sus métodos y todas sus propiedades. Seguramente lo que sí recordaremos serán aquellas características de Access que más utilicemos. Sin embargo, podemos afirmar que los mejores expertos en desarrollo de aplicaciones no son los que mejor conocen un determinado producto, sino los que mejor saben encontrar una solución a su problema. Y una de las partes más importantes en la búsqueda de soluciones se encuentra en la ayuda.

Es cierto que la ayuda de Access puede ser mejorable. Todo lo es. Pero es aún más cierto que es una forma rápida de acceder a información acerca de las características de Access. Y precisamente este tipo de información es el que necesitamos para encontrar soluciones a los problemas que surjan durante el desarrollo.

# 5

# Tablas y relaciones

Justo después de haber realizado el diseño de la base de datos sobre papel, lo primero que el desarrollador tiene que afrontar es la creación de tablas y el establecimiento de las relaciones entre ellas.

Por ello, de igual modo que era importante que el diseño fuera lo más perfecto posible, las tablas se deben crear de una forma lo más organizada y correcta posible. Recuerda que los errores de diseño que se cometan en las primeras fases del desarrollo serán acarreados durante todo el proceso.

Por ello, en este capítulo tratamos de exponer los conceptos para que las tablas no sólo almacenen la información de forma correcta, sino también de forma eficiente.

# Introducción

A lo largo del capítulo que dedicamos al diseño de la base de datos estuvimos estudiando qué información iba a almacenar nuestra base de datos, así como la forma de clasificarla para que el diseño fuera óptimo. Sin embargo, todo lo que vimos fue más bien a nivel teórico, un desarrollo que había que realizar con lápiz y papel, sin tocar Access todavía para nada.

Bien, ha llegado el momento de arrancar Access, crear una base de datos y comenzar a plasmar todas las ideas que desarrollamos durante el diseño. Básicamente, un desarrollo bien estructurado de una aplicación de base de datos sigue el proceso que mostramos en la figura 5.1.

Basándonos en este esquema hemos organizado los capítulos siguientes. Pero, antes de comenzar a ver la creación de tablas en sí, detengámonos un momento para ver una serie de consideraciones acerca de la creación de objetos en Access.

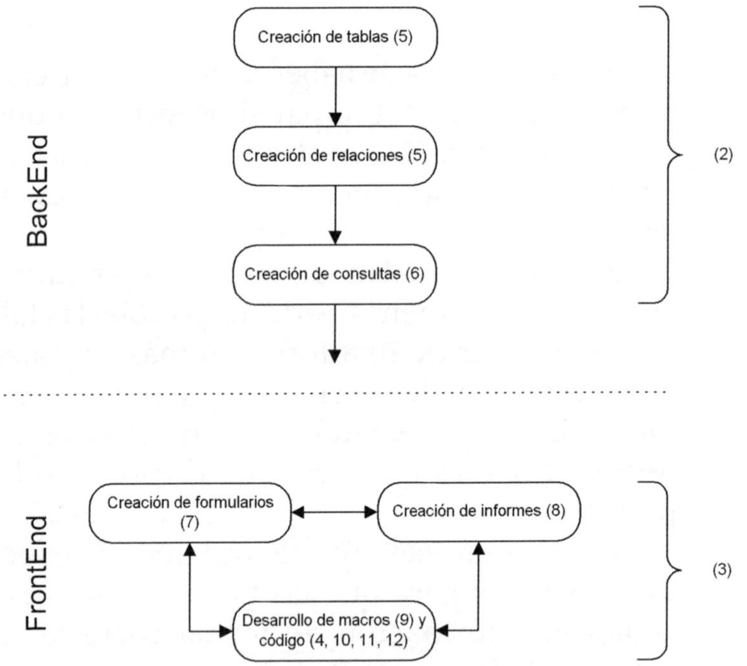


*Figura 5.1. Desarrollo de una aplicación de base de datos. Entre paréntesis aparecen los capítulos con información sobre la fase*

Como ya sabemos, una base de datos contiene objetos diferentes, tales como tablas, consultas, formularios, etc. En principio, podemos asignar a estos objetos los nombres que deseemos. Sin embargo, gran parte de la comunidad de desarrolladores de aplicaciones Access trata de utilizar una serie de convenciones de nombrado que sirvan para identificar mejor a los objetos.

# Creación de objetos en Microsoft Access

El propósito de las convenciones es proporcionar unas líneas guía para el nombrado de objetos en el lenguaje Microsoft Visual Basic para Aplicaciones (VBA). El uso de estas convenciones es de utilidad en cualquier proyecto de programación, ya que, utilizándolas, los propios nombres de los objetos incluyen información acerca del significado. Por ello proporcionan un modo de estandarizar, a lo largo de la industria de la programación, lo que estos nombres significan.

Sin embargo, los autores de estas convenciones afirman que tan sólo son sugerencias, que pueden modificarse si el usuario cree que le resultarán más útiles.

**Consejo**

*Pero, en ese caso, también aconsejan documentar adecuadamente los cambios realizados. ¿Recuerdas lo que decíamos acerca de la documentación en el capítulo anterior?*

*Tabla 5.1. Extracto de las convenciones Leszynsky/Reddick*

| Prefijo | Tipo de objeto |
|---|---|
| qry | Consulta |
| frm | Formulario |
| rpt | Informe |
| mcr | Macro |
| mdl | Módulo |

*(continúa)*

*Tabla 5.1. Extracto de las convenciones Leszynsky/Reddick (continuación)*

| Prefijo | Tipo de objeto |
|---|---|
| sfr | Subformulario |
| srp | Subinforme |
| tbl | Tabla |

**Consejo**

*A lo largo del libro trataremos de utilizar estas convenciones, y nuestra recomendación es que tú también así lo hagas en tus aplicaciones y bases de datos Access.*

# Creación de tablas

Como ya sabemos, una tabla es un lugar donde se almacenan datos sobre un determinado tema como, por ejemplo, clientes, proveedores o facturas. También sabemos que las tablas se organizan en columnas (campos) y filas (registros). Un registro es un conjunto de información que tiene sentido completo en nuestra base de datos. Por ejemplo, un registro en la tabla de proveedores contiene toda la información referente a un determinado proveedor (o la forma de obtenerla). Mientras que un campo de la tabla hace referencia a un aspecto concreto de cada proveedor, como podría ser el nombre o la dirección.

**Nota**

*Recuerda que en una base de datos relacional, un registro no tiene que contener la información completa. En su lugar, puede contener identificadores que relacionen la información del registro con información presente en otras tablas.*

## Campos

Partiendo del diseño de la base de datos tal y como vimos en el capítulo 2, la traducción de atributos a campos es inmediata. Sin embargo, la creación de un campo no es algo tan sencillo como seleccionar la opción "crear campo". Es necesario introducir información adicional acerca de qué va a contener dicho campo.

Pero no sólo eso, sino que puede contener directrices acerca de cómo se va a presentar la información que contiene, e incluso cómo actuar en caso de que la información introducida sea errónea. Más concretamente, debemos tener en cuenta:

- El tipo de información que va a contener el campo.
- El tamaño máximo estimado para la información (en caso de que esta característica sea aplicable).

---

**Nota**

*Por ejemplo, no se puede determinar el tamaño máximo para un campo que contenga fechas.*

---

- Si el campo es o forma parte de una clave primaria o de una clave externa. Ciertos campos tendrán esta característica.

---

**Consejo**

*A lo largo de este capítulo vamos a usar frecuentemente los conceptos de clave primaria y clave externa. Si no tienes muy claro estos conceptos, te recomendamos que vuelvas a leer el capítulo dedicado al diseño de la base de datos.*

---

- Si el campo puede contener valores nulos.
- Si existen restricciones en la información que almacenará el campo. Por ejemplo, un campo que contenga la antigüedad de un empleado no podrá almacenar valores negativos.
- Si ese campo va a ser utilizado para realizar búsquedas en la base de datos o agrupaciones de registros.
- Si se van a ordenar los registros de la tabla según ese campo.

Como ves, no es poca cosa. Esto se va complicando, ¿verdad? Pues vayamos paso por paso. En la figura 5.2 puedes ver las propiedades de un campo, que vamos a explicar poco a poco.

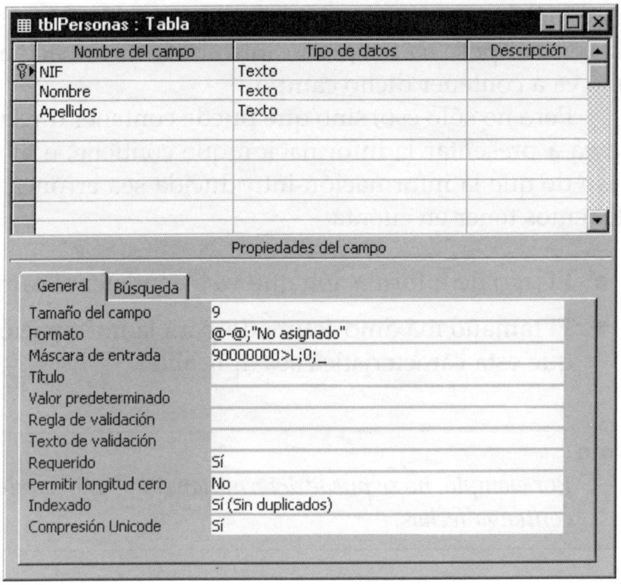


*Figura 5.2. Propiedades de un campo*

## Tipos de datos

Lo primero que debemos determinar al crear un campo es el tipo de datos que va a almacenar. No es lo mismo que un campo almacene fechas, cantidades de dinero o direcciones de clientes.

La diferencia está en cómo Access manejará y almacenará la información. Así, por ejemplo, aunque podemos almacenar fechas en campos de tipo Texto, las comparaciones entre fechas así almacenadas será menos eficiente que si almacenamos fechas en campos de tipo Fecha. Por ello, para que el almacenamiento y manejo de la información sea más eficiente, es importante adaptar al máximo el tipo de datos del campo al uso que se le va a dar realmente. En Access disponemos de los siguientes tipos de datos:

- Texto. Un campo de este tipo puede almacenar texto o combinaciones de texto y números, así como números que no requieran cálculos: números de teléfono, números de identificación fiscal, etc. En este campo podremos almacenar cadenas de hasta 255 caracteres. Sin embargo, también podemos (y debemos) limitar el tamaño máximo del campo a un valor adecuado al uso que se le va a dar. Esta limitación se establece en la sección Tamaño del campo que, en el caso de los campos de tipo Texto, toma 50 como valor predeterminado. Por ejemplo, no parece tener sentido reservar 255 caracteres para almacenar el nombre de un empleado. De 20 a 30 deberían bastar (si los apellidos se almacenan en campos diferentes). De este modo, la base de datos ocupará menos espacio, y las búsquedas y ordenaciones se realizarán más rápidamente.

**Consejo**

*Es importante ajustar bien el tamaño máximo de los campos, pero igual de importante es no caer en la racanería. Por ejemplo, sabemos que para almacenar un NIF no necesitaremos más de 9 caracteres. Sin embargo, no está tan claro cuántos caracteres debemos reservar para almacenar la razón social de una empresa. En estos casos, es mejor reservar una cantidad suficiente para todos los casos.*

- Memo. Cuando queremos almacenar un texto potencialmente extenso, como pueden ser las observaciones de un presupuesto o una factura, podemos utilizar este tipo de campo. Memo puede almacenar hasta 65.535 caracteres, y no es necesario establecer un tamaño, ya que éste se ajusta en función del contenido.
- Numérico. Este tipo de campo se utiliza para el almacenamiento de datos numéricos no monetarios. Por ejemplo, puede servir para almacenar el porcentaje de descuento que se aplica a un pedido o la cantidad de unidades que se piden de un determinado producto. También se utiliza frecuentemente para almacenar claves externas (que referencien a claves primarias). El tamaño del campo puede modificarse en función del número más grande que se vaya a almacenar (para números enteros) o en función de la precisión necesaria (para números reales).

**Consejo**

*Dependiendo de las especificaciones, así como del diseño de la base de datos, podría ocurrir que una clave primaria viniera determinada por un campo de tipo* Texto, Fecha *o cualquier otro, e incluso por una combinación de campos. Sin embargo, la situación más usual es que las claves primarias sean campos* Autonuméricos *y las claves externas, campos* Numéricos. *Veremos esto con mayor profundidad un poco más adelante.*

- Fecha/Hora. Como comentábamos anteriormente, aunque una información de tipo fecha u hora puede almacenarse en un campo de tipo Texto, lo más adecuado suele ser almacenarlos en un campo de tipo Fecha/Hora. Microsoft certifica que Access 2000 está preparado para el año 2000, y un ejemplo de ello es que este campo puede almacenar valores de fecha y hora para los años del 100 al 9999. Suponemos que para el año 9999 ya habrá salido una versión superior de Access que no tenga problemas con estas fechas.

---

**Truco**

*Este campo sirve para presentar una hora, un día, un momento concreto, etc. Lo que realmente almacena es una coordenada temporal o "timestamp". De esta información podemos elegir ver sólo la parte "hora", ver sólo la parte "fecha", o ver ambas. Pero tengamos claro que lo que se almacena es un momento concreto. Más adelante veremos cómo elegir lo que queremos ver.*

---

- Moneda. Cuando se trabaja con valores monetarios o con datos numéricos sin un gran número de decimales, deberíamos elegir este tipo de campo.

---

**Truco**

*Las operaciones con campos de tipo* Moneda *se realizan de forma mucho más rápida que las operaciones sobre campos de tipo* Numérico *que almacenen números reales. Por ello, si tu base de datos va a trabajar masivamente con datos monetarios y porcentajes, los porcentajes podrían ser almacenados como campos de tipo* Moneda. *Pero tan sólo en el caso de que los porcentajes no tengan más de dos decimales.*

---

- Autonumérico. Este tipo de campo se suele utilizar para la definición de una clave primaria sobre una tabla. Definiendo un campo como Autonumérico, cada vez que se inserte un registro, Access rellenará automáticamente este campo con un valor único. Access puede asignar estos números de forma secuencial (incrementado de uno a uno), o de forma aleatoria. Puesto que la asignación es automática, los valores contenidos en estos campos no pueden ser editados.

**Nota**

*De hecho, cuando Access no encuentra una clave primaria en una tabla, pregunta al usuario si desea definir automáticamente una. En caso de que el usuario conteste afirmativamente, lo que Access hace es crear un campo* Id *de tipo* Autonumérico.

- Sí/No. Este tipo de campo es óptimo cuando lo que se va a almacenar es información binaria. Por ejemplo, varón/hembra, pagada/no pagada, etc.
- Objeto OLE. Este tipo de campo puede almacenar objetos creados con otros programas, como documentos de Word, hojas de cálculo de Excel, sonidos, gráficos, etc. Estos objetos pueden almacenarse en un estado *vinculado* o *incrustado*.

**Nota**

*En el capítulo dedicado a OLE, DDE y ActiveX veremos con más detenimiento estos conceptos.*

- Hipervínculo. Este tipo de campo fue introducido con Access 97, y puede almacenar una cadena de texto usada como dirección de hipervínculo. Un hipervínculo puede hacer referencia a archivos locales, archivos almacenados en servidores de red, o páginas o documentos accesibles a través de Internet o de una Intranet.

**Nota**

*En el capítulo dedicado a Internet veremos con más detalle cuáles son las características que Access nos ofrece para trabajar con Internet/Intranet.*

## Valor predeterminado

Todos los tipos de campo (a excepción de Autonumérico y Objeto OLE) permiten establecer un valor predeterminado. Cuando un campo tiene establecida la propiedad Valor predeterminado, al crear un nuevo registro, se asignará automáticamente ese valor al campo.

No obstante, no quiere decir que el valor no se pueda cambiar. Una vez creado el registro, aunque se haya asignado el valor predeterminado al campo, podremos modificarlo, y esta modificación permanecerá. El valor predeterminado tan sólo se asigna al crear un registro nuevo. Nunca se utiliza sobre registros ya existentes.

**Nota**

*De hecho, si cambiamos el valor predeterminado de un campo sobre una tabla que ya contiene datos, los datos presentes en la tabla no cambiarán. Tan sólo afectará a los registros nuevos que se creen después del cambio.*

**Truco**

*Si al editar un campo que tiene establecida la propiedad* Valor predeterminado, *pulsas la combinación de teclas Ctrl+Alt+Barra espaciadora, el valor actual del campo será modificado y tomará el valor predeterminado.*

Un valor predeterminado puede venir definido por un valor o bien por una expresión. Si el valor de la propiedad es una expresión, existen ciertas restricciones a la hora de construirla. Por ejemplo, no puede contener funciones definidas por el usuario, o funciones de agrupamiento.

**Truco**

*Puedes utilizar el generador de expresiones, que veremos en el próximo capítulo, para crear la expresión que determinará el valor predeterminado.*

Bien. Hasta aquí la teoría de los valores predeterminados. Pero lo que a nosotros nos interesa es la utilidad, para qué pueden servir realmente a la hora de construir una aplicación de base de datos.

Los valores predeterminados no son necesarios (salvo en casos muy concretos), pero sin embargo pueden hacer que la aplicación de base de datos sea más cómoda de utilizar.

Pensemos, por ejemplo, en un formulario de creación de factura. Entre los campos de este formulario, posiblemente encontraremos los siguientes:

- Fecha de emisión y fecha de vencimiento.
- Factura pagada / no pagada.

Una aplicación convencional no rellenaría estos campos de forma automática.

Sin embargo, una aplicación refinada, establecería:

- La fecha de emisión a la fecha actual. Esto se haría estableciendo como valor predeterminado la expresión =Ahora().
- La fecha de vencimiento como un plazo que se suma a la fecha actual. Por ejemplo, si las facturas vencen a treinta días, el valor predeterminado de este campo sería la expresión =Ahora()+30.
- La factura como No pagada.

**Consejo**

*Recuerda que lo más importante en el diseño de la aplicación es que el usuario se sienta cómodo con ella. Por ello, es recomendable hacerle partícipe de todas estas características. Es posible que haya usuarios que prefieran introducir la fecha, y que no aparezca por defecto. Va a ser el usuario quien va a utilizar la aplicación, así que es el usuario al que debe decidir.*

## Formato de visualización

El tipo de datos del campo establece *cómo almacena* Access la información del campo. Sin embargo, el formato de visualización nos permite definir *cómo muestra* Access la información contenida en el campo.

Por ejemplo, una fecha almacenada se puede mostrar de formas muy diferentes: podemos mostrar la fecha de un modo abreviado: 16/10/98, o de un modo más extenso: 16 de octubre de 1998. En ambos casos, la fecha es la misma, pero la forma de presentarla es diferente.

Por ello, el formato de visualización depende de los datos almacenados. No es lo mismo dar formato a un texto que a un campo que contiene una fecha. Access nos permite aplicar formato de visualización a:

- Campos Texto y Memo. Es el caso del ejemplo de la figura 5.2. Permite dos secciones separadas por el carácter punto y coma (;). La primera sección especifica cómo se formatea el texto, y la segunda qué se muestra cuando el campo está vacío. En el ejemplo de la figura 5.2:
  - La primera sección (@-@) indica que el último carácter de la cadena deberá ir precedido de un guión, y delante de él, el resto de caracteres.

- La segunda sección ("No asignado") quiere decir que, cuando el campo no contenga nada, se deberá mostrar la cadena "No asignado".

- Campos Numérico y Moneda. En este tipo de campos, podemos introducir un formato personalizado o utilizar uno de los ya existentes.
    - La primera sección indica cómo se mostrará el contenido del campo cuando el valor sea positivo.
    - La segunda sección indica cómo se mostrará el contenido del campo cuando el valor sea negativo.
    - Cuando el valor es cero, el campo se muestra con el formato indicado en la tercera sección.
    - Y cuando el valor es nulo, el campo se muestra con el formato indicado en la sección cuarta.
- Campos Fecha/Hora. Al igual que en el caso anterior, Access nos proporciona varios formatos ya predefinidos que podemos utilizar. También en este campo podemos definir un formato personalizado.
- Campos Sí/No. En el formato de campo Sí/No, Access también proporciona varios formatos predefinidos. Sin embargo, si intentamos seleccionar uno de estos formatos, veremos que el modo de presentación por defecto de los campos Sí/No no variará. Esto es porque la presentación de los campos Sí/No se realiza por defecto mediante una casilla de verificación. Para cambiarla y que se presente con un cuadro de texto, tendremos que ir a la pestaña Búsqueda de las propiedades del campo, como vemos en la figura 5.3, y cambiar en Mostrar control a Cuadro de texto. Ahora ya se presentará el texto según el formato que hayamos seleccionado. Si queremos definir un formato personalizado para este tipo de campo:
    - La primera sección debe dejarse siempre en blanco. Cosas de Access.
    - La segunda sección indica cómo se mostrará el campo cuando contenga un valor Verdadero.
    - La tercera sección indica cómo se mostrará el campo cuando contenga un valor Falso.

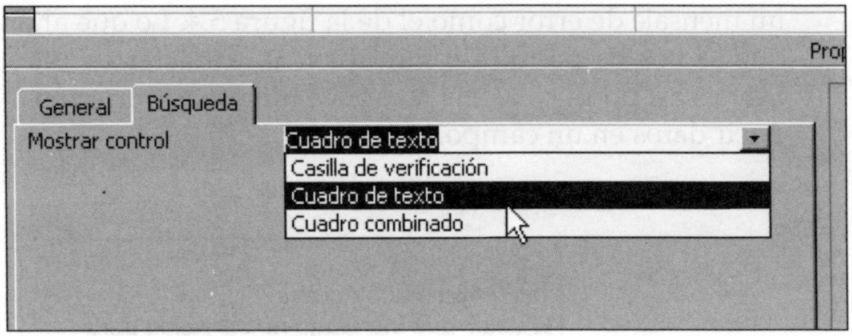


*Figura 5.3. Cambiar el modo de presentación de los campos* Sí/No *de* Casilla de verificación *a* Cuadro de texto

**Nota**

*No nos hemos detenido en describir la sintaxis de las cadenas de formato, ya que se encuentran en la ayuda de Access. Tan sólo queríamos que pudieras hacerte una idea de lo que se puede hacer con los formatos de visualización. Por ello, te referimos a la ayuda de Access para más información acerca de cómo aplicar formatos de visualización a los campos. Pregunta al Asistente de Office por "Propiedad Formato (Format)".*

## Máscaras de entrada

Así como el formato de visualización define *cómo muestra* Access la información contenida en el campo, la propiedad Máscara de entrada define *cómo permite* Access que se introduzca la información.

Por ejemplo, en el caso de la introducción de un NIF, sabemos que los ocho primeros caracteres deben ser dígitos, y que deben ir seguidos de una letra. Por ello, una buena aplicación de base de datos no puede permitir que el usuario introduzca ningún carácter que no sea un dígito en los ocho primeros caracteres.

**Aviso**

*Si obligamos al usuario a que los ocho primeros caracteres sean dígitos, en el caso de que introduzcamos un NIF que tan sólo tiene siete dígitos, el usuario deberá comenzar introduciendo un cero.*

Entremos en materia. Pensemos qué ocurre cuando, en un campo numérico, intentamos introducir un carácter y pulsamos Intro. Aparecerá un mensaje de error como el de la figura 5.4. Lo que ahora nos importa es que se nos ha permitido introducir un carácter en un campo numérico. Esto es así porque Access no aplica ninguna restricción a la hora de introducir datos en un campo.

*Figura 5.4. Error de introducción de datos*

Entonces, como hemos dicho, las máscaras de entrada definen el formato en el que Access permite la entrada de datos. Por ello, las máscaras de entrada son independientes del tipo de datos del campo que tienen asignado.

Sin embargo, no todos los campos admiten máscaras de entrada. De hecho, sólo las admiten los campos de tipo Texto, Numérico, Moneda y Fecha/Hora. Una máscara de entrada se puede componer de hasta tres secciones:

- En la primera sección se especifica el formato de máscara de entrada que se va a aplicar.

---

**Consejo**

*Puedes encontrar la sintaxis completa de las máscaras de entrada si preguntas al Asistente de Office por "Propiedad MáscaraDeEntrada (InputMask)".*

---

- En la segunda, si los caracteres de visualización literales se van a almacenar en la tabla al introducir los datos. Si contiene 0, la tabla almacenará todos los caracteres de visualización literales. Si contiene 1 o se deja en blanco, la tabla tan sólo almacenará los caracteres introducidos. Ahora lo vemos con un ejemplo.
- La tercera sección indica el carácter que Access va a mostrar en el espacio en el que el usuario debe introducir los datos.

Por ejemplo, en la figura 5.2 podemos ver un ejemplo de máscara de entrada para un NIF: 90000000>L;0;_. Veamos qué significa:

- Primera sección: 90000000>L. El primer carácter puede ser un dígito o un espacio, mientras que los siete siguientes tienen que ser dígitos. Así, en caso de que el NIF sólo tenga siete dígitos, el usuario debe introducir un espacio como primer carácter. Después de estos 8 caracteres, vemos el símbolo mayor (>), que hace que los caracteres que vengan a continuación se muestren en mayúsculas, y después, vemos el carácter L, que obliga a que el siguiente carácter sea una letra.
- Segunda sección: 0. Hace que los caracteres literales no se almacenen en el campo. No hay caracteres de este tipo, luego esta sección no tiene efecto. Si, por ejemplo, la primera sección hubiera sido 90000000>\(L\), se tomarían los paréntesis como caracteres literales, y la entrada 0 en la segunda sección indicaría que deben ser almacenados en el campo. Ten en cuenta que, en este caso el campo, en vez de 9 caracteres, necesitaría 11 para almacenar el valor. Vemos este ejemplo en la figura 5.5.
- Tercera sección: _. Hace que los caracteres que se deben introducir en el campo aparezcan con el símbolo (_).

*Figura 5.5. Introducción de un campo con máscara de entrada 90000000>\(L\);0;_*

## Reglas de validación

Si entendemos una máscara de entrada como una forma de indicar a Access *cómo permite* que se introduzca la información, podemos definir una regla de validación como un modo de indicar a Access qué información *es válida*. Las reglas de validación se aplican después de introducir la información, pero antes de almacenarla en la tabla. Si la información es válida, se introduce. Si no, se muestra un mensaje de error al usuario.

¿Cuál es su utilidad? Pensemos en un programa de facturación que, entre sus especificaciones, incluye una que dicta que sólo se pueden crear facturas con la fecha actual como fecha de emisión o, como mucho, con fechas anteriores a la actual (por si había alguna factura retrasada). Pero, en ningún caso, este programa debe permitir la emisión de facturas con fecha posterior a la actual.

Una de las formas de aplicar esta restricción es imponer una regla de validación en la tabla de facturas, de modo que no se permita la creación de la factura si se intenta introducir una fecha de emisión posterior a la que devuelve la función Ahora(). De igual modo, se podría especificar, por ejemplo, que el período de vencimiento de una factura nunca podría ser mayor de noventa días desde la fecha de emisión.

Estos dos son ejemplos de reglas de validación. Sin embargo, difieren en un punto: el primer ejemplo impone una regla de validación para un campo concreto (fecha de emisión), en función de parámetros conocidos (la fecha actual), mientras que el segundo ejemplo impone una regla de validación para un campo (fecha de vencimiento), pero la evaluación de la regla depende del valor que contenga otro campo del mismo registro (la fecha de emisión). El primer ejemplo impone una regla de validación *a nivel de campo*, mientras que el segundo, la impone *a nivel de registro*. Veamos cómo especificar estas dos reglas.

## A nivel de campo

Las reglas de validación a nivel de campo se evalúan en el momento en que el usuario se desplaza a otro campo (dentro del mismo registro, o de otro registro). Por ello, este tipo de regla resulta adecuado para comprobar si la fecha introducida es superior a la actual.

**Aviso**

*Consideramos desplazarse a otro registro también a acciones como guardar, cerrar la tabla, etc. Es decir, acciones que finalicen la edición actual.*

Para establecer una regla de validación a nivel de campo, la introducimos en la sección Regla de validación de las Propiedades del Campo.

Además de la Regla de validación, Access nos permite introducir un Texto de validación, que se le presentará al usuario cuando la regla no se valide. Vemos esto en la figura 5.6.

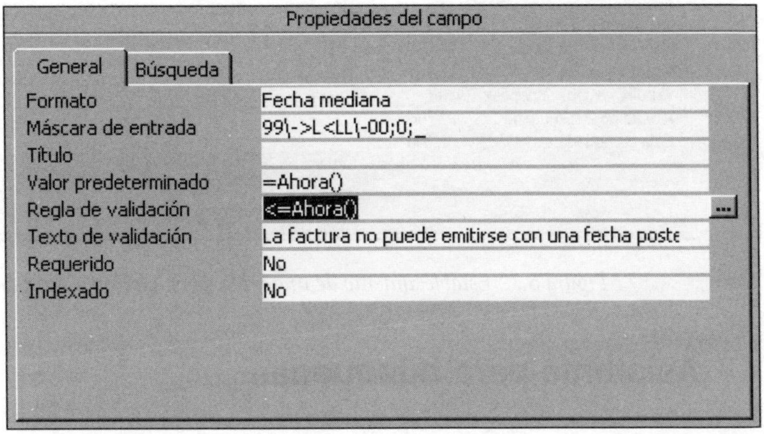


*Figura 5.6. Establecimiento de una regla de validación a nivel de campo*

## A nivel de registro

Las reglas de validación a nivel de registro se evalúan cuando el usuario se desplaza a otro registro, pero no cuando se desplaza a otro campo dentro del mismo registro.

Por ello, estas reglas no se definen para campos concretos, sino de forma global para una Tabla. De hecho, la forma de establecer una regla de validación a nivel de registro es accediendo a las Propiedades de la Tabla.

Para nuestro segundo ejemplo, que consistía en no permitir una fecha de vencimiento con posterioridad a noventa días desde la fecha de emisión, la forma de imponer esta regla sería la que se muestra en la figura 5.7.

**Aviso**

*Al igual que ocurría con la propiedad Valor predeterminado, existen ciertas restricciones a la hora de construir una expresión que determine una regla de validación. Por ejemplo, no se pueden incluir funciones definidas por el usuario o funciones de agrupamiento. Tampoco se pueden incluir consultas en la expresión.*

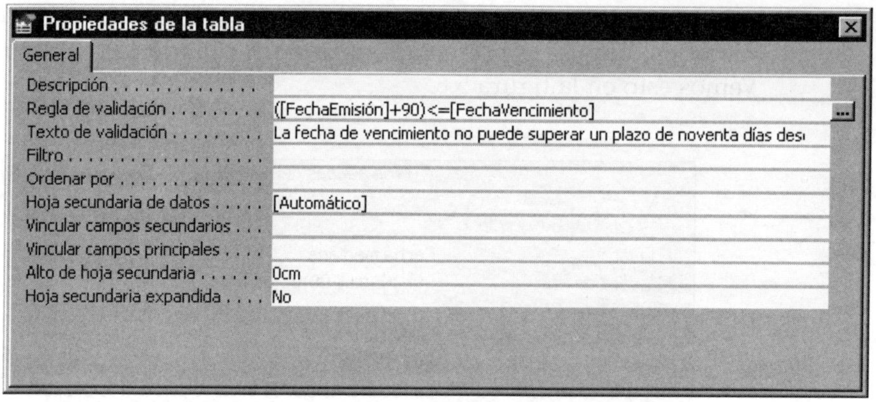


*Figura 5.7. Establecimiento de una regla de validación a nivel de registro*

# Asistente para búsquedas

Si recuerdas cuando vimos la aplicación de formatos de visualización sobre campos Sí/No, tuvimos que ir a la pestaña Búsqueda de las propiedades del campo para cambiar la visualización de Casilla de verificación a Cuadro de texto.

Básicamente, el Asistente para búsquedas nos sirve para sustituir la visualización y edición de un campo según uno de los siguientes casos:

- Una lista que muestre valores obtenidos desde una tabla o consulta.
- Una lista de un conjunto de valores definidos por el diseñador en el momento de la creación del campo.

## Valores provenientes de tablas o consultas

Imaginemos que un campo determinado lo que realmente contiene es una clave externa, que referencia a una clave primaria en otra tabla. Pongamos el caso de la existencia de dos tablas: tblClientes y tblFacturas. Las facturas se emiten a los clientes, por lo que en tblFactura existe un campo IDCliente, clave externa del campo IDCliente que se especifica como clave primaria en tblClientes. Es la situación de la figura 5.8.

Ahora situémonos en tblFacturas. El campo IDCliente almacenará un identificador numérico que referenciará al registro relacionado en tblClientes, es

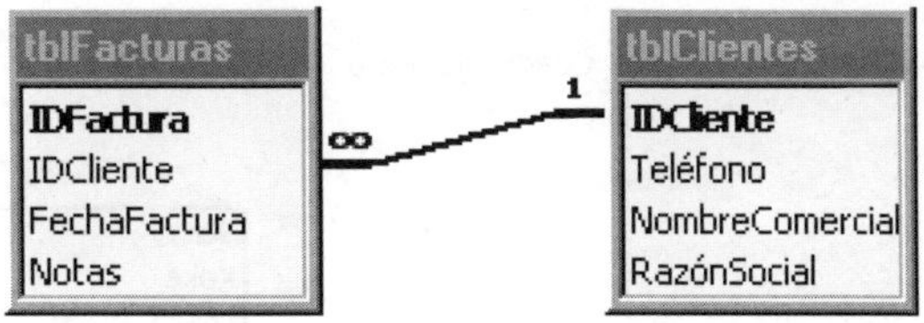


*Figura 5.8. Ejemplo de tablas para la emisión de facturas*

decir, el cliente al que se emite la factura. Sin embargo, este identificador numérico seguramente no será de mucha utilidad al usuario de la base de datos. Probablemente resultaría más cómodo que, en lugar del identificador numérico, apareciera el Nombre del cliente asociado. Es más, seguramente resultaría más cómodo que, a la hora de introducir los datos en la tabla, el usuario dispusiera de una lista con todos los clientes, donde pudiera seleccionar el que le interesara.

---

**Nota**

*Debemos tener en cuenta las preferencias del usuario de la base de datos. Hay usuarios que sí conocen los identificadores de los clientes, productos, etc., y que incluso se sienten más cómodos trabajando con estos identificadores que directamente con los nombres. El usuario utiliza, el usuario decide.*

---

Bien, para ello, abrimos la tabla tblFacturas en modo Diseño, seleccionamos el campo IDCliente, vamos a las Propiedades del campo y hacemos clic sobre la pestaña Búsqueda. Una vez allí, podremos seleccionar el control que queremos mostrar en ese campo. Tenemos las opciones que se muestran en la figura 5.9.

---

**Aviso**

*Tan sólo podremos elegir los controles que aparecen en la figura 5.9 para los campos de tipo* Texto *y* Numérico. *Para los campos* Sí/No, *no podremos elegir* Cuadro de lista *pero en su lugar podremos elegir* Casilla de verificación.

---

El control por defecto, salvo para los campos Sí/No, como ya vimos, es Cuadro de texto. En caso de seleccionar un control de tipo Cuadro de texto para un campo de tipo numérico (como puede ser una clave externa), lo que se mostrará en el campo es el identificador numérico que relaciona el registro.

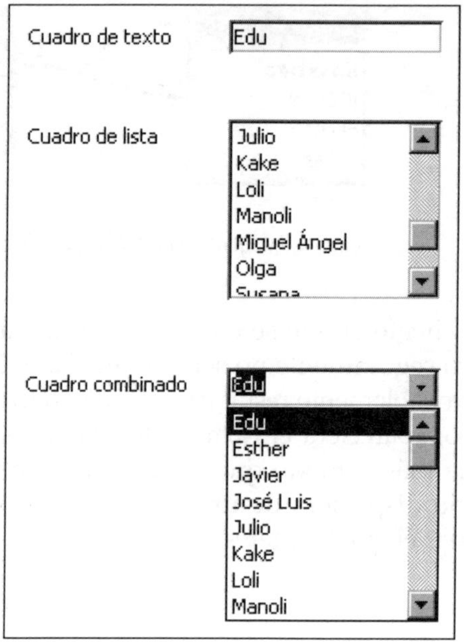


*Figura 5.9. Controles que podemos seleccionar para mostrar un campo*

Sin embargo, lo que pretendíamos era poder acceder directamente a los nombres de los clientes, sin necesidad de aprender ni de tener que introducir los identificadores numéricos. Para ello, por ejemplo, podemos utilizar un Cuadro combinado. Vemos nuestro ejemplo en la figura 5.10.

Analicemos ahora qué es lo que hemos hecho:

- Hemos seleccionado Mostrar control como Cuadro combinado.
- Hemos indicado que el Tipo de origen de la fila es una Tabla/Consulta. Esto es porque vamos a obtener los nombres de los clientes desde una tabla: tblClientes.
- Seleccionamos tblClientes como Origen de la fila.

**Consejo**

*Normalmente no te interesará seleccionar directamente una tabla, sino que preferirás utilizar una consulta o incluso escribir directamente el código SQL de la consulta en el cuadro* Origen de la fila. *No hemos puesto un ejemplo así porque todavía no hemos llegado a la creación de consultas.*

- Seleccionamos Columna dependiente como 1. Lo que esta propiedad indica es el valor que se va a almacenar realmente en el campo. El cuadro combinado, como vamos a ver, puede mostrar varias columnas, pero la que queremos *almacenar* (¡ojo!, no *visualizar*) en el campo es la que contiene el identificador numérico IDCliente.
- Seleccionamos 2 en Número de columnas. Queremos ver IDCliente, pero sobre todo, queremos ver el Nombre del cliente. Es lo que nos interesaba hacer desde el principio.
- No queremos Encabezados de columna (nombres de los campos).
- En Ancho de columnas hacemos una pequeña trampa. Cuando hay varias columnas para visualizar, podemos especificar el ancho que tomará cada una. Estos anchos se separan por caracteres punto y coma (;). Así, lo que estamos indicando en nuestro ejemplo es que la columna 1 (la que contiene el identificador numérico IDCliente) va a tomar un ancho de 0cm, es decir, no se va a ver. Sin embargo, la segunda columna va a tomar un ancho de 2,5cm. Esto hace que la única columna que veamos sea la del nombre del cliente (ya que el nombre del cliente es el segundo campo de la tabla tblClientes).

---

**Aviso**

*Es bastante habitual encontrarse este tipo de truco en aplicaciones de bases de datos.*

---

- Seleccionamos 8 en Filas en lista para indicar que, como máximo, se van a mostrar ocho entradas en el cuadro combinado. A partir de ocho entradas, aparecerán barras de desplazamiento.
- En Ancho de la lista dejamos Auto.
- Limitar a la lista indica que tan sólo se aceptarán valores que existan en el Origen de la fila. En nuestro caso, tan sólo se aceptarán nombres de clientes que ya existan.

## Valores establecidos por una lista

Del mismo modo que anteriormente hemos tomado una tabla como origen de las entradas que se muestran en el cuadro combinado, en

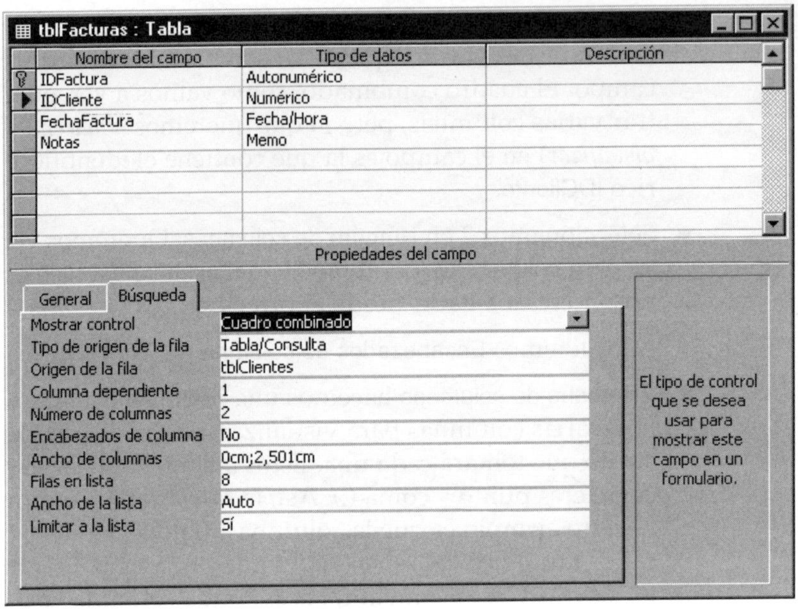


*Figura 5.10. Ejemplo de utilización de un cuadro combinado*

ocasiones podría interesar que la lista mostrara una serie de entradas, fijas, especificadas por el diseñador a la hora de crear la tabla.

Por ejemplo, imagínate un campo que sea "FormaDePago" en una tabla de facturas. El usuario dice que sólo quiere poder elegir entre cuatro formas de pago diferentes. ¿Crearías una tabla y una relación para esto? Lo mejor sería que el campo no fuera un Cuadro de texto, sino un Cuadro de lista o un Cuadro combinado, donde el usuario pudiera elegir la forma de pago en función de los valores que se introdujeron al crear la tabla. Así, la figura 5.11 muestra cómo se puede hacer esto.

# Importación y vinculación de tablas

Hasta ahora hemos trabajado tan sólo con tablas creadas desde Microsoft Access y con datos introducidos solamente desde Microsoft Access. Sin embargo, es frecuente (sobre todo en entornos empresariales) que la base de datos desarrollada tenga que acceder a datos procedentes de otros entornos.

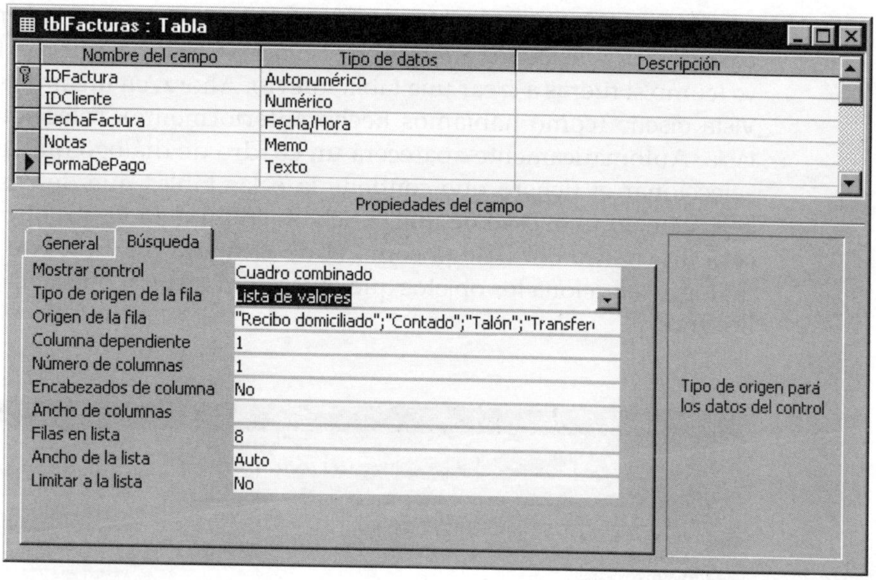


*Figura 5.11. El cuadro combinado toma valores definidos por el diseñador*

Principalmente en uno de los siguientes dos casos:

- La nueva base de datos va a sustituir a otra anterior. Por ello, es necesario "pasar" todos los datos de la base de datos "vieja" a la "nueva".
- Dos aplicaciones van a coexistir en el tiempo. Por ejemplo, podría ocurrir que los datos se compartiesen y usasen al mismo tiempo tanto por la base de datos "vieja" como por la nueva.

## Importación de tablas

El primero de los casos implica un "trasvase" de los datos de una aplicación hasta otra. Una vez hecho este "trasvase", la nueva aplicación trabajará con los datos, de forma independiente a la aplicación anterior. A este "trasvase" se le denomina *importación*.

En una descripción más técnica, supone la creación de una tabla nueva en nuestra base de datos de Access. La tabla o archivo original no se modifica, con lo que puede seguir siendo utilizada en la aplicación a la que pertenece.

La importación de tablas es un proceso sencillo: ve a la ventana de la base de datos, selecciona Tablas en el cuadro Objetos, y pulsa el botón Nuevo (como si fueras a crear una tabla nueva). Ahora, en lugar de seleccionar Vista diseño (como habíamos hecho anteriormente), selecciona Importar tabla. Automáticamente aparecerá un cuadro de diálogo que te permitirá seleccionar el fichero que contiene la o las tablas que deseas importar. Selecciónalo y, en caso de que el fichero contuviera varios objetos, aparecerá un cuadro de diálogo como el de la figura 5.12. En este cuadro de diálogo, selecciona los objetos que quieres importar y pulsa Aceptar. Sencillo, ¿no?

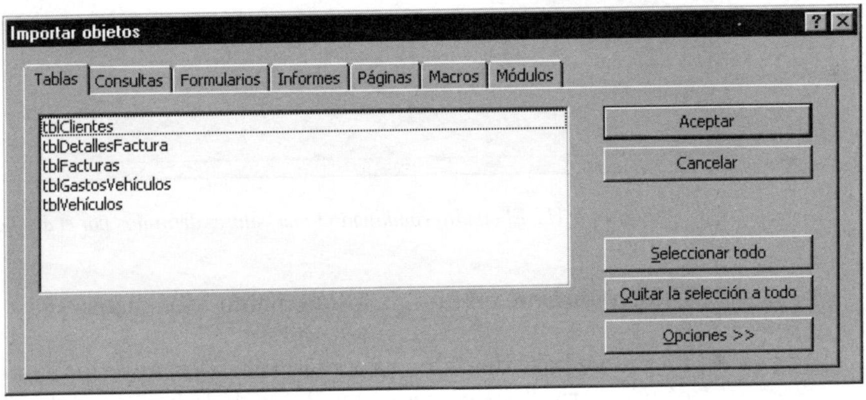


*Figura 5.12. Selección de los objetos que se van a importar*

## Vinculación de tablas

En el segundo de los casos, lo que se pretende es hacer que Access, de algún modo, pueda acceder a los datos según se los proporciona la aplicación anterior. Más concretamente, imaginemos que la aplicación anterior está desarrollada tomando dBASE como eje principal. Todos los datos estarán almacenados en tablas dBASE. Lo que pretendemos es que Access pueda acceder a las tablas dBASE, no sólo para leerlas, sino también para modificarlas (¡ojo!, los archivos de dBASE, no los propios de Access).

A este otro modo de trabajo se le denomina *vinculación*, y no supone la copia de la tabla original en nuestra base de datos, sino el que los datos puedan ser leídos e incluso modificados en su origen. El formato del origen de datos no se modifica, y así puede seguir siendo utilizado en las dos aplicaciones (con la que fue creado originalmente y con nuestra aplicación de Access 2000).

Pero la vinculación no sólo sirve para este propósito. Imagínate que, en una empresa, se dispone de un servidor de base de datos. ¿Cómo podría Access acceder a los datos que le proporciona este servidor? Una posibilidad sería vincular las tablas desde el servidor hasta la aplicación Access.

Imaginemos ahora otro caso. ¿Recuerdas lo que comentamos en la introducción acerca de los BackEnds y de los FrontEnds? Una forma de implantar este modo de trabajo, sin utilizar otra cosa que no sea Access es:

- Crear una base de datos tan sólo con las tablas y las relaciones. Esta base de datos define el BackEnd.
- Crear una aplicación de base de datos que contenga los formularios, informes, páginas, macros y código necesarios para la aplicación, pero no las tablas. Esto define el FrontEnd. Insistimos: los datos nunca residen en el FrontEnd. Siempre residen en el BackEnd. Lo que el FrontEnd hace es *acceder* a los datos del BackEnd.

Ahora, en la aplicación que define el FrontEnd, necesitas acceder a las tablas almacenadas en el BackEnd. La forma de hacerlo es *vinculándolas*. La figura 5.13 muestra gráficamente este caso.

**Truco**

*Si te fijas en la base de datos FrontEnd de la figura 5.13, verás que los iconos de las tablas han cambiado ligeramente ya que ahora, a la izquierda, tienen una flecha. Este icono quiere decir que se trata de tablas adjuntas.*

Por extraño que te pueda parecer, este modo de trabajo es de frecuente implantación en entornos donde se trabaja en red. De este modo, la base de datos BackEnd reside en un servidor de archivos, de forma que todos los equipos conectados a la red tienen acceso al BackEnd. Sin embargo, el FrontEnd reside, habitualmente, en todos los equipos que forman parte de la red (o, al menos, los que necesitan acceso a la base de datos), y no en el servidor de archivos. Así se consigue que todos los equipos tengan acceso a los mismos datos sin tener que compartir también el FrontEnd (figura 5.14).

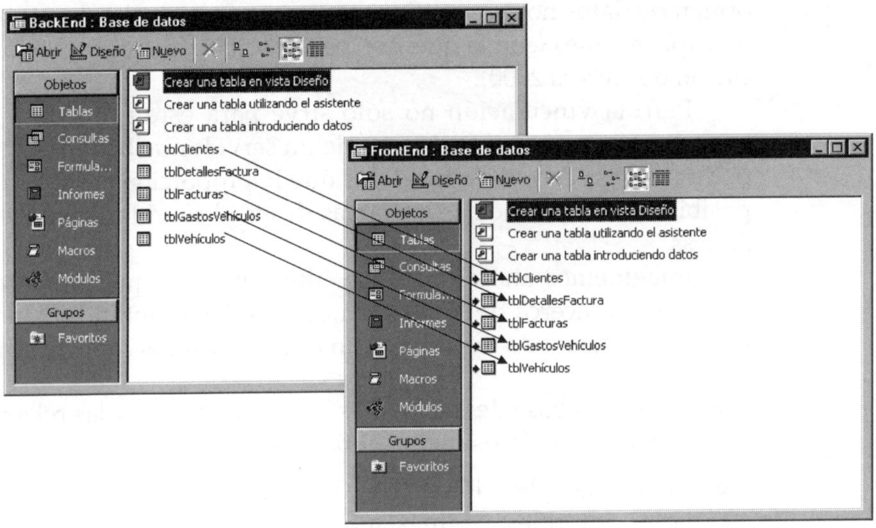


*Figura 5.13. Vinculación de tablas en el FrontEnd*

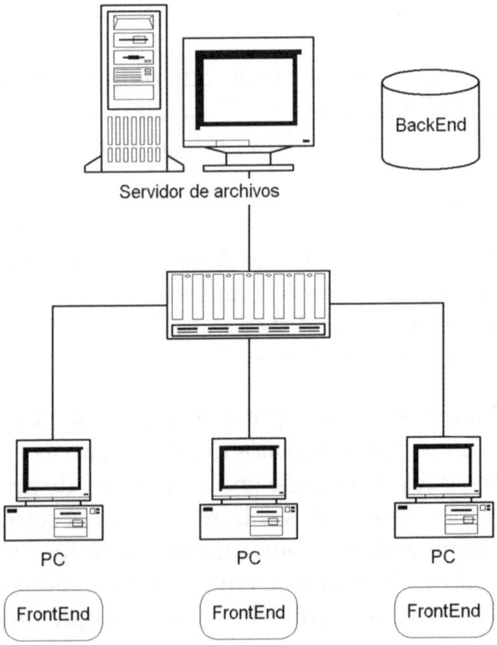


*Figura 5.14. División BackEnd/FrontEnd en una red*

## ISAM

Uno de los modos de acceder a las tablas vinculadas es gracias a los controladores ISAM. ISAM (Indexed Sequential Access Method) se refiere a un método de acceso a bases de datos indexadas, como Btrieve, dBASE, FoxPro y Paradox.

---

**Nota**

*El otro modo para acceder a tablas vinculadas es a través de ODBC. Consulta el capítulo dedicado a ODBC para obtener más información sobre este tema.*

---

El motor Microsoft Jet puede referenciar estas bases de datos a través de controladores que el usuario puede instalar. Las ubicaciones para estos controladores ISAM se mantienen en el registro de Windows.

---

**Aviso**

*El motor Microsoft Jet es el "corazón" del sistema de acceso a los datos de Microsoft Access. Prácticamente todas las operaciones de acceso a datos se realizan a través de Jet. En el capítulo dedicado a ODBC puedes encontrar una descripción más completa de qué hace este motor.*

---

**Nota**

*Para el caso de los controladores ISAM proporcionados con Jet 4.0 (el instalado con Microsoft Access 2000), esta rama se encuentra en HKEY_LOCAL_MACHINE\SOFTWARE\Microsoft\Jet\4.0*

---

El modo más eficiente de acceder a bases de datos ISAM es vinculándolas a una base de datos Jet.

---

**Aviso**

*En el capítulo dedicado a ODBC se verá que podrían existir otros modos de vincular bases de datos ISAM, pero que es el mismo Microsoft Access el que se niega a utilizar estos otros mecanismos si existe la posibilidad de utilizar ISAM.*

---

Cuando una tabla se vincula a una base de datos, lo que se está haciendo realmente es crear una referencia a la base de datos ISAM, y guardando esta referencia en la base de datos Jet. Esta referencia almacenada tan sólo mantiene un registro de la estructura de la base de datos. La base de datos Jet no almacena ningún otro dato, ya que lo que se pretende es precisamente *acceder* a los datos almacenados en la base de datos ISAM, no *importarlos*.

Una vez que las bases de datos ISAM se encuentran vinculadas a una base de datos Jet, se puede acceder a ellas utilizando toda la funcionalidad proporcionada por el motor Microsoft Jet.

# Índices

Los índices ayudan a Microsoft Access a buscar y ordenar registros de una forma más rápida. Conceptualmente son similares al índices de contenido o al índice alfabético de cualquier libro. Imagínate que, por ejemplo, te dicen: "En algún lugar del Manual Avanzado de Access 2000 viene la información que estás buscando". En caso de que el libro no dispusiera de índices ni capítulos, el proceso para encontrar la información sería comenzar a buscar por la primera página hasta que encontraras la información.

Ahora imaginemos que el libro está estructurado por capítulos, y te dicen: "En el capítulo 5 del Manual Avanzado de Access 2000 viene la información que estás buscando". Irías al capítulo 5, y desde ahí comenzarías a buscar.

Es más: "En la página 137 del Manual Avanzado de Access 2000 viene la información que estás buscando". La localización de la información sería inmediata.

Sin embargo, la existencia de índices plantea otros problemas. Imaginemos qué ocurriría si se decide incluir un capítulo nuevo, por ejemplo, entre el capítulo 5 y el 6. El nuevo capítulo sería el 6, pero el capítulo que antes era el 6 tendría que pasar a ser el 7, el 7 al 8, y así sucesivamente. Los números de página también se modificarían y, con ellos, los índices de contenido y alfabético. Un desastre, vaya.

Bien, pues a Access le ocurre lo mismo. Los índices le ayudan a localizar y ordenar información, pero son un impedimento a la hora de insertar o eliminar datos. Por ello, la creación de índices no es la panacea de la optimización de rendimiento en una base de datos. Si se usan bien, pueden ser de gran ayuda. Si se usan mal, degradarán seriamente el rendimiento.

Entonces, ¿qué índices debemos crear en nuestra base de datos? Debemos crear índices para los campos que son *claves externas* (las claves primarias, como veremos a continuación, se indexan automáticamente). También debemos crear índices para los campos que sirven para ordenar la información de una determinada tabla. Por último, resulta recomendable crear índices sobre campos sobre los que se realizan búsquedas *frecuentemente*, y por *frecuentemente* no entendemos una o dos veces al mes, sino en varias ocasiones operando normalmente sobre la base de datos.

## La clave primaria

La clave primaria (también denominada Clave Principal en Access) sirve para identificar, de forma unívoca, cada registro de la tabla. No pueden existir, en la misma tabla, dos registros cuya clave primaria coincida. Por ejemplo, para el caso de una tabla que contenga personas, un buen candidato para definir una clave primaria es el campo NIF.

---

**Nota**

*O no tan bueno. Se han dado casos (en grandes bases de datos) en los que, debido a errores de asignación en el NIF, había más de una persona con el mismo NIF.*

---

Podemos elegir entre los diferentes tipos de claves primarias:

- Tipo Autonumérico: es el tipo más sencillo y más utilizado a la hora de crear una clave primaria.
- De campo simple: utilizado en caso de que uno de los campos de la tabla ya contenga valores únicos. Es el caso del campo NIF.
- De varios campos: puede ocurrir que un solo campo no pueda garantizar la unicidad, pero sí la combinación de varios campos. Imaginemos el caso de la figura 5.15.
  - La tabla tblFacturas contiene los datos relativos a las facturas creadas. Su clave primaria es un campo IDFactura, de tipo Autonumérico.
  - La tabla tblProductos contiene los datos relativos a los productos que pueden aparecer en las facturas. Su clave primaria es un campo IDProducto, también de tipo Autonumérico.

*Figura 5.15. Ejemplo de tabla con una clave primaria compuesta por varios campos*

- La tabla tblDetallesFactura contiene los detalles (líneas) de una factura. Una factura puede tener más de una línea, por lo que la relación es uno a varios. Además, un mismo producto puede aparecer en más de una línea de factura (de una misma factura o de facturas diferentes), por lo que la relación es también uno a varios. Así, puesto que pueden existir varios detalles de factura con el mismo IDFactura, no se puede establecer éste como clave primaria. Del mismo modo, puesto que pueden existir varios detalles de factura con el mismo IDProducto, no se puede establecer tampoco éste como clave primaria. Una posible solución sería crear un campo IDDetalleFactura de tipo Autonumérico. Pero examinemos un poco más: ¿Existe alguna combinación de campos que puedan definir una clave primaria? ¿Podrían IDProducto e IDFactura definir de forma conjunta una clave primaria? Sí, en el caso de que nunca pudieran existir dos detalles de factura cuyo IDProducto y IDFactura coincidieran. ¿En qué caso ocurriría esto? En el caso de que dos líneas de una misma factura hicieran referencia a un mismo producto. Éste es el matiz.

**Truco**

*En caso de que después de examinar la tabla no encuentres ninguna combinación razonable de campos que pudieran definir una clave primaria, lo más adecuado suele ser crear un campo* Autonumérico *que la defina.*

## Creación de índices

Access proporciona un cuadro de diálogo para crear índices manualmente. Selecciona el menú Ver y elige la opción Índices. Por ejemplo, para nuestra tblProductos, aparecerá una ventana como la de la figura 5.16.

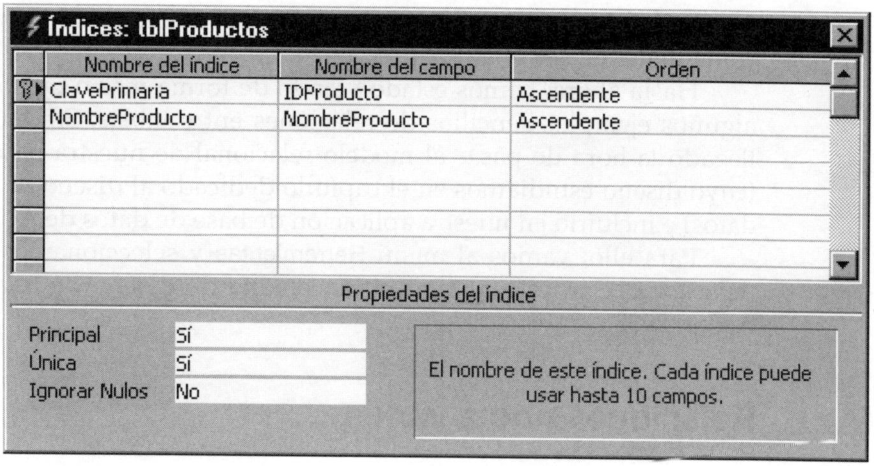


*Figura 5.16. Ventana de creación de índices*

Vemos que esta ventana está dividida en tres columnas:

- Nombre del índice. Identifica el índice con un nombre. De este modo, posteriormente podremos referirnos a él y modificarlo directamente desde la aplicación, mediante código Access Basic o acciones SQL, en caso de que lo necesitáramos.
- Nombre del campo. Identifica el campo que se indexará. En caso de que pretendamos crear un índice sobre múltiples campos, lo que haremos será introducir los nombres de los campos en filas contiguas, pero tan sólo introduciremos un Nombre del índice en el primer campo. Para el resto de los campos, dejaremos el Nombre del índice en blanco. Todos los campos que tengan asociado un Nombre de índice en blanco forman parte de un índice de múltiples campos.
- Orden. Define cómo se ordenará el índice, si de forma Ascendente o Descendente.

# Relaciones

Creados los índices y las tablas, debemos establecer las relaciones entre las diferentes tablas. Cuando diseñamos la base de datos, no sólo estudiamos las tablas que debían existir, sino también cuáles eran las relaciones entre ellas.

Hasta ahora, hemos estado viendo de forma más o menos intuitiva algunos ejemplos sencillos de relaciones entre tablas. Sin embargo, ha llegado la hora de pasar al modelo relacional de nuestra base de datos (cuyo diseño estudiamos en el capítulo dedicado al diseño de la base de datos) e incluirlo en nuestra aplicación de base de datos de Access 2000.

Para ello, vamos al menú Herramientas y seleccionamos la opción Relaciones. Con esto aparecerá la ventana de diseño de relaciones de Access 2000.

## Relaciones uno a varios

Comencemos a relacionar tablas. Vamos a relacionar, por ejemplo, facturas con clientes. Ve al menú Relaciones y selecciona la opción Mostrar tabla. Allí seleccionamos las tablas tblClientes y tblFacturas, como vemos en la figura 5.17.

---

**Aviso**

*No te preocupes. Si necesitas añadir más tablas a la ventana de relaciones, podrás repetir la operación más adelante.*

---

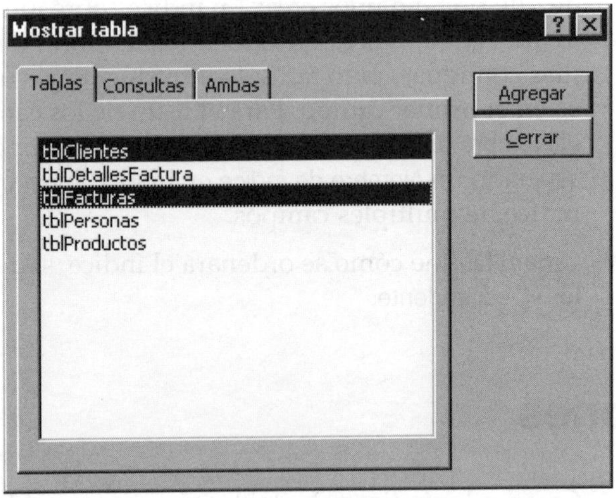


*Figura 5.17. Selección de tablas que se va a mostrar*

Ahora selecciona con el ratón el campo que define la clave primaria de la tabla que quieres relacionar, y arrástralo sobre el campo que define la clave externa. En nuestro caso, arrastramos el campo IDCliente de la tabla tblClientes hasta el campo IDCliente de la tabla tblFacturas. Con ello aparecerá un cuadro de diálogo como el de la figura 5.18.

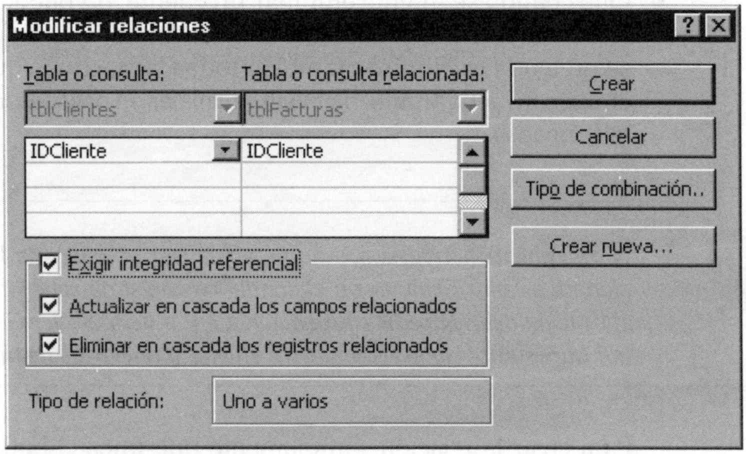


*Figura 5.18. Creación de una relación*

Esto es importante. Activa la casilla Exigir integridad referencial. Esta casilla sirve para que no pueda haber registros cuya clave externa no tenga un registro asociado. Es decir, en nuestro ejemplo, esta casilla asegura que no puedan existir facturas que no tengan un cliente asociado. La activación de esta casilla hace:

- Que cuando se intente agregar un registro a tblFacturas, se compruebe que el valor que se introduce en IDCliente realmente se corresponda con un cliente existente.
- Que cuando se intente modificar el identificador de un cliente, no se pueda hacer si existen facturas emitidas a ese cliente. Recordemos que el campo IDCliente de la tabla tblFacturas almacena una referencia al identificador del cliente, por lo que, si cambia, esta referencia dejaría de ser válida. En caso de que lo que se pretenda es modificar automáticamente también las claves externas de tblFacturas, activaremos la casilla Actualizar en cascada los campos relacionados.

**Aviso**

*Recordemos que, en caso de que la clave primaria venga determinada por un campo* Autonumérico, *no podremos modificar el identificador de un registro.*

- Que cuando se intente eliminar un cliente, no pueda hacerse si existen facturas emitidas a ese cliente. En caso de que lo que se pretenda es eliminar también todas las facturas que se le emitieron, activaremos la casilla Eliminar en cascada los registros relacionados.

**Consejo**

*Normalmente activaríamos tanto* Actualizar en cascada los campos relacionados *como* Eliminar en cascada los registros relacionados. *Eso sí, la aplicación debería pedir confirmación antes de proceder con una operación tan importante como eliminar un cliente y todas sus facturas asociadas.*

Para crear la relación, simplemente pulsamos el botón Crear, y en la ventana de diseño de relaciones aparecerá lo que se muestra en la figura 5.8.

**Aviso**

*Dejamos para más adelante el estudio de los diferentes* Tipos de combinación *que podemos establecer en una relación. Los veremos en el capítulo dedicado a las consultas.*

## Relaciones uno a uno

La creación de una relación uno a uno es similar a la creación de una relación uno a varios, pero con un pequeño detalle que tenemos que tener en cuenta para evitar quebraderos de cabeza. Access 2000 determina automáticamente si la relación que se pretende crear es *uno a uno* o *uno a varios* en función de cómo esté indexada la clave externa. Así, si la clave externa no está indexada (lo cual no recomendamos), o está indexada de forma que permita duplicados, la relación se creará como de *uno a varios*. Sin embargo, si la clave externa está indexada y no permite duplicados, la relación se creará como de *uno a uno*.

**Aviso**

*Recuerda que esta característica se puede establecer en las propiedades del campo que define la clave externa, en el apartado* **Indexado**.

## Relaciones varios a varios

En Access 2000, según vimos en el apartado dedicado al diseño de la base de datos, no podremos crear relaciones varios a varios directamente. Para poder establecer una relación varios a varios en Access 2000 tendremos que crear una tabla intermedia. Te remitimos al capítulo dedicado al diseño de la base de datos para una descripción más detallada. Puesto que ya sabemos cómo crear relaciones uno a varios, la creación de relaciones varios a varios no debería suponer ningún problema.

6

# Consultas

En el capítulo anterior hemos visto cómo hacer que Access almacene información de una forma estructurada y eficaz. Gracias a las tablas, podemos introducir, ver, modificar y eliminar información.

Como comentábamos en la introducción, la ventaja de la utilización de un sistema informático no se encuentra sólo en su capacidad para almacenar información, sino más bien en su capacidad para tratarla.

Bien es cierto que un ordenador no puede decidir por sí mismo cómo debe tratar la información, y por ello ésta es la tarea del diseñador de la aplicación. A continuación exponemos las herramientas que Access incorpora para tratar la información: las consultas.

# Introducción

Gracias a las tablas, disponemos de herramientas para almacenar información de clientes, proveedores, pedidos, etc. Sin embargo, como ya sabemos, la tarea del desarrollador de aplicaciones de bases de datos no acaba con el diseño de las tablas y relaciones. Se puede decir que más bien comienza a partir de ahí.

Recordemos que nuestro objetivo es ahorrar tiempo al usuario, de forma que el disponer de un sistema informático le resulte más útil que gestionar la información manualmente (figura 6.1).

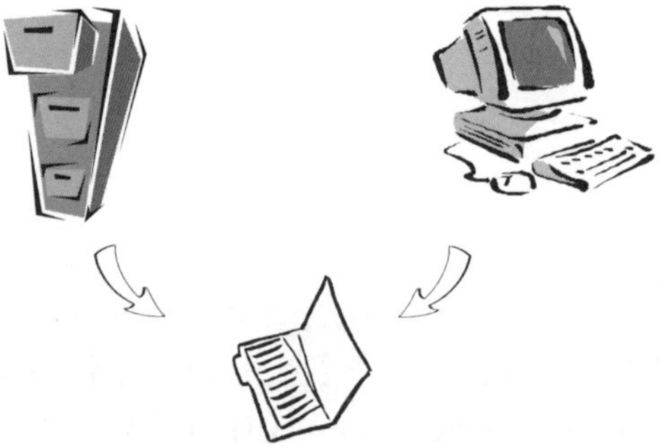

*Figura 6.1. El sistema informático debe ser más ágil que el manual*

En este capítulo vamos a ver las herramientas que Access proporciona para *seleccionar* la información. De toda la información disponible, en cada momento el usuario seguramente tan sólo querrá consultar una *porción* de ella. Estas herramientas son las consultas.

# Aspectos en la creación de consultas

Antes de comenzar a crear un objeto Consulta en Access, es necesario, al igual que ocurría con las tablas, dejar claros una serie de puntos que son necesarios para el diseño de la consulta. Por ello, comenzamos viendo cuáles son los aspectos principales que se deben tener en cuenta a la hora de crear una consulta de obtención de información.

## Combinaciones

¿Qué tablas de la base de datos se van a ver implicadas en la consulta? Por ejemplo, para realizar un listado de facturas, tendremos que incluir tanto la tabla de facturas como la de clientes, ya que con cada factura nos interesará conocer a quién se ha emitido.

En el capítulo anterior vimos no sólo cómo se almacenan los datos en las tablas sino también cómo hacer para que las tablas estén relacionadas entre sí. Así, para nuestro ejemplo de clientes y facturas, vimos que podíamos relacionar ambas tablas mediante una relación *uno a varios*. Vimos cómo crear la relación pero, sin embargo, no explicamos con detenimiento cuál era la utilidad de la creación de dicha relación.

Bien. A la hora de crear una consulta, se utilizarán las Relaciones para mostrar la información. Por ejemplo, en nuestro caso tblClientes y tblFacturas, en la creación de la consulta se relacionarán automáticamente las dos tablas. Lo vemos en la figura 6.2.

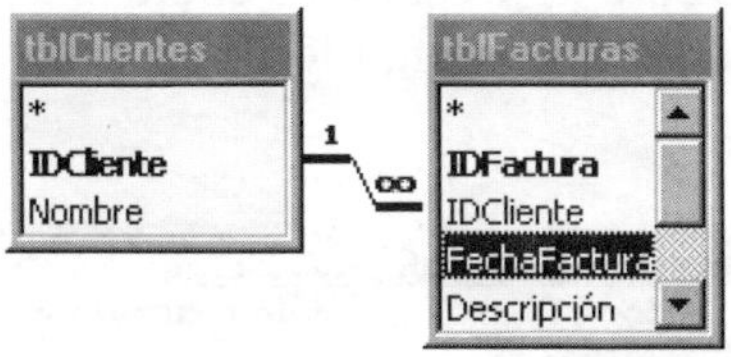


*Figura 6.2. Ambas tablas se relacionarán automáticamente*

**Aviso**

*Aún en el caso de que ambas tablas no estuvieran relacionadas en la ventana* Relaciones, *Access tratará de relacionarlas buscando identificadores comunes. Sin embargo, no te recomendamos que actúes así, ya que Access no siempre puede acertar al relacionar tablas. Un buen diseño de los datos debe de ser completo.*

## Tipos de combinación

También debemos tener en cuenta que es posible que deseemos modificar ligeramente el tipo de relación al efectuar la consulta. Por ejemplo, si creamos una consulta según la relación tal y como la vemos en la figura 6.2, podríamos obtener un resultado como el de la figura 6.3.

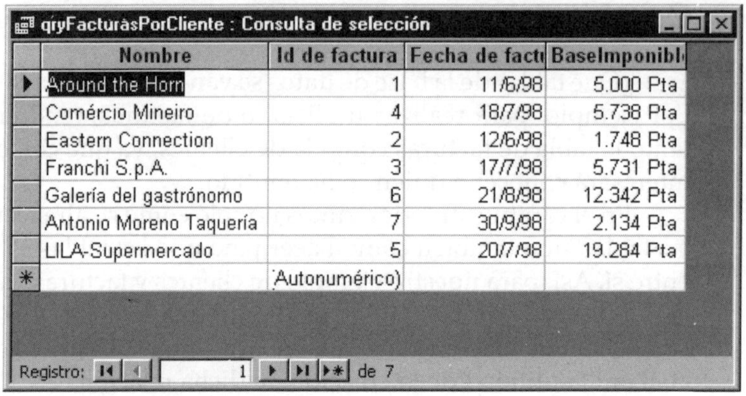

qryFacturasPorCliente : Consulta de selección

| Nombre | Id de factura | Fecha de fact | BaseImponibl |
|---|---|---|---|
| Around the Horn | 1 | 11/6/98 | 5.000 Pta |
| Comércio Mineiro | 4 | 18/7/98 | 5.738 Pta |
| Eastern Connection | 2 | 12/6/98 | 1.748 Pta |
| Franchi S.p.A. | 3 | 17/7/98 | 5.731 Pta |
| Galería del gastrónomo | 6 | 21/8/98 | 12.342 Pta |
| Antonio Moreno Taquería | 7 | 30/9/98 | 2.134 Pta |
| LILA-Supermercado | 5 | 20/7/98 | 19.284 Pta |
| | (Autonumérico) | | |

Registro: 1 de 7

*Figura 6.3. Un ejemplo de consulta con clientes y facturas*

Imagina ahora que lo que realmente queríamos hacer era un listado de todos los clientes, aunque no se les hubiera emitido factura. En el caso anterior, tan sólo aparecían los clientes a los que se había emitido factura. Sin embargo, lo que pretendemos es más bien lo que ves en la figura 6.4.

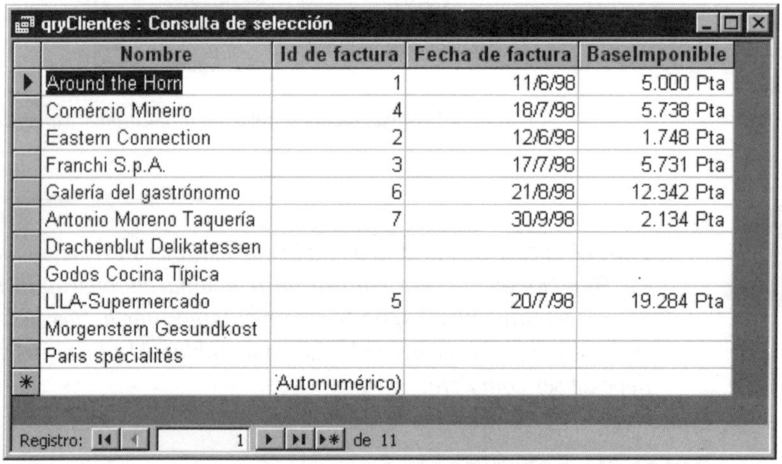

qryClientes : Consulta de selección

| Nombre | Id de factura | Fecha de factura | BaseImponible |
|---|---|---|---|
| Around the Horn | 1 | 11/6/98 | 5.000 Pta |
| Comércio Mineiro | 4 | 18/7/98 | 5.738 Pta |
| Eastern Connection | 2 | 12/6/98 | 1.748 Pta |
| Franchi S.p.A. | 3 | 17/7/98 | 5.731 Pta |
| Galería del gastrónomo | 6 | 21/8/98 | 12.342 Pta |
| Antonio Moreno Taquería | 7 | 30/9/98 | 2.134 Pta |
| Drachenblut Delikatessen | | | |
| Godos Cocina Típica | | | |
| LILA-Supermercado | 5 | 20/7/98 | 19.284 Pta |
| Morgenstern Gesundkost | | | |
| Paris spécialités | | | |
| | (Autonumérico) | | |

Registro: 1 de 11

*Figura 6.4. Listado de clientes*

En esta nueva consulta vemos que aparecen líneas con campos en blanco. Los campos que aparecen vacíos son los correspondientes a tblFacturas. Estos campos aparecen vacíos porque los clientes que se listan no han recibido ninguna factura.

¿Cómo hemos modificado la relación? En la ventana de la consulta (luego veremos cómo) hemos accedido a las propiedades de la Combinación, con lo que ha aparecido el cuadro de diálogo de la figura 6.5.

- La opción 1 establece lo que se denomina una *combinación interna*. En este tipo de combinación tan sólo se muestran los registros que están relacionados. En nuestro ejemplo, tan sólo se muestran los clientes que tienen facturas asociadas. Es el tipo de combinación por defecto cuando se crea una Relación en Access.

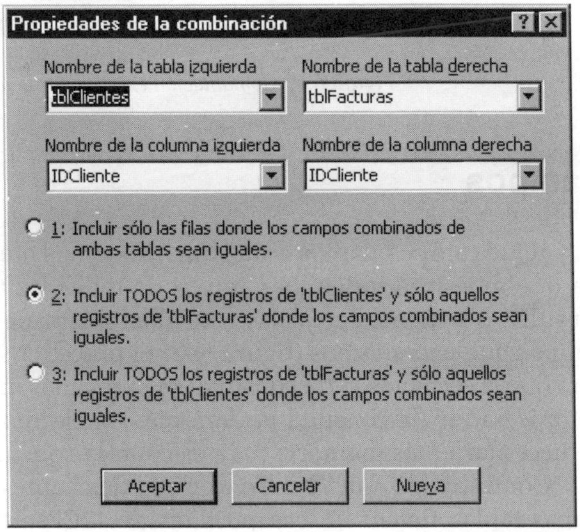


*Figura 6.5. Propiedades de la combinación*

- La opción 2 establece lo que se denomina una *combinación externa por la derecha*. En este tipo de combinación se muestran todos los registros de la tabla situada a la izquierda de la combinación, y de la tabla derecha tan sólo se muestran los registros que tienen un registro asociado en la parte izquierda. Es el caso de la figura 6.5, en el que se ha establecido que se desean ver todos los registros de tblClientes, y sólo aquellos de tblFacturas que tienen clientes asociados. Por ello, en la figura 6.4 hay algunos campos que aparecen en blanco. Son los campos que pertenecen a tblFacturas. Los campos aparecen en blanco porque el cliente que se muestra en esa fila no tiene ninguna factura asociada. Esta combinación se representa con una flecha en la parte derecha, según vemos en la figura 6.6.

- La opción 3 establece una *combinación externa por la izquierda*. Es similar a la anterior, pero en sentido contrario.

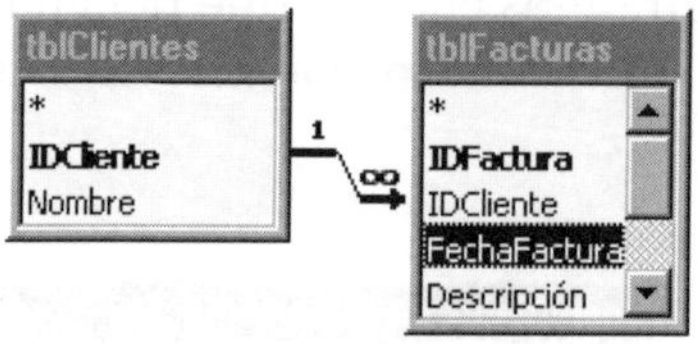


*Figura 6.6. Combinación externa por la derecha*

## Campos

¿Qué campos vamos a mostrar? Podemos crear las consultas de forma que muestren todos los campos de todas las tablas implicadas en la consulta, o podemos crear las consultas de forma que sólo muestren los campos que necesitamos (figura 6.7). El proceder según la primera forma hará que la ejecución de la consulta consuma más recursos, tanto en tiempo de procesador (la consulta tardará más en ejecutarse) como en memoria (se necesitará más memoria para ejecutar la consulta).

Continuando con nuestro ejemplo de clientes y facturas, vemos que ambas tablas tienen un campo llamado IDCliente. ¿Para qué queremos mostrar dos veces la misma información? Es más, si el campo IDCliente almacena un identificador numérico que al usuario no le interesa, ¿para qué vamos a mostrarlo siquiera una sola vez?

**Consejo**

*Nuevamente recordamos que puede ocurrir que al usuario sí que le interesen los identificadores de los clientes o de las facturas.*

Recordemos lo que vimos cuando estudiamos el interfaz de usuario: no abrumar al usuario con información. Sólo debemos proporcionar al usuario aquello que necesita. Esto, además de hacer más cómoda la utilización de la aplicación de base de datos, en el caso de las consultas, también hará que funcione más rápido.

| Id de cliente | Nombre | Id de factura | tblFacturas.IDCliente | Fecha | Descripción | BaseImponibl | IVA | FormaDePag | Notas |
|---|---|---|---|---|---|---|---|---|---|
| 1 | Around the Horn | 1 | 1 | 11/6/98 | Sirope de regaliz | 5.000 Pta | 16,00% | Contado | |
| 2 | Comércio Mineiro | 4 | 2 | 18/7/98 | Manzanas secas Manjimuj | 5.738 Pta | 16,00% | Transferenci: | |
| 3 | Eastern Connection | 2 | 3 | 12/6/98 | Pastas de té de chocolate | 1.748 Pta | 16,00% | Recibo domi | |
| 4 | Franchi S.p.A. | 3 | 4 | 17/7/98 | Salchicha Thüringer | 5.731 Pta | 16,00% | Talón | |
| 5 | Galería del gastrónom | 6 | 5 | 21/8/98 | Salsa de arándanos Northv | 12.342 Pta | 16,00% | Transferenci: | |
| 6 | Antonio Moreno Taque | 7 | 6 | 30/9/98 | Salsa de soja baja en sodi | 2.134 Pta | 16,00% | Contado | |
| 9 | LILA-Supermercado | 5 | 9 | 20/7/98 | Paté chino | 19.284 Pta | 16,00% | Recibo domi | |
| Autonumérico) | | Autonumérico) | | | | | | | |

| Nombre | Id de factura | Descripción | Fecha | BaseImponibl |
|---|---|---|---|---|
| Around the Horn | 1 | Sirope de regaliz | 11/6/98 | 5.000 Pta |
| Comércio Mineiro | 4 | Manzanas secas Manjimuj | 18/7/98 | 5.738 Pta |
| Eastern Connection | 2 | Pastas de té de chocolate | 12/6/98 | 1.748 Pta |
| Franchi S.p.A. | 3 | Salchicha Thüringer | 17/7/98 | 5.731 Pta |
| Galería del gastrónom | 6 | Salsa de arándanos Northv | 21/8/98 | 12.342 Pta |
| Antonio Moreno Taque | 7 | Salsa de soja baja en sodi | 30/9/98 | 2.134 Pta |
| LILA-Supermercado | 5 | Paté chino | 20/7/98 | 19.284 Pta |
| | Autonumérico) | | | |

*Figura 6.7. Dos consultas. La de arriba incluye todos los campos de las dos tablas. La de abajo sólo algunos*

## Campos calculados

¿Hay algún tipo de información que haya que calcular? En el capítulo dedicado al diseño de la base de datos comentamos que no debíamos almacenar en las tablas ningún dato que la aplicación pudiera calcular. Pues bien, ha llegado el momento de calcular esa información. En nuestro caso, es posible que la información que nos interese calcular sea el total a pagar en las facturas. Tenemos la BaseImponible y el IVA. En función de estos dos campos podemos calcular el total de la factura. Lo vemos en la figura 6.8, y el resultado en la figura 6.9.

## Ordenación

¿La información, se debe ordenar de algún modo? Es posible que nos interese ordenar la información de forma que los clientes aparezcan en orden alfabético, o que las facturas aparezcan ordenadas según el total a pagar. La ordenación de campos requiere tiempo, por lo que tan sólo debemos establecer criterios de ordenación en aquellas consultas en las que sean necesarios.

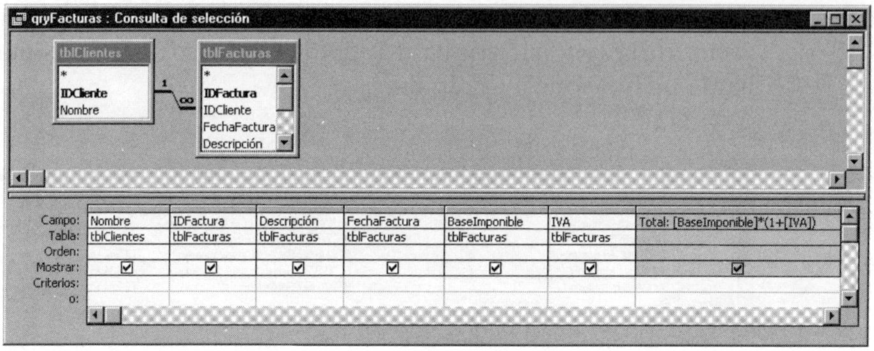


*Figura 6.8. Añadir un campo calculado*

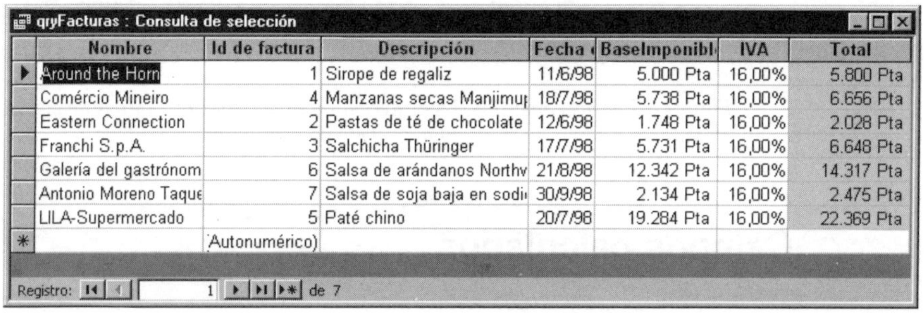
qryFacturas : Consulta de selección

| Nombre | Id de factura | Descripción | Fecha | BaseImponibl | IVA | Total |
|---|---|---|---|---|---|---|
| Around the Horn | 1 | Sirope de regaliz | 11/6/98 | 5.000 Pta | 16,00% | 5.800 Pta |
| Comércio Mineiro | 4 | Manzanas secas Manjimu | 18/7/98 | 5.738 Pta | 16,00% | 6.656 Pta |
| Eastern Connection | 2 | Pastas de té de chocolate | 12/6/98 | 1.748 Pta | 16,00% | 2.028 Pta |
| Franchi S.p.A. | 3 | Salchicha Thüringer | 17/7/98 | 5.731 Pta | 16,00% | 6.648 Pta |
| Galería del gastrónom | 6 | Salsa de arándanos Northw | 21/8/98 | 12.342 Pta | 16,00% | 14.317 Pta |
| Antonio Moreno Taque | 7 | Salsa de soja baja en sodi | 30/9/98 | 2.134 Pta | 16,00% | 2.475 Pta |
| LILA-Supermercado | 5 | Paté chino | 20/7/98 | 19.284 Pta | 16,00% | 22.369 Pta |
| | (Autonumérico) | | | | | |

Registro: 1 de 7

*Figura 6.9. Resultado de la consulta con el campo* Total *calculado automáticamente*

Por ejemplo, para ordenar la consulta según el campo Total podemos proceder según vemos en la figura 6.10. La figura 6.11 muestra el resultado.

**Nota**

*Como veremos, podemos aplicar criterios de ordenación sobre más de un campo simultáneamente.*

## Agrupación

¿Queremos hacer que la información se agrupe de algún modo? Por ejemplo, podría interesar conocer la facturación trimestral. En ese caso, agruparíamos las facturas por fecha. En la figura 6.12 vemos cómo se establecería este agrupamiento, y en la 6.13, el resultado.

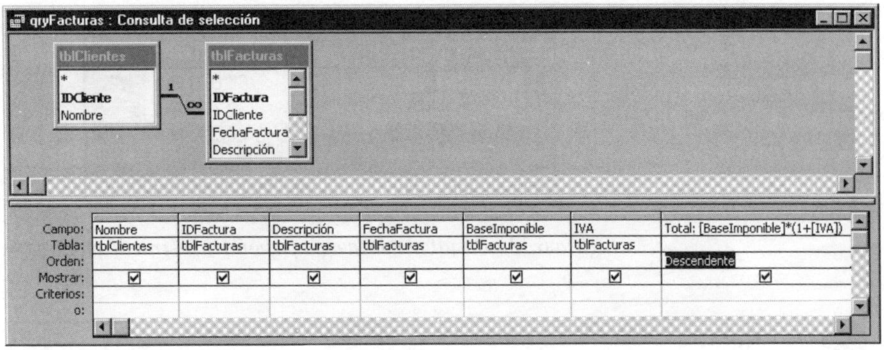


*Figura 6.10. Establecimiento de criterios de ordenación*

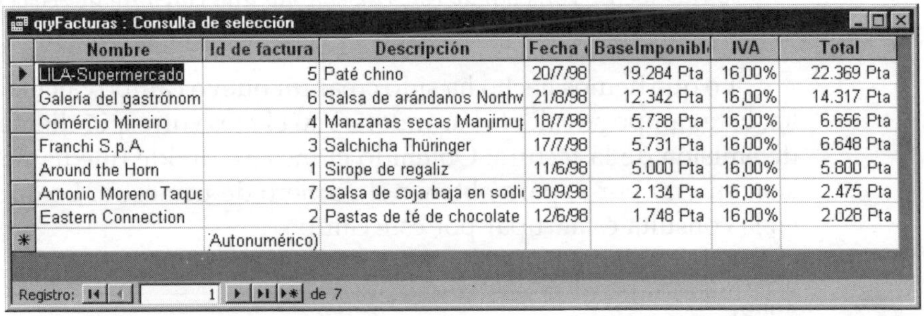


*Figura 6.11. Resultado de la consulta con los criterios de ordenación*

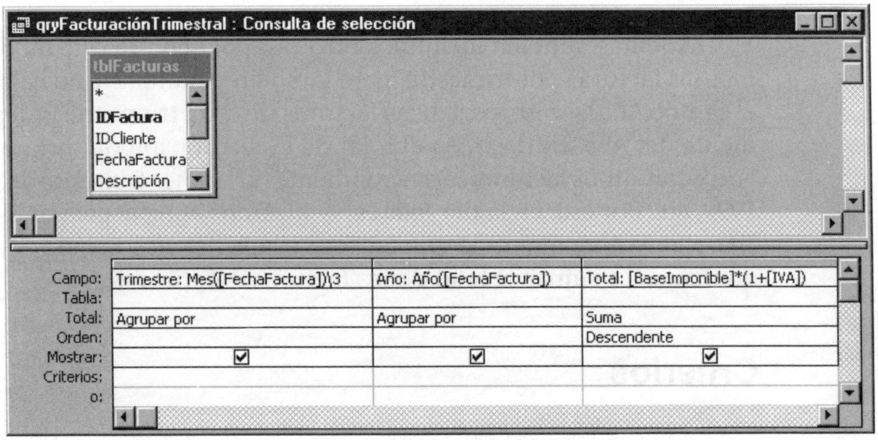


*Figura 6.12. Agrupación de registros*

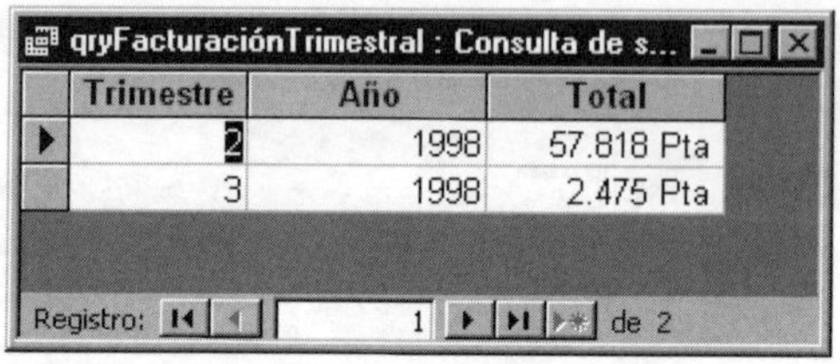

qryFacturaciónTrimestral : Consulta de s...

| Trimestre | Año | Total |
|---|---|---|
| 2 | 1998 | 57.818 Pta |
| 3 | 1998 | 2.475 Pta |

Registro: 1 de 2

*Figura 6.13. Resultado de la agrupación trimestral de facturas*

**Nota**

*La figura 6.12 muestra una nueva fila:* Total. *Para mostrar esta fila, que es la que permite realizar las agrupaciones, deberás seleccionar la opción* Totales *del menú* Ver, *cuando estés diseñando una consulta de selección.*

Lo que hemos hecho ha sido crear un nuevo campo calculado: Trimestre. Este campo se calcula basándonos en el mes correspondiente a la fecha de emisión de la factura. Obtenido el mes, se divide (mediante una división entera) por 3, para obtener el número de trimestre. Lo que hacemos en la consulta es agrupar por este campo.

**Aviso**

*La división real se especifica con el operador (/), mientras que la división entera se especifica con el operador (\).*

Además también incluimos otro campo: Año. De este modo, agrupamos las facturas por trimestre, pero también por año. De no haber incluido el campo Año, se agruparían las facturas de cada trimestre, independientemente del Año. Es decir, en el total de la facturación del primer trimestre encontraríamos facturas correspondientes al primer trimestre de 1997, 1998, 1999, etc. Por eso, en la fila Total especificamos Agrupar por para los campos Trimestre y Año, mientras que en Total especificamos Suma, ya que lo que queremos es sumar el total de las facturas del trimestre.

## Criterios

¿Queremos ver toda la información de las tablas, o sólo una parte de ella? Recordemos que uno de los cometidos principales de las consultas es poder seleccionar tan sólo aquella información que el usuario necesita conocer en un momento dado. Por ello, la aplicación de criterios sobre las consultas suele ser una característica importante. Por ejemplo, nos puede interesar, a final de mes, imprimir un informe de todas las facturas que se han emitido. Entonces estableceríamos un criterio: "Listar las facturas comprendidas entre el 1/6/98 y el 30/6/98". Vemos este criterio en la figura 6.14.

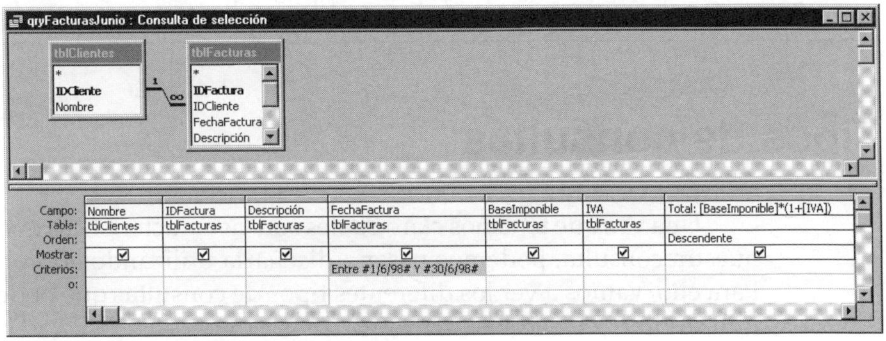


*Figura 6.14. Criterio de filtrado*

Otro modo, quizá más sencillo de incluir en una aplicación, pero más rebuscado a la hora de diseñar la consulta, es crear un campo calculado que determine el mes a partir de la fecha de la factura, y establecer un criterio de igualdad sobre ese campo calculado. Puedes observarlo en la figura 6.15.

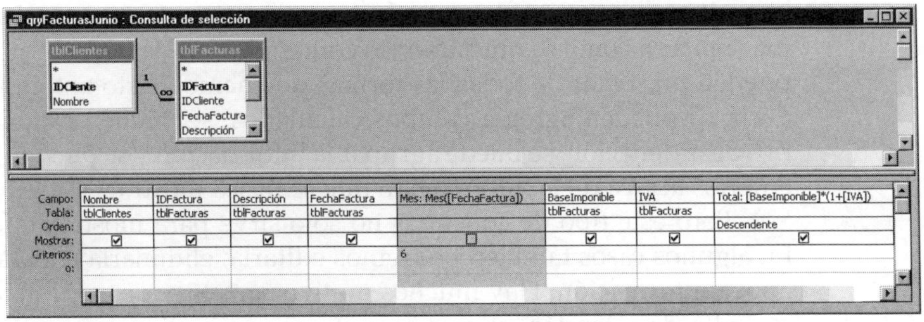


*Figura 6.15. El mismo resultado, con otro criterio*

**Truco**

*No mostramos este campo calculado, porque es muy posible que al usuario no le interese. Lo calculamos para establecer un criterio de filtrado, no para mostrarlo.*

**Nota**

*Hemos querido mostrar, una vez más, cómo se puede conseguir un mismo resultado de dos formas diferentes. Seguramente, a lo largo del libro, se te ocurrirán otras formas de conseguir los resultados propuestos en los ejemplos.*

# Tipos de consultas

Una vez que tenemos claro cuáles son las características que va a tener nuestra consulta, podemos pasar a diseñarla utilizando el propio Access. Para ello, vamos a ver los diferentes tipos de consultas que podemos crear utilizando Access.

## De selección

Las consultas de selección son el tipo más habitual de consulta. De hecho, a lo largo del libro, cuando hablemos de "consulta" sin más, nos estaremos refiriendo a las consultas de selección. Es más, los aspectos que hemos visto anteriormente respecto a la creación de consultas se referían principalmente a la creación de consultas de selección.

Este tipo de consultas sirve para obtener datos de una o más tablas o consultas, mostrando el resultado como una Hoja de datos, es decir, de forma similar a como se muestran los contenidos de las tablas. Estos datos se pueden presentar de todas las formas que hemos visto anteriormente, es decir, se pueden agregar campos calculados, se pueden establecer criterios de ordenación, se puede agrupar la información y se pueden establecer criterios acerca de la información que se desea mostrar.

Pero este tipo de consultas no sólo sirve para mostrar información. En algunos casos también podremos editarla, eliminarla e incluso añadir nueva información. Hay muchos motivos por los que es posible que una consulta de selección no nos permita añadir o eliminar nueva información, del mismo modo que hay muchos motivos por los que es posible que una consulta de selección no nos permita editar la información. El más común es cuando una consulta de selección muestra resultados basados en agrupaciones, pero hay muchos otros.

**Truco**

*Sabremos que una consulta no nos deja agregar registros cuando, en el modo de presentación* Hoja de datos, *no se muestra un último registro en blanco con un carácter asterisco (*) a la izquierda. Un caso de una consulta que permite la adición de información es la de la figura 6.11. Sin embargo, la consulta de la figura 6.13 no permite añadir información.*

## Parámetros en consultas

Volvamos por un momento a nuestro ejemplo de consulta a la que se le aplicaban criterios de filtrado. Era una consulta de selección a la que habíamos llamado qryFacturasJunio. Su cometido era listar todas las facturas que se habían emitido durante el mes de junio.

Es fácil darse cuenta de que esta consulta es demasiado específica como para ser usada tal cual. Es posible que en algún caso concreto sea necesaria una consulta así, pero lo normal es que se pretenda, como mucho, listar facturas de un determinado mes del año. Así, el modo de hacerlo no sería crear doce consultas (qryFacturasEnero, qryFacturasFebrero, etc.).

Access nos permite *parametrizar* las consultas, de forma que la especificación inicial de la consulta esté incompleta hasta que se introduzca un parámetro. Pensemos en qryFacturasJunio. ¿No sería mejor crear una consulta qryFacturasMes que, cada vez que se ejecutara, pidiera que se le indicara el mes que se quiere consultar?

Para ello disponemos de los parámetros. Podemos introducir un parámetro en una consulta escribiendo lo que se denomina *texto de solicitud* entre corchetes. Por ejemplo, para establecer como parámetro el mes de la consulta, escribiríamos [Introduzca el mes] en la celda Criterios de la columna Mes. Vemos esto en las figuras 6.16 y 6.17.

**Nota**

*Como ves, es la misma sintaxis que se sigue para incluir un campo en una expresión de consulta. Por ello, el texto de solicitud no puede coincidir con ningún nombre de campo de las tablas o consultas implicadas en la consulta.*

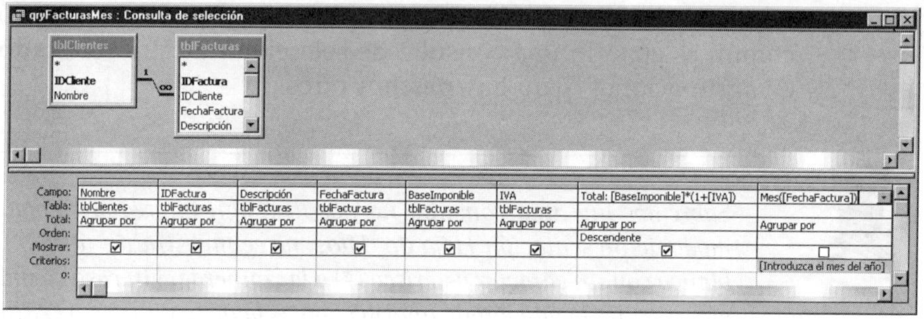


*Figura 6.16. Ejemplo de consulta con parámetros*

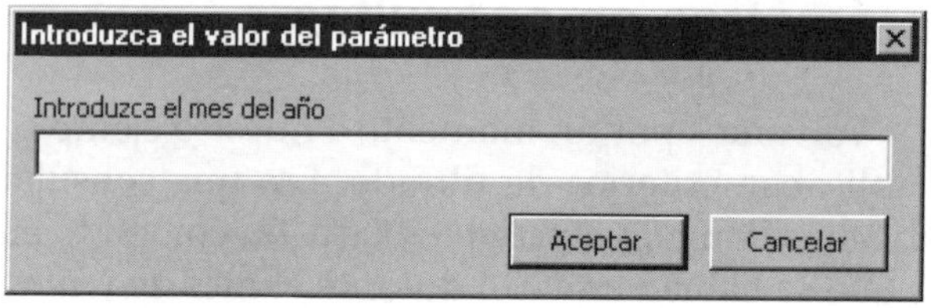


*Figura 6.17. Cuadro de diálogo que se muestra al ejecutar la consulta de la figura 6.16*

En ocasiones será necesario especificar el tipo de datos del parámetro o parámetros utilizados. Para ello, selecciona la opción Parámetros del menú Consultas, con lo que aparecerá la ventana de la figura 6.18. En esta ventana debes introducir el nombre del parámetro (el *texto de solicitud*) y el tipo de datos del parámetro.

**Nota**

*Los parámetros se pueden utilizar tanto en los criterios de filtro de las consultas como en expresiones de campos calculados.*

## De tabla de referencias cruzadas

Las consultas de selección permiten agrupaciones que pueden llegar a ser muy potentes. Sin embargo, hay cierto tipo de cosas que no se pueden hacer con consultas de selección. Veamos un ejemplo.

*Figura 6.18. Especificación del tipo de datos de los parámetros*

Continuando con nuestros clientes y facturas, imaginemos que el usuario de la aplicación de base de datos pide un informe en el que se muestre la facturación mensual de cada cliente. Un modo de mostrar esta información sería con una consulta de selección ordenada por el campo Mes, según vemos en la figura 6.19.

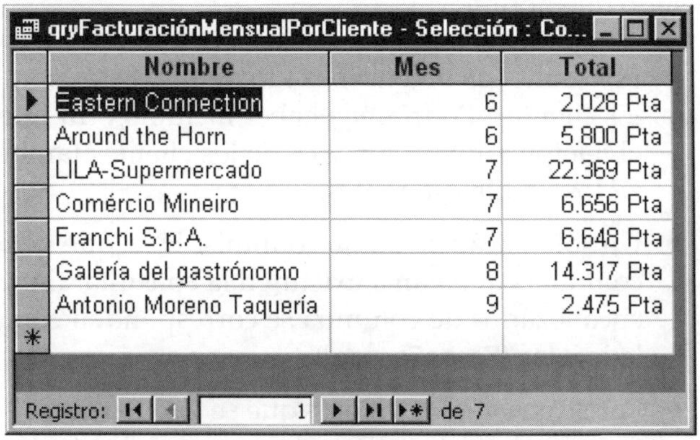


| Nombre | Mes | Total |
|---|---|---|
| Eastern Connection | 6 | 2.028 Pta |
| Around the Horn | 6 | 5.800 Pta |
| LILA-Supermercado | 7 | 22.369 Pta |
| Comércio Mineiro | 7 | 6.656 Pta |
| Franchi S.p.A. | 7 | 6.648 Pta |
| Galería del gastrónomo | 8 | 14.317 Pta |
| Antonio Moreno Taquería | 9 | 2.475 Pta |

*Figura 6.19. Facturación mensual por cliente*

Sin embargo, ¿qué tal presentar esta misma información del modo que se muestra en la figura 6.20?

qryFacturaciónMensualPorCliente : Consulta de tabla de referencias cruzadas

| Nombre | 6 | 7 | 8 | 9 |
|---|---|---|---|---|
| Antonio Moreno Taquería | | | | 2.475 Pta |
| Around the Horn | 5.800 Pta | | | |
| Comércio Mineiro | | 6.656 Pta | | |
| Eastern Connection | 2.028 Pta | | | |
| Franchi S.p.A. | | 6.648 Pta | | |
| Galería del gastrónomo | | | 14.317 Pta | |
| LILA-Supermercado | | 22.369 Pta | | |

Registro: 1 de 7

*Figura 6.20. Facturación mensual por cliente, presentada en una consulta de tabla de referencias cruzadas*

¿Cuál es la diferencia entre ambas presentaciones? En la figura 6.20, no sólo agrupamos la facturación mensual por cliente, sino que organizamos todos estos totales según el número de mes. Para hacer esto, hemos utilizado una consulta de tabla de referencias cruzadas. Podemos decir que la diferencia entre este tipo de consulta y las de selección es que los encabezados de columna se generan a partir de información contenida en tablas o consultas. En nuestro caso, los encabezados que representan el mes se han generado a partir de los meses en los que ha existido facturación.

En la figura 6.21 vemos el diseño de la consulta. En la consulta hemos tenido que definir:

- Por lo menos un encabezado de fila. Estos son los nombres de los clientes. Podríamos haber incluido otra información, como el teléfono, dirección, etc., de los clientes también como encabezados de fila diferentes.
- Un solo encabezado de columna. Es el que genera las diferentes columnas que van a existir en la consulta. En nuestro caso, los encabezados de columna se corresponden con un campo calculado: Mes([FechaFactura])
- Por supuesto, los valores que se van a mostrar. Ya que estamos agrupando facturación mensual por cliente, tendremos que sumar todas las facturas que un cliente tenga para cada mes. Por ello, seleccionamos Suma sobre el campo calculado Total.

Esperamos que hasta aquí te haya quedado claro todo lo que hemos hecho, porque vamos a complicarlo un poco más. Recordemos que la mentalidad con la que debemos enfrentarnos al desarrollo de una aplicación Access es encontrar el modo de que Access haga lo que nosotros queremos, y no al revés.

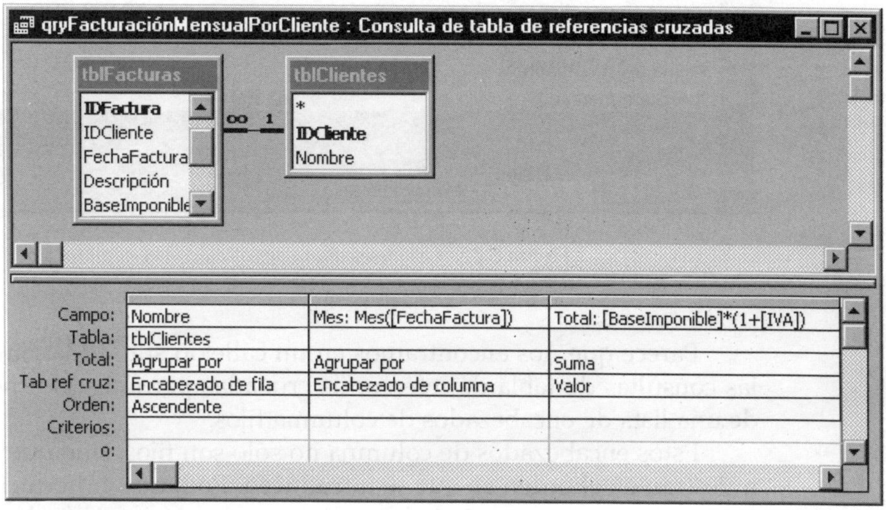


*Figura 6.21. Diseño de la consulta de tabla de referencias cruzadas*

Por ello, supongamos que nuestra idea es presentar los meses no en formato numérico, sino con su nombre. Sabemos que existe una función, llamada Format, que puede devolver una fecha según un formato personalizado. Nuestro objetivo es obtener el nombre del mes a partir del campo FechaFactura. Para ello, sustituimos el campo calculado Mes: Mes([FechaFactura]) por Format([FechaFactura], "mmmm"). La cadena "mmmm" indica a la función que debe devolver una cadena que contenga el nombre del mes de la fecha que se le pasa como parámetro. Sustituyendo un campo calculado por otro, el resultado es el que puedes observar en la imagen de la figura 6.22.

Sin embargo, si observamos la figura 6.22, veremos que Access ha ordenado alfabéticamente los nombres de los meses. Aunque los meses se muestran por su nombre en lugar de por su número, no es exactamente lo que queríamos. Sin embargo, Access no nos permite establecer funciones de ordenación personalizadas. El orden que podemos establecer sobre un campo tan sólo puede ser Ascendente o Descendente.

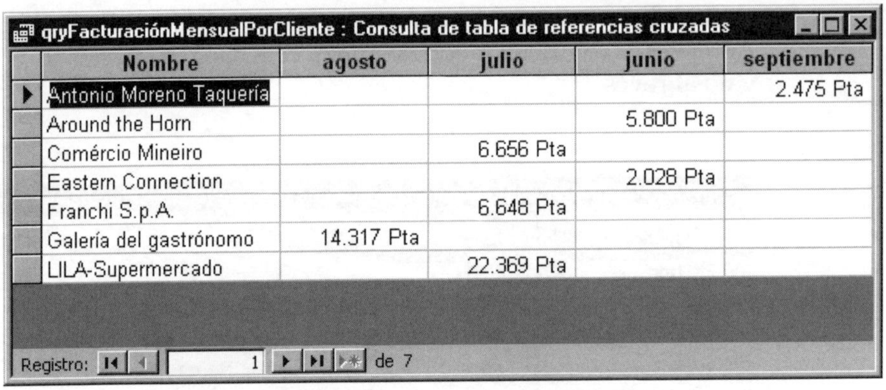


*Figura 6.22. Los meses ahora aparecen con el nombre*

Parece que nos encontramos en un callejón sin salida. Sin embargo, las consultas de tabla de referencias cruzadas permiten la especificación de una lista de encabezados de columna fijos.

Estos encabezados de columna no sólo son fijos, sino que además se muestran en el orden en que se introducen. Podemos introducir esta lista si accedemos a las propiedades de la consulta. Lo puedes observar en la figura 6.23.

El resultado de la aplicación de este método puedes comprobarlo en la figura 6.24.

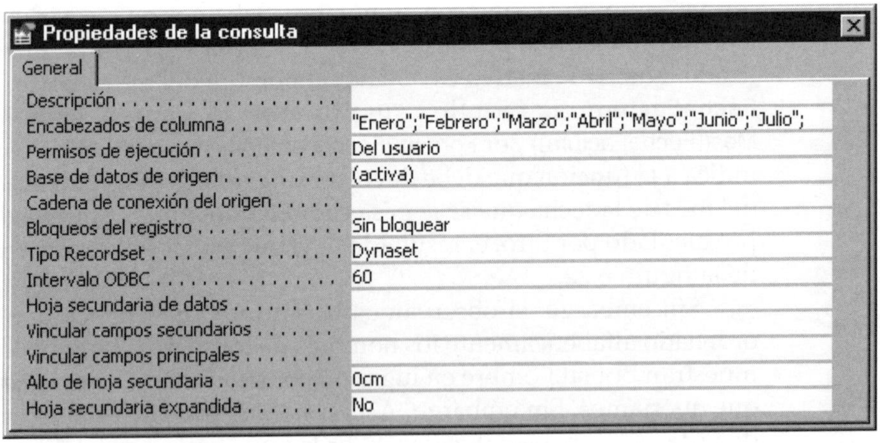


*Figura 6.23. Propiedades de la consulta de tabla de referencias cruzadas*

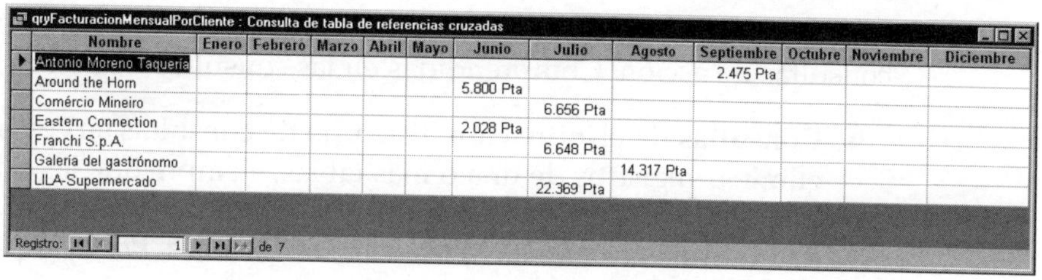

qryFacturacionMensualPorCliente : Consulta de tabla de referencias cruzadas

| Nombre | Enero | Febrero | Marzo | Abril | Mayo | Junio | Julio | Agosto | Septiembre | Octubre | Noviembre | Diciembre |
|---|---|---|---|---|---|---|---|---|---|---|---|---|
| Antonio Moreno Taquería | | | | | | | | | 2.475 Pta | | | |
| Around the Horn | | | | | | 5.800 Pta | | | | | | |
| Comércio Mineiro | | | | | | | 6.656 Pta | | | | | |
| Eastern Connection | | | | | | 2.028 Pta | | | | | | |
| Franchi S.p.A. | | | | | | | 6.648 Pta | | | | | |
| Galería del gastrónomo | | | | | | | | 14.317 Pta | | | | |
| LILA-Supermercado | | | | | | | 22.369 Pta | | | | | |

Registro: 1 de 7

*Figura 6.24. Resultado de la consulta de tabla de referencias cruzadas con encabezados de columna fijos*

**Aviso**

*Para que la consulta de tabla de referencias cruzadas funcione correctamente de este modo, el rango de valores que puede tomar el campo que establece los* **Encabezados de columna** *debe tener correspondencia con alguno de los valores fijos de la lista de encabezados de columna. En nuestro caso, puesto que se trata de nombres de meses, siempre van a guardar correspondencia.*

Como puedes ver, ahora no sólo aparecen los meses en los que se ha realizado facturación, sino todos los meses del año. Esto es debido a que la lista de encabezados de columna es fijo. Ya hemos complicado bastante el ejemplo, por lo que consideraremos esto como un mal menor y aceptaremos el resultado como válido.

## De acción

Las consultas de selección y de tabla de referencias cruzadas nos han servido para obtener la información que necesitamos del modo que la necesitamos. Sin embargo, las consultas pueden servir para más cosas que obtener información.

Pensemos, por ejemplo, en qué ocurre cuando una empresa inicia un nuevo año fiscal. Posiblemente las facturas correspondientes al año anterior ya no le interesen. Una posible opción sería eliminarlas de la tabla de facturas. Otra opción sería copiar todas las facturas a una tabla diferente, y eliminarlas de la tabla de facturas. Estas tareas también se pueden realizar mediante consultas. La diferencia con las consultas de obtención de información es que éstas realizan modificaciones sobre la información.

Dicho de otro modo, *actúan* sobre la información. Por ello, se denominan consultas de acción. Comprendidas en las consultas de acción tenemos:

- **Consultas de eliminación**. Este tipo de consultas sirve para eliminar registros de una o más tablas, siempre que las tablas estén unidas mediante relaciones, y tengan activada la propiedad Eliminar en cascada los campos relacionados. Por ejemplo, si lo que deseamos es eliminar todas las facturas que se emitieron hace más de un año, crearemos una consulta de eliminación según se indica en la figura 6.25.

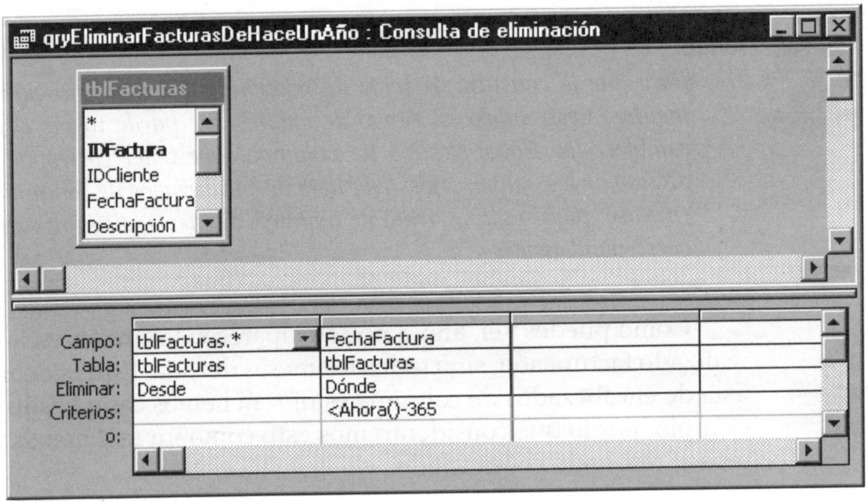


*Figura 6.25. Eliminación de facturas con más de un año*

**Consejo**

*Mientras estés diseñando consultas de eliminación, y consultas de acción en general, te recomendamos que hagas una copia de toda la base de datos, y trabajes sobre la copia. Una vez que te asegures que la consulta funciona correctamente, impórtala en la base de datos original.*

- **Consultas de creación de tabla**. Gracias a este tipo de consultas podemos hacer que una parte e incluso la totalidad de los datos contenidos en una tabla sirvan para crear una nueva tabla que los contenga. Esto puede resultar útil, por ejemplo, en el caso de que se desestimen las facturas con más de un año. Antes de eliminarlas, las copiamos a una tabla nueva y, una vez que estén allí, las eliminamos.

- **Consultas de datos anexados**. Este tipo de consultas es similar al anterior, pero con la salvedad de que la tabla que va a contener los registros que se van a copiar debe existir previamente. Este tipo de consulta es útil en el caso de que deseemos almacenar todas las facturas antiguas en una misma tabla. Si utilizamos consultas de creación de tabla, cada vez que ejecutemos estas consultas, se creará una tabla para contener los registros. Sin embargo, si utilizamos consultas de datos anexados, lo que se hará será *agregar* los datos a una tabla existente. Así, podríamos disponer de una tabla llamada tblFacturasAntiguas, *con la misma estructura* que tblFacturas, y que almacene todas las facturas obsoletas. La forma de crear esta consulta de datos anexados se indica en la figura 6.26.

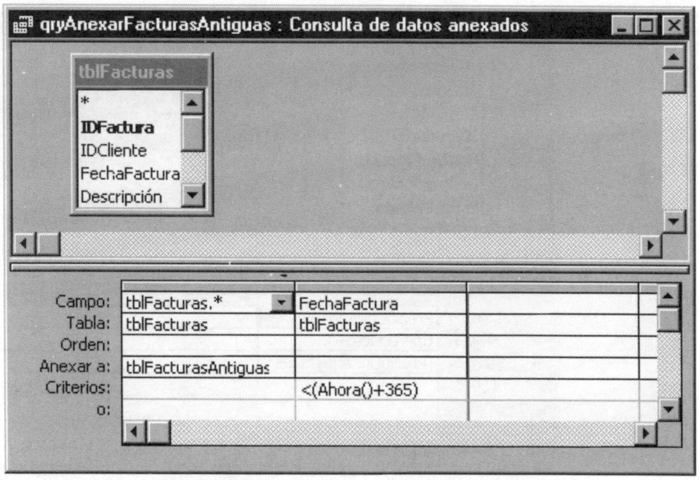


*Figura 6.26. Consulta para copiar las facturas obsoletas en una tabla diferente*

**Nota**

*Fíjate que en el segundo campo, que define el criterio para que no se anexen las facturas con menos de un año, la casilla* Anexar a *está en blanco. Puesto que ya se anexan todos los campos (especificado en la primera columna), no puedes volver a anexar* FechaFactura, *o Access devolverá un error.*

**Consejo**

*Si lo que pretendes es mover las facturas de una tabla a otra, lo que tienes que hacer primero es copiarlas, y luego eliminarlas. Por ello, tendrás que ejecutar una consulta de eliminación después de ejecutar la consulta de datos anexados.*

- **Consultas de actualización**. Imaginemos por un momento un almacén de productos. Cada año incrementan el precio de todos sus productos en un 5%. Hasta ahora no hemos visto ninguna herramienta que nos permitiera hacer esto, al menos de forma sencilla. Precisamente para tareas de este tipo están las consultas de actualización. La idea es poder modificar, de forma automática, el valor de un campo. En la figura 6.27 vemos cómo se podría hacer esto automáticamente con una consulta de actualización.

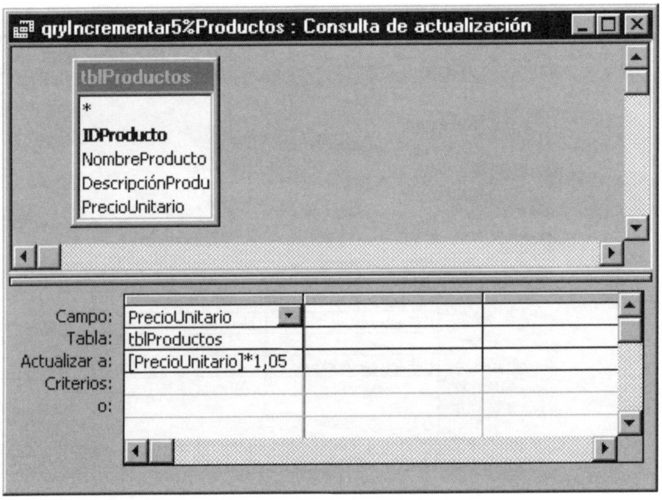


*Figura 6.27. Consulta de actualización. Incrementa en un 5% el precio de los productos de la tabla tblProductos*

## Consultas SQL

Además de las consultas de selección, de tabla de referencias cruzadas y los diferentes tipos de consultas de acción, Access nos permite otro tipo de consultas: las consultas SQL.

Realmente, todas las consultas que hemos visto hasta ahora tienen su código SQL equivalente. Este código SQL puede verse seleccionando la opción Vista SQL en el menú Ver cuando nos encontremos en una ventana de diseño de consulta.

La diferencia entre el resto de consultas y las consultas específicas de SQL estriba en que el diseñador no dispone de un interfaz de usuario gráfico para generar éstas últimas.

Disponemos de dos tipos de consultas específicas de SQL: consultas de unión y consultas de definición de datos.

---

**Nota**

*Existe un tercer tipo de consulta SQL: las consultas de paso a través. Sin embargo, este tipo de consultas requiere una interacción específica entre Access y los datos, llamada ODBC. Por ello, veremos este tipo de consultas en el capítulo dedicado a ODBC.*

---

- **Consultas de unión**. Este tipo de consultas sirve para presentar en una misma hoja de datos, datos procedentes de tablas o consultas diferentes. Sin embargo, de lo que se trata ahora no es de relacionar los registros de las diferentes tablas o consultas, sino de presentar los campos comunes de forma idéntica. Por ejemplo, imaginemos que en una base de datos disponemos de dos tablas: tblClientes y tblProveedores. La empresa quiere realizar un "mailing" para informar tanto a clientes como a proveedores que se van a trasladar a unas nuevas oficinas. Es muy posible que tanto tblClientes como tblProveedores dispongan de campos comunes, con estructuras idénticas, como el Nombre, la Dirección y el Teléfono. La idea es obtener una hoja de datos en la que aparezcan tan sólo dos columnas: Nombre y Dirección, tanto de proveedores como de clientes. Esto se haría según se observa en la figura 6.28.

---

**Nota**

*Como puedes ver, la consulta se define íntegramente en SQL. Aunque este lenguaje es sencillo, requiere una cierta práctica. En caso de que no domines el lenguaje SQL, te aconsejamos que eches un vistazo al código SQL que generan las consultas de selección, actualización, etc.*

---

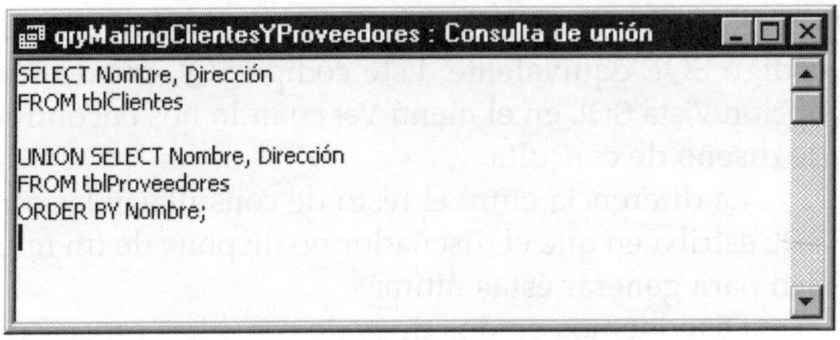


*Figura 6.28. Esta consulta generará una hoja de datos donde se verán los nombres y direcciones tanto de clientes como de proveedores*

En la imagen de la figura 6.28 puedes observar que en realidad existen dos consultas:

```
SELECT Nombre, Dirección FROM tblClientes
```

y

```
SELECT Nombre, Dirección FROM tblProveedores
```

Son dos consultas diferentes, que devuelven los mismos campos, pero con información proveniente de tablas diferentes. Lo que hace que la consulta devuelva una sola hoja de datos con todos los registros es la palabra UNION, que se interpone entre ambas consultas.

- **Consultas de definición de datos**. Con este tipo de consultas se pueden realizar operaciones como crear, modificar o eliminar objetos en la base de datos. Son consultas muy específicas y generalmente no suelen usarse en las aplicaciones de base de datos. En lugar de este tipo de consultas, suele resultar más cómodo crear o modificar los objetos utilizando el DAO.

**Nota**

*Más adelante encontrarás un capítulo dedicado íntegramente a exponer el modelo de objetos de acceso a datos o DAO.*

# Creación y utilización de expresiones

En el capítulo que hemos dedicado a la introducción a Access Basic vimos qué era una expresión y cuál era su cometido. A lo largo de este hemos visto ejemplos en los que hemos utilizado expresiones. Concretamente, hemos utilizado expresiones para la generación de campos calculados, así como para la especificación de criterios de filtrado.

Sin embargo, las expresiones tienen muchas más utilidades en el entorno Access. Por ejemplo, en el capítulo dedicado a tablas vimos que un valor predeterminado para un campo puede venir dado por una expresión, igual que la especificación de una regla de validación. Es más, en los capítulos siguientes veremos que las expresiones resultan de gran utilidad en formularios e informes.

Debido a la gran importancia de las expresiones en Access 2000, se ha incluido una herramienta para facilitar su creación. Estamos hablando del Generador de expresiones.

## El generador de expresiones

El generador de expresiones nos permite acceder, de forma sencilla, a todos los elementos que podemos incluir en las expresiones de nuestras aplicaciones de base de datos. Es más, el generador es capaz de discriminar el tipo de funciones que podemos utilizar en función de dónde se vaya a utilizar la expresión.

Por ejemplo, sabemos que la expresión que determina el valor predeterminado de un campo no puede incluir ningún tipo de funciones definidas por el usuario. Por ello, en caso de que utilicemos el generador de expresiones para crear una expresión que va a ir destinada a un valor predeterminado, el generador no incluirá como opción las funciones definidas por el usuario. En la imagen de la figura 6.29 vemos la apariencia del generador de expresiones.

# Las consultas y Access 2000

Existe diversidad de opiniones entre los expertos acerca de la verdadera utilidad de las consultas en Access 2000. No existe discrepancia acerca de si las consultas son realmente necesarias o no -por supuesto que lo son- sino más bien acerca de la creación de consultas como objetos independientes en Access.

Pensemos por un momento en una aplicación compleja. Imaginemos una aplicación con gran cantidad de formularios, que muestran información de formas muy diferentes. No resulta descabellado pensar que cada

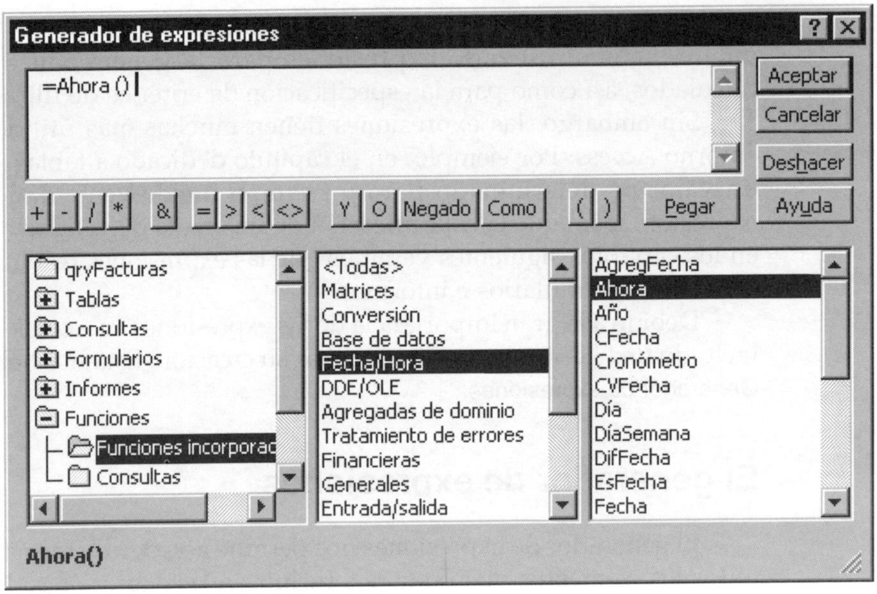


*Figura 6.29. El generador de expresiones*

formulario necesitará, por lo menos, la creación de un objeto Consulta que le proporcione la información tal y como el formulario la requiere.

Recordemos que el diseño de la consulta tiene que realizarse de forma que tan sólo se incluya aquella información que es necesaria. Por ello, durante el desarrollo de una aplicación compleja, podemos encontrarnos en la situación de que hemos creado un gran número de objetos de tipo consulta, cada uno adaptado a las necesidades concretas de una situación concreta.

Incluso es posible que, si no hemos asignado unos nombres claros y descriptivos a los objetos consulta, tengamos más de una consulta que realiza exactamente la misma función.

**Nota**

*Esta idea parece exagerada, pero imagínate una aplicación con más de cien consultas. En un momento dado, necesitas una consulta que devuelva un listado de clientes ordenados por nombre. La consulta es tan sencilla de construir que no merece la pena imaginarse qué nombre le dimos, y la volvemos a crear.*

Es más, durante el diseño, es normal que los formularios e informes se vayan modificando poco a poco. Así, es posible que una consulta que necesitamos en un momento dado haya dejado de ser necesaria, pero no nos atrevemos a borrarla por si la hubiéramos utilizado en otro lugar. Por ello, tu aplicación puede ir conteniendo, poco a poco, objetos consulta que realmente no se utilizan.

Por estos motivos, algunos expertos rechazan la utilización de objetos consulta, y en su lugar, abogan por la utilización de código SQL directamente en formularios e informes.

**Truco**

*Como veremos en los capítulos dedicados a ello, podemos utilizar el código SQL directamente como origen de los datos de un formulario o informe.*

Sin embargo, este modo de trabajo tiene una desventaja: cuando en Access creamos un objeto consulta, Access no sólo almacena el código SQL asociado a la consulta, sino que realiza una cierta *compilación* para que la posterior ejecución de la consulta se realice de forma más eficiente, sin tener que interpretar el código SQL. Por ello, los defensores de la creación de objetos consulta esgrimen este argumento a su favor: eficiencia.

Ante esta perspectiva, ¿qué posición tomar? Desde luego, no parece una buena idea la de crear consultas de forma indiscriminada. Desde aquí te recomendamos que, si utilizas objetos consulta, sea porque realmente los necesites y los identifiques con nombres descriptivos, de forma que su funcionalidad se vea completamente reflejada en su nombre, aunque el nombre sea largo.

Por otro lado, también te animamos a que, si una consulta tan sólo va a ser necesaria en un caso muy concreto, introduzcas directamente el código SQL, y así no complicarás más el diseño de la aplicación. Recuerda que puedes diseñar la consulta utilizando las herramientas visuales que Access proporciona, ver el código SQL, y copiarlo en el cuadro que defina el origen de los datos.

Y si puedes describir todo lo que hagas con las consultas en una buena documentación, mejor que mejor. ¿Recuerdas una de las reglas de oro que veíamos en el capítulo de Introducción a Access Basic?

# 7

# *Formularios*

La diferencia entre una base de datos y una aplicación de base de datos consiste básicamente en que un usuario que disponga de una aplicación de base de datos no tiene que preocuparse en conocer cómo funciona Access.

Una aplicación de base de datos muestra un entorno homogéneo donde el usuario indica qué es lo que desea hacer, cómo desea obtener la información o qué información desea introducir.

Gracias al conocimiento del funcionamiento de tablas y consultas podemos almacenar y gestionar la información, pero ha llegado el momento de dar un salto de calidad y permitir que aquellos usuarios que no conocen Access (ni tienen por qué) puedan trabajar de forma sencilla con todos estos datos. Este salto pasa, de forma ineludible, por el diseño de los formularios de la aplicación. Por ello, te animamos a que leas con atención este capítulo.

# Introducción

Todos hemos rellenado alguna vez un formulario en papel. Los formularios tienen cuadros donde se introducen textos, y pueden disponer también de listas donde debemos seleccionar casillas, y cosas así.

Pero en Access, además de poder diseñar este tipo de formularios, en formato "electrónico", podemos crear elementos también denominados formularios, pero con una funcionalidad bien distinta.

De hecho, la idea es que el usuario tan sólo tenga acceso a la base de datos a través de los formularios. No debemos dejar que el usuario tenga acceso a tablas o consultas en modo Presentación pero, sobre todo, no debemos permitir que el usuario tenga acceso en modo Diseño a ningún elemento de la base de datos.

Según esto, y partiendo de lo que vimos en el capítulo dedicado al diseño del interfaz de usuario, podemos dividir los formularios de nuestra base de datos en dos clases:

- Formularios de control, destinados a que el usuario indique a la aplicación qué es lo que desea hacer. Dentro de este tipo de formularios consideraremos los paneles de control, que sirven para que el usuario indique acciones generales a la aplicación, y los formularios de búsqueda, que sirven para que el usuario pueda indicar qué información desea observar, modificar o eliminar.
- Formularios de entrada/salida, destinados a que el usuario pueda obtener, introducir, eliminar o modificar información de la base de datos.

Es muy importante realizar esta diferenciación desde el primer momento ya que, aunque ambos son formularios, el proceso de diseño es muy diferente.

Antes de pasar a presentar los conceptos de diseño de un formulario de control, queremos concluir esta presentación con la idea de que en este capítulo no vamos a mostrarte cómo se insertan, mueven o eliminan controles de un formulario.

Partimos de que esto ya lo sabes hacer. Lo que en este capítulo pretendemos es mostrar las ideas principales de diseño de formularios desde un punto de vista eminentemente práctico, de forma que resulte útil a la hora de crear una aplicación de base de datos de la que estar orgulloso.

# El panel de control

Comenzamos por el elemento principal: el panel de control. Aunque pueden existir diferentes paneles de control a lo largo de la aplicación de base de datos, la primera ventana con la que se debe encontrar el usuario se denomina Panel de control principal.

En este panel de control se deben incluir las acciones básicas (las más comunes) que un usuario puede realizar con la aplicación. Como siempre, no debemos olvidar el botón Salir.

En la figura 7.1 vemos un ejemplo de panel de control principal, concretamente el de la aplicación Neptuno.

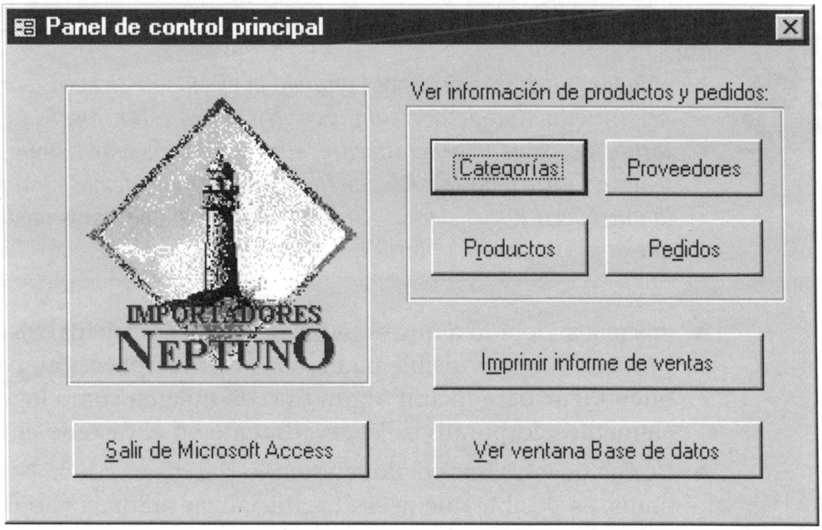


*Figura 7.1. Ejemplo de panel de control principal*

Es muy importante resaltar que para poder crear el panel de control, se deberán tener perfectamente claras cuáles van a ser las diferentes acciones que se van a realizar en la base de datos y, de ellas, cuáles van a ser las más comunes.

Sin embargo, esto no debería suponer ningún problema, ya que todo esto se especificó claramente antes de comenzar con el desarrollo de la aplicación.

El panel de control debe disponer de:

- Botones para la ejecución de acciones: abrirán otros formularios, bien formularios de búsqueda, entrada/salida e incluso otros paneles de control. En casos excepcionales, sería posible que un botón del panel de control principal efectuara acciones como imprimir informes. En el diseño del panel de control principal es recomendable que uses el Asistente para la creación de botones, para no tener que escribir el código asociado a la apertura de los formularios. Pero recuerda que, para que el Asistente de creación de botones pueda establecer que un botón abra un formulario determinado, éste debe existir. Para ello, antes de crear los botones, te recomendamos que crees los formularios (aunque estén en blanco) que se van a abrir desde esos botones.

---

**Nota**

*A lo largo del libro venimos evitando la ejecución de los asistentes, pero no por ningún tipo de aversión. Los asistentes están diseñados para facilitarnos las cosas y, generalmente, sirven para ahorrar tiempo incluso a los usuarios avanzados de Access. Pero lo que pretendemos es aprender qué es lo que hacen los asistentes. Si lo aprendemos, podremos modificar aquello que generan para adaptarlo exactamente a lo que queremos hacer.*

---

- Imágenes: debido a que el panel de control principal va a ser la primera ventana visible nada más abrir la aplicación, parece un buen lugar para incluir algún tipo de imagen como logotipos o elementos corporativos, especialmente en el caso de empresas.
- Código de inicialización: dependiendo del diseño de la base de datos, es posible que necesites inicializar algunas variables globales. Te recomendamos que lo hagas desde un procedimiento que llames al ocurrir el evento AlAbrir en el formulario principal. Un caso en el que se suele hacer esto es con el IVA. Puede ocurrir que una empresa aplique un IVA a sus facturas siempre del 16%. Pero puede cambiar la legislación y hacer que el IVA a aplicar sea del 17%. Si no se ha previsto un cambio de IVA en la base de datos, las tablas y los formularios seguirán seleccionando, por defecto, un IVA del 16%. ¿Cómo resolver este problema? Uno de los modos es utilizando una variable global, algo así como IVAActual, que almacena el IVA que hay que aplicar. Esta variable se establece al arrancar la aplicación.

## Parámetros de configuración

Sin embargo, aún queda un detalle: ¿dónde se encuentra el valor que debe tomar la variable? Podemos hacer algo como:

```
IVAActual=0.16
```

Sin embargo, en caso de que sea necesario modificar el IVA, también será necesaria una modificación del código.

Dependiendo de las circunstancias, este requisito puede no sólo ser aceptable, sino además aconsejable ya que, de este modo, los cambios en el funcionamiento de la aplicación se dejan a los desarrolladores, que probarán que efectivamente todo funciona como se esperaba.

Pero imaginemos ahora que queremos permitir que los usuarios tengan acceso a ciertos parámetros de configuración, no de Access, sino de la aplicación en sí, como en el ejemplo que te acabamos de exponer. El problema se encuentra en dónde almacenar y posteriormente recuperar esta información de configuración. ¿Dónde se almacena que el IVA es del 16% o del 17%? Aunque existen muchas posibilidades, las más utilizadas son:

- En un archivo .INI: el API de Windows proporciona funciones muy potentes para el almacenamiento y recuperación de valores de archivos .INI. Usando estas funciones, la utilización de parámetros de configuración no debería ser un problema.

**Truco**

*Esta solución tiene la ventaja de que, en entornos de red, se podría almacenar el archivo .INI en un directorio compartido entre todos los clientes de la base de datos. De este modo, las modificaciones en la configuración afectarán a todos los usuarios.*

**Consejo**

*En el capítulo dedicado al API y las librerías externas puedes encontrar información acerca de cómo acceder a las funciones del API desde Access.*

- En el registro del sistema: esta solución es básicamente idéntica a la anterior. La diferencia estriba en que los parámetros de configuración no se almacenan en un archivo independiente, sino en el registro del sistema. También existen funciones en el API de Windows para acceder a valores del registro del sistema.

- En una tabla de configuración: la idea es crear una tabla en el BackEnd, con los siguientes campos:
  - Entrada: identificador del parámetro de configuración y clave primaria de la tabla.
  - Descripción: proporciona un espacio para comentar qué significa ese parámetro de configuración.
  - Valor: debido a la diversidad de información que se puede almacenar en los parámetros de configuración, el campo Valor debería ser de tipo Texto. En la figura 7.2 vemos un ejemplo de una tabla tblConfiguración.

**Nota**

*Puesto que los parámetros se almacenan en una tabla de la base de datos, no será necesario hacer copias de seguridad ni de archivos INI ni del registro del sistema para guardarlos. Además, en un entorno de red, todos los clientes, por el simple hecho de tener acceso a tblConfiguración, tienen acceso a los parámetros.*

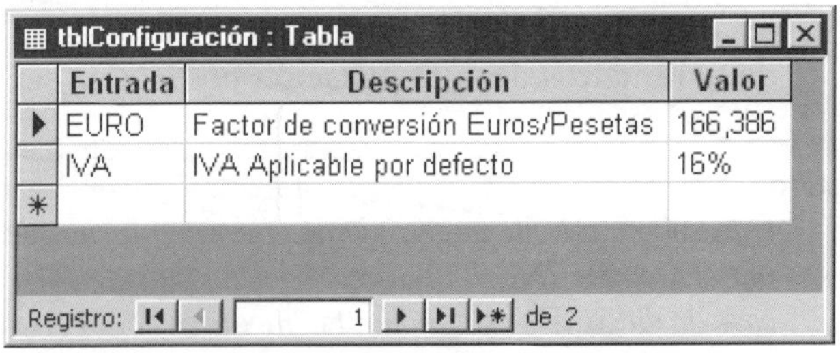


| Entrada | Descripción | Valor |
|---|---|---|
| EURO | Factor de conversión Euros/Pesetas | 166,386 |
| IVA | IVA Aplicable por defecto | 16% |

*Figura 7.2. Ejemplo de tabla de configuración*

Así, en el procedimiento que se llama cuando se produce el evento AlAbrir, se ejecutaría el siguiente código:

```
IVAActual = CSng(DLookup( "[Valor]",_
                          "tblConfiguración",_
                          "[Entrada]=""IVA"""))
```

DLookup es una función que devuelve el primer valor encontrado que coincida con el criterio de búsqueda especificado en el tercer parámetro.

Devuelve el valor del campo cuyo nombre se especifica en el primer parámetro, y que se puede encontrar en la tabla o consulta especificada en el segundo parámetro. En nuestro caso, DLookup está devolviendo el valor que contiene el campo Valor para el primer registro de la tabla tblConfiguración para el que Entrada sea "IVA". El valor devuelto se encuentra como una cadena de caracteres. Lo pasamos a un tipo de datos Single gracias a la función CSng, y lo almacenamos en la variable IVAActual.

**Consejo**

*Hemos simplificado el código para no complicar el ejemplo, pero deberían existir funciones de control de errores. Por ejemplo, si la entrada "IVA" no existiera, la ejecución provocaría un error, ya que* CSng *no puede convertir un dato* Single *en un valor nulo.*

Una vez establecidos los parámetros de configuración de la aplicación, podemos continuar viendo el diseño del resto de formularios.

# Formularios de búsqueda

Me vas a permitir, en este punto, una opinión personal: le doy mucha importancia a los formularios de búsqueda. Considero importante que el usuario se sienta cómodo ante un formulario de búsqueda, que se adapte a su forma de trabajar y que se adelante a lo que quiere hacer. El obrar así provoca que cuando un usuario no sabe cómo hacer algo, recurra a un formulario de búsqueda y, desde ahí, pueda hacer lo que desea.

A lo largo del libro vengo insistiendo sobre la misma idea: es la aplicación la que tiene que estar hecha a medida del usuario, y no al revés. Por ejemplo, me ocurre que, al ir a adquirir material informático a mi proveedor habitual, le pido que emita una factura. A pesar de disponer de una completa base de datos con todos los clientes, siempre tengo que dictar el CIF para poder completar la factura. ¿No sería más fácil que la aplicación pudiera buscar el CIF a partir del nombre de la empresa y adjuntarlo a la factura? La base de datos dispone de esos datos y, sin embargo, no proporciona esta facilidad. Los dependientes de la tienda me conocen y conocen cómo se llama la empresa, pero no pueden (lógicamente) recordar el CIF.

Precisamente por detalles como todos éstos considero tan importantes los formularios de búsqueda, y creo que marcan la diferencia entre una aplicación simple y una buena. Por todo esto, permíteme que me extienda un poco más en este punto.

**Nota**

*En este punto especialmente, pero a lo largo de todo el capítulo, lo que pretendemos es mostrar una serie de ideas que consideramos especialmente útiles y las bases de cómo realizarlas en Access. No nos vamos a detener en detalles de implementación, ni en explicar todas las características que Access proporciona para la creación de formularios porque, sólo con eso, ya tendríamos más que suficiente por lo menos para un libro entero.*

Por ejemplo, en la figura 7.3, que vemos a continuación, se muestra un formulario de búsqueda.

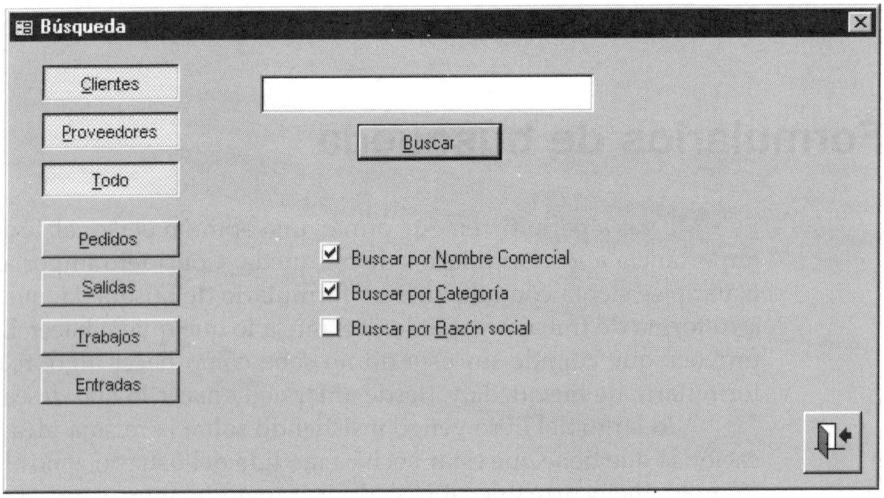


*Figura 7.3. Formulario de búsqueda*

Parece sencillo, ¿verdad? Detengámonos a estudiarlo. El formulario de búsqueda pertenece a una aplicación en la que se mantiene información acerca de proveedores y clientes. A los proveedores se le realizan pedidos que ocasionas salidas (pagos). A los clientes se les pueden emitir presupuestos, notas de entrega, facturas y recibos. De los clientes se reciben entradas (cobros).

## Las opciones de búsqueda

El formulario de búsqueda dispone de un generoso cuadro de texto donde el usuario introduce aquello que quiere buscar. Una vez introducido, pulsa el botón Buscar. Por defecto, el formulario le permite buscar tanto clientes como proveedores, y busca tanto por nombre comercial como por categoría (la categoría indica a qué se dedica el proveedor o el cliente).

Si el usuario desea personalizar las características de la búsqueda, tan sólo tiene que manejar los controles que tiene en el cuadro de diálogo. Es importante que, aunque el formulario de búsqueda sea potente, no contenga una inmensa cantidad de opciones ya que, entonces, el usuario se sentirá incómodo.

Además, resulta altamente recomendable haber hablado con el usuario acerca de qué búsquedas son las más frecuentes, para establecerlas como parámetros por defecto. En nuestro caso, el usuario indicó que buscaba información de clientes y proveedores, indistintamente, y le interesaba, sobre todo, buscar por nombre, aunque la categoría también la utilizaba.

## El texto de búsqueda

El usuario, nada más abrir el formulario, generalmente lo que quiere es introducir el texto de búsqueda. Por ello, en el procedimiento asociado al evento AlCargar, introducimos el siguiente código:

```
Me![TextoBúsqueda].SetFocus
```

TextoBúsqueda es el cuadro de texto en el que se introduce el texto de búsqueda. Además, establecemos el botón Buscar como botón por defecto. De este modo, cuando el usuario pulse Intro, será equivalente a la pulsación del botón Buscar.

## El botón de búsqueda

Resuelto este tema, vemos que el botón Buscar tiene que abrir un formulario, que llamaremos frmContactos. Este formulario puede mostrar información tanto de clientes como de proveedores. Para abrir el formulario, utilizamos la clase DoCmd, del siguiente modo:

```
DoCmd.OpenForm "frmContactos",,,Filtro
```

Esta orden abre el formulario frmContactos, al que aplica el filtro especificado por la variable Filtro. Este filtro es el equivalente a la cadena que se incluiría en una cláusula WHERE que describiera el origen de datos del formulario. Dicho de otro modo, si establecemos:

```
Filtro="[NombreComercial] LIKE '*Formato*'"
```

Lo que realmente estamos haciendo es abrir el formulario frmContactos y que muestre los registros que tienen, como nombre comercial, una cadena que *contenga* el texto "Formato".

Lo más usual es que frmContactos se base en una consulta que proporcione acceso a la información de *todos* los clientes de la base de datos. Después, mediante mecanismos de filtrado como el que acabamos de ver, lo que hacemos es *seleccionar* tan sólo una parte de la información.

¿Por qué utilizar el operador LIKE? Buena pregunta. Veamos cuál es la diferencia respecto a si hubiéramos hecho:

```
Filtro="[NombreComercial] = 'Formato'"
```

Recordemos que nos encontramos trabajando, en este caso, con nombres comerciales de empresas. Es más sencillo acordarse del nombre de la empresa, más o menos, a acordarse cómo está introducido *exactamente* el nombre de la empresa en la base de datos. Utilizando LIKE, la empresa "Formato" puede estar en la base de datos como:

- "Formato".
- "Formato S.A.".
- "Formato, S.A.".
- etc.

Y la base de datos encontrará el registro en cualquiera de los casos. Fíjate bien en el matiz de la coma de los casos segundo y tercero.

Si hubiéramos utilizado el operador igual (=), tendríamos que haber tecleado, *exactamente*, el nombre completo de la empresa. Tendríamos que *aprender* cómo están los nombres introducidos en la base de datos, y no es eso lo que queremos, ¿verdad? ¿No queríamos que fuera la aplicación quien se adaptara a nosotros?

Bien, sin embargo, en nuestro cuadro de búsqueda no estamos estableciendo un solo criterio de búsqueda. En el caso por defecto, queremos buscar clientes y proveedores cuyo nombre comercial *o* cuya categoría contenga el texto indicado en el cuadro TextoBúsqueda.

Imaginemos que hemos introducido nuestro texto "Formato" en el cuadro TextoBúsqueda y que tenemos las opciones por defecto seleccionadas. ¿Cuál sería nuestra expresión de filtro? La siguiente:

```
Filtro = "([NombreComercial]" &_
         " LIKE '*Formato*')" &_
         " OR " &_
         "([Categoría]" &_
         " LIKE '*Formato*')"
```

**Nota**

*Como ya sabes, el operador & sirve para concatenar cadenas. Lo hemos usado para poder separar la asignación en varias líneas y que siga siendo válida.*

Vamos a ver con un poco más de detalle cómo se programaría esto. Lo primero que necesitamos es simplificar un poco la creación de las expresiones de filtrado. Vamos a definirnos un par de funciones:

```
Function CrearFiltro(Campo, Texto) As String
    CrearFiltro = "(" & Campo & " LIKE '*" &_
                  Texto & "*')"
End Function
```

La función CrearFiltro crea una expresión que impone restricciones de búsqueda sobre el campo Campo con el texto Texto.

Ahora, veamos la concatenación de criterios:

```
Sub AmpliarFiltro(Filtro, Cadena)
    If Filtro = "" Then
        Filtro = Cadena
    Else
        Filtro = Filtro + " OR " + Cadena
    End If
End Sub
```

**Nota**

*Es muy posible que se te ocurran formas diferentes de construir esta misma expresión de forma sencilla. Estas funciones tan sólo tratan de ser un ejemplo, no una regla.*

¿Por qué el extraño modo de operación de la función AmpliarFiltro? Veamos lo que hace esta función. Si el filtro que se le pasa está vacío, el filtro toma el valor de la cadena. Si el filtro que se le pasa no estaba vacío, la cadena se concatena al filtro, anteponiendo "OR".

La idea es que AmpliarFiltro sólo introduzca OR en caso de que Filtro tuviera algún valor. ¿Por qué? Veamos cómo se implementaría la construcción de la expresión, en el evento AlHacerClic del botón Buscar:

```
If Me![BuscarNombreComercial] Then
    Cadena = CrearFiltro("[NombreComercial]",_
                         Me![TextoBúsqueda])
    AmpliarFiltro Filtro, Cadena
End If

If Me![BuscarCategoría] Then
    Cadena = CrearFiltro("[Categoría]",_
                         Me![TextoBúsqueda])
    AmpliarFiltro Filtro, Cadena
End If
```

BuscarNombreComercial y BuscarCategoría son los nombres de las casillas de verificación del formulario de búsqueda. La primera condición If se cumple sólo si la casilla Buscar por nombre comercial está activada. Lo mismo ocurre con la segunda, pero referente a la categoría.

Pensemos qué podría ocurrir:

- *Que ninguna casilla esté activada.* Tendremos que tener algún tipo de tratamiento para esta situación. Se debería avisar al usuario que si pulsa el botón Buscar, debe buscar algo.
- *Que sólo una casilla esté activada.* Entonces, en ningún caso se debería incluir la palabra OR en la expresión de filtro. Pensemos que podría ocurrir que BuscarNombreComercial no estuviera activada, pero sí BuscarCategoría. De ahí el comportamiento de AmpliarFiltro.

- *Que ambas casillas estén activadas*. Entonces sí que será necesario añadir la palabra OR entre la primera expresión y la segunda. Si observas detenidamente el código, verás que es exactamente lo que hace AmpliarFiltro.

Hasta aquí todo lo referente a los criterios de búsqueda de nombre comercial y búsqueda de categoría. Veamos ahora cómo se diferencia entre proveedores y clientes. En la base de datos que estamos poniendo ahora como ejemplo existe una tabla, denominada tblEntidades. Esta tabla contiene la información tanto de proveedores como de clientes.

La tabla tiene dos campos que nos interesan especialmente: IDCliente e IDProvedor. Cuando una Entidad es un Cliente, el campo IDCliente no es nulo. Cuando una Entidad es un Proveedor, el campo IDProveedor no es nulo.

Entonces, para buscar un nombre *tan sólo entre los clientes*, tendremos que establecer una restricción adicional que especifique que IDCliente no debe ser nulo. Dicho de otro modo:

```
Filtro = "(" & Filtro & ")" &_
        " AND (NOT IsNull([IDCliente]))"
```

Ejecutaremos este código *después* de haber construido las expresiones anteriores. Como ves, el cuadro de búsqueda parecía sencillo, pero a la hora de programarlo, las cosas han sido algo más complejas. Y no hemos acabado todavía. Si el usuario pulsa, por ejemplo, sobre el botón Trabajos, el formulario se transforma, presentando lo que vemos en la figura 7.4.

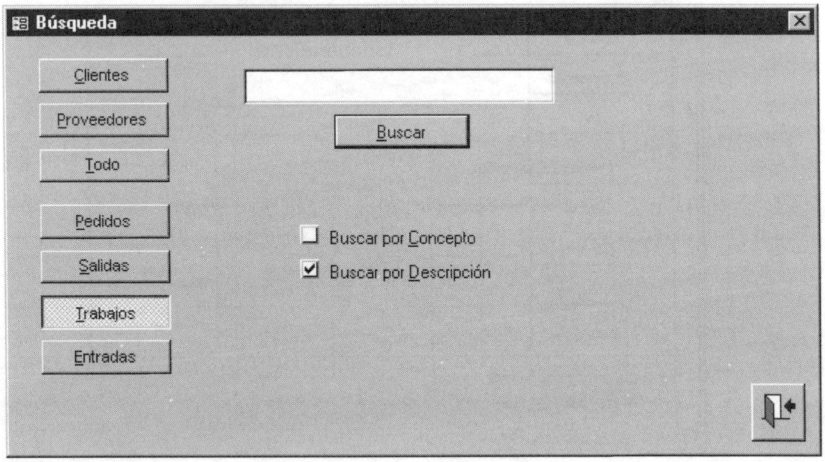


*Figura 7.4. El mismo formulario de búsqueda pulsando otro botón*

Si nos fijamos, justo debajo del botón Buscar, veremos que las casillas que había han cambiado. Ahora sólo disponemos de dos: Buscar por Concepto y Buscar por Descripción. La idea es que, en esta base de datos, cada trabajo tiene asociada una descripción, y cada trabajo además se desglosa en varios conceptos.

Pero a lo que vamos: cómo hemos hecho para "cambiar" el cuadro de diálogo. El secreto está en que no hemos cambiado ningún formulario. Tan sólo hemos escondido las casillas de comprobación que veíamos antes y hemos mostrado dos casillas que antes estaban escondidas. Esto es posible gracias a la propiedad Visible de los controles. De hecho, cuando se ha pulsado el botón Trabajos, se ha ejecutado el siguiente código:

```
Me![BuscarNombreComercial].Visible = False
Me![BuscarCategoría].Visible = False
Me![BuscarRazónSocial].Visible = False
Me![BuscarConcepto].Visible = True
Me![BuscarDescripción].Visible = True
```

Para esto, los controles se tienen que solapar en la ventana de diseño. Lo vemos en la figura 7.5.

El modo de crear los filtros para realizar búsquedas según los trabajos no difiere de lo que vimos anteriormente para proveedores y clientes.

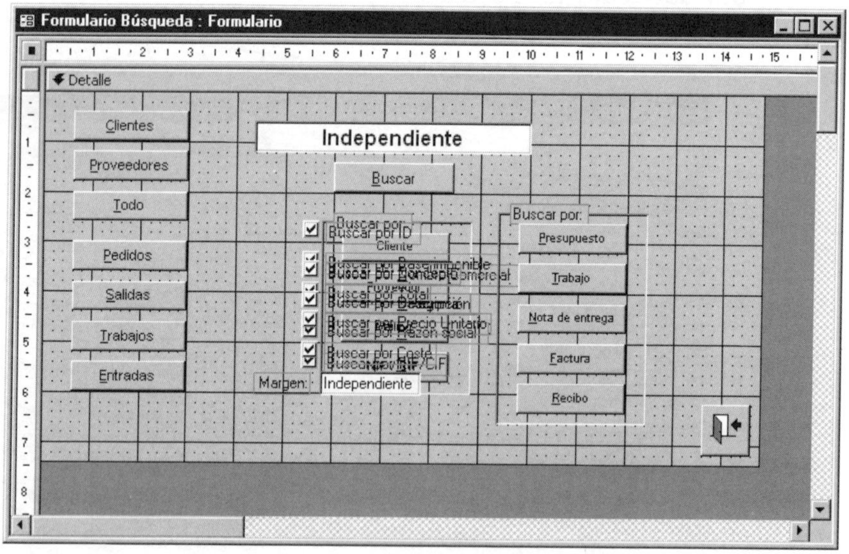


*Figura 7.5. Diseño del formulario de búsqueda*

Ahora vamos a ver cómo podemos hacer que nuestro formulario de búsqueda se comporte de forma aún más inteligente. En esta aplicación, todos los identificadores (número de presupuesto, de nota de entrega, de factura, de trabajo, etc.) son numéricos. Más aún, su formato de visualización es 00000. Coincidirás con nosotros en que es extraño que el nombre de un cliente, su categoría, la descripción de un trabajo o alguno de sus conceptos esté compuesto tan sólo de dígitos. Normalmente estos campos suelen contener más bien texto. Podemos aprovechar esta característica:

- Si el usuario está introduciendo dígitos en el cuadro de búsqueda, es que seguramente quiere buscar información según un identificador.
- Si el usuario está introduciendo texto en el cuadro de búsqueda, es que quiere buscar información según algún nombre.

Por ello, podemos definir una función que determine si lo que hay en el cuadro de búsqueda son sólo dígitos. Si es así, modificamos el cuadro de búsqueda para que muestre lo que vemos en la figura 7.6.

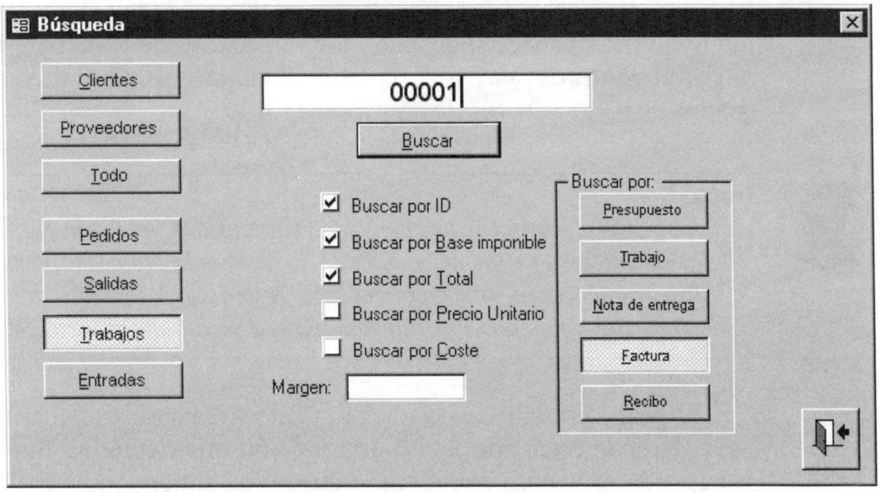


*Figura 7.6. El cuadro de búsqueda ahora muestra opciones para buscar información según su identificador*

Pero un número no tiene por qué representar tan sólo un identificador. También puede representar una cantidad de dinero. Por ello, con un poco más de codificación, podemos hacer que un formulario de búsqueda nos pueda presentar una factura de 7.315 ptas, que no sabemos de dónde sale. E incluso, estableciendo un cuadro de texto "Margen", podemos decir que nos muestre las facturas de 7.000 ptas, 500 ptas arriba o abajo. Como vemos, las posibilidades son muchas. Un cuadro de búsqueda no sirve tan sólo para buscar clientes según su nombre.

Pero, lo más importante, es que el usuario ha podido pasar de buscar clientes o proveedores según su nombre, a buscar facturas que se aproximen a una cantidad, con tan sólo un *clic* de ratón y la introducción de unos números en el cuadro de búsqueda. La aplicación se ha adelantado a lo que él deseaba hacer.

Pero veamos cómo se puede hacer esto. Hemos dicho que el cuadro de búsqueda se tiene que adaptar en todo momento a lo que el usuario selecciona. Es fácil adaptarse a lo que el usuario selecciona a través de los botones pero, ¿cómo hacer que el formulario se adapte al texto que el usuario escribe? La idea es que el formulario se adapte automáticamente, sin que el usuario tenga que intervenir pulsando ningún otro botón o tecla.

Conseguimos esto gracias al evento AlCambiar del cuadro de texto. Cada vez que el usuario modifica el contenido (escribe un carácter o borra un letra o un bloque de ellos) del cuadro, se genera un evento AlCambiar. Podemos asociar una función al evento AlCambiar del cuadro de texto, de modo que compruebe si el contenido del cuadro de texto son sólo dígitos o, por el contrario, hay alguna letra. Podemos acceder al contenido del cuadro de texto a través de su propiedad Text.

**Truco**

*Mientras el control tiene el enfoque, la propiedad* Text *es la que indica cuál es el contenido actual del cuadro de texto. Pero la propiedad* Value *se actualiza cuando el control pierde el foco. Mientras el control tiene el foco, la propiedad* Value *no se modifica aunque se modifique el texto del control.*

El procedimiento asociado al evento AlCambiar del cuadro de texto sería algo como (siendo Es_ID una función que devuelve True cuando la cadena que se le pasa como parámetro sólo contiene números):

```
Private Sub TextoBúsqueda_Change()
    If Es_ID(Me![TextoBúsqueda].Text) Then
        ...
    Endif
End Sub
```

Una cosa más, antes de dar por finalizado el tema de los formularios de búsqueda: aquí tampoco nos podemos olvidar del botón Salir.

# Formularios de entrada/salida

Habremos llegado a un formulario de entrada/salida bien a través de un panel de control o bien a través de un formulario de búsqueda. Es posible que incluso hayamos llegado a un formulario de entrada/salida a partir de otro formulario de entrada/salida. Imagínate la siguiente situación: en un formulario se están mostrando los datos de un cliente y, en ese momento, el usuario decide emitir una factura al cliente que está viendo. Seguramente el usuario deseará en ese momento que en el formulario de clientes exista algo así como "Emitir factura". En este caso, abriríamos el formulario de facturas a partir del formulario de clientes.

Sin embargo, vamos a suponer ahora algo que suele ser habitual: en el panel de control principal existe un botón que es Emitir nueva factura. Al pulsarlo, se abre el formulario de facturas en modo de adición de registros.

Sabemos que podemos establecer el modo en el que se abre un formulario. A través de las propiedades, podemos indicar si queremos que el formulario permita la edición de los datos, si debe permitir la eliminación, si debe permitir la adición de registros, o si *sólo* queremos que permita la adición de registros. Lo vemos en la figura 7.7.

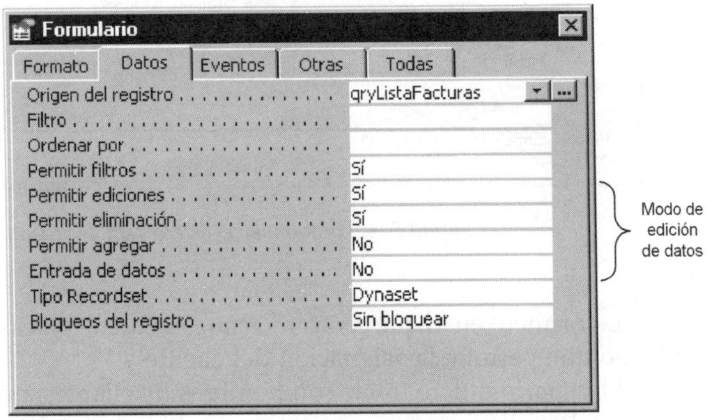


*Figura 7.7. Propiedades de un formulario*

Sin embargo, cuando abrimos un formulario a través del objeto DoCmd, podemos modificar el modo de apertura. Así, imaginemos el formulario de facturas, que permite ediciones, eliminaciones y adiciones de registros. Sin embargo, queremos que un botón (el del panel de control principal) abra el formulario de facturas tan sólo en modo de adición de registros. Esto se especifica en el quinto parámetro de la llamada a la función OpenForm:

```
DoCmd.OpenForm "frmFacturas",,,,acFormAdd
```

Utilizando la constante acFormAdd abriremos el formulario de facturas como un formulario que tan sólo permite la adición de registros. Vemos nuestro formulario en la figura 7.8.

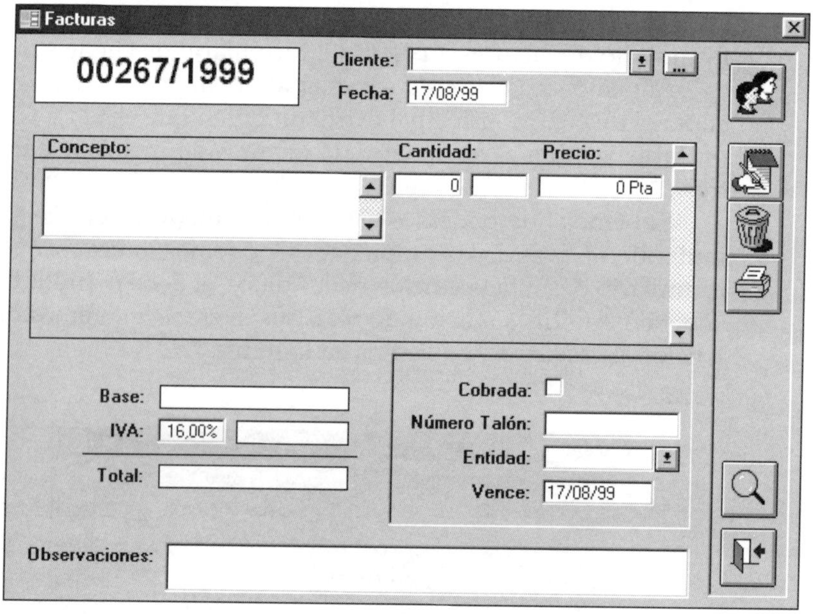


*Figura 7.8. Un formulario de creación de factura*

Lo primero en lo que centramos nuestra atención es en el cuadro combinado que permite la asignación del cliente.

El usuario quiere tratar con nombres de clientes, no con sus identificadores. Por ello, creamos un cuadro combinado según lo que vimos en el capítulo de tablas.

**Truco**

*Si utilizaste el asistente para búsquedas a la hora de crear la tabla, el campo se creará automáticamente como un cuadro combinado en lugar de como un cuadro de texto. Esto ocurrirá si abres la ventana* **Lista de campos** *y arrastras el campo* **Código Cliente** *hasta el formulario.*

En la figura 7.9 vemos las propiedades más interesantes del cuadro combinado "Código Cliente".

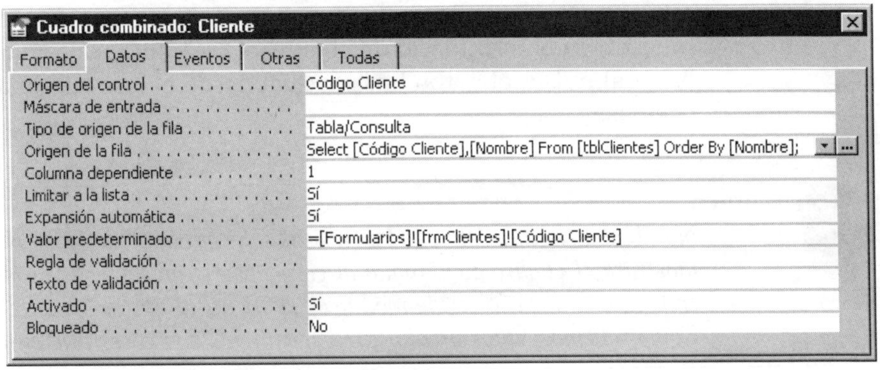


*Figura 7.9. Propiedades del cuadro combinado*

Hay dos puntos sobre los que merece la pena detenerse:

- Origen de la fila: necesitamos una consulta que nos devuelva los campos Código cliente y Nombre. Si además los clientes se muestran en el cuadro combinado ordenados alfabéticamente por su nombre, mejor que mejor. Como decíamos en el capítulo de consultas, ésta quizá sea una consulta demasiado específica como para crear un objeto de tipo Consulta. Por ello, deberemos introducir directamente el código SQL como origen de la lista del cuadro combinado. Pero no podemos olvidar que la columna dependiente es la correspondiente a Código Cliente, es decir, a la clave externa que referencia al cliente en la tabla de clientes. Sin embargo, lo que debemos mostrar en el cuadro combinado no es Código Cliente, sino Nombre. Por ello, en las propiedades de Formato establecemos el ancho de columna a 0cm;3,122cm.

- Valor predeterminado: vemos que este parámetro no se encuentra en blanco. Contiene una expresión que hace referencia al Código Cliente del formulario frmClientes. ¿Qué quiere decir esto? Que si intentamos crear una factura y el formulario de clientes está abierto, la factura se emitirá de forma predeterminada al cliente que se esté mostrando en el formulario de clientes. ¿Qué nos permite esto? Nos permite disponer de un botón Emitir factura en el formulario de clientes. Si pulsamos el botón Emitir factura en este formulario, se abrirá el formulario de facturas en modo de adición de registros. Pero como el formulario de clientes está abierto, el cliente al que se emitirá la factura es el que se muestra en el formulario de clientes. O sea, lo que queríamos hacer al pulsar el botón Emitir factura desde el formulario de clientes.

**Truco**

*No olvidemos que éste es el valor predeterminado, es decir, el valor que mostrará el cuadro combinado al comenzar la creación de la factura. Sin embargo, el usuario puede modificar el cliente al que se le emite la factura. Como sabemos, valor y valor predeterminado son cosas diferentes.*

## Formularios emergentes

En la figura 7.8 podemos ver, a la derecha del cuadro combinado de asignación de cliente, un botón de comando con tres puntos (...). Hemos añadido este botón al formulario de creación de factura por un motivo muy sencillo: facilitar la búsqueda y asignación del cliente.

El cuadro combinado nos permite acceder a los nombres de los clientes y seleccionar el cliente desde ahí, lo cual es cómodo. Pero imaginemos el caso de una empresa con una gran cartera de clientes, digamos 10.000. Queremos que nuestra aplicación sea capaz de asignar clientes a la factura de un modo similar a como funcionaba el formulario de búsqueda, es decir, con el operador LIKE.

Un modo de proceder sería hacer que el usuario fuera al formulario de búsqueda, e introdujera los criterios de búsqueda para el cliente. Con esto se abriría el formulario de clientes y allí, el usuario tendría que pulsar el botón Emitir factura. Sin embargo, queremos algo más simple. Queremos una asignación directa.

Para ello, podemos utilizar lo que se denomina un "Formulario emergente". Estos tipos de formularios son similares al resto, con la salvedad de que su propiedad Emergente se establece a un valor Sí. Esto hace que el formulario permanezca encima del resto de las ventanas, aunque desplacemos el foco.

Hacemos que el botón (...) abra un formulario emergente, según se muestra en la figura 7.10.

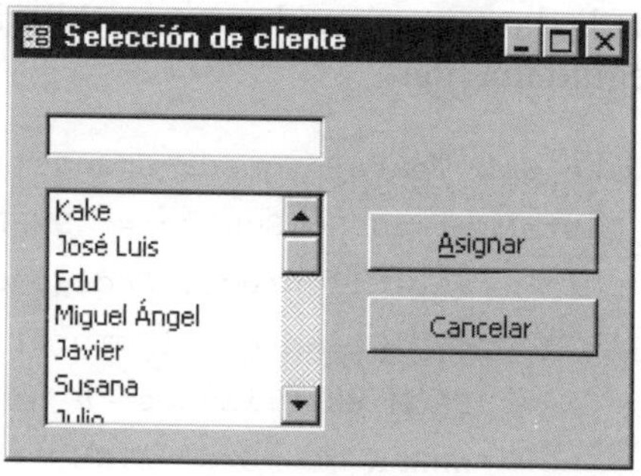


*Figura 7.10. Formulario emergente para la selección de clientes*

En este formulario lo que se pretende es poder seleccionar un cliente para emitirle la factura. La idea es que, si no se introducen criterios en el cuadro de búsqueda, la lista muestre todos los clientes. Sin embargo, si se introduce algún criterio, la lista mostrará los clientes que cumplan ese criterio, según el operador LIKE. Por ejemplo, si introducimos 'a' en el cuadro de búsqueda, la lista pasará a mostrar todos los nombres que contienen una 'a'. Lo vemos en la figura 7.11.

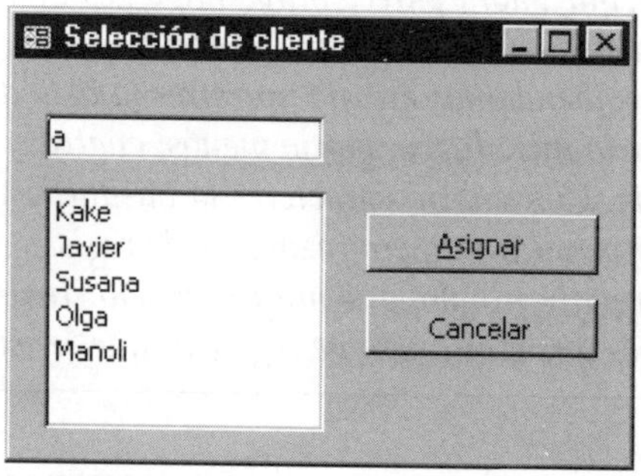


*Figura 7.11. Lista de nombres filtrada*

Lo primero que hemos hecho al crear este formulario ha sido crear la lista. A la lista le hemos asignado una consulta como origen de la fila. Concretamente, la siguiente:

```
SELECT [tblClientes].[Código Cliente],
  [tblClientes].[Nombre] FROM tblClientes;
```

A continuación, hemos creado el cuadro de búsqueda. Puesto que la lista debe actualizarse cada vez que se modifique el contenido del cuadro de búsqueda, hemos asignado un procedimiento al evento AlCambiar, que vemos seguidamente:

```
Private Sub TextoBúsqueda_Change()
    ListaNombres.RowSource = "SELECT " &_
           "[tblClientes].[Código Cliente], " &_
           "[tblClientes].[Nombre] " &_
           "FROM tblClientes" &_
           "WHERE [Nombre] LIKE '*" &_
           TextoBúsqueda.Text & "*';"
    ListaNombres.Requery
End Sub
```

Nos encontramos modificando el origen de la fila en función del texto de búsqueda. Después de haber modificado el origen de la fila, tenemos que actualizar el contenido de la lista. Hacemos esto invocando el método Requery.

**Consejo**

*Esto, que ahora parece muy simple, es una barbaridad en el caso de que la tabla de clientes tenga un gran número de entradas. En caso de que así sea, te recomendamos que no muestres la lista de clientes completa hasta que el usuario introduzca, por lo menos, cuatro caracteres en los criterios de búsqueda. Con cuatro caracteres la búsqueda ya será más o menos refinada y devolverá un número razonable de registros. De otro modo, este formulario emergente funcionará muy despacio. Insistimos: no ejecutes* Requery *si prevés que el número de registros que se va a procesar va a ser grande.*

Ahora que hemos podido seleccionar el cliente con más facilidad, falta asignarlo en el formulario de facturas.

Para ello, creamos una función:

```
Private Sub AsignarCliente()
    Forms![frmFacturas]![Código Cliente] = _
      Me!ListaNombres
End Sub
```

Llamamos a esta función al pulsar el botón Aceptar, desde un procedimiento asociado al evento AlHacerClic.

Pero también podemos llamar a esta función si el usuario hace *doble clic* sobre un elemento de la lista de clientes. Para ello, llamamos también a la función desde un procedimiento asociado al evento AlHacerDobleClic de la lista de nombres. El botón Cancelar tan sólo cierra el cuadro de diálogo, sin asignar nada.

Tan sólo concluir este apartado comentando que los formularios emergentes no sólo sirven para seleccionar información, sino también pueden servir para mostrar información adicional.

Por ejemplo, en el formulario de creación de factura, podríamos asociar una acción que abriera un formulario emergente al evento AlHacerClic de la etiqueta del cuadro combinado de clientes.

Este formulario podría contener información acerca, por ejemplo, del teléfono y dirección del cliente.

Así, el usuario podría acceder a la información del cliente con sólo hacer clic con el ratón sobre el texto "Cliente".

## Cuadros de diálogo

Un cuadro de diálogo es muy similar a un formulario emergente, sin embargo, la diferencia la encontramos en que, mientras se esté mostrando un cuadro de diálogo, no podremos seleccionar ninguna otra ventana de la aplicación. Esto se hace estableciendo las propiedades Emergente y Modal a Sí.

Continuemos en nuestro formulario de creación de factura. Una vez que la factura esté creada, es muy posible que el usuario desee imprimirla. Sin embargo, no siempre se necesita el mismo número de copias de una factura. Por ello, podríamos mostrar un cuadro de diálogo preguntando cuántas copias es necesario imprimir.

En la figura 7.12 vemos un cuadro de diálogo que podría servir para esta tarea.

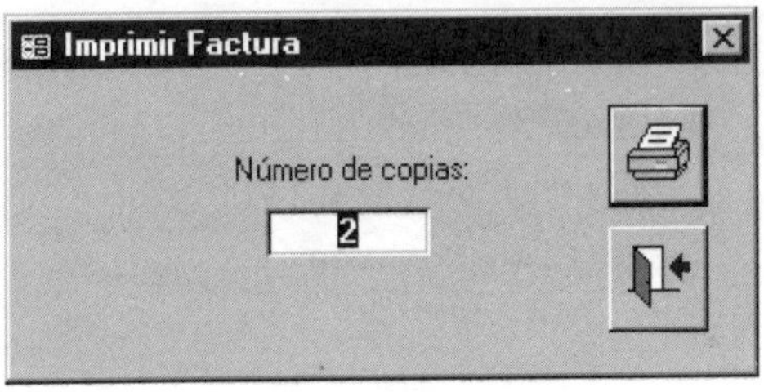


*Figura 7.12. Cuadro de diálogo*

La dificultad para la creación de este cuadro de diálogo no es mucha. En el código del procedimiento asociado al evento AlHacerClic del botón Imprimir, deberemos incluir lo siguiente:

```
Filtro = "[IDFactura] = " &_
         "Forms![frmFacturas]![IDFactura]"
' Imprimimos las copias
For Contador = 1 To Me![Número Copias]
    DoCmd.OpenReport "rptFactura", A_NORMAL, ,_
                   Filtro
Next Contador
DoCmd.Close
```

Tan sólo comentar que el cuadro de texto en el que se introduce el número de copias se llama Número de copias, y que las facturas se imprimen a través del informe rptFactura. El modo de apertura A_NORMAL para un informe indica que el informe se debe imprimir, no previsualizar.

Con el bucle For..Next conseguimos imprimir el número de copias indicado. Por último, una vez impresas las copias, debemos cerrar el cuadro de diálogo (DoCmd.Close)

## Subformularios

Continuemos con nuestro formulario de creación de factura. Vemos que en este formulario (figura 7.8) podemos asignar información como el cliente, la fecha de emisión y de vencimiento, el IVA que se va a aplicar, si la factura está cobrada o no, etc.

Toda esta información es propia de la factura y se almacena en la tabla tblFacturas.

Sin embargo, las facturas contienen más información, como los conceptos que se facturan. Sabemos que una factura puede tener más de un concepto. Por ello, creábamos una tabla, llamada tblDetallesFacturas, asociada con una relación uno a varios con la tabla tblFacturas (figura 7.13).

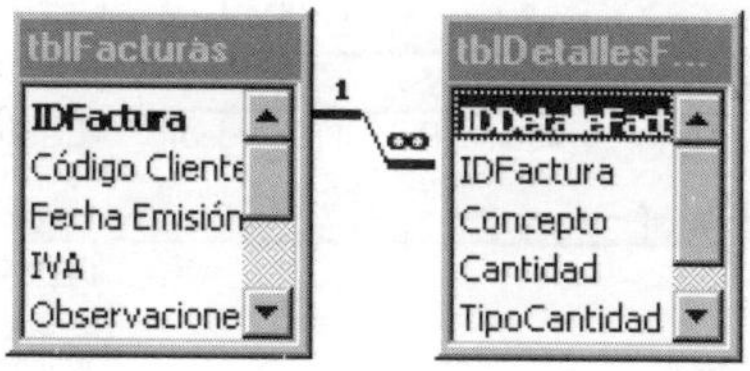


*Figura 7.13. Relación entre tblFacturas y tblDetallesFacturas*

Nuestro formulario tiene como origen de datos a tblFacturas, ya que es la información que muestra. Sin embargo, ¿cómo podríamos introducir información de los conceptos de la factura? De aquí surge la idea de subformulario. Un subformulario es, básicamente, un formulario que se incluye dentro de otro llamado padre. El subformulario suele mostrar información relacionada con la información que contiene dicho formulario padre. Así, por ejemplo, para el caso de un formulario de creación de factura, el subformulario de conceptos mostrará los conceptos correspondientes a la factura que está mostrando el formulario padre.

Veamos la figura 7.13. La clave primaria IDFactura de la tabla tblFacturas se relaciona con la clave externa IDFactura de la tabla tblDetallesFacturas. Por ello, el subformulario de conceptos debería mostrar tan sólo aquellos conceptos para los que IDFactura coincida con el campo IDFactura del formulario padre.

Teniendo claras estas ideas, vamos a ver cómo creamos e incluimos un subformulario dentro de un formulario padre.

Partimos de la idea de que un subformulario es un formulario, y como tal tenemos que crearlo. Puesto que nuestro formulario debe mostrar los detalles de factura, hacemos que su origen de datos sea tblDetallesFacturas.

De este modo, el formulario mostrará *todos* los conceptos de *todas* las facturas de la base de datos. No te preocupes, luego haremos que sólo muestre los conceptos de la factura que nos interesa.

Para los formularios que se van a utilizar como subformularios, suele ser útil el modo de presentación Formularios continuos. Es el modo de presentación que eligiremos para poder mostrar todos los conceptos en una sola ventana. De este modo, podremos desplazarnos entre los conceptos gracias a la barra de desplazamiento vertical que aparecerá.

En la figura 7.14 podemos ver el subformulario utilizado en la figura 7.8, en modo Diseño.

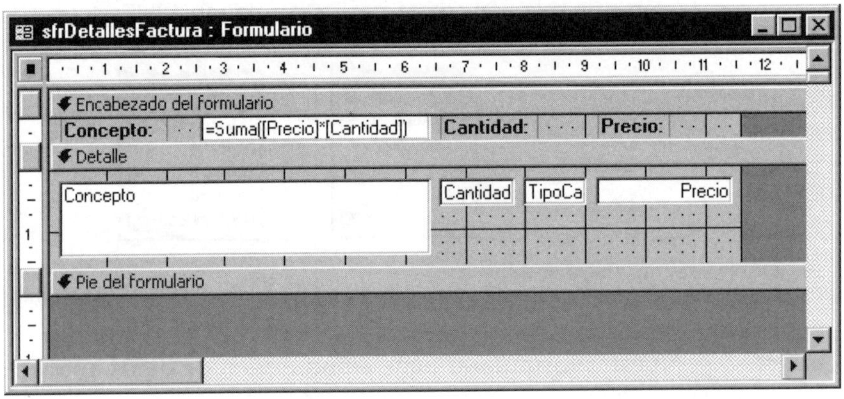


*Figura 7.14. Un formulario que será utilizado como subformulario*

**Consejo**

*Como ves en la figura, el nombre del formulario comienza con el prefijo sfr. Esto es así para poder diferenciar, en la ventana de la base de datos, los formularios de los subformularios. Recuerda que vimos estos prefijos en el capítulo dedicado a las tablas y relaciones.*

**Truco**

*Si te fijas, verás que a la derecha de la etiqueta Concepto aparece un cuadro de texto con una expresión (=Suma([Precio]*[Cantidad]). Éste es el origen del cuadro de texto. Lo que hace es multiplicar el precio unitario de cada concepto por la cantidad de unidades. Hace esto para cada registro y luego los suma. Es la forma de obtener la base imponible para una factura. Sin embargo, este control no se muestra en la figura 7.8, ya que tiene su propiedad Visible en No. Utilizaremos este control para obtener el total de la factura desde el formulario padre.*

Con el formulario sfrDetallesFactura ya creado, vamos al formulario frmFacturas y lo insertamos como subformulario. Una vez allí, tenemos que establecer un vínculo entre la información de frmFacturas y la que se va a mostrar en el subformulario. Hacemos esto accediendo a las propiedades del subformulario. Lo vemos en la figura 7.15.

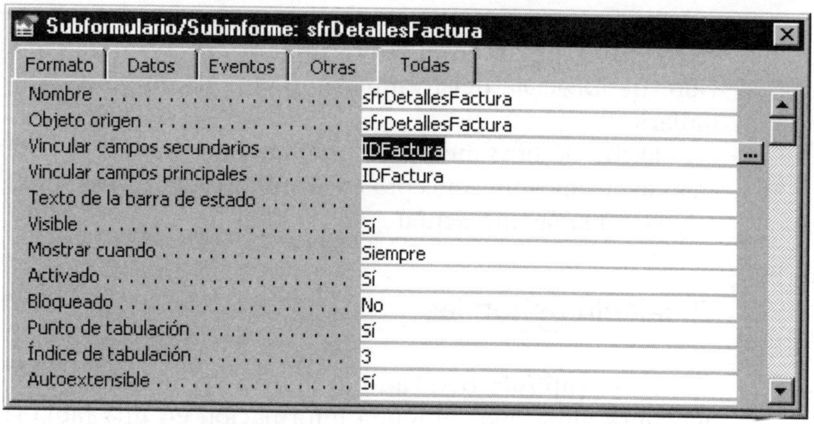


*Figura 7.15. Vinculación de campos entre formulario padre y subformulario*

Entre las propiedades de los objetos Subformulario encontramos dos que nos interesan ahora mismo:

- Vincular campos secundarios: esta propiedad indica los nombres de los campos, en el subformulario a través de los que se establecerá un vínculo con el formulario padre. En nuestro caso, el vínculo se establece a través de IDFactura, que es una clave externa en el subformulario. Se refiere a campos del subformulario.
- Vincular campos principales: indica los nombres de los campos, en el formulario padre, con los que se establecerá el vínculo con el subformulario. Puesto que estamos estableciendo el vínculo a través del campo IDFactura, aquí también introduciremos IDFactura, que en este caso es la clave primaria en el formulario. Se refiere a campos del formulario padre.

Hemos dicho que el subformulario, si se abría como un formulario independiente, mostraría *todos* los conceptos de *todas* las facturas. Pero al establecer la vinculación entre el subformulario y el formulario padre se aplica un filtro al subformulario, de forma que sólo muestre los registros según los vínculos establecidos.

En nuestro caso, como la información está vinculada a través de IDFactura, el subformulario sólo mostrará los registros para los que IDFactura sea igual al IDFactura del formulario padre.

Además, puesto que los campos están vinculados, en el caso de que se cree un registro en el subformulario, se asignará *automáticamente* el valor de IDFactura del formulario padre al campo IDFactura del subformulario.

Dicho de otro modo: ya que ambos formularios están vinculados, cuando creemos un concepto en el subformulario, este nuevo concepto se asignará a la factura actual.

## El cálculo de totales

En el capítulo dedicado al diseño de tablas, afirmábamos que no debíamos almacenar ninguna información en una tabla si la aplicación podía calcularla.

En el ejemplo que hemos venido desarrollando, esto ocurre con las facturas. Puesto que nuestras facturas se desglosan en conceptos, podemos calcular la base imponible que se va a aplicar en una factura sumando los conceptos.

Por ello, no existe un campo BaseImponible en tblFacturas: esa información se puede calcular.

Ahora bien, ¿cómo se hace en el caso de que los conceptos se encuentren en un subformulario y deseamos mostrar, en el formulario padre, la base imponible de la factura?

Para conseguir este objetivo, habíamos creado un cuadro de texto en el subformulario, que fuera no visible, el cual sumaba el subtotal de cada uno de los conceptos. A este control le habíamos asignado el nombre BaseImponible.

Pues bien, para acceder al contenido de ese control, desde el formulario padre, podemos utilizar la línea de comando que se expone a continuación:

```
[sfrDetallesFactura].Formulario![BaseImponible]
```

En el formulario padre creamos un cuadro de texto, al que también podemos llamar BaseImponible y establecemos esa expresión como origen del control.

Gracias a esto estaremos mostrando en el formulario padre un cuadro de texto que muestra la base imponible de la factura (puedes observarlo en la figura 7.16).

*Figura 7.16. Mostrando información del subformulario en el formulario padre*

# 8 Informes

Aunque la informática haya revolucionado el mundo de la comunicación, aunque un sistema informático sea capaz de procesar miles de documentos y aunque podamos acceder al momento a la información mediante nuestro monitor, la información impresa sigue siendo necesaria.

No sólo información como facturas o presupuestos, sino informes de clientes o listas de empleados que los sistemas informáticos deben ser capaces de generar.

La gran mayoría de los usuarios de aplicaciones informáticas desean que haya un botón con una impresora. En Access, tras este botón encontramos los informes.

En este capítulo vamos a ver ideas prácticas para que generar información impresa no sea un problema en el desarrollo de aplicaciones Access.

# Introducción

No es difícil que, a los que utilizamos el ordenador como herramienta diaria de trabajo, frecuentemente olvidemos lo importante que es la información impresa, y que ésta esté organizada de una forma eficiente.

De hecho, ya cuesta bastante trabajo diseñar una aplicación de base de datos de forma que los formularios, tablas, consultas, macros, controles, etc., funcionen correctamente como para además preocuparse de la apariencia de la información impresa.

Sin embargo, también sabemos que las aplicaciones de bases de datos suelen tener como fin último precisamente la obtención de información en papel.

Si éste es el caso, y la aplicación funciona estupendamente, pero al final los informes fallan, el usuario no estará plenamente satisfecho.

Si el diseño del interfaz de usuario ya tenía un componente artístico bastante importante, el diseño de la información impresa no lo es menos, y generalmente no bastará con que los informes muestren la información que deben mostrar, sino que además lo hagan de forma estructurada y elegante. Con buen gusto, vamos.

Eso es lo que ya no podemos reflejar en este capítulo. Vamos a ver una serie de ideas prácticas que pueden servir a la hora de crear los informes. Pero, a la hora de la verdad, serás tú, delante de tu equipo, el que te tengas que enfrentar a la ventana de diseño de informes, y no sólo tendrás que hacer las cosas de forma que funcionen sino que, lo más importante, es que le gusten al usuario.

# Informes

Así como en el capítulo anterior presentamos a los formularios como elementos típicamente interactivos, los informes pierden ese carácter.

Tenemos que ver un informe como un modo de estructurar una información que posteriormente va a ser impresa. Por eso, elementos como cuadros combinados, listas y componentes ActiveX tienen poco que hacer en un informe.

Generalmente, en un informe trabajaremos con cuadros de texto, elementos como líneas o cuadros, quizá alguna imagen y, en casos muy concretos, gráficos generados con Microsoft Graph.

## Secciones

Al igual que los formularios, el contenido de un informe se divide en secciones. Sin embargo, las secciones se utilizan mucho más en el caso de los informes.

Pensemos en una factura: posee un encabezado, donde se incluyen los datos del cliente, posee una sección intermedia, donde se incluyen los conceptos desglosados y posee un pie, donde se incluye la base imponible, el IVA, el total de la factura e incluso otra información como el descuento, la forma de pago u observaciones varias. Por ejemplo, en la figura 8.1 vemos un informe de factura.

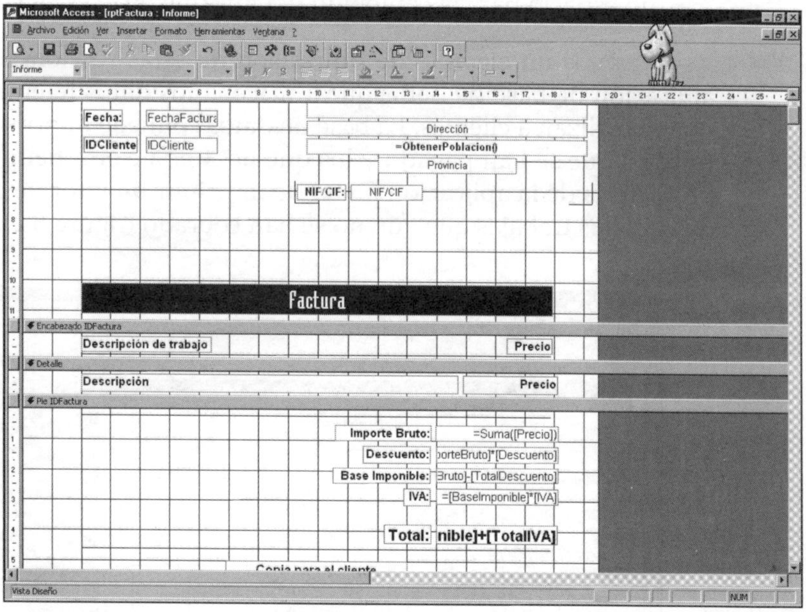


*Figura 8.1. Informe de factura*

En un informe podemos disponer de las siguientes secciones:

- *Encabezado/pie de informe*: el encabezado es lo primero que se muestra en el informe y el pie, lo último. Si el informe requiere de varias páginas para ser impreso, el encabezado de informe tan sólo aparece en la primera y el pie, en la última.

- *Encabezado/pie de página*: debajo del encabezado de informe podemos encontrar el encabezado de página. Además, encima del pie de informe podemos encontrar el pie de página. La diferencia entre encabezado/pie de informe y encabezado/pie de página es que si un informe es de varias páginas, el encabezado y el pie de página aparecerán en todas ellas.

**Nota**

*Para poder ver las secciones encabezado/pie de informe y encabezado/pie de página, ve al menú* **Ver** *y elige las secciones que desees ver.*

- *Detalles*: no todo van a ser encabezados y pies. Hay que dejar un espacio para el contenido del informe. Éste es su cometido.

Veamos un ejemplo de utilización de estas secciones. Imagina una aplicación de base de datos que almacena los datos referentes a trabajos que se realizan a clientes. La base de datos contiene información sobre los trabajos que se han pagado y los que no. Cada cierto tiempo, la empresa propietaria de la aplicación pretende imprimir un informe con la relación de aquellos trabajos que aún no se han cobrado (figura 8.2).

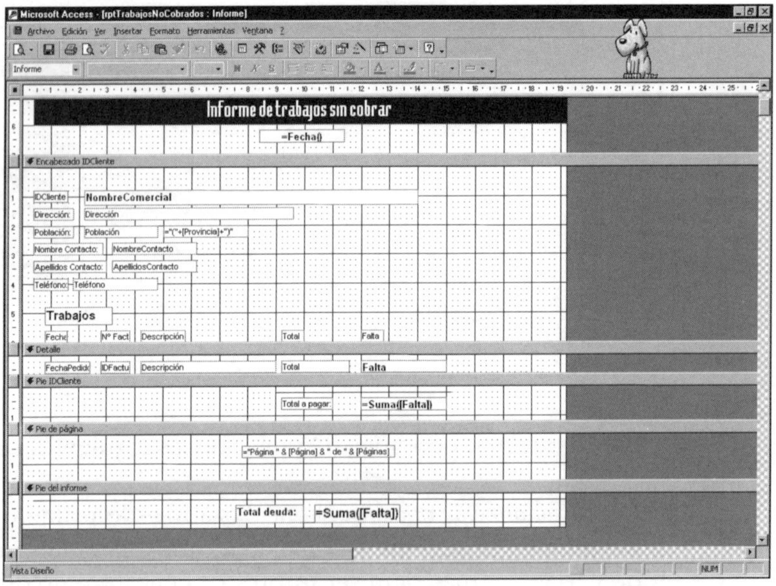


*Figura 8.2. Informe de trabajos no cobrados*

Veamos:

- *Encabezado de informe*: ninguno. Queremos que todas las páginas tengan exactamente el mismo encabezado.
- *Encabezado de página*: contiene información sobre el documento, en concreto qué representa (un informe de trabajos sin cobrar) y en qué fecha se imprimió. Es muy importante en este tipo de informes que, en algún lugar, se incluya la fecha. De este modo, seguramente evitaremos más de un susto a algún pobre cliente al que se llama para reclamar un trabajo que ya pagó. De este modo, los informes obsoletos quedan descartados.
- *Encabezado IDCliente/Pie IDCliente*: recuerda esto, porque lo veremos más adelante.
- *Detalle*: contiene información acerca de cada trabajo que falta por pagar.
- *Pie de página*: para no dar lugar a equívocos, puesto que este tipo de informes se presumen de más de una página, conviene que indiquemos, en cada página, qué página es y cuántas tiene el informe. Para ello utilizamos la expresión:

  ```
  "Página " & [Página] & " de " & [Páginas]
  ```

  Donde [Página] indica el número de página actual y [Páginas], el número de páginas total del informe. Estos valores los proporciona el propio Access automáticamente.
- *Pie de informe*: al final del informe, puede interesar realizar una suma del total que representan todos los trabajos todavía no cobrados. De este modo, la empresa puede ajustar sus cálculos de tesorería. Puesto que este total tan sólo interesa al final, lo incluimos en un pie de informe, no en un pie de página.

## Agrupaciones

No queremos que el informe sea un simple listado de trabajos sin cobrar. La persona encargada de contactar con los clientes, querrá que el listado muestre los trabajos que tiene pendientes *cada* cliente. Por ello, un informe que emita un simple listado de trabajos sin cobrar no sirve. Lo que queremos es mostrar los trabajos sin cobrar *para cada* cliente o, dicho de otro modo, *agrupados por* cliente.

La capacidad de agrupación de información es una de las más útiles a la hora de trabajar con información impresa, y Access nos proporciona una gran facilidad a la vez que gran potencia a la hora de realizar estas agrupaciones.

Ya conocemos el concepto de agrupación de registros según el valor de un campo, porque lo vimos en el capítulo dedicado a las consultas. En los informes, el modo de operación es básicamente similar.

En el ejemplo que estamos desarrollando, lo que queríamos era realizar agrupaciones por cliente de los trabajos sin cobrar. Por ello, parece una buena opción agrupar los registros según el campo IDCliente. Vamos al menú Ver y seleccionamos la opción Ordenar y agrupar. Tras esto, aparecerá el cuadro de diálogo de la figura 8.3.

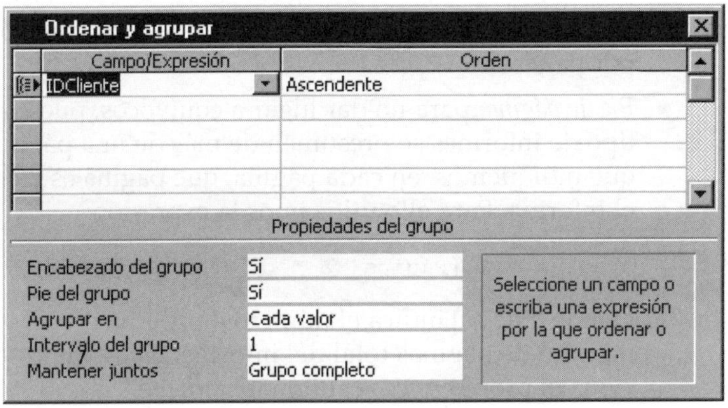


*Figura 8.3. Cuadro de diálogo* Ordenar y agrupar

En la figura 8.3 podemos distinguir varias opciones del cuadro de diálogo.

- En la zona superior, podemos seleccionar los distintos campos que representarán distintas agrupaciones. También podemos seleccionar un tipo de ordenación para el campo. Como lo que queremos es agrupar por IDCliente, lo seleccionamos.
- En la zona inferior, podemos seleccionar:
  - Encabezado/pie del grupo: si no deseamos alguna de estas dos secciones, bastará con que indiquemos No. En nuestro caso, necesitamos ambas.

- Agrupar en: esta opción, junto con la siguiente, se refiere a si queremos agrupar los registros, pero queremos refinar un poco más esta agrupación. Por ejemplo, en el listado de productos por orden alfabético de Neptuno, lo que se está haciendo es agrupar por nombre de producto, estableciendo la propiedad Agrupar en sobre Primeros caracteres (figura 8.4).
- Intervalo del grupo: nos indica un intervalo (para el caso de campos numéricos, autonuméricos, moneda o fecha) o un número de caracteres por los que agrupar. Por ejemplo, en el listado de productos de la figura 8.4, se está haciendo que los productos se agrupen según el primer carácter, por lo que Intervalo del grupo está establecido en 1. Vemos la ventana de agrupación de este ejemplo en la figura 8.5.
- Mantener juntos: especifica si el grupo se podrá dividir en caso de que coincida cerca del final de una página. Si se especifica No, no se aplicarán restricciones. Sin embargo, si se especifica Grupo completo, el grupo se mostrará junto en una página. En nuestro ejemplo, seleccionaremos Grupo completo para tener todos los trabajos sin pagar de un mismo cliente en una misma página.

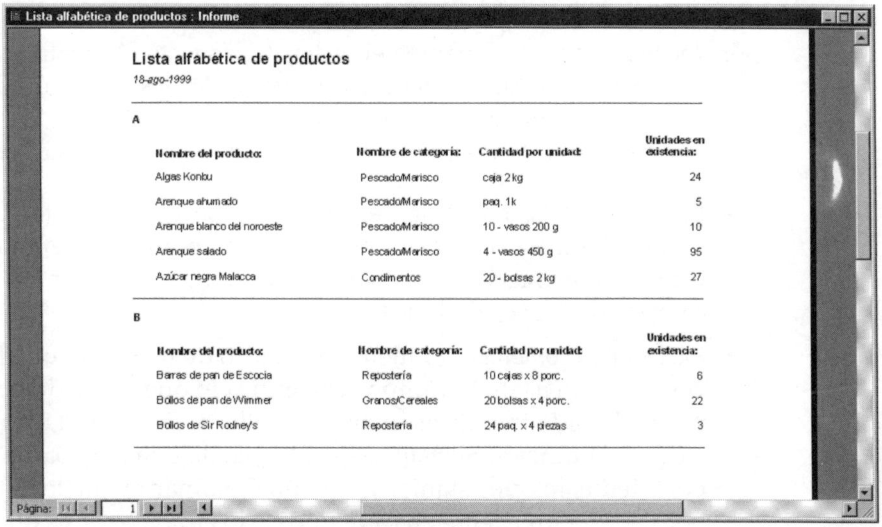
Lista alfabética de productos : Informe

Lista alfabética de productos

18-ago-1999

A

| Nombre del producto: | Nombre de categoría: | Cantidad por unidad: | Unidades en existencia: |
|---|---|---|---|
| Algas Konbu | Pescado/Marisco | caja 2 kg | 24 |
| Arenque ahumado | Pescado/Marisco | paq. 1k | 5 |
| Arenque blanco del noroeste | Pescado/Marisco | 10 - vasos 200 g | 10 |
| Arenque salado | Pescado/Marisco | 4 - vasos 450 g | 95 |
| Azúcar negra Malacca | Condimentos | 20 - bolsas 2 kg | 27 |

B

| Nombre del producto: | Nombre de categoría: | Cantidad por unidad: | Unidades en existencia: |
|---|---|---|---|
| Barras de pan de Escocia | Repostería | 10 cajas x 8 porc. | 6 |
| Bollos de pan de Wimmer | Granos/Cereales | 20 bolsas x 4 porc. | 22 |
| Bollos de Sir Rodney's | Repostería | 24 paq. x 4 piezas | 3 |

Página: 1

*Figura 8.4. Listado alfabético de productos. Los productos se agrupan según su primer carácter*

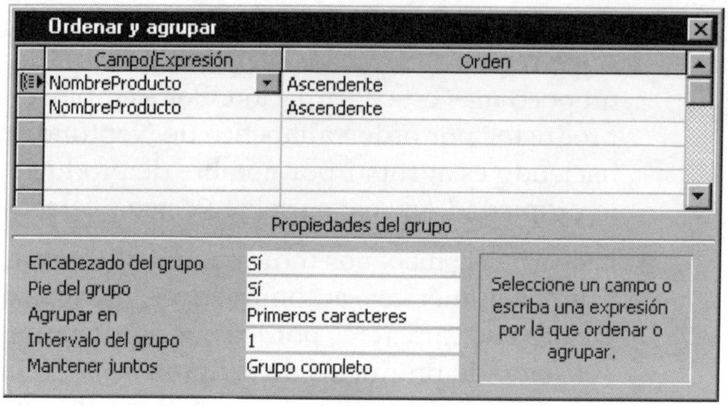


*Figura 8.5. Propiedades de la ordenación y agrupación para el listado de productos por orden alfabético*

Si ahora previsualizamos el informe, veremos que *casi* todo funciona bien. Los trabajos sin pagar se agrupan por cada cliente y se muestran correctamente. El problema es que los clientes aparecen ordenados según su IDCliente. Lo más lógico habría sido ordenarlos según su nombre. Esta técnica de agrupar los registros según su ID nos había dado muy buenos resultados en las consultas, ya que así las agrupaciones se realizan más rápidamente. Pero en el caso de los informes, se ha vuelto contra nosotros.

Puesto que lo que pretendemos es que los clientes aparezcan ordenados según su nombre, vamos al cuadro de diálogo y cambiamos IDCliente por NombreComercial. Dejamos el orden Ascendente. Al realizar este cambio, las secciones Encabezado IDCliente y Pie IDCliente modifican su nombre, pero el contenido se mantiene.

Veamos con más detenimiento qué contienen estas secciones:

- Encabezado NombreComercial (antes Encabezado IDCliente): contiene la información básica del cliente: su nombre, teléfono, dirección, y unas cabeceras que ayudarán a identificar los campos de la sección Detalle.
- Pie NombreComercial: contiene un cuadro de texto con una función: Suma([Falta]). El campo Falta indica lo que le queda por pagar de cada trabajo al cliente. Por ello, al mostrar el resultado de la función Suma([Falta]) en el pie de una agrupación por cliente, lo que estamos haciendo es sumar lo que le falta por pagar a un cliente en cada uno de los trabajos. Y es que es bueno poder controlar con exactitud cuánto dinero, *en total*, debe un determinado cliente.

## Subinformes

De igual modo que podemos incluir formularios dentro de formularios, podemos incluir informes dentro de informes. Sin embargo, hay quien dice que los subinformes no son necesarios, ya que la funcionalidad que ofrecen se puede obtener mediante las herramientas de agrupación disponibles en los informes, que no están disponibles con los formularios.

Pero esto tan sólo suele ser cierto a costa de aumentar, en ocasiones de forma dramática, la complejidad de la consulta origen del formulario. Imaginemos por un momento un escenario simple de un informe que genera una factura. Esta factura está compuesta por conceptos, por lo que el concepto será la unidad mínima de información en nuestra consulta. Cada fila representará un concepto. Veamos qué necesitaríamos en la consulta que diera origen al informe:

- Detalles de factura: puesto que debemos imprimir los detalles o conceptos de la factura, necesitaremos incluirlos en la consulta.
- Datos de factura: estos datos se refieren, por ejemplo, al IVA o al descuento que se va a aplicar. Además, puesto que la factura se emite a un cliente, la factura tendrá asociado un IDCliente, por no hablar de otros campos que pudieran existir, como notas, forma de pago, etc. Estos datos se aplican de forma global a la factura. Sin embargo, puesto que la unidad mínima de información de nuestra consulta es el concepto, los datos globales de una factura se repetirán para cada concepto que forme parte de una misma factura.
- Datos del cliente: el origen de datos del informe de factura tan sólo puede ser uno. Por ello, la consulta también deberá incluir los datos del cliente: nombre, dirección, CIF, etc. Posteriormente, estos datos se agruparán, ya que cada factura se emite a un solo cliente. Puesto que estos datos también son globales a una factura, se repetirán en cada fila que represente un concepto de una misma factura.

En el capítulo de consultas habíamos comentado que cuantos más campos incluya una consulta, más recursos consumirá su ejecución.

De esta manera, si queremos optimizar el informe anterior, quizá resultara más adecuado crear un informe que imprimiera los datos de *todos* los clientes. Una vez hecho esto, incluiríamos este informe como subinforme del informe factura y vincularíamos los campos principales y secundarios IDCliente. Así, el origen de los datos del informe de clientes sería la tabla de clientes, y la consulta que generaría el informe de factura no necesitaría incluir todos estos datos; sólo el IDCliente. Vemos el informe de clientes en la figura 8.6 porque tenemos más cosas que comentar sobre él. Y en la figura 8.7 vemos el informe de factura completo.

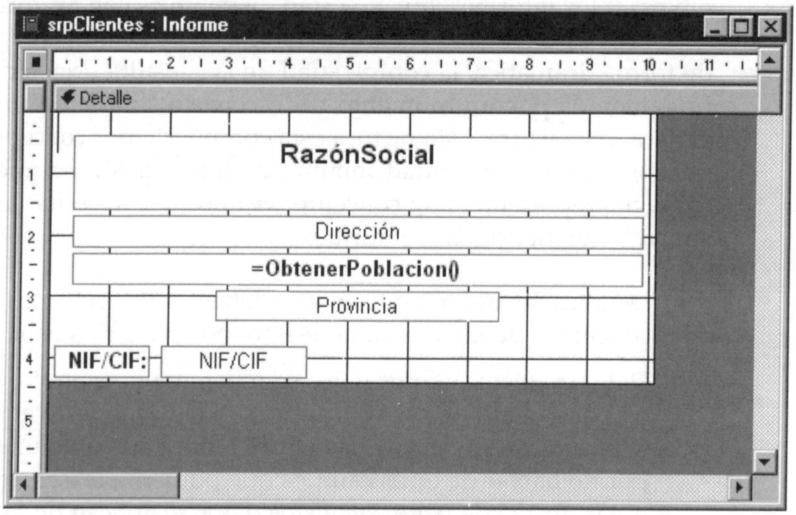


*Figura 8.6. Informe de clientes que servirá como subinforme en el informe de factura*

## Personalización

Vamos a ver a continuación algunas ideas que pueden resultar útiles a la hora de diseñar los informes de nuestras aplicaciones. Comencemos examinando con un poco más de detalle la figura 8.6. Vemos que todos los campos (a excepción del NIF) se encuentran centrados. Vemos la razón social, la dirección, el NIF, la provincia y un campo de texto cuyo origen es la función ObtenerPoblacion. Vamos a detenernos aquí.

### Formateo de información

Esta factura está diseñada para poderse doblar y enviar en un sobre americano con ventana. El formato en el que estamos acostumbrados a escribir el código postal y la población es algo así:

```
10005 - Cáceres
```

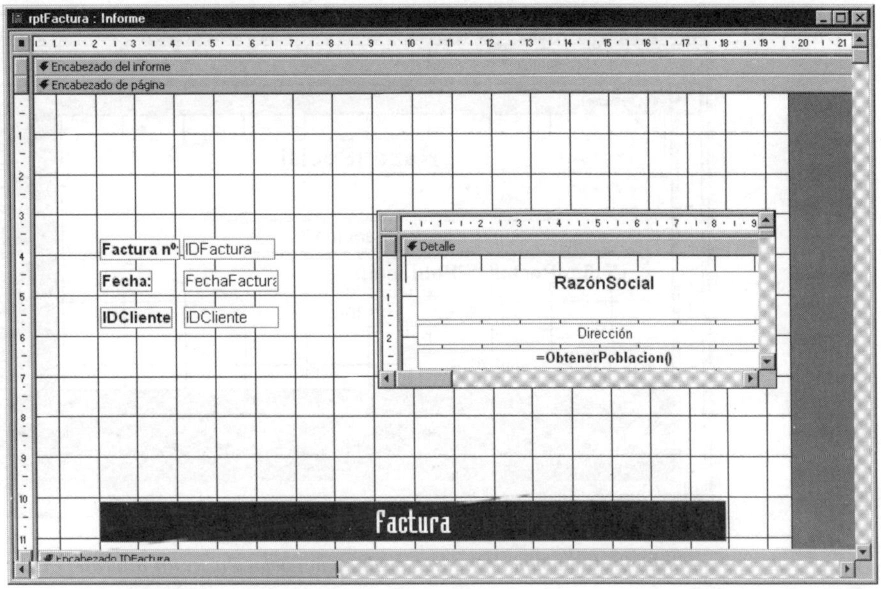


*Figura 8.7. Informe de factura con el subinforme de clientes ya insertado*

Sin embargo, si no disponemos del código postal, tan sólo indicamos:

```
Cáceres
```

El problema es que el código postal y la población se encuentran almacenados en campos diferentes de la base de datos.

Una primera idea apuntó a tratar de incluir estos dos campos como cuadros de texto independientes. De este modo, uno de los cuadros (el código postal) quedaría o centrado o alineado a la derecha, y el cuadro de población quedaría alineado a la izquierda. Algo así como lo que se muestra en la figura 8.8.

Sin embargo, esto producirá un efecto desagradable, ya que la población nunca podrá quedar centrada respecto al resto de los campos, como la razón social o la dirección.

Además, en caso de que no dispusiéramos del código postal, el guión seguiría apareciendo del siguiente modo:

```
- Cáceres
```

Tenemos que buscar otra solución. La siguiente idea fue concatenar ambos campos en un cuadro de texto, según vemos en la figura 8.9.

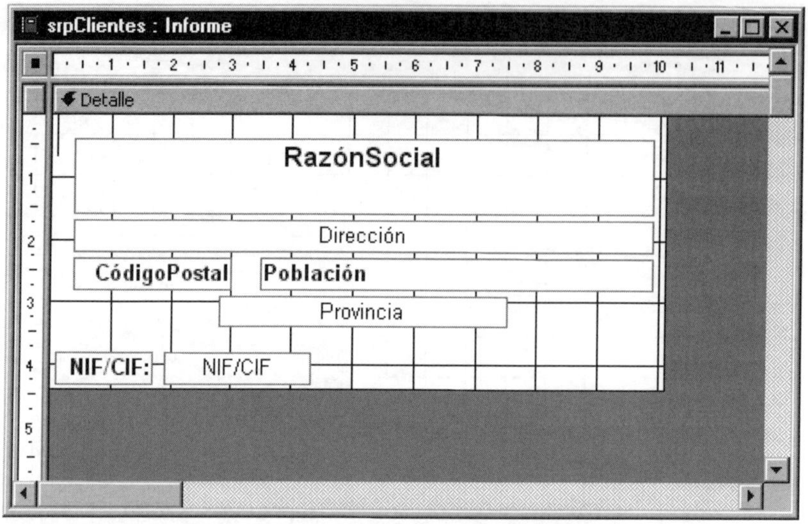


*Figura 8.8. Inclusión del código postal y la población en un informe. Primer intento*

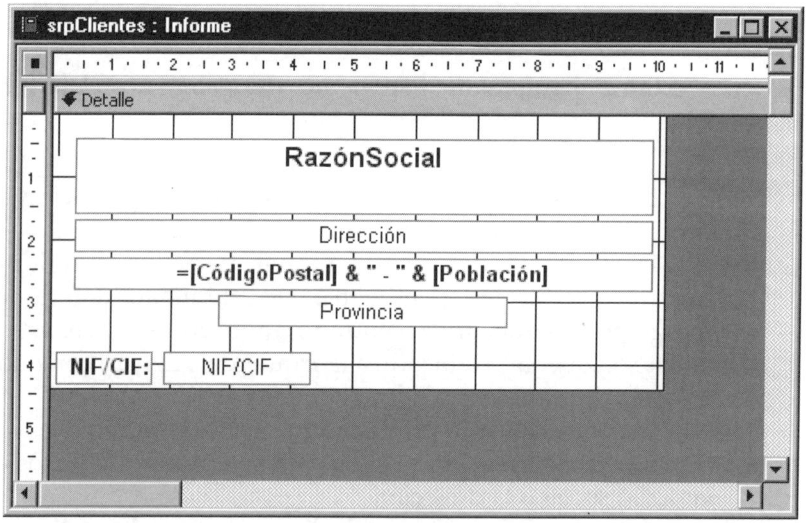


*Figura 8.9. Inclusión del código postal y la población en un informe. Segundo intento*

Con esta segunda solución, algo hemos mejorado, ya que ahora el bloque de texto se muestra centrado con respecto al resto de campos. Sin embargo, seguimos teniendo el problema de que, si el código postal está en blanco, el guión sigue apareciendo. De ahí el origen de la solución final: utilizar una función que formatee la cadena de texto en función de si el código postal está en blanco o no. El código es sencillo:

```
If IsNull(Me![CódigoPostal]) Then
    ObtenerPoblacion = Me![Población]
Else
    ObtenerPoblacion = Me![CódigoPostal] &_
                       " - " &_
                       Me![Población]
End If
```

## Formateo condicional

Continuemos con el ejemplo de nuestra factura. Algunas empresas incluyen un campo "Descuento" en sus facturas. Este descuento tan sólo se aplica a algunos clientes, pero no a todos.

Por ello, algunas aplicaciones de base de datos resuelven este problema drásticamente: si el cliente no tiene descuento, imprimimos "0%" en la casilla destinada al descuento y si hay una casilla que indique la cantidad en pesetas que se descuenta, también ponen "0 Ptas". Ya puestos, podían incluir en un apartado algo así como "Y que usted sepa que tenemos clientes mejores que usted, a los que sí que les hacemos descuento". Se puede ser un poco más diplomático, y si no se va a hacer un descuento a un cliente, no hace falta indicarlo tan claramente; basta con no indicarlo. En Access, la idea sería algo así como "esconder" los campos que muestran el porcentaje de descuento y su cantidad en pesetas.

Para eso, las secciones disponen del evento AlDarFormato. Este evento se produce cuando Microsoft Access determina qué datos pertenecen a una sección de un informe, pero antes de que Microsoft Access dé formato a la sección para su vista previa o su impresión.

Podemos incluir un código como el siguiente, como respuesta a este evento:

```
Private Sub PieDelGrupo0_Format
       (Cancel As Integer,
        FormatCount As Integer)
    If Me![TotalDescuento] = 0 Then
        Me![ImporteBruto].Visible = False
        Me![TotalDescuento].Visible = False
```

```
        Else
            Me![ImporteBruto].Visible = True
            Me![TotalDescuento].Visible = True
        End If
    End Sub
```

De este modo, los controles ImporteBruto y TotalDescuento no serán visibles, a menos que el descuento sea diferente de 0.

## Si el informe no contiene datos

Podemos programar nuestro informe para que muestre un cuadro de diálogo si intentamos imprimir o previsualizar un informe que no contiene datos. Esto resulta posible gracias a la existencia del evento AlNoHaberDatos. Este evento ocurre tan sólo en el caso de que no exista ningún registro en el origen de datos del formulario. Por ejemplo, podríamos incluir el siguiente código:

```
Private Sub Report_NoData _
    (Cancel As Integer)
    ' Mostrar un mensaje de error si
    ' no existen datos para mostrar
    MsgBox "No hay facturas que imprimir" &_
            vbCrLf & _
            "Vuelva a ejecutar la consulta"
    ' Cancelamos la apertura del informe
    Cancel = True
End Sub
```

**Truco**

*La constante vbCrLf sirve para insertar un retorno de carro y de línea. Tras la inserción de esta constante, el texto continuará en la línea siguiente.*

**Nota**

*El evento AlNoHaberDatos no está disponible para el caso de los formularios. Sin embargo, en el capítulo dedicado al DAO explicamos una forma de detectar si un formulario tiene registros para mostrar o no.*

Podríamos continuar con un montón más de ideas acerca del diseño de informes.

Si el diseño del interfaz de usuario y, posteriormente, el diseño de formularios puso a prueba nuestro ingenio, con los informes ocurre exactamente lo mismo. Una vez más, un consejo: la idea es que el informe haga lo que tú quieres y no al revés. Y para ello, más de una vez tendrás que dar vueltas y vueltas a la cabeza hasta encontrar la solución concreta. Precisamente hemos querido poner un ejemplo de esta situación con el formateo del código postal y la población pero estamos seguros de que se te presentarán casos mucho más complejos de los que podrás salir perfectamente airoso.

9

# Macros

"Mediante macros se puede conseguir que los formularios, los informes y los demás objetos de base de datos funcionen conjuntamente de forma aún más inteligente." De esta forma tan sonora comenzaba el capítulo de macros del manual de usuario de Microsoft Access 1.1.

Más que añadir "inteligencia" a las bases de datos, podríamos decir que las macros son un modo rápido y sencillo de hacer que nuestra aplicación de base de datos realice de forma automática las tareas más repetitivas, sin escribir ni una sola línea de código Access Basic. Pero del mismo modo, también es posible desarrollar una aplicación sin una sola macro. Sin embargo, los buenos desarrolladores prefieren tener conocimiento de todas las herramientas a su alcance, para utilizarlas del mejor modo posible.

# Introducción

Hace algunos años, cuando la informática personal comenzaba a llegar a oficinas y hogares, comenzaron a surgir aplicaciones como Lotus 1-2-3 que incorporaban herramientas denominadas *macros*. Si se examinaban los manuales de usuario, a estas herramientas siempre se les dedicaban las últimas partes de estos manuales, y la forma de abordarlas era con ejemplos sumamente sencillos y que, aun así, en la mayoría de los casos eran difíciles de comprender. En ocasiones, existía otro tipo de manual, mucho más técnico, que explicaba las grandísimas posibilidades que ofrecía la utilización de macros. Sin embargo, para el usuario convencional, el tema de las macros parecía algo casi esotérico, tan sólo al alcance de los mejores "gurús" informáticos y de escasa utilidad para el trabajo cotidiano.

Poco a poco las aplicaciones comenzaron a facilitar el desarrollo de macros. Mejor documentación, mayor sencillez y herramientas que asisten en el proceso de creación de macros han sido las principales bazas que los desarrolladores de *software* han jugado para que los usuarios pudieran llegar a desarrollar sus propias macros. Pero, ¿qué es exactamente una macro? Podemos afirmar que es una acción o conjunto de acciones que, por su carácter repetitivo, merece la pena almacenar.

Por ejemplo, si te fijas, a lo largo del libro que tienes delante verás ciertas palabras que aparecen impresas con una tipografía diferente. Son las descripciones de las opciones de menú, palabras reservadas, etc. Pues bien, para facilitar el marcado de este tipo de palabras (consistente en un cambio de fuente), lo que se ha hecho es crear una macro que, cada vez que se ejecuta, modifica la fuente del texto seleccionado. Sin duda ésta es una acción repetitiva que, al asignarle una macro (con una tecla de acceso rápido) hace ganar mucho más tiempo del que se perdió desarrollándola.

Pues en Access 2000 ocurre exactamente igual. Podemos hacer que una macro ejecute una o varias acciones, y las acciones en Access pueden ser cosas tales como abrir un formulario, imprimir un informe, ejecutar una aplicación y muchas más.

# Una macro sencilla

Antes de entrar en profundidad con el tema de las macros, vamos a ver cómo crear una macro sencilla por si nunca habías trabajado antes con estas herramientas en Access.

Vete a la ventana de la base de datos, selecciona Macros y pulsa el botón Nuevo. Con esta operación aparecerá la ventana de diseño de macros.

Vamos a crear una macro sencilla. Por ejemplo, que una macro que, una vez ejecutada, imprima una serie de informes que son necesarios con carácter semanal (figura 9.1).

---

**Nota**

*Más adelante veremos cómo podemos hacer que esta macro se ejecute automáticamente una vez por semana.*

---

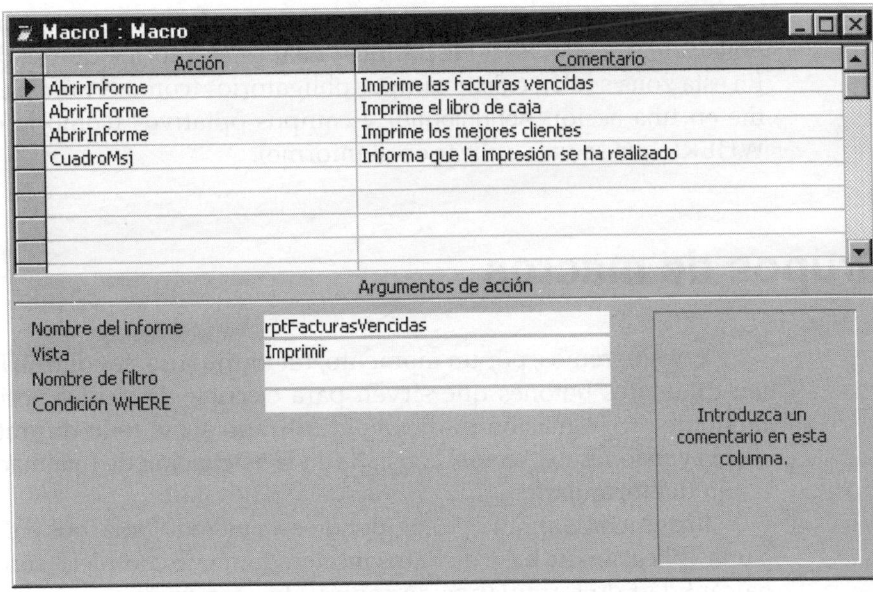


*Figura 9.1. Diseño de una macro sencilla*

Vemos que la ventana de diseño se divide en una zona tabulada (la zona superior) y en una zona donde se muestran ciertas propiedades (la zona inferior).

En la zona superior observamos dos columnas: Acción, que especifica la acción que se va a realizar, y Comentario, cuyo contenido es opcional y su único cometido es explicar qué es lo que hace la macro.

**Consejo**

*Los comentarios son nuestros amigos. Puede que, cuando estés diseñando una macro o programando un fragmento de código Access Basic, lo que estés haciendo te parezca tan obvio que creas que no necesitas comentarlo. Sin embargo, este tipo de comentarios (también conocidos como documentación interna) son de gran utilidad no sólo para el caso de que otras personas tengan que estudiar o modificar tu código, sino incluso en el caso de que, después de un tiempo, tengas que retocar el código que escribiste. Suele ocurrir (créenos) que transcurrido un tiempo desde que escribiste un fragmento de código, su funcionamiento no parezca tan obvio.*

En la zona inferior tenemos acceso a las características específicas de la acción seleccionada en la zona superior. Por ejemplo, para la acción AbrirInforme, es necesario especificar cuál es el informe que se debe abrir. En esta zona suelen existir campos obligatorios (como el nombre del informe en una acción AbrirInforme) y campos optativos (como la condición WHERE que se va a aplicar en el informe).

# Grupos de macros

Consideremos, por un momento, un formulario de control. En él existen diferentes botones que sirven para ejecutar diferentes acciones. Un modo de programación tradicional (utilizado sobre todo durante las primeras versiones de Access) consistía en la asignación de una macro a cada botón del formulario.

Imaginemos ahora que, siguiendo esta metodología, nos enfrentamos a una aplicación de base de datos moderadamente compleja, con una buena cantidad de formularios de control. Imaginemos, por ejemplo, veinte formularios de control, con una media de seis botones cada uno. Calculando 20 x 6 = ¡120 macros!, que aparecerían en la ventana de la base de datos.

Access nos proporciona un método para agrupar macros que, de un modo u otro, estén relacionadas. Por ejemplo, en el caso anterior, nos interesaría crear un grupo de macros para cada formulario de control.

Los grupos de macros realmente se almacenan en un objeto de tipo macro. El nombre del grupo de macros corresponde con el objeto de tipo macro que las contiene. Además, cada una de las macros del grupo tendrá un nombre que las identificará. Por ello, para referirse a una macro dentro de un grupo de macros, se utiliza la siguiente sintaxis:

```
NombreDelGrupo.NombreDeLaMacro
```

Como puedes ver, es una sintaxis similar a la utilizada para referirse a métodos dentro de objetos Access Basic.

## Creación de un grupo de macros

Para crear un grupo de macros, necesitas una tercera columna en la zona superior de la ventana de diseño de macros. Puedes ver esta columna seleccionando la opción Nombres de macro bajo el menú Ver.

Una vez que disponemos de esa columna, veremos que todas las entradas están en blanco. En cuanto exista alguna entrada que no esté en blanco, el objeto macro se convertirá en un grupo de macros.

En nuestro ejemplo, hemos creado un grupo de macros con tres macros: Clientes, que abre un formulario de clientes, Proveedores, que abre un formulario de proveedores, y Salir, que cierra la aplicación (figura 9.2).

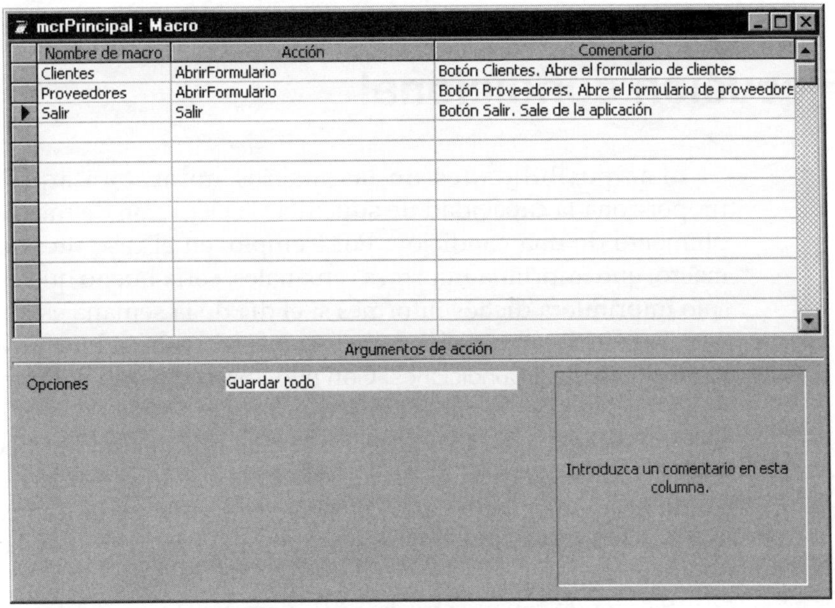


*Figura 9.2. Un grupo de macros*

Asociar cada macro con cada botón del formulario no te resultará difícil. En la figura 9.3 puedes ver cómo, una vez creado el grupo de macros, se puede seleccionar cualquiera de las macros que forman el grupo.

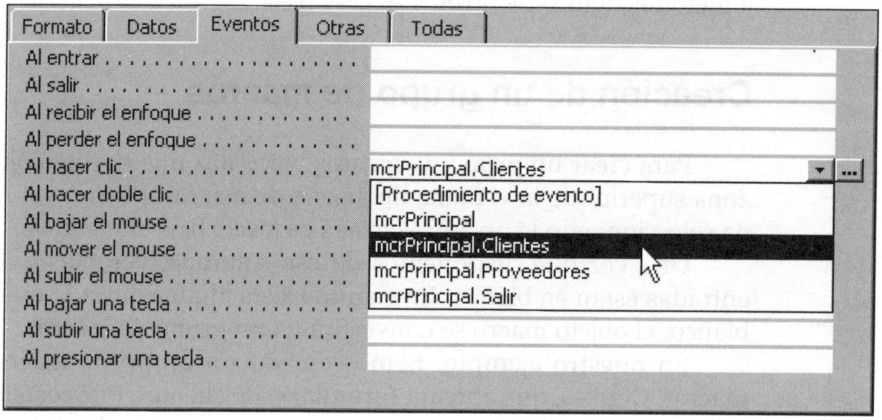


*Figura 9.3. Asociar una macro de un grupo de macros a la acción "Al hacer clic" de un botón de formulario*

# Ejecución condicional

Las posibilidades de las macros no acaban aquí. Access nos proporciona la capacidad de supeditar la ejecución de una acción al cumplimiento de una condición. Por ejemplo, en el caso de nuestra primera macro, que imprimía informes semanales, sería bueno que esta macro tan sólo imprimiera dichos informes si el día de la semana es lunes.

Para incluir condiciones en una macro, vamos al menú Ver y seleccionamos la opción Condiciones. Con ello aparecerá otra columna (Condición) en la ventana de diseño de macros. Si esta casilla aparece en blanco, la acción asociada a esa fila se ejecutará incondicionalmente. Si en esa casilla aparece una expresión, la acción asociada a esa fila se ejecutará sólo si la condición devuelve un valor Verdadero. Si en esa casilla aparecen tres puntos, la acción asociada sólo se ejecutará si la expresión de la fila anterior devolvió Verdadero.

Siguiendo con nuestro ejemplo, para construir nuestra expresión, disponemos de una función que es DíaSemana y devuelve el número de día (siendo 1=domingo, si no especificamos lo contrario) que corresponde con la fecha que se le pasa como parámetro. Como queremos saber si el día actual es lunes, la expresión queda como se muestra en la figura 9.4.

**Consejo**

*Para la construcción de este tipo de expresiones te recomendamos que utilices el generador de expresiones, que vimos en el capítulo dedicado a consultas.*

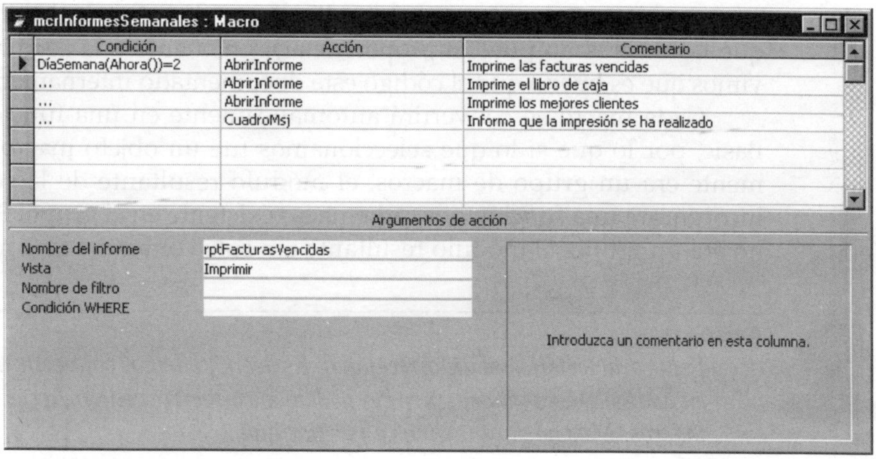


*Figura 9.4. El informe sólo se imprime si el día de la semana es lunes*

# Conversión de macros a Access Basic

Hasta ahora hemos visto una macro como un conjunto de acciones, que incluso podrían ejecutarse o no dependiendo de ciertas condiciones. Este concepto guarda cierta similitud con el concepto de función Access Basic. De hecho, todo lo que se puede hacer mediante macros, también se puede hacer con código Access Basic. Por ello, Microsoft Access nos proporciona una forma de convertir una macro en una función Access Basic.

Ve a la ventana de base de datos y selecciona un objeto macro. Ahora ve al menú Herramientas, submenú Macro y selecciona la opción Convertir macros a Visual Basic. Tras esto, aparecerá el cuadro de diálogo de la figura 9.5.

*Figura 9.5. Opciones de conversión de macros a código Access Basic*

Normalmente dejaremos las dos casillas activadas ya que el control de errores suele ser algo deseable en aplicaciones de bases de datos (y es algo que las macros no pueden proporcionar). En cuanto a la segunda casilla, vimos que es bueno que el código esté documentado internamente.

Cada macro se convertirá automáticamente en una función Access Basic, por lo que si lo que seleccionamos fue un objeto macro que realmente era un grupo de macros, el módulo resultante de la conversión incorporará una función por cada macro existente en el grupo. Si el objeto no era un grupo, el módulo resultante tan sólo contendrá una macro.

**Aviso**

*Esta característica es unidireccional. Es decir, podemos convertir una macro en código Access Basic, pero no podemos convertir código Access Basic en macros. Más adelante vamos a ver por qué.*

Para ver un ejemplo de conversión de código, hemos convertido la macro de la figura 9.4 en código Access Basic (figura 9.6).

# Entonces... ¿las macros son realmente útiles?

Acabamos de ver cómo una macro puede ser convertida a código Access Basic sin ningún problema. La existencia de esta posibilidad quiere decir que todo lo que se puede hacer con macros se puede hacer con código Access Basic. De este modo, es fácil que surja la siguiente pregunta: ¿Por qué no utilicé Access Basic desde el principio?

A pesar de que las macros son herramientas que llaman la atención debido a que, a pesar de su sencillez de uso, pueden llegar a realizar tareas

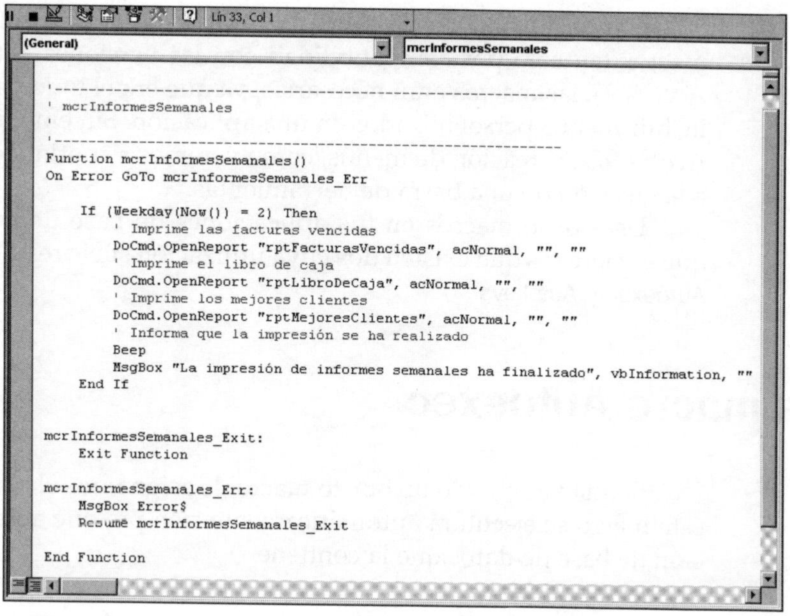


```
'------------------------------------------------------------
' mcrInformesSemanales
'
'------------------------------------------------------------
Function mcrInformesSemanales()
On Error GoTo mcrInformesSemanales_Err

    If (Weekday(Now()) = 2) Then
        ' Imprime las facturas vencidas
        DoCmd.OpenReport "rptFacturasVencidas", acNormal, "", ""
        ' Imprime el libro de caja
        DoCmd.OpenReport "rptLibroDeCaja", acNormal, "", ""
        ' Imprime los mejores clientes
        DoCmd.OpenReport "rptMejoresClientes", acNormal, "", ""
        ' Informa que la impresión se ha realizado
        Beep
        MsgBox "La impresión de informes semanales ha finalizado", vbInformation, ""
    End If


mcrInformesSemanales_Exit:
    Exit Function

mcrInformesSemanales_Err:
    MsgBox Error$
    Resume mcrInformesSemanales_Exit

End Function
```

*Figura 9.6. Conversión de una macro a código Access Basic*

complejas, no queremos seguir alabando las excelencias de las macros sin ser totalmente sinceros. Por ello, iremos al grano.

Desde el punto de vista de personas con gran experiencia en el desarrollo de aplicaciones Access, las macros no son precisamente las herramientas más usadas en el diseño de aplicaciones de bases de datos.

Como todo, las macros tienen sus defensores y sus detractores. Los que abogan por la utilización de macros en aplicaciones tienen el siguiente argumento a su favor: las macros son más sencillas de construir y de leer para usuarios no iniciados.

Bien. Sin embargo, estamos hablando de desarrollo de aplicaciones desde el punto de vista de un usuario avanzado. Por ello, en contra del argumento anterior existen otros:

- El código Access Basic es más rápido.
- Con Access Basic se pueden capturar y manejar situaciones de error.
- No hay nada que se pueda hacer con macros y no se pueda hacer con Access Basic, pero sí al revés.

Hay incluso quien va más allá y afirma que Microsoft mantiene las macros tan sólo por compatibilidad con las versiones anteriores. Hasta Access 95, las macros eran necesarias, ya que era el único modo de poder incluir menús personalizados en una aplicación. Sin embargo, a partir de Access 97, la creación de menús, como veremos a continuación, es similar a la creación de una barra de herramientas.

Uses o no macros en tus aplicaciones de base de datos, lo que sí que es cierto es que existen dos cuya utilización suele resultar interesante: Autoexec y Autokeys.

# La macro Autoexec

Si una vez creado un objeto macro, le asignamos el nombre Autoexec, esta macro se ejecutará automáticamente siempre que abramos la aplicación de base de datos que la contiene.

**Truco**

*Hay una excepción a esto: si mientras se está abriendo la base de datos mantenemos pulsada la tecla SHIFT (Mayúsculas), la macro* Autoexec *no se ejecutará. Pero también existe una excepción a esto, tal y como veremos en el capítulo dedicado a la seguridad.*

Esta característica tan simple hace que crear una macro Autoexec resulte muy interesante. Por ejemplo, podríamos hacer que la macro Autoexec invocara automáticamente a nuestra macro mrcInformesSemanales (figura 9.4), de forma que nada más iniciar la base de datos, se comprobara si se deben imprimir los informes semanales. Haríamos esto según el ejemplo de la figura 9.7.

**Consejo**

*Si examinas el diseño de la macro, verás que, cada vez que se inicie la base de datos un lunes, se imprimirán los formularios semanales. Si la base de datos se inicia cinco veces el mismo lunes, los informes se imprimirán cinco veces. ¿Cómo evitarlo? Una forma sería almacenar en una tabla cuándo fue la última impresión de los informes semanales. Si la fecha corresponde con el día de hoy, los informes ya han sido impresos, y no se deben volver a imprimir.*

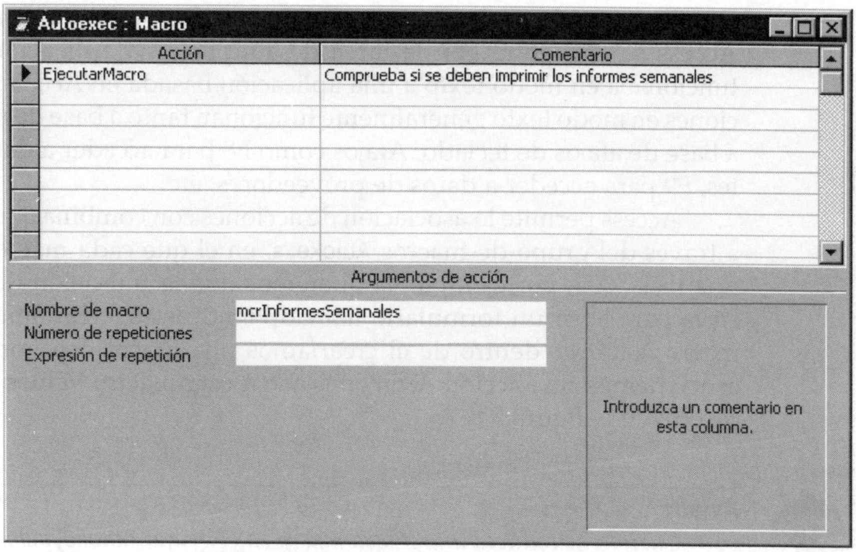


*Figura 9.7. Invocación automática de la impresión de los informes semanales*

Tan sólo hemos puesto un ejemplo de qué se puede hacer con la macro Autoexec, pero seguro que a ti se te ocurren muchos más.

Antes de pasar a otro tema, queríamos poner un ejemplo de cómo una misma tarea se puede realizar de formas completamente diferentes en Access 2000. Por ejemplo, para el caso de una acción que se deba ejecutar automáticamente al abrir Access 2000, podríamos (en lugar de utilizar Autoexec) hacer lo siguiente:

Puesto que nuestra aplicación dispondrá de un formulario principal, lo establecemos como formulario de inicio (Herramientas, Inicio, Mostrar formulario/página). Una vez hecho esto, vamos al formulario y establecemos la acción sobre el evento AlAbrir. De este modo, puesto que el formulario principal se abre automáticamente al iniciar la base de datos, se ejecutará automáticamente la acción asociada al evento AlAbrir.

# La macro Autokeys

Otra macro interesante es Autokeys. Esta macro, o mejor, este grupo de macros, permite asociar acciones con teclas o combinaciones de teclas especiales.

Por ejemplo, se dan casos en los que un desarrollador de aplicaciones Access se encuentra con la tarea de adaptar una aplicación que antes funcionaba en modo texto a una aplicación basada en Access. Las aplicaciones en modo texto generalmente funcionan tanto a base de menús como a base de atajos de teclado. Atajos como F8 para acceder a datos de clientes, F9 para acceder a datos de proveedores, etc.

Access permite la asociación de acciones con combinaciones de teclas a través del grupo de macros Autokeys, en el que cada macro representa una tecla. Así, por ejemplo, si queremos que la pulsación de la tecla F8 sirva para abrir un formulario llamado frmClientes, crearíamos un objeto macro Autokeys, dentro de él crearíamos una macro con nombre {F8}, y asociaríamos una acción AbrirFormulario a esta macro. Vemos un ejemplo de esto en la figura 9.8.

---

**Aviso**

*Cuando introduces una nueva macro en el grupo* **Autokeys***, los cambios se producen inmediatamente. No es necesario cerrar la base de datos y volverla a abrir para que las teclas asociadas comiencen a responder.*

---

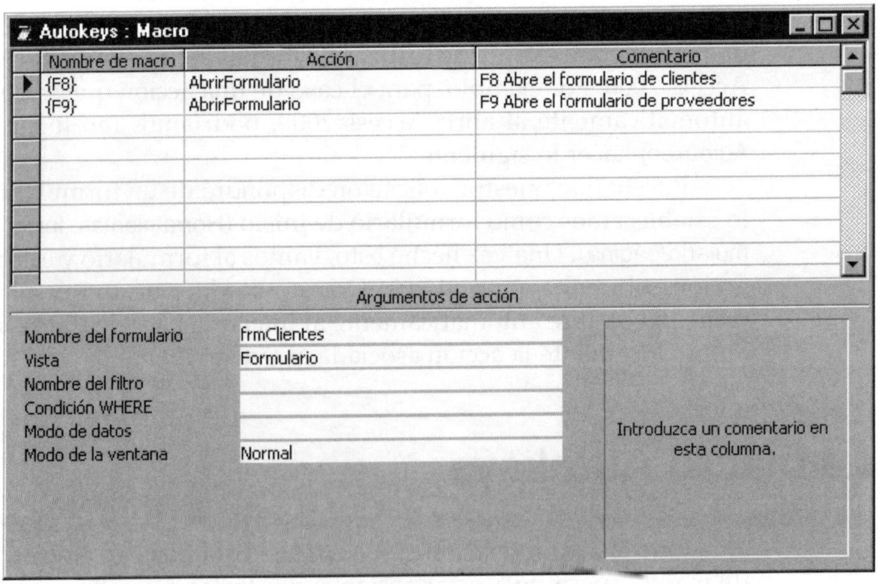


*Figura 9.8. Ejemplo de macro Autokeys*

Para averiguar más acerca de la sintaxis que se debe seguir para asignar los nombres de las macros en el grupo Autokeys, consulta al ayudante de Office "Combinaciones de teclas automáticas".

# Creación de barras de herramientas y menús

Como mencionamos anteriormente, en las versiones de Access anteriores a Access 97, los menús de la aplicación se generaban a través de macros. Y ésa es la única razón por la que este apartado aparece en el capítulo dedicado a macros.

Realmente, en Access 2000, tanto barras de herramientas como menús son objetos independientes, que realmente no aparecen en la ventana de la base de datos. Por ello resultaba difícil clasificarlos en algún capítulo.

De hecho, si intentas importar objetos desde una base de datos, y quieres importar tanto barras de herramientas como menús, tienes que activar una casilla especial, y no puedes seleccionar cuáles vas a importar. Se importan o todos o ninguno. Vemos esto en la figura 9.9.

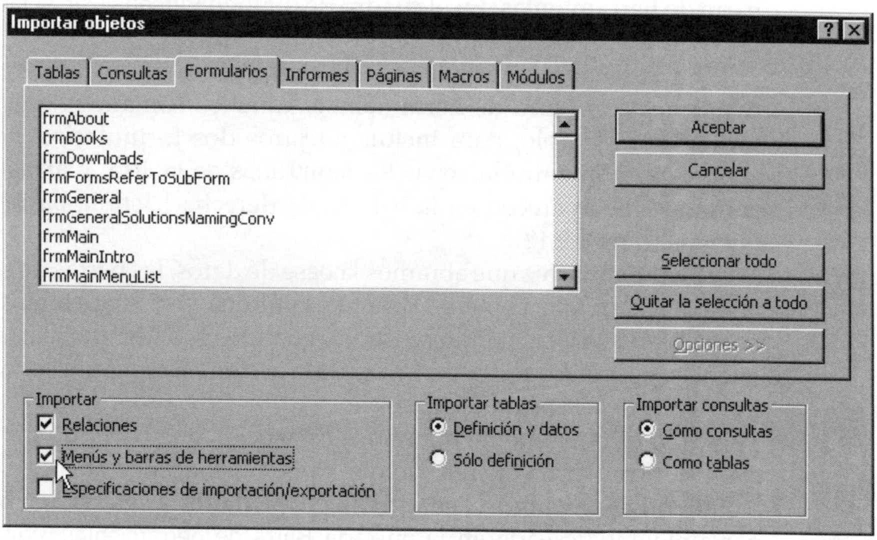


*Figura 9.9. Importación de barras de herramientas y menús*

## Creación de una barra de herramientas

Comencemos creando una barra de herramientas sencilla. Por ejemplo, vamos a crear una barra de herramientas que contenga dos botones, cada uno que abra un formulario diferente.

Para crear una barra de herramientas, selecciona la opción Personalizar del submenú Barras de herramientas del menú Ver. Una vez allí, pulsa el botón Nueva. Con ello, aparece un cuadro de diálogo donde se pregunta el nombre que se le quiere dar a la barra de herramientas. Podemos introducir un nombre descriptivo, por ejemplo, tbarFormularios. Hecho esto, aparece nuestra nueva barra de herramientas, en blanco, según podemos ver en la figura 9.10.

*Figura 9.10. Una barra de herramientas, en blanco*

Ahora es el momento de incluir los botones necesarios en la nueva barra de herramientas. En el cuadro de diálogo Personalizar, seleccionamos la pestaña Comandos, según vemos en la figura 9.11.

En la lista que aparece en esta pestaña seleccionaremos y arrastraremos hasta la barra de herramientas aquellos comandos que deseemos incluir. Por ejemplo, para incluir nuestros dos formularios, nos desplazamos hasta la entrada Todos los formularios de la lista, y arrastramos las entradas que aparecen en la lista de la derecha hasta la barra de herramientas (figura 9.12).

La próxima vez que abramos la base de datos, las barras de herramientas aparecerán tal y como las dejamos la última vez. Si queremos controlar, desde la aplicación, cuándo mostrar y cuándo esconder una barra de herramientas, podremos hacerlo a través de la acción MostrarBarraDeHerramientas, o a través de la función ShowToolbar.

Si lo que realmente queremos es asociar una barra de herramientas con un formulario concreto, lo que debemos hacer es abrir el formulario en modo Diseño, abrir el cuadro de propiedades y seleccionar la barra de herramientas deseada en la entrada Barra de herramientas, como puedes ver en la figura 9.13.

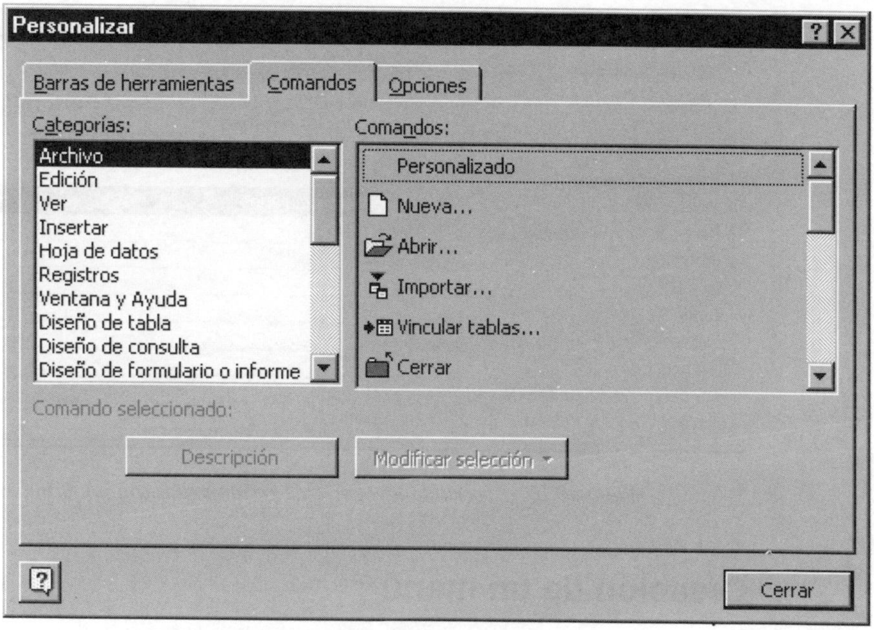


*Figura 9.11. Desde aquí arrastraremos los comandos hasta nuestra barra de herramientas*

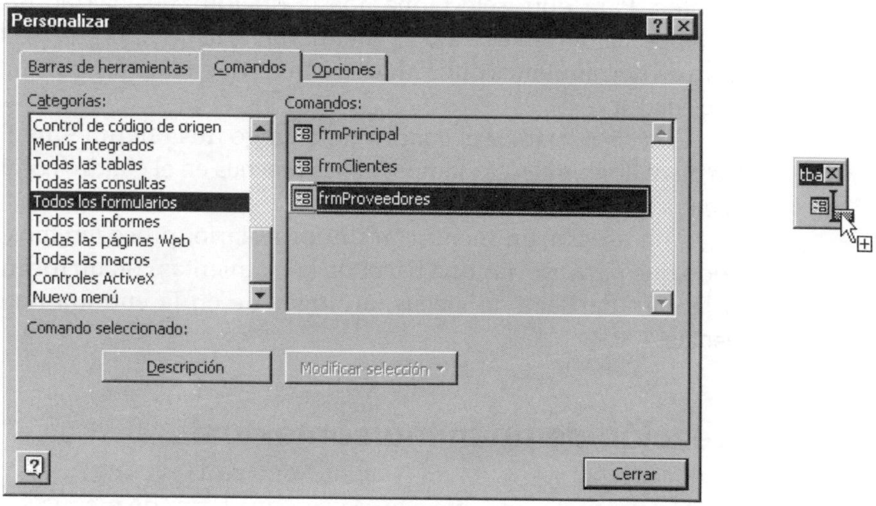


*Figura 9.12. Arrastrando los comandos hasta la barra de herramientas*

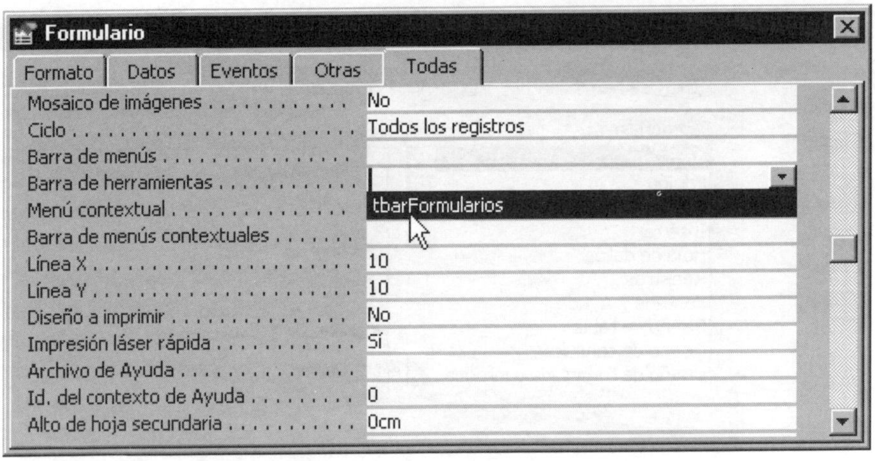


*Figura 9.13. Asociando una barra de herramientas con un formulario*

## Creación de un menú

El proceso de creación de un menú comienza de la misma forma que la creación de una barra de herramientas.

Sin embargo, una vez creado el menú, tenemos que indicarle a Access 2000 que lo que acabamos de crear es un menú, y no una barra de herramientas. Para ello, seleccionamos la opción Personalizar, del submenú Barras de herramientas bajo el menú Ver. Una vez allí, seleccionamos la barra de herramientas que vamos a convertir en menú y pulsamos el botón Propiedades.

Con ello, aparece el cuadro de diálogo de la figura 9.14. En este cuadro de diálogo, seleccionamos Barra de menús en el cuadro combinado Tipo de barra de herramientas.

Para asociar un menú con un formulario, procederemos del mismo modo que para asociar una barra de herramientas con un formulario, pero en la entrada Barra de menús, en lugar de en la entrada Barra de herramientas.

## Creación de un menú contextual

Del mismo modo que ocurría con una barra de menús, el proceso de creación de un menú contextual comienza del mismo modo que la creación de una barra de herramientas. Una vez creada, debemos convertir la barra de herramientas en un menú contextual.

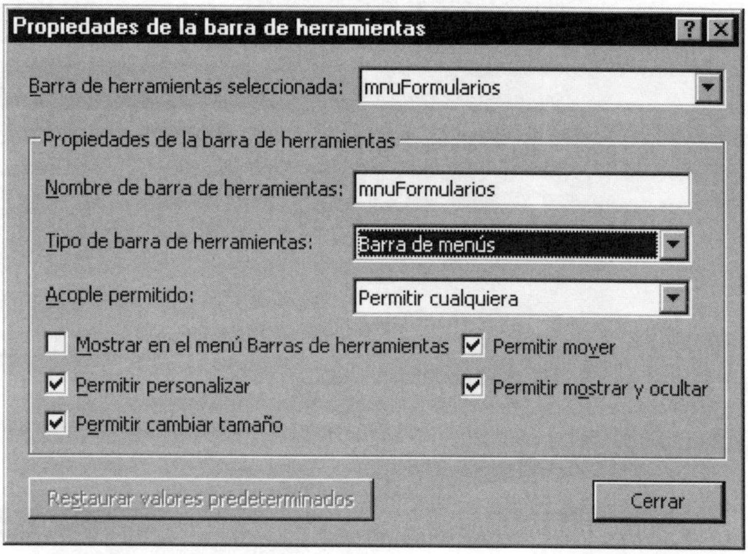


*Figura 9.14. Conversión de una barra de herramientas en una barra de menú*

Esta acción la llevaremos a cabo seleccionando la opción Emergente en el cuadro combinado Tipo de barra de herramientas del cuadro de diálogo Propiedades de la barra de herramientas, como puedes observar en la imagen de la figura 9.15.

Como ya sabes, los menús contextuales se hacen visibles cuando el usuario de la aplicación hace clic con el botón secundario del ratón sobre un objeto determinado de la aplicación.

Por ello, además de la posibilidad de asociar un menú contextual con un formulario, también podremos asociarlo con cualquier control presente en el formulario.

Al asociar un menú contextual con un control, lo que estaremos provocando es que la pulsación del botón derecho del ratón sobre el control implique la aparición del menú contextual asociado.

Para asociar un menú contextual con un formulario o con un control, lo haremos accediendo a las propiedades, en la sección Barra de menús contextuales, como vemos en la figura 9.16.

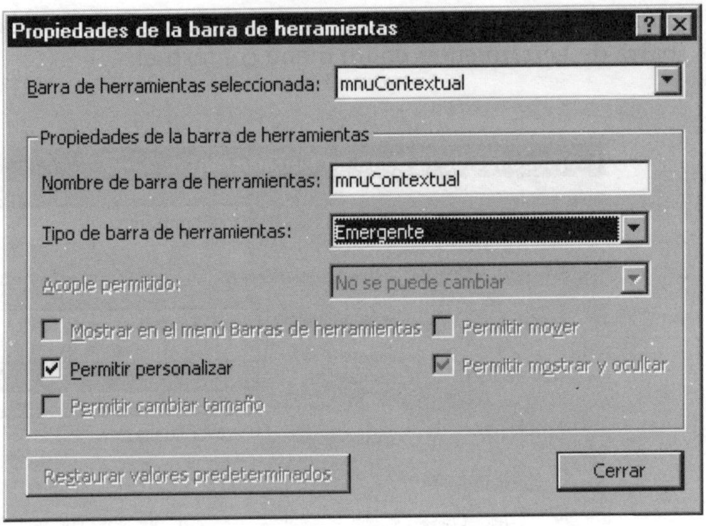


*Figura 9.15. Conversión de una barra de herramientas en un menú contextual*

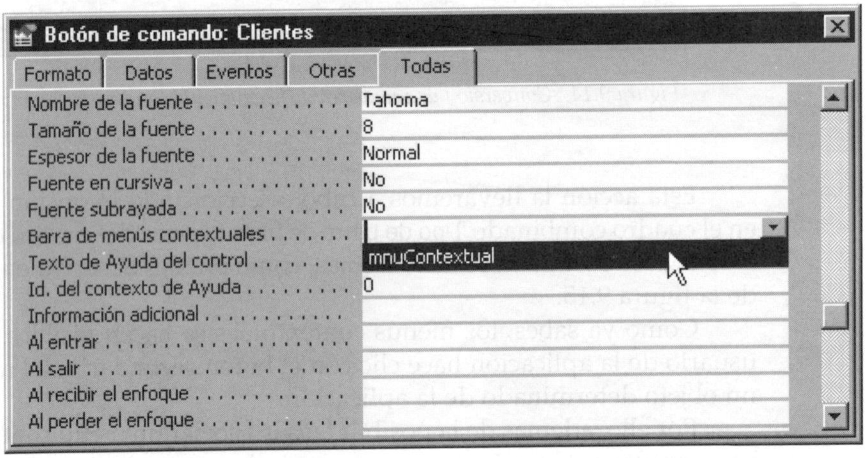


*Figura 9.16. Asociación de un menú contextual con un formulario o control*

# 10 Los métodos de acceso a datos (DAO)

Microsoft está orgulloso de haber creado un sistema gestor de bases de datos con el cual se pueden programar bases de datos de forma visual, sin necesidad de escribir una sola línea de código.

La aparición de Access 1.0 supuso en su día una revolución en el concepto de aplicaciones de bases de datos para ordenadores PC. Pero Access 1.0 se consideró inmaduro en un tiempo en el ya eran habituales las aplicaciones más evolucionadas, y algunos la tacharon de poco profesional.

¿Qué es lo que ha hecho que Access se haya incorporado al ámbito profesional? Una de las razones de su éxito es el potente lenguaje que subyace bajo esta base de datos: Access Basic.

En este capítulo vamos a ver cómo Access Basic puede trabajar directamente con los datos y objetos de la base de datos con facilidad y eficiencia.

# Introducción

Hasta este punto del libro, todo lo que hemos aprendido nos ha servido para modificar el comportamiento por defecto de controles, formularios, informes, etc. Hemos aprendido a diseñar y crear una base de datos, a crear las tablas, las consultas, sus formularios, sus informes... Acabamos de aprender a automatizar tareas usando macros, y hemos visto la gran potencia del lenguaje de programación existente en Access: Access Basic.

Pero, hasta ahora, todo lo que podíamos hacer en Access Basic era eso: modificar propiedades de controles, crear funciones que abrieran formularios, que aplicaran filtros, etc. En ningún momento hemos podido, por ejemplo, crear una tabla mediante código ni modificar un registro de una tabla de forma directa (sin pasar por un formulario). No hemos podido hacer algo tan sencillo como saber el número de registros de una tabla o de una consulta. Y quizá no nos hayan hecho falta estas tareas, pero permíteme que te anime a dar un salto de calidad. Vamos a subir un escalón en nuestra capacidad para la manipulación de la base de datos. Vamos a aprender a tratar con los datos directamente desde Access Basic, lo cual nos proporcionará algunas posibilidades que, de otra forma, no teníamos.

Vamos a ver los *Objetos de Acceso a Datos* (Data Access Objects o *DAO*). Estos objetos nos permitirán acceder a los elementos de la base de datos de forma directa, lo cual nos abrirá aún más el abanico de posibilidades de las que disponemos a la hora de diseñar una base de datos.

Pero antes de pasar a ver estos objetos, necesitamos ver con un poco más de profundidad un concepto que ya se usó en el capítulo de los formularios. Vamos a hablar de las colecciones.

**Consejo**

*Este capítulo es muy denso, al igual que el DAO en sí. Te aconsejamos que no intentes leértelo de una sola vez, y que concentres tu atención al máximo. Si no, seguramente todo el capítulo te parecerá un lío.*

# Las colecciones

Este concepto está mucho más ligado con el concepto de colección en el mundo real de lo que pueda parecer a primera vista. Imaginémonos una colección en el mundo real: una colección de cromos, de sellos, de mariposas. Ahora busquemos una definición a este concepto. Me he ido a la repisa donde descansa plácidamente mi enciclopedia, y... ¡Aquí! "Colección: Reunión de cosas, por lo común de una misma clase".

Pues bien, en Access las cosas no cambian mucho, ya que una colección en Access es una agrupación de objetos del mismo tipo. Por ejemplo, tenemos la colección de formularios que agrupa a todos los formularios abiertos en la base de datos. Esta colección se denomina Forms (Formularios) dentro de Access Basic. Intuitivo, ¿no?

## Cómo acceder a los objetos de una colección

Existen tres modos de hacer referencia a un objeto que pertenece a una colección:

- identificador![nombreobjeto]. Identifica explícitamente el objeto como miembro de una colección. Los corchetes son obligatorios si el nombre del objeto contiene espacios en blanco o signos de puntuación, pero nuestra recomendación es que siempre uses los corchetes. Por ejemplo, Forms![Formulario Clientes] se refiere al Formulario Clientes que debe estar abierto.
- identificador("nombreobjeto"). En este caso también se identifica explícitamente el objeto como miembro de una colección. Además, se puede usar una variable de tipo String para especificar el nombre del objeto. Si se usa una variable, no se deben utilizar las comillas entre los paréntesis. Por ejemplo, Forms("Formulario Clientes") se refiere al Formulario Clientes, que debe estar abierto.
- identificador(índice). Se refiere a un objeto indicando su posición ordinal en la colección. Por ejemplo, Forms(0) referencia al primer formulario abierto en la base de datos.

**Truco**

*También podemos acceder a los objetos de una colección a través de la instrucción For Each...Next. De este modo iremos iterando uno por uno todos los elementos de la colección. En caso de que necesites recorrer todos los elementos de la colección, este método es el más eficiente para hacerlo.*

Ahora sí, ya podemos pasar a ver en qué consiste eso de los objetos de acceso a datos.

# Los objetos del DAO

En la figura 10.1 puedes ver la jerarquía de clases que siguen los objetos del DAO.

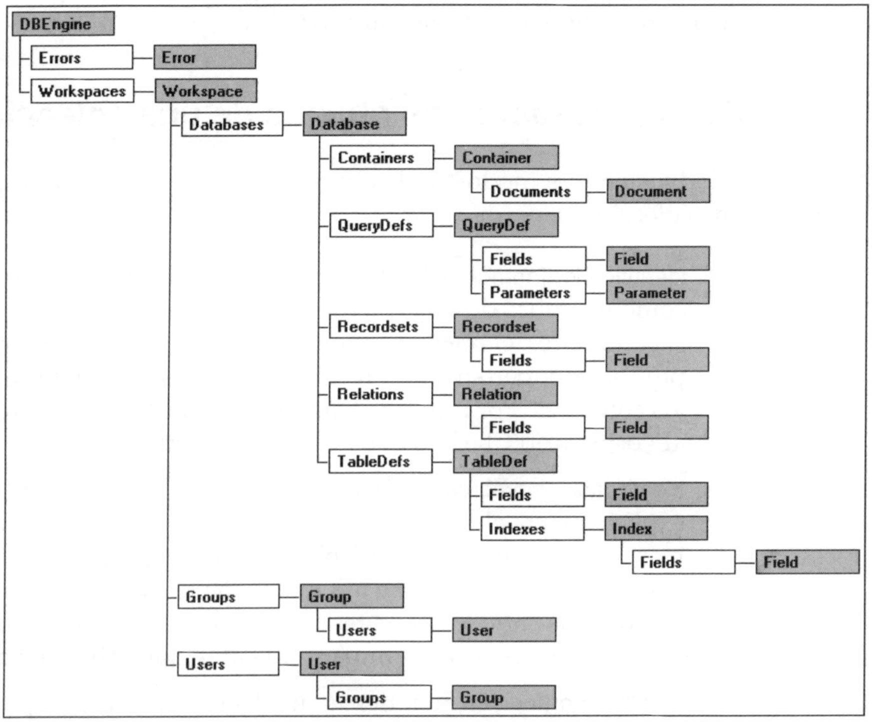


*Figura 10.1. El modelo de objetos DAO. Los cuadros blancos representan colecciones y los grises, objetos*

El DAO está formado por una jerarquía de objetos entre los cuales podemos encontrar varias colecciones. Observando la jerarquía de la figura 10.1, podríamos pensar que el DAO es algo demasiado complejo como para poderlo usar.

Pero no es así. Al igual que el propio Access, que esconde una gran potencia tras su simplicidad de uso, el DAO nos permite realizar una gran cantidad de tareas con tan sólo unas nociones acerca de su funcionamiento. Precisamente por eso trataremos de recorrer, uno por uno, todos los objetos del DAO que nos puedan ser de especial utilidad. No profundizaremos en el uso de cada uno porque ello requeriría mucho más espacio del que disponemos, y seguramente resultaría muy pesado.

**Aviso**

*Para poder acceder a los objetos del DAO, es necesario referenciar la librería de objetos de Microsoft DAO 3.6. El proceso para crear esta referencia se detalla en el capítulo dedicado al acceso a librerías externas.*

Realmente, vamos a intentar conocer qué es aquello que podemos hacer con el DAO. Vamos a introducir los objetos del DAO para que, llegado un momento en el que necesitemos realizar una tarea que no podemos realizar sin el DAO, podamos saber qué es exactamente lo que tenemos que buscar. Sin más, comencemos con el objeto que se encuentra en la parte superior de la jerarquía de objetos del DAO.

**Nota**

*En este capítulo no mencionaremos nada referente a conexiones con servidores de bases de datos vía ODBCDirect. Tampoco mencionaremos prácticamente nada acerca del uso de ODBC desde el DAO. En su lugar, hablaremos de todo esto en el capítulo dedicado a ODBC.*

# DBEngine

La traducción de DBEngine podría ser algo así como Motor de la base de datos. Cuando se inicia Access, se crea automáticamente un objeto DBEngine. Este objeto será destruido al cerrar la ventana de Access.

Podemos decir que la única función de DBEngine es, precisamente, contener y controlar al resto de los objetos del DAO.

Por ejemplo, dos métodos del objeto DBEngine que nos pueden resultar de utilidad son los métodos de reparación y compactación de la base de datos. A continuación, exponemos la sintaxis básica para el uso de estos dos métodos:

```
DBEngine.RepairDatabase nombrebasededatos
DBEngine.CompactDatabase antiguabase, nuevabase
```

**Aviso**

*Antes de intentar reparar o compactar una base de datos, debemos asegurarnos de que esté cerrada. Puesto que las labores de reparación y compactación son labores de mantenimiento, lo usual suele ser crear una base de datos aparte que sirva para mantener la base de datos de trabajo. De este modo, ejecutamos la base de datos de mantenimiento, teniendo cerrada la base de datos de trabajo, y podemos reparar y compactar nuestra base de datos de trabajo.*

Por último, mencionar que desde este objeto podremos crear un nuevo Workspace, o "espacio de trabajo", ya que el DBEngine es el objeto que controla la colección Workspaces. Vamos a ver qué es esto de los espacios de trabajo y para qué nos pueden servir.

# Workspaces

Una de las colecciones que contiene el objeto DBEngine es Workspaces. La traducción al castellano podría ser algo así como "Espacios de trabajo". La colección Workspaces contiene, como seguramente habrás imaginado, instancias de la clase Workspace.

¿Qué es un Workspace o "espacio de trabajo"? Workspace es el objeto que define una *sesión* para un usuario. Así define Microsoft lo que es un Workspace. Para entender mejor esta definición, veamos qué es una sesión.

Una *sesión* comienza cuando el usuario se conecta y finaliza cuando el usuario se desconecta. Cuando se abre la ventana de Microsoft Access, automáticamente se inicia una sesión predeterminada y cuando se cierra, se cierran todas las sesiones que pudieran estar abiertas. Y es que bajo un mismo objeto DBEngine se puede tener abierta más de una sesión al mismo tiempo. Cualquier operación que se realice sobre la base de datos lo hace en el contexto de una sesión, normalmente sobre la sesión predeterminada, a no ser que indiquemos lo contrario.

¿De qué nos puede servir no usar la sesión predeterminada? Las sesiones son las que determinan los derechos de acceso sobre la base de datos. Por ello, una sesión tiene siempre asociada un usuario determinado: el propietario de la sesión. La sesión es la encargada de garantizar que el usuario siempre se moverá en el espacio delimitado por sus derechos sobre la base de datos.

**Consejo**

*Si no conoces cómo se asignan o gestionan los derechos sobre la base de datos en Access, consulta el capítulo dedicado a la seguridad de las bases de datos.*

Entonces, en una determinada base de datos, nos podría resultar de utilidad iniciar dos sesiones con usuarios distintos (con derechos distintos sobre la base de datos) para realizar operaciones de forma conjunta. Observa la figura 10.2.

**Consejo**

*No suele ser habitual abrir varios* Workspaces *en una aplicación. Puesto que ha sido un determinado usuario quien ha iniciado la sesión, lo normal es que tan sólo exista un* Workspace, *el* Workspace *predeterminado. Accederemos al* Workspace *predeterminado mediante* *DBEngine.Workspaces(0).*

En el contexto de un Workspace podemos realizar varios tipos de operaciones.

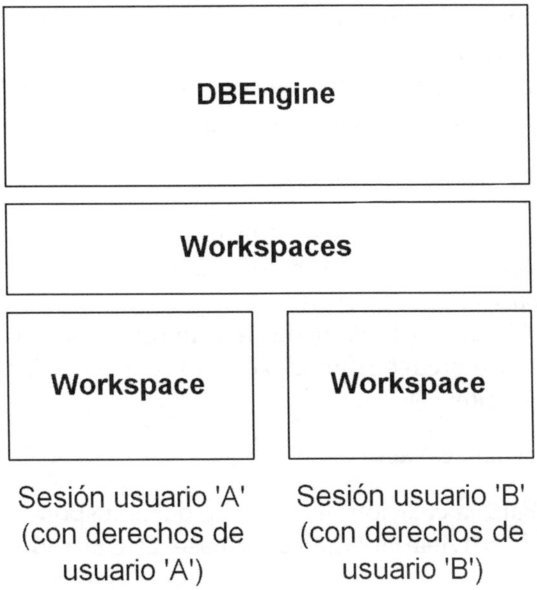


*Figura 10.2. Dos sesiones distintas sobre un mismo DBEngine*

## Creación y/o apertura de bases de datos

Las bases de datos se abren o bien se crean en el contexto de un Workspace. Para la apertura de una base de datos que ya existe, disponemos del siguiente método, cuya sintaxis básica se muestra a continuación.

```
OpenDatabase(nombrebasededatos)
```

El método OpenDatabase hace que se abra la base de datos especificada en "nombrebasededatos". Si "nombrebasededatos" es un archivo (lo más usual, para nosotros), abrirá la base de datos existente en ese archivo.

**Nota**

*"Nombrebasededatos" también puede ser el nombre del origen de datos (DSN), para acceder a bases de datos a través de ODBC.*

Puesto que OpenDatabase se debe ejecutar desde un objeto Workspace, tendremos que indicar qué objeto Workspace queremos emplear. Ya hemos dicho que el Workspace predeterminado es DBEngine. Workspaces(0).

Por ello, para abrir una base de datos en el Workspace predeterminado, usaremos el siguiente código:

```
DBEngine.Workspaces(0).OpenDatabase(...)
```

Pero Access nos facilita todavía más las cosas, y podemos hacer una llamada directa al método OpenDatabase sin especificar DBEngine ni Workspace.

Al realizar la llamada de este modo, se asume que se desea usar el Workspace predeterminado. Con lo cual, el código anterior se resumiría en lo siguiente:

```
OpenDatabase(...)
```

Para la creación de bases de datos disponemos de un método llamado... ¿lo adivinarías? CreateDatabase. Este método tiene la siguiente sintaxis básica:

```
CreateDatabase(nombre, escenario)
```

**Aviso**

*Habrás observado que nos venimos refiriendo a los métodos del DAO mediante su sintaxis básica. Esto quiere decir que no entraremos en detalles acerca de los parámetros opcionales de cada función, para no complicar en exceso el estudio. Una vez que sepamos qué es lo que queremos hacer, y qué métodos debemos usar, será hora de echar un vistazo a los parámetros opcionales. Pero ahora queremos aprender, de forma sencilla, qué es lo que podemos hacer con el DAO.*

En el parámetro "nombre" especificamos el nombre del archivo de base de datos que deseamos crear. En "escenario" especificamos la secuencia de ordenación para la creación de la base de datos. No entraremos en detalle acerca del significado de este parámetro. Simplemente introduciremos la constante dbLangGeneral en este parámetro.

**Nota**

*Si la información concreta de alguno de los métodos se te queda pequeña, y quieres profundizar más en el modo de uso de un determinado método, accede al menú* Ayuda *y selecciona la opción* Contenido e índice. *Vete al índice y escribe el nombre del método sobre el que deseas más información. En la ayuda se mostrarán todos los parámetros que se pueden usar en el método, y cómo hacerlo.*

Al crear o abrir una base de datos, se nos devolverá una variable (instancia) de tipo Database, además de añadir la base de datos a la colección Databases, perteneciente al objeto Workspace. Veremos los objetos Databases y Database un poco más adelante, pero antes continuemos con algunas de las cosas que podemos hacer en un Workspace.

## Control de transacciones

La inmensa mayoría de gestores de bases de datos incorporan mecanismos para control de transacciones, y Access tampoco es una excepción en este aspecto.

Pero, ¿qué es una transacción? ¿Para qué sirve? Podemos definir una transacción como un modo de realizar, de forma atómica, todas las operaciones contenidas en la misma. Esto quiere decir que, en el entorno de una transacción, las operaciones o se realizan todas o no se realiza ninguna (no existen posibilidades intermedias).

Imaginémonos por un momento el funcionamiento de la base de datos de un banco. Imaginemos que un cliente del banco está tratando de hacer una transferencia desde su cuenta a otra cuenta del mismo banco. El banco usará un algoritmo similar al siguiente:

```
Transferencia Interna
   SaldoEmisor = SaldoEmisor - Cantidad
   SaldoReceptor = SaldoReceptor + Cantidad
Fin Transferencia
```

Ahora imaginemos que, desgraciadamente, se va la luz, y el ordenador central no dispone de un SAI (es un banco pobre). Y da la casualidad que la luz se va justo después de haber restado la cantidad de la transferencia al emisor de la misma, pero justo antes de haber sumado la cantidad al receptor. De este modo, el emisor se quedará sin su dinero, pero el receptor nunca recibirá ese dinero. Pero claro, los bancos no se pueden permitir ese tipo de riesgos en su sistema informático. Si un cliente se llegase a enterar de la existencia de este riesgo, retiraría inmediatamente todos sus fondos y se iría a otro banco.

Pues precisamente para evitar situaciones de este tipo se desarrollaron las transacciones. Puesto que las operaciones realizadas en el contexto de una transacción se ejecutan completamente o no se ejecutan, es la herramienta ideal para prevenir situaciones de este tipo. Así, el código anterior quedaría del siguiente modo:

```
Transferencia Interna
   ComenzarTransacción
      SaldoEmisor = SaldoEmisor - Cantidad
      SaldoReceptor = SaldoReceptor + Cantidad
   FinalizarTransacción
Fin Transferencia
```

De este modo, el sistema gestor de la base de datos nos asegura que, o bien se ejecutan todas las operaciones dentro de la transacción o bien no se ejecuta ninguna. El gestor nos garantiza que, si al emisor se le resta el dinero, al receptor se le añade. Si ocurriera algo en el transcurso de la transacción, antes de que finalizara, ni se le restaría dinero al emisor ni se le añadiría al receptor.

Ahora sustituye ComenzarTransacción por BeginTrans y FinalizarTransacción por CommitTrans y ya sabes usar las transacciones en Microsoft Access. Además disponemos de un método adicional para el control de la transacción: Rollback. Si ejecutamos Rollback en el transcurso de una transacción, ésta será abortada, y todas las operaciones ejecutadas desde que se inició la transacción no serán escritas en la base de datos.

Debemos tener en cuenta que las transacciones no sirven tan sólo para garantizar la atomicidad de un determinado grupo de operaciones. El uso de transacciones incrementa la velocidad de ejecución en las operaciones de cambio en los datos de la base de datos, cuando éstas se realizan en conjunto. Por ejemplo, supón que continuamos con nuestro ejemplo del banco, y ahora tenemos que incrementar los saldos de nuestros clientes según el interés obtenido por cada uno de ellos. Describiremos este problema en pseudocódigo, puesto que todavía no hemos aprendido a usar las herramientas que nos permitan realizar esto de forma real.

```
AñadirIntereses
   Para cada cliente de "Clientes"
      Saldo = Saldo + Interés
   Fin Para
```

Pues bien, además de ser más segura, esta operación se realizará con mayor rapidez si usamos transacciones del siguiente modo:

```
AñadirIntereses
   BeginTrans
      Para cada cliente de "Clientes"
            Saldo = Saldo + Interés
      Fin Para
   CommitTrans
```

## Creación de usuarios y grupos

El Workspace es el objeto que podemos usar para dar de alta tanto a usuarios como a grupos de usuarios usando el DAO. Sí, también es posible realizar estas acciones directamente usando el DAO.

¿La utilidad? Puede resultar útil en algunos casos, en los que deseemos una gran simplicidad y/o automatización del proceso de creación de usuarios. Pensemos que, si podemos dar de alta a usuarios y grupos usando el DAO, podremos crear formularios sencillos para realizar estos menesteres. Podríamos crear una base de datos con un entorno de trabajo simple para facilitar la tarea de creación de usuarios.

**Consejo**

*Consulta el capítulo dedicado a la seguridad, para aprender más acerca de los usuarios y de los grupos.*

La sintaxis básica del método para dar de alta a un usuario es bien simple:

```
CreateUser
```

La sintaxis básica del método para dar de alta a un grupo es igual de simple que la del método para dar de alta a usuarios:

```
CreateGroup
```

CreateUser crea un objeto User, pero no lo añade a la colección Users. Para añadir el usuario creado a la colección de usuarios Users (figura 10.1), debemos usar el método Append de la colección Users. Pero antes de añadir el usuario, deberemos establecer su PID, su nombre y su password.

**Nota**

*También podremos establecer el PID, el nombre y la password del usuario usando los parámetros opcionales del método CreateUser. Para más información, consulta la ayuda de Access, según te indicamos anteriormente.*

Lo mismo ocurre con CreateGroup. CreateGroup crea un objeto Group, pero no lo añade a la colección Groups. Para añadirlo, tendremos que utilizar el método Append de la colección Groups, habiendo establecido previamente tanto el nombre del grupo como su PID.

**Aviso**

*No sólo podemos invocar a CreateUser o CreateGroup desde el objeto Workspace. También podremos invocarlo desde un objeto User. Realmente, cuando lo invocamos desde Workspace, lo que Access está haciendo es acceder al objeto User asociado al Workspace e invocar el método desde allí.*

Bien, pues una vez visto qué es lo que podemos hacer dentro de un Workspace, pasemos a ver la colección Databases, que mencionamos anteriormente.

# Databases

La colección Databases contiene todas las bases de datos abiertas dentro de un determinado Workspace. Por ello, Databases es un objeto que podemos encontrar dentro de Workspace. Todas las bases de datos abiertas disponen de las restricciones impuestas al usuario asociado al Workspace desde el que se abrieron.

## Apertura y cierre

Hemos hablado de varias bases de datos pero realmente, cuando se inicia una sesión en Access, tan sólo se abre una base de datos, a no ser que abramos alguna más mediante llamadas al DAO.

No te confundas. El hecho de poder abrir más de una base de datos simultáneamente dentro de un mismo Workspace no significa que, en Access, vayan a aparecer varias ventanas de bases de datos. No. En la ventana de Access seguirá apareciendo, únicamente, la ventana de la base de datos que abriste con Access. La segunda base de datos será "invisible" excepto para el código Access Basic.

---

**Aviso**

*También puedes abrir varias bases de datos simultáneamente usando varias instancias de Access: inicias Access y abres una base de datos. Vuelves a iniciar Access (sin cerrar la anterior) y vuelves a abrir la base de datos. En este caso, estamos trabajando en sesiones (*Workspaces*) diferentes, aunque el usuario sea el mismo. Este caso es diferente al que estamos presentando, donde abrimos varias bases de datos bajo un mismo* Workspace.

---

También debemos tener en cuenta que, cuando programamos, debemos dejar todo tal y como nos lo encontramos. Si abrimos una base de datos que no estaba abierta, es lógico que la cerremos antes de que la sesión de Access finalice. Si nos olvidamos de cerrarla, Access la cerrará por nosotros, pero es una regla de buen estilo el cerrar todos los objetos que hayamos abierto durante la sesión. Además hará nuestro código más legible y estructurado.

Para cerrar una base de datos, accederemos al método Close de la base de datos. Este método no admite parámetros, y pertenece al objeto Database, contrariamente a los métodos OpenDatabase o CreateDatabase, que pertenecen al Workspace.

## Creación de objetos en la base de datos

El objeto Database es el objeto que controla las tablas, consultas y relaciones contenidas en la base de datos. Los nombres de los objetos son, respectivamente, TableDefs, QueryDefs y Relations (más adelante veremos cómo funcionan estos objetos).

De ahí que del objeto Database "cuelguen" estas tres colecciones, que contienen las tablas, consultas y relaciones existentes en la base de datos.

**Nota**

*No podemos acceder a los datos de una tabla o consulta directamente desde los objetos TableDef o QueryDef. Para acceder a los datos, necesitamos abrir un Recordset con los datos de la tabla o consulta. Accederemos a los datos a través del Recordset. Posteriormente veremos qué son los Recordset, y cómo se usan.*

## TableDef

Entonces, para crear una nueva tabla en nuestra base de datos tenemos que usar el método CreateTableDef, que tiene la siguiente sintaxis básica:

```
CreateTableDef
```

Después de haber invocado al método, necesitaremos establecer el nombre de la tabla, antes de añadirlo a la colección TableDefs.

**Aviso**

*Realmente, además del nombre, deberemos incluir al menos un campo en la tabla. Más adelante veremos cómo hacerlo.*

Este nombre también podemos pasarlo como parámetro al método CreateTableDef, pero de modo opcional. Tenemos que tener en cuenta que la tabla no pasará a formar parte de nuestra base de datos hasta que hayamos invocado al método Append de la colección TableDefs. Al método Append de TableDefs le pasaremos el TableDef obtenido al invocar a CreateTableDef.

**Nota**

*De igual modo que ocurría anteriormente, al invocar a CreateTableDef, el método nos devuelve una variable de tipo objeto. Evidentemente, este objeto es un TableDef.*

## QueryDef

Para crear una nueva consulta (QueryDef) en nuestra base de datos, necesitaremos invocar al método CreateQueryDef del objeto Database. Este método tiene la siguiente sintaxis básica:

```
CreateQueryDef
```

Al igual que ocurría con el método CreateTableDef, CreateQueryDef devuelve un objeto de tipo QueryDef, que tendremos que modificar antes de añadir a la colección QueryDefs de nuestra base de datos. Para poder añadir un QueryDef a la colección QueryDefs, tenemos que indicar el nombre que la consulta tendrá en la base de datos, así como el código SQL que contendrá la consulta.

**Nota**

*Si cuando creamos un QueryDef especificamos un nombre en el método CreateQueryDef, la consulta se agregará automáticamente a la base de datos, sin necesidad de invocar al método Append de la colección QueryDefs.*

## Relation

Para la creación de relaciones usando el DAO, necesitamos invocar al método CreateRelation del objeto Database. La sintaxis básica es:

```
CreateRelation
```

Del mismo modo que ocurría con las tablas y consultas, antes de poder añadir un objeto de tipo Relation a la colección Relations de nuestra base de datos, tendremos que establecer algunas propiedades de la relación.

Tendremos que establecer los nombres de las dos tablas relacionadas. Una relación no tiene sentido si no relaciona nada, así que no podremos añadir la relación hasta que no especifiquemos los nombres de las dos tablas que queremos relacionar. Además de los nombres de las tablas relacionadas, también tenemos que especificar los campos que queremos relacionar. Más adelante veremos cómo hacer esto.

En las relaciones también se especifica el "nombre de la relación", que la identifica de forma única en la base de datos. Además, también se especifican los atributos de la relación (si hay integridad referencial, si es una relación heredada, etc.).

Una vez establecidos los parámetros, podremos invocar al método Append de la colección Relations para añadir nuestra relación a la base de datos.

Los objetos Database disponen de más métodos que los aquí expuestos. Por ejemplo, disponen de métodos para el mantenimiento de réplicas de la base de datos, para establecer una password en la base de datos, para ejecutar consultas de acción de forma directa, y para crear propiedades en la base de datos. Como no queremos aburrirte exponiendo uno por uno cada uno de los métodos que forman parte de cada objeto existente en el DAO, te recomendamos que, si te interesa alguna de estas acciones, consultes la ayuda de Access, bajo el objeto Database.

Pasemos a ver ahora uno de los objetos del DAO con el que más se suele trabajar, ya que es la representación última de los datos de nuestras tablas y consultas: los Recordsets.

# Recordsets

Seguramente habrás identificado rápidamente el nombre de este objeto con una colección que contiene objetos Recordset. Pues no estás, en absoluto, equivocado.

Un Recordset, traducido al castellano, es algo así como un conjunto de registros. Por ejemplo, cuando vemos los contenidos de una tabla, o el resultado de una consulta de selección, lo que estamos viendo realmente es un conjunto de registros. Piénsalo; consideramos registro a cada fila de la tabla o consulta que estamos viendo. Teniendo en cuenta que un conjunto puede estar vacío, tener un solo elemento o tener varios elementos, lo que tenemos cuando estamos viendo una tabla es un conjunto de registros (Recordset).

## Recordsets de tipo Table

Los Recordset de tipo Table no son más que una herramienta que proporciona Access para acceder a los registros de una tabla. Estos Recordset no pueden hacer referencia a más de una tabla, ni se puede acceder a un Recordset de este tipo utilizando ningún tipo de filtro u ordenación. Podemos decir que un Recordset de tipo Table es la representación directa de una tabla. El único modo que tenemos de establecer una ordenación específica en un Recordset de tipo Table es proporcionando un índice. De este modo, el Recordset ordenará sus registros mediante el método especificado en el índice. Para ello, en la propiedad Index del Recordset deberemos establecer un índice válido.

Para abrir una tabla con un Recordset de tipo Table, invocaremos el método OpenRecordset, del objeto Database, del siguiente modo:

```
OpenRecordset(nombredetabla, dbOpenTable)
```

Más adelante veremos las características de este tipo de Recordset frente al resto de Recordset, pero antes veamos los otros tipos de Recordset de los que disponemos en Access.

## Recordsets de tipo Dynaset

Es el otro Recordset que permite la actualización de los datos. De los Recordset que vamos a ver, podremos modificar los datos tan sólo si utilizamos un Recordset de tipo Table o un Dynaset.

---

**Nota**

*A pesar de que los Recordset de tipo Table o de tipo Dynaset nos proporcionen la posibilidad de modificar los datos de una o varias tablas, para poder modificar estos datos no nos bastará con crear un Recordset de uno de estos tipos, sino que además deberemos tener derechos de escritura de registros sobre la tabla o las tablas involucradas en el Recordset.*

---

Contrariamente a lo que ocurría con los Recordset de tipo Table, los de tipo Dynaset pueden contener campos de más de una tabla de la base de datos, aunque también se pueden utilizar para acceder directamente a los datos de una tabla.

Para crear un Recordset de tipo Dynaset, usaremos el método Open Recordset del objeto Database. Utilizaremos este método de la misma forma que hacíamos para los Recordset de tipo Table, pero con dos salvedades. La primera es que debemos modificar el segundo parámetro, para indicar a Access que lo que queremos abrir es un Recordset de tipo Dynaset. La segunda es que ahora ya podemos introducir otros elementos en el lugar del nombre de la tabla. En el primer parámetro, podremos introducir el nombre de una tabla, el nombre de una consulta o una instrucción SQL que determine la ejecución de una consulta.

Deberemos invocar al método del siguiente modo:

```
OpenRecordset(nombreorigen, dbOpenDynaset)
```

## Recordsets de tipo Snapshot

Podríamos traducir Snapshot como "instantánea". Ésa es la idea de los Recordset de tipo Snapshot: tomar una "instantánea" de los datos de una tabla o de una consulta. Y del mismo modo que ocurre con las "instantáneas" del mundo real, las "instantáneas" no pueden modificar los datos contenidos en la base de datos.

¿Qué es realmente lo que se hace al abrir un Recordset de tipo Snapshot? Se llevan todos los registros a memoria, con lo que se consigue que el acceso a los mismos sea más rápido, a riesgo de que, si los datos cambian desde que se abrió el Snapshot, la copia hecha en memoria no se corresponda con los datos actuales de la base de datos.

**Nota**

*Podemos asegurarnos de que la copia está actualizada en un momento determinado, invocando al método Requery desde el objeto Recordset. Después de invocar este método, tendremos una copia fiel de los datos de la base de datos en ese momento.*

¿Cuál es la ventaja de usar Recordset de tipo Snapshot en lugar de los de tipo Dynaset? Los Recordset de tipo Snapshot suelen ser más rápidos que los de tipo Dynaset, ya que para acceder a cada registro tan sólo hay que leerlo desde memoria. Sin embargo, los Snapshot ocupan más recursos, puesto que realizan una copia en memoria de todos los registros.

Para abrir un Recordset de tipo Snapshot, invocaremos al método OpenRecordset del mismo modo que hacíamos con los Recordset de tipo Dynaset, pero modificando la constante que se pasa como segundo parámetro:

```
OpenRecordset(origen, dbOpenSnapshot)
```

Por su carácter estático y no modificable, los Snapshots son usados, por ejemplo, para mostrar informes. Uno de los usos más prácticos de los Snapshots es para realizar búsquedas de información, pero si es eso lo que pretendes, echa un vistazo a los Recordsets que vamos a presentar a continuación: los Recordsets de tipo Forward-only.

## Recordsets de tipo Forward-only

Los Recordset de tipo Forward-only son idénticos a los Recordset de tipo Snapshot, con la diferencia de que en los de tipo Forward-only no se proporciona ningún cursor, sino que tan sólo podemos avanzar a través de los registros. Éste es el tipo de Recordset que deberemos usar si tan sólo tenemos que recorrer en una pasada todos los registros, ya que funciona de una forma más eficiente que el de tipo Snapshot.

Para abrir un Recordset de tipo Forward-only, invocaremos al método OpenRecordset del mismo modo que hacíamos con un Snapshot:

```
OpenRecordset(origen, dbOpenForwardOnly)
```

**Nota**

*Access dispone de un Recordset de tipo Dynamic, pero que tan sólo se puede utilizar en espacios de trabajo ODBCDirect, así que no hablaremos de él.*

Una vez que hemos visto los tipos diferentes de Recordset de los que disponemos en Access, pasemos a ver cómo podemos utilizarlos.

## Acceso a los registros

Lo primero que nos interesa conocer de un Recordset es cómo podemos acceder a la información contenida en el mismo. Si echamos un vistazo a la figura 10.1, veremos que del objeto Recordset "cuelga" una colección de tipo Fields, que contiene objetos Field.

La colección Fields contiene todos los campos (Field) que existen en el Recordset. Puesto que la propiedad predefinida de un objeto Field es Value (Valor), y puesto que la colección predeterminada de un Recordset es Fields, podremos acceder directamente al contenido de los campos de una forma sencilla. Por ejemplo, supongamos un Recordset "Clientes", y supongamos que, uno de los campos de este Recordset es "Nombre". Para acceder al campo "Nombre" del Recordset "Clientes", tan sólo tendremos que ejecutar:

```
Dim Nombre As String
Nombre = Clientes![Nombre]
```

Sencillo, ¿no? No te preocupes si el párrafo anterior no te ha quedado muy claro. Quédate simplemente con el modo de acceder a los campos de cada registro del Recordset, olvidando la teoría que se encuentra bajo este modo de acceso. Pero puede que te haya surgido una duda, y es que estás leyendo el "Nombre" de un solo "Cliente", y no sabemos cuál. Bien, lo que haces es leer el campo "Nombre" del denominado Registro Activo.

Si pensamos un momento cómo se visualizan los datos de una tabla, nos daremos cuenta de que, en todo momento existe un registro activo, que es el que tiene un cursor con forma de flecha a la derecha, situado a la izquierda del primer campo de la tabla. Éste es el registro activo. Para poder modificar un determinado registro, tenemos que hacerlo activo primero (haciendo clic con el ratón sobre alguno de sus campos), con lo que el cursor se desplazará hasta este registro.

Más adelante veremos cómo cambiar el registro activo de nuestro Recordset, y cómo seleccionar aquel que necesitamos.

## Adición, modificación y eliminación de registros

Para añadir un nuevo registro a nuestro Recordset, si tenemos derechos para ello, invocaremos al método AddNew del Recordset. Después de invocar el método, el registro activo será un registro nuevo. Podremos modificar el contenido de este nuevo registro accediendo a los campos del mismo según el modo indicado anteriormente.

Por ejemplo, si queremos establecer el "Nombre" del "Cliente" situado en el registro activo, ejecutaremos lo siguiente:

```
Clientes![Nombre] = "Alberto"
```

Así, el campo "Nombre" del Recordset "Clientes" quedará establecido como "Alberto". Después de cambiar todos los campos del registro, deberemos invocar al método Update para reflejar los cambios en el Recordset.

---

**Aviso**

*Si después de haber modificado los campos de un registro no invocamos al método* Update*, los cambios se perderán si nos desplazamos a otro registro o si cerramos el* Recordset *o la base de datos. Por ello, asegúrate de que siempre invocas a este método después de hacer los cambios. Si queremos cancelar la actualización, invocaremos al método* CancelUpdate.

---

Para editar un registro, simplemente invocaremos el método Edit del Recordset. Con esto indicamos a Access que deseamos editar el registro activo. Al igual que ocurría con AddNew, debemos asegurarnos de invocar a Update una vez que hayamos concluido nuestra edición para que el Recordset refleje los cambios realizados al registro.

---

**Aviso**

*Si no hay ningún registro activo, al invocar al método* Edit *se producirá un error.*

---

La eliminación de un registro es bien sencilla. Una vez que hemos hecho activo el registro que queremos eliminar, simplemente invocaremos el método Delete del Recordset.

---

**Nota**

*Después de invocar* Delete*, el registro eliminado permanecerá activo. Evidentemente, cualquier intento de referencia a un registro eliminado, aunque esté activo, desembocará en un error, por lo cual debemos cuidar este punto. Una vez que nos desplacemos a cualquier otro registro, nunca podremos volver a hacer activo al registro eliminado.*

---

## Desplazamiento por los registros

Para desplazarnos por un Recordset disponemos de cuatro métodos básicos: MoveFirst, MoveLast, MoveNext, MovePrevious. Estos métodos del objeto Recordset desplazan el cursor al primer registro, al último registro, al registro siguiente o al registro anterior, respectivamente.

**Nota**

*En los Recordset de tipo Forward-only, tan sólo podremos usar el método MoveNext, como se explicó anteriormente.*

¿Cómo sabremos si hemos alcanzado el principio o el final del Recordset? Para comprobarlo, tenemos que introducir las propiedades BOF y EOF de los Recordset.

BOF (Beginning Of File) se pone a True cuando el cursor se encuentra en el registro anterior al primero de la Recordset. En cualquier otro caso, BOF es False. Por decirlo de otro modo: BOF se pondrá a True si, después de invocar a MoveFirst, invocamos una vez MovePrevious.

EOF (End Of File) se pone a True sólo cuando el cursor se encuentra en el registro siguiente al último del Recordset. En cualquier otro caso, EOF es False. Al igual que en el caso anterior, EOF se pondrá a True si, después de invocar a MoveLast, invocamos una vez a MoveNext.

**Nota**

*En el caso de que el Recordset no contenga registros, tanto BOF como EOF serán True. Por ello, cuando BOF o EOF estén a True, no habrá ningún registro activo, y cualquier intento de lectura o escritura fallará. Observa la figura 10.3.*

*Figura 10.3. BOF y EOF*

Como vemos en la figura 10.3, usando las propiedades BOF y EOF, podremos determinar si hemos alcanzado bien el principio o bien el final del Recordset.

Además de los métodos MoveFirst, MoveLast, MoveNext y MovePrevious, disponemos de otros métodos para desplazarnos por los registros del Recordset, que nos servirán para realizar búsquedas según un criterio.

Estos métodos son FindFirst, FindLast, FindNext y FindPrevious. Estos métodos se desplazan al primer registro, al último registro, al siguiente registro o al registro anterior, respectivamente, que cumpla un determinado criterio. Este criterio consiste en la parte que vendría detrás de una cláusula Where de una instrucción SQL, pero sin el Where.

La sintaxis de estos métodos es:

```
FindFirst|FindLast|FindNext|FindPrevious criterio
```

**Nota**

*Si trabajas con Recordset de tipo Table, quizá te interese utilizar el método Seek, ya que normalmente proporciona mejor rendimiento que los métodos Find. Consulta la ayuda de Access para obtener más información acerca de este método.*

Por último, antes de concluir, queríamos resaltar la existencia de una propiedad presente en los Recordset que nos puede resultar de gran utilidad: la propiedad RecordCount. RecordCount devuelve el número de registros a los que ha accedido en un objeto Recordset. En los Recordset de tipo Dynaset, Snapshot o Forward-only, RecordCount devolverá el número de registros a los que hemos accedido hasta el momento. Si en estos tipos de Recordset invocamos al método MoveLast, Access determinará como elementos a los que se ha accedido a todos los registros, y la propiedad RecordCount devolverá el número de registros del Recordset.

**Nota**

*Invocar al método MoveLast en un Recordset requiere algún tiempo de proceso por parte de Access. No debes usar este método a no ser que sea absolutamente necesario conocer con exactitud el número de registros existentes en el Recordset.*

Si, por el contrario, nuestro Recordset es de tipo Table, RecordCount devolverá el número de registros presentes en el Recordset.

¿Para qué nos puede servir esta propiedad? Imagínate un formulario que no permite la adición de registros. Si el origen de este formulario es un Recordset vacío, no aparecerá ningún control en el formulario; el formulario aparecerá vacío. Usando la propiedad RecordCount, podremos determinar si existe algún registro en el Recordset del formulario. Podemos comprobar en el evento AlAbrir la existencia de algún registro en el Recordset del formulario. En caso de que no exista ningún registro, mostramos un diálogo con el error y cancelamos la apertura del formulario. El código sería el siguiente:

```
Private Sub Form_Open(Cancel As Integer)
    If RecordsetClone.RecordCount = 0 Then
        'Mostramos un mensaje de error
        MsgBox "Error"
        'Y establecemos Cancel a True
        Cancel = True
    End If
End Sub
```

---

**Nota**

*Si el Recordset del formulario no es de tipo Table, aunque RecordCount no devuelva el número de registros en la consulta, devolverá 1 si existe algún registro (ya que accederá al menos a un registro), y 0 si no existe ninguno. Por ello, en este caso en concreto no es necesario invocar a MoveLast, ya que no necesitamos conocer con precisión el número de registros; tan sólo queremos saber si hay registros o no.*

---

# TableDefs

La colección TableDefs contiene todas las tablas presentes en la base de datos. Estas tablas se representan mediante objetos TableDef, y contienen todos los métodos necesarios para manipular la definición almacenada tanto de las tablas como de las tablas adjuntas. Podemos decir que una tabla tiene como características, además de su nombre y sus atributos, los campos que la componen y los índices creados sobre la tabla. Veamos más detenidamente estos dos últimos puntos.

## Los campos

Los campos de una tabla vienen determinados, como habrás podido deducir de la figura 10.1, de la colección Fields que "cuelga" de TableDef. Esta colección contiene los campos existentes en una tabla, y desde esta colección podremos modificar determinadas propiedades de los campos de la tabla.

Además, invocando al método CreateField, de TableDef, podremos crear un objeto de tipo Field. Una vez establecidas las propiedades del objeto, podremos invocar al método Append de la colección Fields del Recordset para añadir el campo determinado por Field en nuestra tabla.

**Aviso**

*No, no puedes acceder directamente a los datos contenidos en una tabla tratando de acceder a la propiedad Value de Field. Para obtener los contenidos de una tabla, necesitas crear un Recordset, y acceder a través de él.*

## Los índices

Además de la colección Fields, en la figura 10.1 podemos ver que existe otra colección bajo el objeto TableDef. Estamos hablando de la colección Indexes.

Esta colección contiene todos los índices asociados a la tabla, y podremos acceder a las características de cada índice a través del objeto Index.

**Consejo**

*En el capítulo dedicado a las tablas, podrás consultar cómo ver la información de los índices asociados a una determinada tabla.*

Al igual que con los campos, existe un método para crear un índice: el método CreateIndex. Al invocar a este método, se nos devuelve un objeto Index, del cual deberemos modificar sus propiedades antes de poder añadirlo a la colección Indexes. Entre las cosas que deberemos hacer antes de añadir el índice a Indexes es determinar los campos sobre los que se va a crear el índice. Para ello, invocaremos al método CreateField visto en el apartado anterior, e iremos insertando cada campo por el que queramos indexar en la colección Fields del objeto Index. Una vez que hayamos introducido los campos y hayamos establecido las propiedades de Index, podremos invocar al método Append de la colección Indexes para asociar el índice creado a nuestra tabla.

# QueryDefs

La colección QueryDefs contiene todas las consultas que existen en la base de datos. Una consulta viene determinada por su tipo, su código SQL, por los campos que debe mostrar y por una serie de parámetros. El tipo de la consulta viene determinado por la propiedad Type del objeto QueryDef. Aquí se determinará si la consulta selecciona registros, crea una nueva tabla, inserta registros de una tabla en otra, elimina registros o los actualiza.

**Consejo**

*Consulta el capítulo dedicado a las consultas, para conocer más acerca de los diferentes tipos de consultas existentes en Access.*

El código SQL de una consulta se puede establecer en el momento de la creación de la consulta, al invocar al método CreateQueryDef del objeto Database. Pero también se puede modificar y leer a través de la propiedad SQL del objeto QueryDef.

Los campos que mostrará la consulta vienen determinados por los objetos Field contenidos en la colección Fields del objeto QueryDef. El funcionamiento de la colección Fields es similar para los objetos de tipo TableDef que acabamos de ver, por lo que te referimos a ese apartado.

Y los parámetros adicionales se encuentran en forma de objetos Parameter, bajo la colección Parameters. No se puede ni añadir ni eliminar objetos Parameter de la colección Parameters, y todo lo que podremos hacer es modificar los objetos Parameter ya existentes.

**Consejo**

*Para aprender a usar los objetos Parameter de un objeto QueryDef, consulta la ayuda de Access del modo indicado al comienzo de este capítulo.*

# Pero... ¿el DAO es útil realmente?

Ni mucho menos podemos decir que este capítulo ha examinado, uno por uno, todos los objetos y todos los métodos que proporciona el DAO. Pero tampoco era ése nuestro objetivo.

Nuestro objetivo era proporcionar las bases para saber utilizar el DAO, pero el verdadero secreto para que el DAO nos pueda resultar de utilidad en nuestras bases de datos reside en saber utilizar la ayuda de Access.

En gran cantidad de ocasiones a lo largo de este capítulo hemos hecho referencia a la ayuda de Access para ampliar conocimientos acerca de un determinado tema. Y es que no queríamos que este capítulo fuera una copia de la ayuda de Access.

En su lugar, pretendíamos recorrer los objetos más importantes del DAO, deteniéndonos en lo que nos ayudaría a comprender el funcionamiento del DAO, o en aquello que nos resultaría más útil en nuestras bases de datos.

Realmente, se pueden desarrollar bases de datos sin utilizar ninguno de los métodos del DAO, del mismo modo que se pueden desarrollar bases de datos sin escribir ni una sola línea de código. La diferencia entre unas bases de datos y otras es que las bases de datos que se han construido con pleno conocimiento de todas las posibilidades que nos ofrece Access funcionan exactamente como el diseñador ha determinado. Sin embargo, las bases de datos que se han construido sin toda esta base, funcionarán del modo que Access haya determinado por defecto, con lo que el diseñador de la base de datos queda a merced de lo que Access quiera hacer con su base de datos.

Es cierto que no es necesario introducir gran cantidad de código en las bases de datos. Más cierto es que la mayoría de este código no tendría por qué ser llamadas a métodos del DAO. Pero conocer un determinado método puede hacer que nuestro formulario no se quede en blanco, tal y como vimos anteriormente, sino que avise al usuario que la búsqueda que ha realizado no ha determinado la existencia de ningún registro, y que debe repetir la búsqueda. Y esto hará que nuestra base de datos sea más fácil de usar.

11

# Acceso a librerías externas

El éxito de un sistema de programación, a nivel profesional, viene dado en gran medida por su facilidad de expansibilidad.

Un sistema de programación cerrado, que no permita ningún tipo de acceso a funciones de librería, podría tener éxito entre los usuarios, pero caería en el más absoluto de los fracasos a nivel profesional.

Access 2000, como sistema de creación de bases de datos, no podía caer en el error de no permitir el acceso a funciones de librería. Estamos hablando tanto de librerías creadas con otros lenguajes de programación (librerías DLL) como de librerías creadas con el mismo Access.

# Introducción

Si alguna vez has programado algún tipo de aplicación usando cualquier lenguaje de programación (C, Pascal, C++, Delphi, etc.) seguramente conocerás la importancia de la creación y uso de librerías, para facilitar la reusabilidad del código. Si no es así, continúa leyendo para comprender qué es eso de las librerías y reusabilidad del código.

Imaginemos una función típica en las bases de datos: el cálculo de la letra del NIF. Queremos comprobar que el NIF que hemos introducido es correcto, y para eso calculamos la letra esperada y la comparamos con la que se nos ha proporcionado.

Si es la primera base de datos que desarrollamos, seguramente insertaremos la función de cálculo de la letra del NIF en un módulo Access Basic. Sin embargo, si ya hemos desarrollado varias bases de datos, habremos encontrado engorroso el tener que copiar el código de una base de datos a otra. Al igual que hacíamos con las tablas adjuntas, que se encuentran separadas de la aplicación de base de datos, podríamos encontrar útil separar esa parte del código en un archivo distinto, y *adjuntarlo* de algún modo. De este modo, ese archivo sería común a todas las bases de datos desarrolladas, que contendrían una *referencia* a este archivo.

**Nota**

*El término exacto para adjuntar un trozo de código a una base de datos es referenciar. Más adelante veremos cómo hacerlo.*

Puedes pensar: "Pero Access me proporciona la posibilidad de importar un archivo de texto a un módulo, así que no necesito *referenciar* el código en otro archivo". Bien, es el otro modo de trabajar. Es similar a lo que ocurría al decidir entre importación o vinculación de tablas.

Podemos construir funciones genéricas para todas las bases de datos, y luego usar estas funciones mediante alguno de los dos modos siguientes:

- Importando el módulo genérico en nuestra base de datos.
- Creando una librería.

Pasemos a ver qué es eso de las librerías, cómo se crean en Access y qué ventajas ofrecen sobre la importación directa del módulo.

# Las librerías en Access

Una librería es la unidad mínima que se nos permite crear para acceder a código externo. En otras palabras, no puedes acceder a una función externa desde tu base de datos si no es a través de una librería.

## ¿Cómo puedo crear una librería?

El proceso de creación de una librería es exactamente el mismo que para la creación de una base de datos normal y corriente en Access. Creas una nueva base de datos, creas los objetos que quieres que existan en la librería y guardas la base de datos. Más adelante veremos qué formato de archivo deberemos usar para almacenar la librería, ya que depende de qué es lo que queramos hacer exactamente y cuál es el estado de desarrollo de la librería.

## ¿Qué puede haber en una librería?

¿Qué pueden contener las librerías? Lo mínimo que debería contener una librería sería una función. De ahí en adelante, todo lo que puedas imaginar. Una librería puede contener incluso formularios, informes, macros, así como, ¡¡tablas y consultas!!

## ¿Qué debo incluir en una librería?

Como expusimos en la introducción, la razón de la existencia de las librerías viene dada por la necesidad de *reutilización* de código. En el ejemplo de la letra del NIF, vemos que la función que calcula la letra es *independiente* del diseño de la base de datos que estemos usando. Observa la declaración de la función siguiente:

```
Public Function ObtenerLetraNIF(NIF As String) As String
```

La función recibe una cadena como parámetro (el número de NIF), y devuelve una cadena como resultado (la letra asociada a ese número). Para el cálculo de la letra del NIF no se necesitan más datos, ni es necesario acceder a ningún control de ningún formulario de la base de datos.

Ahora observa la siguiente declaración:

```
Public Function ObtenerLetraNIF() As String
   Dim NIF As String

   NIF = Forms![Formulario Clientes]![NumeroNIF]
   ...
```

De este modo, el correcto funcionamiento de la función ObtenerLetraNIF está supeditado a que el número de NIF se encuentre en un control llamado NumeroNIF dentro del formulario Formulario Clientes. En el momento en el que cambiemos el nombre del formulario o del control, la función ObtenerLetraNIF dejará de funcionar.

¿Qué función es más correcta? Evidentemente, la primera, ya que es independiente de las características propias de la base de datos. La primera declaración es genérica, mientras que la segunda no. Entonces decimos que la primera función es *reutilizable*, pero la segunda no.

A lo que vamos: queremos construir una librería. ¿Qué características deben cumplir los objetos que incluyamos en ella? Tan sólo una, pero muy importante: que sean independientes. Una librería no está correctamente diseñada si es dependiente de la implementación de la base de datos que la va a usar. Veamos algo más sobre esta jerarquía. Observa la figura 11.1.

¿Qué es lo que hemos hecho? Vemos que nuestra base de datos está usando funciones de la Librería 1, pero en la figura podemos observar que la Librería 1 tiene dos librerías por debajo: la Librería 2 y la Librería 3. Esto quiere decir que Access 2000 nos permite el uso de librerías en una librería, creando así una jerarquía que, en ocasiones, nos puede resultar de utilidad.

Ahora veamos algunos detalles:

- La base de datos depende de la implementación de la librería 1 ya que usa algunas (si no todas) de sus funciones.
- La librería 1 no depende de la implementación de la base de datos. Si cambiamos la base de datos, librería 1 no debería ser modificada.
- La librería 1 depende de la implementación de las librerías 2 y 3. Si en alguna de estas librerías cambia la declaración de alguna de sus funciones, la librería 1 se verá afectada.
- Las librerías 2 y 3 no deben depender de la implementación de la librería 1 ya que no deberían usar ninguna de sus funciones.

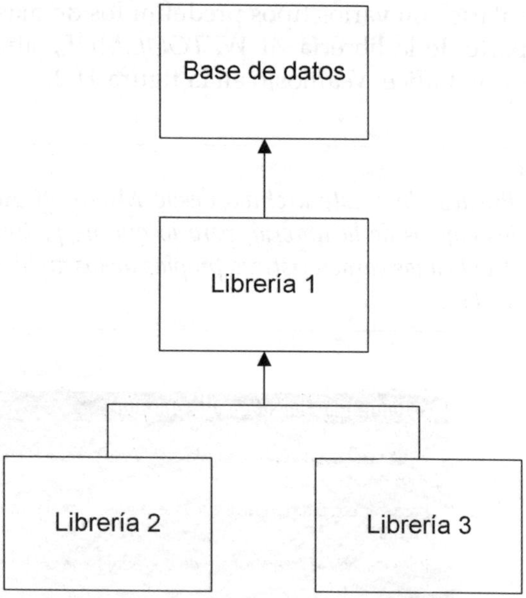


*Figura 11.1. Ejemplo de jerarquía de librerías*

Hemos extendido un poco más el concepto de independencia aplicado a las librerías. Podemos decir que una librería bien diseñada debe ser independiente de la entidad superior, pero es dependiente de las entidades subordinadas.

Hasta ahora hemos estado hablando de librerías como un método para acceder a funciones externas desde una base de datos. Pero puede ocurrir que una de estas funciones tenga que mostrar un formulario para pedir o mostrar información, o que una de estas funciones deba generar un informe.

En este caso, ese formulario concreto o ese informe concreto deberá estar situado en la librería ya que, como hemos mencionado anteriormente, una librería no puede depender de los objetos de la base de datos que la llama. Pero, al igual que ocurría con las funciones, estos objetos deberán asimismo ser independientes de las entidades superiores. En Access disponemos de un claro ejemplo de librerías, que seguramente nos resolverá las dudas que nos pudieran quedar sobre este concepto. En Access, todos los asistentes forman parte de librerías de Access.

Pensemos, por ejemplo, en el Asistente para la creación de máscaras de entrada. Lo primero que se nos muestra al iniciar el asistente es un formulario con varios tipos predefinidos de máscara. Este formulario forma parte de la librería *ACWZTOOL.MDE*, situada bajo el directorio de Microsoft Office. Veámoslo en la figura 11.2.

---

**Truco**

*Puedes abrir este archivo desde Microsoft Access para observar todos los objetos de la librería, pero lo que no podrás hacer será ver el código, debido a las características propias de los archivos MDE, que veremos más adelante.*

---

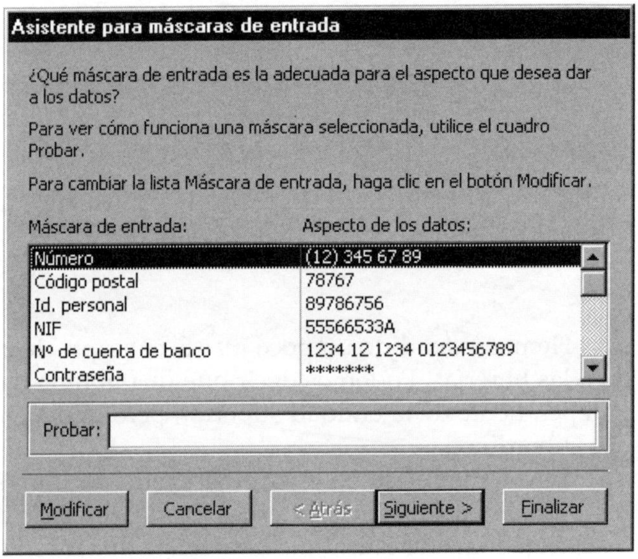


*Figura 11.2. El Asistente para máscaras de entrada*

Ahora fijémonos en el botón Modificar. Este botón nos permite modificar las máscaras predefinidas en el asistente, pero también nos permite añadir nuevas. ¿Dónde se almacenan estas máscaras? Todas estas máscaras se almacenan en una tabla de la librería (sí, has leído bien, una tabla de la librería).

Como vemos, los elementos de esta librería son totalmente independientes de la aplicación que los llama. Podríamos incluir esta librería y usar sus funciones en cualquiera de nuestras bases de datos. De hecho, en el ejemplo que nos ocupa, Access realiza una llamada a una función de la librería, ésta abre el formulario, maneja toda la interacción con el usuario y, al final, tan sólo devuelve una cadena de caracteres a la aplicación que la llamó (y esta cadena de caracteres es la máscara de entrada).

---

**Aviso**

*En el ejemplo del asistente para creación de máscaras de entrada, ésta no se devuelve como valor de la función que se llama. El valor se establece en una* propiedad *del módulo, debido a una serie de características propias de Access. Los dos métodos son válidos, pero si la función devuelve directamente el valor, el usuario de la librería tan sólo tendrá que conocer el nombre y parámetros de la función, así como el tipo del resultado. Del otro modo también necesitará conocer el nombre de la propiedad.*

---

## Las características que deben cumplir las librerías

¿Te parece muy sencillo el proceso de creación de una librería? Realmente lo es, pero hay algunos puntos que debemos tener en cuenta antes de considerar como terminada una librería.

- **Prueba la librería**. Una librería, por definición, es una especie de "caja negra". No nos importa cómo trabaja la librería. Tan sólo nos importa qué es lo que hace y cómo podemos obtener los resultados. Por ello, se supone siempre que las librerías funcionan correctamente. Antes de distribuir una librería, debemos comprobar exhaustivamente que todas y cada una de las funciones que contiene funcionan correctamente, sin ningún tipo de error. Además, todas las funciones de la librería deben tener rutinas de manejo de errores, tal y como vimos en el capítulo dedicado a Access Basic.
- **Cuida la eficiencia de la librería**. Se espera que una librería funcione correctamente, pero no sólo eso. Se espera que las funciones que nos proporciona una librería no sólo trabajen correctamente, sino que además se espera que lo hagan de la forma más eficiente posible. Por ello, en la creación de una librería deberías tener en cuenta los siguientes puntos:
  - Elige la estructura de control más eficiente. Por ejemplo, si estás recorriendo los elementos de una colección, usa una estructura For Each...Next en lugar de la estructura For...Next.

- Evita las funciones de decisión (IIf, Choose, Switch). En su lugar usa las estructuras de decisión If..Then y Select Case.
- Evita, en lo posible, el uso de variables tipo Variant. Cuanto más específico sea el tipo de la variable, más rápido se realizarán las operaciones con ella.
- Trata de usar los modos de referencia más eficientes para acceder a los objetos. Por ejemplo, para acceder al formulario que se está ejecutando en ese momento, no lo hagas a través de la colección Forms, sino a través de Me. Si, además, usas la estructura With..End para acceder a varias propiedades, en vez de referenciar una y otra vez al objeto, la ejecución también será más rápida.
- Elimina los comentarios de las macros y funciones. Access necesita tiempo para determinar que la línea es un comentario para ignorarla. Es muy poco tiempo, pero si eliminas los comentarios, no necesitará tiempo para ignorarlos.

**Aviso**

*Lo diremos más adelante, pero debes tener en cuenta que, cuando estemos desarrollando una librería, siempre tendremos una copia con comentarios y con todas las facilidades para modificarla. No son pocos los casos en los que se han eliminado todos los comentarios de una librería sobre la versión de desarrollo, y no se disponía de ninguna copia con estos comentarios.*

- **Compila**. Tan sólo se consigue la ejecución más rápida del código Access Basic cuando se encuentra compilado. Para compilar el código Access Basic, abre un módulo cualquiera y selecciona la opción Compilar y guardar todos los módulos que encontrarás bajo el menú Depurar.

## ¿Puede una base de datos comportarse como una librería?

Los archivos MDB (bases de datos estándar de Access) pueden actuar como una librería. Es decir, podremos crear una referencia desde una base de datos a un archivo MDB sin ningún problema, pero quizá deberíamos considerar los siguientes apartados antes de hacerlo.

# Los archivos MDE

En este punto, tenemos que introducir un tipo de archivo del que no habíamos hablado hasta ahora: los archivos MDE. Realmente, estos archivos no son diferentes de los archivos de bases de datos estándar de Access 2000 (archivos MDB), salvo en un pequeño detalle.

Este detalle consiste en que todo el código Access Basic contenido en la base de datos es compilado y posteriormente eliminado. De este modo, la base de datos pasa a reducir su tamaño, ya que hemos eliminado todo el código, y conserva su funcionalidad. Al almacenar el código en un estado compilado, toda la información contenida en los módulos permanece funcional.

La diferencia estriba en que, en los archivos MDE, puesto que no se almacena el código Access Basic, evidentemente no podremos modificarlo ni tampoco acceder a él. Por lo tanto, cuando almacenes una base de datos en un archivo con formato MDE, asegúrate de que todavía conservas una copia en formato MDB, por si tuvieras que modificar el código.

---

**Aviso**

*Créenos cuando te decimos que no nos cansaremos de repetir esto. Recuerda que debes conservar una copia de tu base de datos cada vez que realices una operación irreversible sobre ésta. Y eliminar el código fuente de una base de datos es una operación totalmente irreversible.*

---

Por estas características, los archivos MDE son ideales para distribuir tu base de datos, una vez que está finalizada. Asimismo son una buena elección para dar por finalizada una librería que acabas de desarrollar. Puesto que normalmente no querremos que nadie pueda ver nuestro código, la mejor forma de asegurarnos de que nadie lo pueda ver es eliminándolo.

---

**Nota**

*En el capítulo dedicado a la seguridad, hablaremos sobre cómo podemos hacer que el código de nuestra base de datos sea solamente visible por quien nosotros queremos; también en los archivos MDB.*

---

### Cómo crear un archivo MDE

El proceso para crear un archivo MDE es extremadamente simple. Una vez que te hayas asegurado completamente de que todo tu código Access Basic funciona correctamente, y que es el más eficiente, tal y como hemos visto anteriormente, accede al menú Herramientas, abre el submenú Utilidades de la base de datos y selecciona de este submenú, la opción Crear archivo MDE.

Después de estos pasos se te preguntará el lugar en el que quieres guardarlo y el nombre que le quieres asignar. No te preocupes por tu base de datos, ya que el archivo original no se eliminará. Tan sólo se creará el archivo MDE.

---

**Aviso**

*Debes recordar que te será imposible modificar el funcionamiento de las funciones contenidas en el archivo MDE a menos que dispongas del archivo MDB original. Si no habías comprobado ni optimizado el código Access Basic, el momento justo para hacerlo es antes de crear el archivo MDE.*

---

## Los complementos MDA

Los complementos (archivos MDA) es otro modo (el preferido por los expertos) de crear librerías en Access. Realmente no existe ninguna diferencia de funcionalidad entre las bases de datos estándar de Access (archivos MDB) y los archivos MDA.

---

**Truco**

*De hecho, el modo de crear un archivo MDA a partir de una base de datos es coger el archivo MDB y cambiar su extensión. Un modo más correcto sería compactar el archivo MDB a un archivo MDA.*

---

Desde las primeras versiones de Access, se usaban los archivos MDB para contener las bases de datos, y los archivos MDA para contener las librerías. Digamos que la diferencia entre un tipo de archivo y el otro es simplemente de nomenclatura.

**Nota**

*Una diferencia entre los archivos MDA y los MDB se encuentra en que los MDA sirven para crear* Complementos *en Access. Estos complementos se pueden añadir a Microsoft Access y aparecerán bajo el submenú* Complementos, *del menú* Herramientas. *No veremos el proceso de creación de un complemento, por ser tan complejo que escapa totalmente a los objetivos de este libro.*

Por ello, los archivos MDA todavía conservan el código íntegro, permitiendo su modificación, contrariamente a lo que ocurría con los archivos MDE.

# Las referencias

Hasta ahora hemos visto qué es una librería, para qué sirve y cómo se crea. Pero todavía no hemos visto cómo podemos usar en nuestras bases de datos o librerías una librería que hayamos creado (o que hayamos conseguido de algún modo).

Pues bien, éste es precisamente el cometido de las Referencias. Para añadir una referencia a un archivo externo, debemos abrir una ventana de Módulo, y en el menú Herramientas seleccionar la opción Referencias. En ese momento aparecerá una ventana como la que puedes ver en la figura 11.3.

En la lista de la izquierda encontraremos las posibles referencias que Microsoft Access ha determinado que podríamos establecer, examinando los directorios del sistema. Si nos interesa alguna de estas referencias, simplemente la activamos haciendo clic sobre la casilla de comprobación situada a la izquierda.

Por ejemplo, para poder utilizar el DAO, deberemos incluir una referencia a Microsoft DAO 3.6 Object Library. En caso contrario, esta librería no se cargará y, por lo tanto, no estarán disponibles los objetos correspondientes.

Si acabamos de crear una librería que queremos referenciar en nuestra base de datos y no la encontramos en la lista de referencias disponibles, pulsamos el botón Examinar y seleccionamos la librería a la que queremos crear la referencia. Después de esto, aparecerá la librería en la lista de referencias disponibles, activada como referencia.

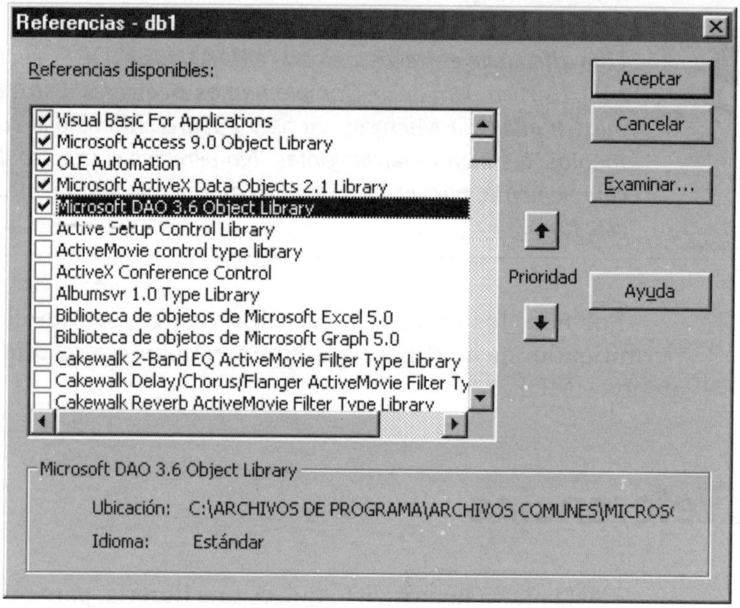


*Figura 11.3. Ventana de referencias*

## Cómo saber qué funciones tiene un archivo MDE

Si desarrollas archivos MDE con asiduidad, te puedes encontrar con un problema con el que nos hemos tropezado unos cuantos de nosotros. En un archivo MDE puedes ver las tablas, las consultas, los formularios, los informes y las macros, pero, puesto que no se guarda el código Access Basic, no podremos ver cuáles son las funciones que contiene.

Se nos podría ocurrir intentar usar el examinador de objetos para ver estas funciones, pero no podremos abrirlo si no nos encontramos en la ventana Módulo, y como no podemos abrir una ventana Módulo porque no disponemos del código fuente, nos encontramos en un círculo vicioso.

¿Qué podemos hacer en este caso? Pues aprovechando lo que acabamos de aprender acerca de las referencias, la solución está en abrir una base de datos no MDE y abrir una ventana Módulo. Ahora insertamos una referencia al archivo MDE que queremos examinar. Una vez establecida la referencia, abrimos el examinador de objetos y... ¡voilà!, podremos ver la declaración de las funciones y propiedades contenidas en el archivo MDE.

## ¿Qué referencias debo añadir a mi base de datos?

Con lo fácil que es añadir y quitar referencias a librerías, es fácil pensar que podemos añadir a nuestra base de datos todas las referencias disponibles. De este modo, podremos acceder a todas las funciones de cada una de las librerías, sin tener que referenciarlas cada vez que necesitemos una determinada librería.

Pero NUNCA debemos hacer tal cosa. El crear una referencia a una librería supone que Access tiene que mantener en memoria toda la información acerca de las funciones de esa librería. Cuantas más referencias tengamos, más memoria necesitará Access para mantener toda esa información y menos memoria quedará disponible para nuestro ordenador.

Por ello, debes crear referencias tan sólo a las librerías que necesites en tu base de datos. Y, si por cualquier motivo, dejas de necesitar las funciones de una determinada librería que antes necesitabas, no olvides eliminar la referencia a esa librería.

# Acceso a librerías de enlace dinámico (DLL)

Desde Access podemos hacer más cosas que acceder a librerías creadas con el propio Access. Seguramente nos serán conocidos todos esos archivos que encontraremos dentro del directorio SYSTEM, ubicado a su vez en el directorio en el que tengamos instalado Windows.

Gran parte de estos ficheros tienen una extensión DLL, y seguramente sabrás que se trata de librerías de enlace dinámico (Dinamic-Link Library).

No es difícil encontrarse con algún desarrollador de bases de datos en Access que todavía considera estas librerías como un gran y oscuro misterio. Como no podemos permitir que eso siga ocurriendo, vamos a desmitificar un poco estas librerías.

Las librerías de enlace dinámico son librerías creadas con lenguajes de programación como C, C++, Pascal, etc. Al igual que las librerías de Access, disponen de funciones que pueden ser exportadas para su uso en programas y en otras librerías.

La diferencia con las librerías de Access consiste en que las DLL no proporcionan información acerca de los parámetros que recibe cada función, ni tampoco del tipo del resultado.

**Truco**

*Puedes ver los nombres de las funciones que exporta una DLL mediante la vista rápida. Selecciona la librería, pulsa el botón secundario de tu ratón y selecciona la opción* Vista rápida. *Aparecerán los nombres de las funciones que exporta la DLL.*

El que no dispongamos de esta información es especialmente grave, ya que si no sabemos qué es lo que necesita la función para trabajar, ni qué es lo que hace, de bien poco nos podrá servir.

Por ello, para poder usar una DLL, necesitamos algún tipo de documentación adicional que nos debe proporcionar el desarrollador de la librería. Con esa documentación, tenemos que *declarar* en nuestra aplicación aquellas funciones que vamos a utilizar de la librería.

**Nota**

*Hay una excepción para esta afirmación: puede ocurrir que una determinada DLL tenga una librería de tipos asociada. Por ejemplo, la librería de Microsoft DAO 3.6 tiene asociada una librería de tipos. De todas formas, esto no es lo usual y lo normal es que necesites declarar las funciones.*

## Declaración de funciones de DLL

Para usar las funciones de una DLL en un módulo de tu base de datos, tienes que *declararlas*. Esto se hace con la instrucción Declare, y se sitúa en la zona de declaraciones del módulo.

La sintaxis de esta instrucción para un procedimiento es la siguiente:

```
[Public|Private] Declare Sub nombre Lib "nombrebiblioteca"
  [Alias "nombrealias"] [([Listaargumentos])]
```

La sintaxis de Declare para una función es:

```
[Public|Private] Declare Function nombre Lib
  "nombrebiblioteca" [Alias "nombrealias"]
  [([Listaargumentos])] [As tipo]
```

Veamos, una por una, las partes de la instrucción.

- La visibilidad de la función. Si usas Public, la función será visible por todos los módulos de la base de datos. Si, sin embargo, usas Private, sólo será visible a los procedimientos del módulo en el que hayas declarado la función.

- El nombre que la función tiene en tu módulo. Si no proporcionas un alias (que ahora veremos cómo hacerlo), este nombre debe coincidir exactamente con el nombre de la función en la librería.
- El nombre y ruta de acceso de la DLL. Se debe introducir entre comillas y no es "case sensitive".
- El nombre que la función tiene en la DLL (alias). Esta parte es opcional, y debes incluirla si deseas usar una determinada función con un nombre distinto al que tiene en la librería. Además, debes usarlo si el nombre incluye un carácter no válido para Access Basic o si tiene un nombre que coincide con una palabra reservada en Access Basic.
- El nombre y tipo de datos de los argumentos. La declaración correcta de los argumentos es la parte más compleja de llevar a buen término, y es de importancia crucial para el funcionamiento de la misma. La declaración en Access Basic debe realizarse correctamente para pasar los argumentos por valor o por referencia, exactamente según necesite la DLL. Este punto es tan importante que lo vamos a ver a continuación con más detenimiento.
- Si lo que tenemos es una función, la última parte establece el tipo de datos del resultado.

## La declaración de parámetros

Cada parámetro de la lista de parámetros de la declaración de una función de librería tiene la siguiente sintaxis:

```
[Optional] [ByVal|ByRef] [ParamArray] nombrevariable[()]
  [As tipo]
```

Veamos ahora qué significa cada una de las partes de la declaración del parámetro:

- Optional. Indica que el argumento no es requerido. Si se usa, todos los argumentos siguientes también deben ser opcionales. Todos estos parámetros deben ser de tipo Variant.

- ByVal indica que el argumento es pasado por valor. ByRef indica que el argumento es pasado por referencia, que es el modo predeterminado en Access Basic.

**Nota**

*Si has programado en C o C++, habrás relacionado* ByRef *con el uso de punteros y* ByVal *con el paso de variables. Si no, te diremos que* ByRef *lo que hace es indicarle a la función en qué lugar de la memoria puede encontrar el valor del parámetro, y* ByVal *pasa directamente el valor del parámetro. Si pasamos una variable en un parámetro* ByVal, *esta variable nunca podrá ser modificada. Sin embargo, si pasamos una variable a través de un parámetro* ByRef, *la función tendrá la posibilidad de modificarla.*

- ParamArray. Se puede usar como el último argumento de la lista de argumentos para indicar que el argumento final es una matriz de elementos de tipo Variant.
- Ahora viene el nombre de la variable, que es requerido. No tiene por qué corresponder con el del parámetro en la DLL.
- Después del nombre de la variable, viene la declaración de tipo del argumento.

Todos los argumentos de la lista de argumentos estarán separados por comas, y, como afirmamos anteriormente, deben seguir las especificaciones de ordenación y tipo rigurosamente según la documentación de la librería.

**Aviso**

*Si el orden, el tipo del parámetro o el número de parámetros es incorrecto, la DLL podría intentar acceder a alguna porción de memoria para la que no tiene derechos de acceso. Esto tendría consecuencias desastrosas, ya que produciría inmediatamente un Error de Protección General, Access se cerraría de forma inmediata y se perdería todo el trabajo no guardado. Por ello, antes de hacer una llamada a una función de una DLL, asegúrate de haber guardado todo tu trabajo.*

Uno de los problemas más graves que plantea el uso de DLL es que no existe ningún modo de determinar en qué nos estamos equivocando si la llamada a la función no funciona correctamente. Access no puede proporcionar opciones de depuración para estos casos, y lo único que nos queda es recurrir a la documentación de la librería.

Tan sólo queda revisar entonces que el número de parámetros sea correcto, el tipo de cada uno sea correcto y estén dispuestos en el mismo orden.

---

**Aviso**

*Si una llamada sigue sin funcionar, aún en este caso, asegúrate de que estás llamando a una DLL de 32 bits. Access 2000, como aplicación de 32 bits que es, puede acceder sin ningún tipo de problema a DLL de 32 bits, pero no puede hacer llamadas a DLL de 16 bits.*

---

# Acceso a las funciones del API

Las DLL por excelencia son aquellas que proporciona el propio sistema operativo. Este conjunto de librerías forma lo que se denomina el API (Application Programming Interface) de Windows. El API incluye varios cientos de funciones que son parte de Windows, y que cualquier aplicación de Windows tiene que usar para realizar tareas, como abrir una ventana o mostrar un menú.

Por ejemplo, el objeto formulario no es más que una capa intermedia situada entre el diseñador de bases de datos y el API de Windows. La importancia y eficacia de esta capa es indudable: el diseñador de bases de datos no tiene que conocer para nada qué funciones de qué librerías tiene que usar para abrir el formulario, crear los controles, etc. De todo esto ya se preocuparon los desarrolladores de Microsoft al diseñar Access.

Pero puede ocurrir que necesitemos una función tan específica que Access Basic no pueda proporcionárnosla. Entonces es el momento de coger la documentación del API, estudiar cuál es el nombre de la función, estudiar su declaración, declararla dentro de nuestro módulo y usarla.

Vamos a verlo con un ejemplo. Imaginemos que, en una base de datos, necesitamos conocer el número de botones presentes en nuestro ratón. No existe ningún objeto ni ninguna propiedad dentro de las librerías definidas en Access Basic que nos permitan acceder a esta información, luego necesitamos realizar una llamada directa al API.

Para obtener esta información existe una función en el API llamada GetSystemMetrics. Esta función nos puede proporcionar esta información si se usa correctamente. Examinando la documentación, vemos que la declaración de la función debe ser la siguiente:

```
Public Declare Function GetSystemMetrics Lib
  "user32"(ByVal nIndex As Long) As Long
```

La introducimos en la zona de declaraciones del módulo y continuamos con nuestro ejemplo. Para obtener el número de botones del ratón, debemos pasarle como parámetro un valor determinado. El API recomienda el nombre SM_CMOUSEBUTTONS para el nombre de la constante que determine ese valor. Examinando la documentación, vemos que el API asigna el valor 43 a esa constante:

```
Public Const SM_CMOUSEBUTTONS = 43
```

Introducimos la constante en la zona de declaración del módulo y creamos la siguiente función en el módulo:

```
Public Function NumeroBotonesRaton() As Long
  NumeroBotonesRaton = _
       GetSystemMetrics(SM_CMOUSEBUTTONS)
End Function
```

Con esto hemos creado una función "NumeroBotonesRaton" que nos devuelve el número de botones que no tiene nuestro ratón, o cero si no tenemos ningún ratón instalado. No es tan extraño como pudiera parecer el tener que usar una función del API en una base de datos. Lo que sí es más extraño es que tuviéramos que usar muchas de ellas.

**Nota**

*En el CD ROM que acompaña al libro hemos incluido un archivo: WIN32API.TXT, que contiene las declaraciones de las funciones de las librerías del API, así como la declaración de todas sus constantes. Si sabes qué función del API tienes que usar, abre ese archivo y copia su declaración. De todas formas, échale un vistazo para ver cómo se pueden declarar las funciones de una DLL en Access Basic.*

Tan sólo destacar que el uso de funciones de DLL desde Access Basic es un campo apasionante, ya que podemos hacer de casi todo a través de estas llamadas. Hace algunos años, a mí se me dio un caso concreto en el que conseguí la documentación de unas librerías que se incluían con una tarjeta Sound Blaster 16. Las librerías en cuestión hacían que el ordenador "hablara" según el texto con el que se llamara a las funciones. Con la documentación, declaré las funciones en un módulo de Access (Access 2.0), y con ayuda de Access Basic el resultado fue que la base de datos podía "leer" los datos de un formulario. Te aseguro que el resultado asombró a más de uno.

# 12

# Depuración de aplicaciones

**C**on toda seguridad te habrás encontrado más de una vez en una situación en la que, al diseñar y crear un objeto en tu base de datos, el comportamiento del mismo no era el que esperabas.

En esos casos, la primera pregunta que habrá llegado a tu mente es "¿Por qué falla?". Y la siguiente: "¿Cómo puedo resolverlo?" Es necesario saber cuál es la causa de que algo falle para poder arreglarlo (o, al menos, altamente recomendable).

Por ello, en este capítulo exponemos cuáles son las herramientas que Access pone a nuestra disposición para poder averiguar cuáles son los motivos de que nuestra aplicación no funcione del modo que esperábamos.

# Introducción

A medida que has ido creando los distintos objetos de la base de datos, seguramente te habrá ocurrido en más de una ocasión el ver que algo no se comportaba según esperabas. Una consulta que no devolvía todos los campos que necesitabas, que no ordenaba según pretendías, un formulario en el que algún control mostraba un error #¿Nombre? en lugar del valor esperado, informes que no agrupaban bien los registros, etc.

Pero también puede haberte ocurrido que, después de haber dado por finalizada una aplicación de base de datos, o una parte de ella, al utilizarla te hayas dado cuenta de que había algún error que no habías detectado cuando desarrollaste la aplicación.

Espero que no te importe que haga un pequeño paréntesis en este punto para contarte un error que ocurrió con una aplicación de base de datos que desarrollé. La aplicación en cuestión no era muy compleja, ya que básicamente servía para gestionar clientes y facturas. Entre los requisitos de la aplicación estaba el que los números de factura se debían generar automáticamente, pero con una salvedad: el formato tenía que ser NúmeroFactura/AñoEmisión. Para ello, la clave primaria de la tabla tblFacturas era un campo de tipo Texto que, sin embargo, la aplicación rellenaba automáticamente en función del campo FechaEmisión de la factura. La función que hacía esto no era compleja:

```
ObtenerCódigoFactura
   UF=BuscarÚltimaFactura(Year(FechaEmisión))
   CódigoFactura=Str$(UF.NúmeroFactura+1) + _
                    "/" + Year(FechaEmisión)
```

La aplicación estuvo funcionando algunos meses sin problemas. Sin embargo, de repente, dejó de permitir la creación de facturas. Revisé el código y no encontré el problema. Por ello, pedí que me enviaran los datos que existían actualmente en la base de datos, para intentar reproducir el problema. Hubo suerte, y el problema se reprodujo también en mi equipo.

**Nota**

*Hay ocasiones en las que un problema tan sólo ocurre en un equipo determinado o con una configuración determinada. Estos problemas no siempre resultan sencillos de solventar.*

Tras examinar los datos, lo que había ocurrido es que la última factura que el usuario había creado tenía fecha anterior a la penúltima. La función BuscarÚltimaFactura se basaba en una consulta cuyos criterios de ordenación lo hacían a su vez en la fecha, y el problema era que esta función devolvía la factura con fecha de emisión más reciente, no la factura con identificador más alto. Como las facturas posteriores suelen tener una fecha de emisión también posterior, este problema no salió a la luz en todo ese tiempo.

¿El problema era complejo? Realmente no. El problema estaba en que la ordenación de uno de los campos de la consulta no era correcta. ¿La solución fue compleja? Ni mucho menos. Tan sólo consistió en incluir una expresión como origen del orden de la consulta.

Con toda esta introducción, lo que pretendía era mostrar un ejemplo de un error simple que, sin embargo, era complejo de detectar. No es necesario codificar complejos algoritmos para poder cometer errores.

Los errores están implícitos en todo proceso de desarrollo de *software*, y como tal, tenemos que asumirlo. Bien es cierto que las aplicaciones desarrolladas en Access generalmente no tendrán una gran complejidad pero, como hemos visto, eso no les libra de ser imperfectas.

# ¿Dónde puede haber errores?

Debido al tipo de aplicaciones que se desarrollan con Access podemos afirmar que, principalmente, los errores que se suelen cometer son los siguientes:

- *Errores sintácticos*. Aunque el editor de código Access Basic incorpora un corrector automático de sintaxis, éste no está disponible cuando creamos expresiones. Las llamadas a funciones desde controles de formularios o informes también suelen ser un buen lugar para que existan errores sintácticos. Por ejemplo, un error muy común es, al establecer una función como origen de un control, separar los parámetros de la misma por comas (,), en lugar de por caracteres punto y coma (;) (figura 12.1).
- *Errores semánticos*. Muy habituales, consisten en hacer referencia a un objeto o variable que no existe. Es uno de los típicos errores que se cometen en las macros, pero los demás objetos de la base de datos no están, ni mucho menos, exentos (figura 12.2).

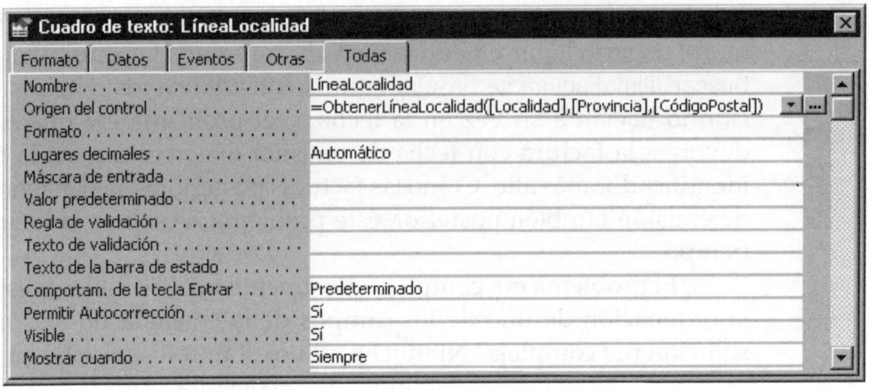


*Figura 12.1. Esto producirá un error sintáctico*

*Figura 12.2. Una referencia mal escrita a un formulario: un típico error semántico*

- *Errores lógicos*. Posiblemente más difíciles de detectar que los anteriores. Consisten en que, aunque el objeto en cuestión no contenga errores sintácticos ni semánticos, tampoco funciona correctamente. Un ejemplo de un error lógico es el que exponíamos en la introducción. Los errores lógicos pueden aparecer en un sinfín de lugares, poniendo a prueba la imaginación del desarrollador. Pueden encontrarse desde en una ordenación incorrecta en una consulta hasta en un bucle mal especificado.

# Depuración de macros

Como acabamos de ver, a pesar de la relativa sencillez de las macros, no están exentas de contener errores. Por ello, Access nos proporciona mecanismos para depurarlas, de forma que podamos ir observando, paso por paso, qué es lo que ocurre con nuestras macros.

Cuando Access se encuentra con algún tipo de error que es capaz de detectar (como errores sintácticos, semánticos y algunos tipos de errores lógicos), muestra un mensaje de error, y abre la ventana del depurador de macros. Por ejemplo, en la figura 12.3 vemos qué ocurre cuando una acción AbrirFormulario tiene una referencia a un formulario mal escrita. Primero Access nos avisa del error con un mensaje similar al de la figura 12.2. Posteriormente, abre el cuadro de diálogo de la figura 12.3.

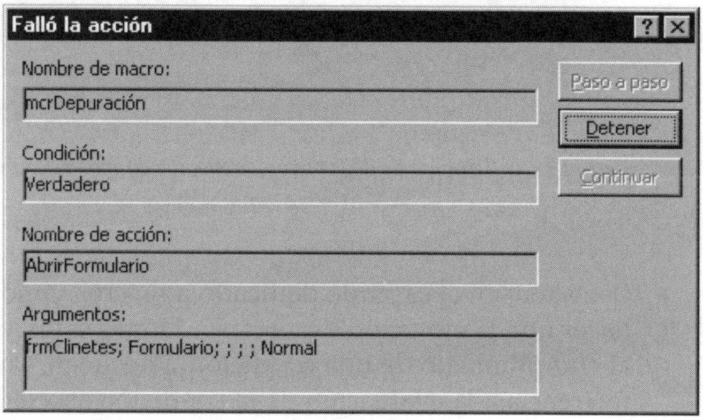


*Figura 12.3. El depurador de macros*

Sin embargo, en esta ventana tan sólo tenemos la posibilidad de detener la ejecución. Pulsamos el botón Detener, y nos disponemos a examinar qué ha ocurrido.

Accede a la ventana de base de datos, elije la macro que ha provocado el error (en nuestro caso, mcrDepuración) y ábrela en modo Diseño. Si la macro depende de algún formulario (porque alguna de las expresiones o acciones lea algún valor de algún formulario), asegúrate de que está abierto, y que se encuentra en el mismo estado que cuando la macro falló.

Ahora selecciona la opción Paso a paso del menú Ejecutar y después, la opción Ejecutar del mismo menú. Al hacer esto, Access, en lugar de ejecutar la macro directamente, lo hará paso a paso, y justo antes de ejecutar cada acción de la macro, presentará la ventana de depuración (figura 12.4). Examinemos la información que presenta esta ventana:

- Nombre de macro: indica cuál es la macro que se está ejecutando en este momento. No olvidemos que, a través de la acción EjecutarMacro, una macro puede llamar a otra. De este modo, podemos conocer con precisión qué macro estamos ejecutando.

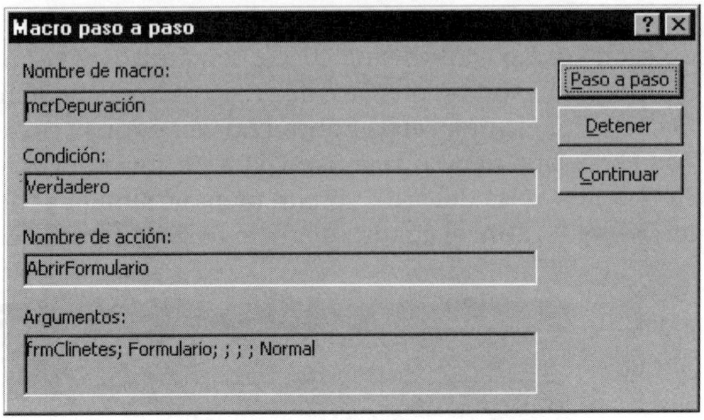


*Figura 12.4. Ventana de depuración de macros en modo de ejecución paso a paso*

- Condición: en el capítulo dedicado a macros vimos que se podía hacer que la ejecución de ciertas acciones estuviera supeditada al cumplimiento de una condición. Pues bien, Condición hace referencia a la evaluación de la condición asociada a la macro. En caso de que la macro no tenga asociada una condición, Condición toma el valor Verdadero.
- Nombre de acción: indica la acción que se va a ejecutar (sólo en el caso de que Condición tome el valor Verdadero).
- Argumentos: indica los argumentos que se le pasan a la acción. Si alguno de estos argumentos viene determinado por alguna expresión o función, se evalúa y se muestra el valor.

Además de esta información, existen tres botones:

- Paso a paso: si todo es correcto, pulsamos este botón para ejecutar la acción actual. Tras ejecutar esta acción, y si quedan todavía acciones en la macro, volverá a aparecer el depurador.
- Detener: pulsaremos este botón cuando hayamos detectado que, efectivamente, existía un error. Detenemos la ejecución y corregimos.
- Continuar: si en vez del botón Paso a paso, pulsamos este botón, la ejecución de la macro no se volverá a detener para mostrar el depurador.

# Depuración de código

A pesar de que las herramientas que incluye Access para la depuración de macros resultan útiles, las que son realmente potentes son las herramientas de depuración de código.

Access 2000 ha sido diseñado no sólo para facilitar la depuración de código, sino también para facilitar la creación de un código libre de errores. Para ello, Access incorpora herramientas como la *comprobación automática de sintaxis* que, mientras se escribe el código, va comprobando que la sintaxis utilizada no contenga errores. Por ejemplo, si intentamos introducir una sentencia If y a continuación no introducimos una expresión, aparecerá automáticamente el mensaje de error que se muestra en la figura 12.5.

*Figura 12.5. Error de sintaxis detectado durante la comprobación automática*

Access También incorpora otras utilidades como la *lista de miembros automática*, que hace que se muestre una lista con todos los métodos y propiedades disponibles en un objeto nada más escribir el carácter punto (.). Observa la figura 12.6.

La *información rápida automática* va mostrando, mediante un rótulo en formato *sugerencia*, cuáles son los parámetros que hay que pasarle a una función y de qué tipo son, a medida que se escribe. Observa el resultado en la figura 12.7.

**Nota**

*Si estas características te resultan incómodas o, si simplemente, no las necesitas, puedes desactivarlas desde la pestaña* Editor *del cuadro de diálogo que aparece al seleccionar la opción* Opciones *del menú* Herramientas, *desde la ventana de edición de* Visual Basic.

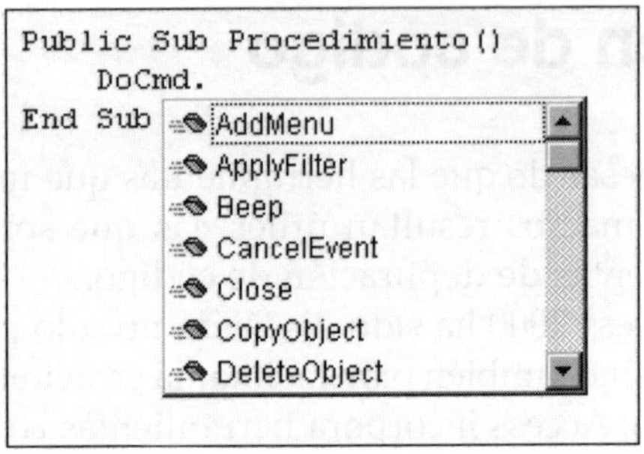


*Figura 12.6. Lista de miembros automática*

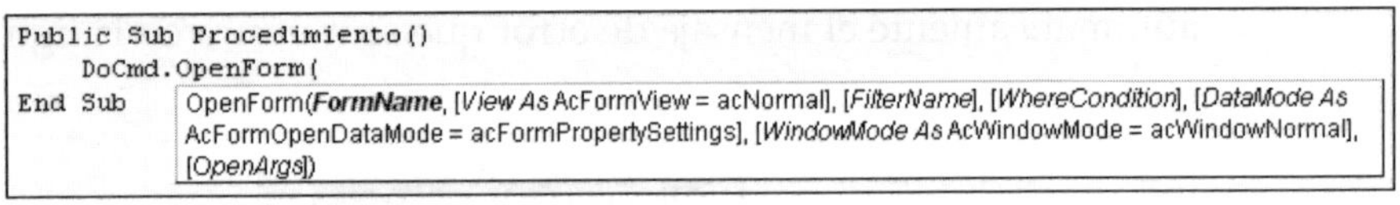


*Figura 12.7. Información rápida automática*

Estas características ayudan a reducir el número de errores tanto sintácticos como semánticos. Sin embargo, Access no puede hacer nada para evitar los errores lógicos. Recordemos que este tipo de errores ocurrían cuando, no existiendo un error sintáctico ni semántico, la aplicación funcionaba, pero no como nosotros habíamos diseñado.

Precisamente para corregir este tipo de errores sirven las herramientas que vamos a ver a continuación.

## El depurador

El depurador de Access Basic es una herramienta que se encuentra integrada dentro del propio editor. Su principal tarea es la de permitir la detención de la ejecución de código Access Basic para poder examinar valores de variables, analizar expresiones e incluso ejecutar comandos.

Para poder detener la ejecución de código Access Basic disponemos de varias opciones. Una de ellas es establecer lo que se denomina un Punto de interrupción. Un Punto de interrupción se crea sobre una línea de código determinada, e indica a Access que, si se intentara ejecutar el código de esa línea, antes de ello la ejecución debe detenerse. La idea es que, una vez detenida la ejecución, el desarrollador de la aplicación pueda comprobar si todos los valores, expresiones, etc., son correctos.

Podemos establecer un Punto de interrupción desde el editor de código con tan sólo pulsar F9. En la figura 12.8 vemos un fragmento de código Access Basic con un Punto de interrupción establecido.

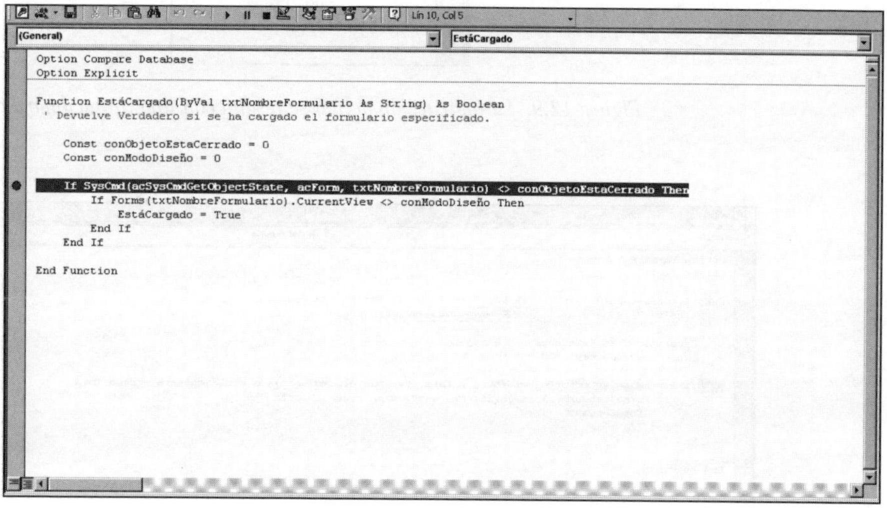


*Figura 12.8. Un punto de interrupción*

Una vez detenida la ejecución del código, podemos examinar parámetros, variables, expresiones, etc. Una flecha amarilla situada a la izquierda del código Access Basic, así como una franja amarilla nos indicarán cuál es la instrucción que se va a ejecutar a continuación. Vemos esto en la figura 12.9.

Por ejemplo, en el caso de la figura 12.8, nos podría interesar ver que el nombre del formulario se pasa correctamente a la función. Una forma rápida de examinar el valor de una variable, expresión o parámetro es situarse sobre ellos con el ratón. Tras esto, aparecerá el valor del mismo modo que se muestran las *sugerencias*, como vemos en la figura 12.10.

**Nota**

*Si deseas desactivar esta característica, puedes hacerlo desactivando la opción Sugerencias de datos automáticas, en el cuadro de diálogo en el que se encuentran las opciones Lista de miembros automática e Información rápida automática.*

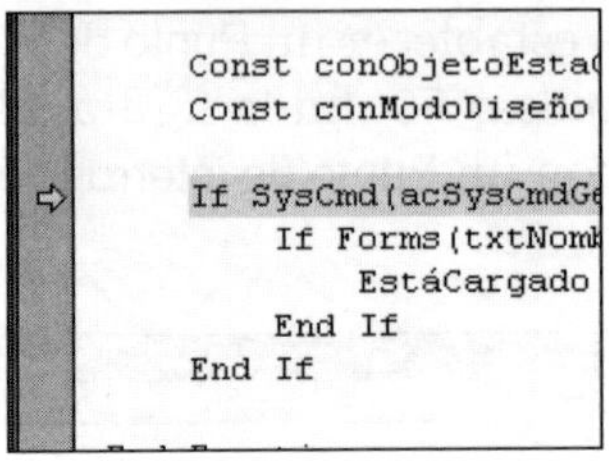


*Figura 12.9. La instrucción actual se resalta con una franja amarilla*

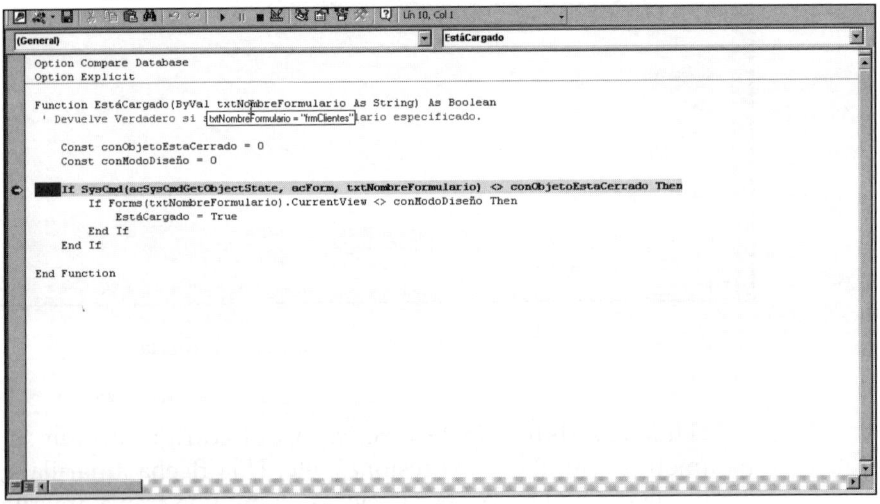


*Figura 12.10. Examinando el valor de un parámetro mediante el ratón*

Una vez detenido el código, dispones de varias opciones para continuar la ejecución, que puedes ver bajo el menú Depuración. No nos detendremos a ver cada una de ellas por ser muy similares. Tan sólo comentar que básicamente consisten en lo mismo que la ejecución Paso a paso que vimos para el caso de las macros.

## La ventana Inmediato

La ventana Inmediato te resultará de gran utilidad durante el proceso de depuración.

Los motivos son esencialmente dos:

- El desarrollador puede hacer que su aplicación imprima mensajes de depuración. Estos mensajes tan sólo serán visibles durante la depuración y tan sólo, en esta ventana.
- Esta ventana sirve para ver e incluso modificar valores de variables mientras la ejecución está detenida. Además también sirve para tareas como llamar funciones o evaluar expresiones. Observa la figura 12.11.

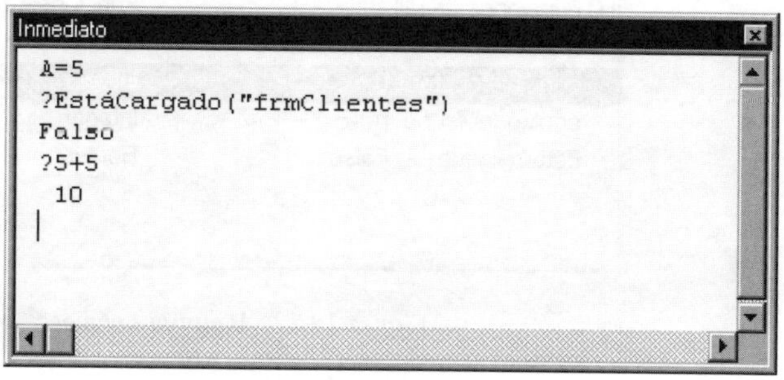


*Figura 12.11. Ventana* Inmediato

Esta ventana se encuentra normalmente en la parte inferior de la ventana de edición de código Visual Basic. Sin embargo, en caso de que no se encontrara visible, puedes activarla mediante la opción Ventana Inmediato del menú Ver.

## La ventana Locales

La ventana Locales muestra todas las variables y parámetros involucrados en una función. Como puedes ver en la figura 12.12, se muestra el nombre de la variable o parámetro, el valor que tiene actualmente y el tipo de datos.

## La ventana Inspecciones

La ventana Inspecciones posibilita la evaluación continua de variables e, incluso, expresiones. De este modo, si tenemos que evaluar una expresión durante la depuración, podemos hacerlo desde la ventana Inmediato, pero si necesitamos conocer en todo momento cuál es el valor que toma esa expresión o variable, podemos introducirla en la ventana Inspecciones, como vemos en la figura 12.13.

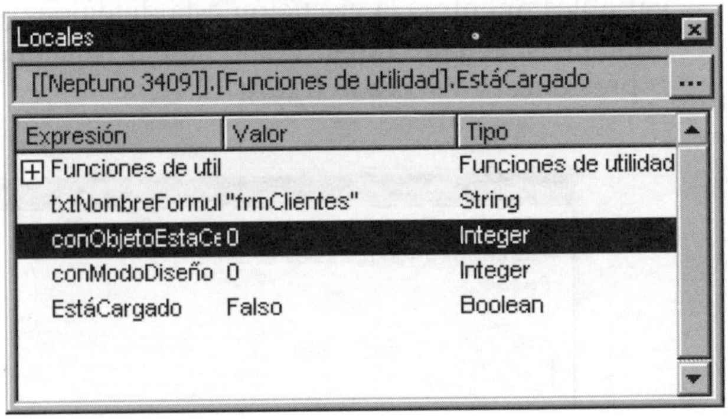


*Figura 12.12. Ventana* Locales

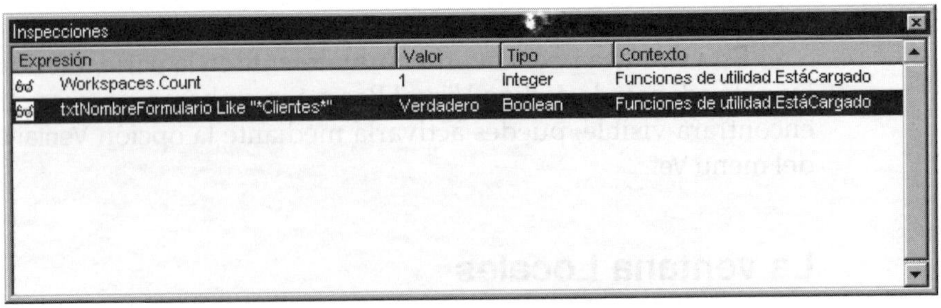


*Figura 12.13. Ventana* Inspecciones

## La ventana Pila de llamadas

A través de la Pila de llamadas podemos conocer, en cada momento, cómo se ha invocado a la función que está actualmente detenida. Recordemos que a las funciones siempre hay que llamarlas desde algún sitio, y que unas funciones pueden llamar a otras funciones. Por eso, esta ventana muestra cómo se ha llegado a la función actual. Vemos un ejemplo de una pila de llamadas en la figura 12.14.

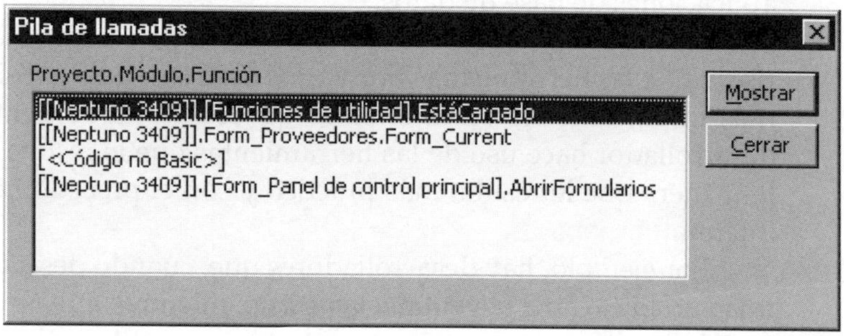


*Figura 12.14. Ejemplo de pila de llamadas*

## El objeto Debug

Antes comentábamos que el desarrollador de la aplicación de base de datos tenía la posibilidad de imprimir mensajes de depuración en la ventana Inmediato.

Pues bien, estos mensajes se pueden imprimir gracias al objeto Debug. Este objeto tan sólo dispone de dos métodos:

- Assert, que detiene la ejecución en caso de que la expresión que se le pasa como parámetro devuelva False.
- Print, que muestra en la ventana Inmediato la cadena que se le pasa como parámetro.

Este objeto suele resultar de utilidad en el caso de que la aplicación contenga algoritmos complejos. Los algoritmos complejos son tediosos de depurar porque frecuentemente se requiere un gran número de iteraciones hasta llegar al resultado erróneo. Por ello, Debug puede resultar de gran ayuda en estos casos. Debido a que nos podemos desplazar a lo largo del contenido de la ventana Inmediato, podemos volcar gran cantidad de información en esta ventana para después examinar con tranquilidad en qué punto falló el algoritmo.

## El arte de la depuración

A lo largo de este breve capítulo hemos tratado de exponer las herramientas que Access pone a nuestro alcance para poder depurar nuestras aplicaciones de base de datos.

Nosotros no nos hemos detenido en todas y cada una de las características de las herramientas por varios motivos, pero consideramos que el más importante de entre ellos es que el hecho evidente de que cada desarrollador hace uso de las herramientas que le resultan más útiles, de la manera que le resulta más práctico y con el precedimiento que más le interesa.

Por ejemplo, hay desarrolladores que, cuando desean ver el valor de una variable, van a la ventana Inmediato, mientras que otros introducen la variable en la ventana Inspecciones. Algunos utilizan la ventana Locales, mientras que otros pasan por encima con el ratón hasta que aparece el valor.

Y es que no podíamos establecer unas normas acerca de cómo se debe depurar una aplicación, sino que tan sólo podíamos describir algunas ideas básicas.

Desde mi punto de vista, la depuración de aplicaciones, o al menos, la depuración de aplicaciones Access, tiene más componente de arte que de metodología. Han sido muchos los intentos, a lo largo de la ingeniería del *software*, de establecer una metodología formal de depuración y prueba de programas.

Sin embargo, estas metodologías resultan tan complejas y tan costosas que tan sólo son abordables en grandes proyectos (y por grandes proyectos, en este caso, nos referimos a desarrollo de *software* para control de reactores nucleares, y cosas por el estilo).

Como venimos afirmando a lo largo de este manual, es conveniente asumir que todo *software* tiene errores, y lo que se pretende en la fase de depuración es precisamente minimizar el número de errores e impacto de los mismos.

Te aseguro que nada me gustaría más que poder indicar una serie de directrices para hacer más fácil la depuración de errores en tus aplicaciones. Sin embargo, la depuración no sólo depende de la experiencia, sino también del desarrollador.

Dentro de los desarrolladores, hay algunas personas que producen un código más limpio y libre de errores que otras, del mismo modo que hay personas con mayor facilidad que otras para detectar y corregir los errores.

Así, podemos afirmar que del mismo modo que a programar se aprende programando, se puede decir que a depurar se aprende depurando. Por tanto, ánimo y a practicar.

13

# OLE y ActiveX

OLE y ActiveX representan dos tecnologías para poder compartir, utilizar y controlar información desde distintas aplicaciones.

La especificación de OLE no es moderna, ya que data de Windows 3.0 y, por tanto, ha tenido tiempo de madurar. Lo que comenzó como un modo de poder incluir documentos de unas aplicaciones dentro de otras, se ha convertido en un modo de acceder a datos de otras aplicaciones, e incluso de poder controlar su funcionamiento.

Esto tiene una especial relevancia desde el momento en el que se ha comenzado a dar importancia a la interoperabilidad. La aparición de *suites* como Microsoft Office han provocado que la integración entre aplicaciones sea un punto muy a tener en cuenta. Y aquí es donde OLE tiene un papel muy importante.

# Introducción

Estamos acostumbrados a trabajar con aplicaciones de forma independiente. Por un lado, tenemos un procesador de texto y, por otro, una base de datos. Son pocos los usuarios que se aventuran a tratar de generar un documento de Word a partir de los datos de una base de datos. A pesar de que Office ha avanzado mucho en el campo de la integración entre las distintas aplicaciones, las cosas siguen sin ser demasiado sencillas.

Sin embargo, si se dedica un tiempo a estudiar cómo pueden funcionar las aplicaciones de Office de forma conjunta, se verá que, con un poco de esfuerzo, las cosas no son tan complicadas. ¿Cuál es el problema? Que un usuario normalmente no exporta todos los días datos entre las distintas aplicaciones. Sí, está bien eso de poder disponer de una hoja de cálculo incrustada en un documento de Word pero, ¿cuál es la utilidad real de esta característica en un ordenador ubicado en un hogar?

En cuanto a la empresa, las cosas quizá son un poco diferentes. En caso de que se deba realizar algún tipo de tarea de este tipo, posiblemente habrá algún experto en informática que mantenga todo este tipo de documentos que se incluyen entre sí. Y si no, seguramente se habrá encargado a otra empresa que desarrolle un sistema integrado que haga que todo sea más sencillo (¿como una aplicación de base de datos?).

Sea como sea, pensamos que todo usuario avanzado de una aplicación tan potente como Microsoft Access debería tener, al menos, unas nociones básicas acerca del funcionamiento de OLE y ActiveX, especialmente en lo que a Access concierne. Por ello, entremos en materia.

# Object Linked and Embedded (OLE)

Podríamos traducir OLE como Objetos Vinculados e Incrustados. En principio, OLE surgió como una tecnología que permitía la inclusión de documentos dentro de otros. Es el caso que comentábamos anteriormente: hojas de cálculo dentro de documentos de Word, documentos de Word dentro de presentaciones de PowerPoint, etc.

La idea es muy simple, pero luego las cosas se complican: si incluimos una hoja de cálculo dentro de un documento de Word, ¿dónde se guardan los datos de la hoja de cálculo? ¿En el documento? ¿En un archivo aparte? Es más, si copiamos el documento en un disquete y lo llevamos a otro equipo, ¿qué pasará si Excel está instalado en un directorio diferente? ¿Y si la versión de Excel es diferente? ¿Y si Excel no está instalado en el equipo? OLE trata de contemplar todas estas posibilidades y muchas más y, como ves, no todas son cuestiones simples.

En Access, OLE nos puede servir para lo mismo que nos serviría en Word o en Excel: para acceder a datos creados por otras aplicaciones. Mediante OLE, podemos hacer que nuestra base de datos almacene documentos completos en campos de tablas o muestre documentos incluso en formularios. Pero cuando hablamos de documentos, no nos referimos tan sólo a documentos de Word y hojas de cálculo Excel. Mediante OLE, podemos acceder a información como imágenes, sonidos, vídeos, siempre que exista una aplicación capaz de manejar toda esta información mediante OLE. Por ejemplo, en la figura 13.1 vemos un formulario de la aplicación Neptuno, que muestra un objeto OLE diferente para cada registro.

Comencemos viendo cómo se almacenan estos documentos en una base de datos Access.

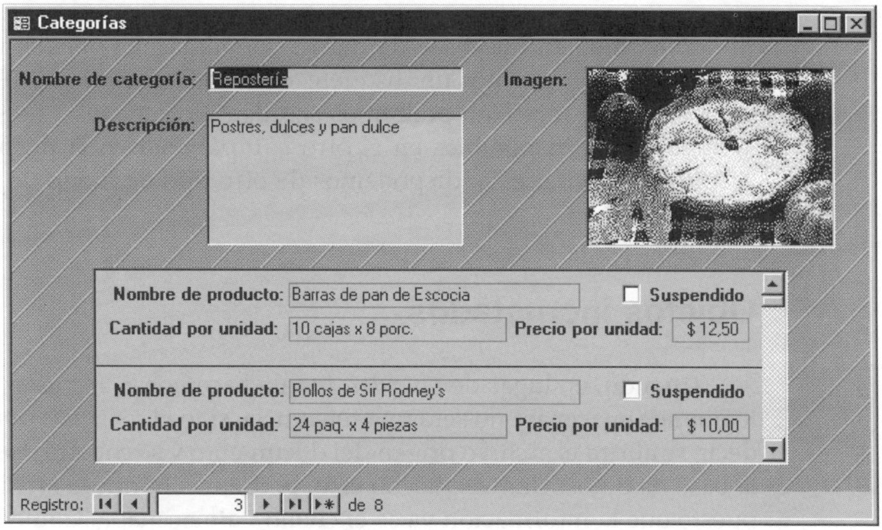


*Figura 13.1. Ejemplo de utilización de objetos OLE en un formulario*

## Objetos vinculados

Un modo de almacenar objetos OLE es mediante lo que se denomina la *vinculación*. Cuando un objeto OLE se encuentra vinculado, lo que se almacena no es exactamente el contenido del objeto, sino una *referencia* al archivo en el que se encuentra almacenado dicho objeto. Es decir, si tenemos un documento de Word almacenado en C:\DOCS\DOCU.DOC, y *vinculamos* el documento en nuestra base de datos, lo que estaremos haciendo realmente es almacenar la *ruta de acceso* al archivo, no el contenido del archivo.

Esto tiene una clara ventaja:

- Si se abre el archivo desde Word y se modifica, puesto que lo que tenemos en Access es una referencia al archivo, los cambios también se reflejarán cuando accedamos al documento a través de Access.

Pero también tiene una clara desventaja:

- Si el archivo se elimina o se cambia de sitio, las referencias a él almacenadas en Access dejarán de ser válidas.

Pensemos en una base de datos, que almacena objetos vinculados (referencias). Si cogemos un disquete, copiamos el archivo .MDB y lo llevamos a otro equipo, no podremos acceder a los objetos a no ser que los archivos estén disponibles en el otro equipo justo en la misma ruta de acceso. Para evitar esto, disponemos de otro tipo de modo de almacenar los objetos.

## Objetos incrustados

Cuando, en lugar de *vincular*, lo que hacemos es *incrustar* un objeto, lo que se almacenará no será una referencia, sino el *contenido* del objeto. Es decir, se abrirá el archivo origen del documento y se copiará, *byte* a *byte* en la base de datos. Una vez hecho esto, podremos borrar el archivo origen, puesto que la información ya se encuentra almacenada. Como antes, esto tiene una clara ventaja:

- Puesto que lo que la base de datos almacena ahora es el contenido del objeto, el documento siempre será accesible, aunque el archivo original se borre o se cambie de sitio. Es más, podemos copiar el archivo MDB de un equipo a otro y con el archivo, se copiarán también todos los documentos *incrustados*.

Pero tiene una clara desventaja:

- Las modificaciones que se realicen al archivo original no se verán reflejadas en la base de datos, ya que la base de datos almacena su propia copia del objeto. Lo mismo ocurre si lo que modificamos es la copia del objeto en la base de datos: el archivo original no se verá afectado.

Precisamente por el modo de operación de la *incrustación* OLE, las bases de datos que utilicen este método para almacenar los documentos ocuparán más espacio que las que utilicen *vinculación*.

Haciendo un símil, podemos comparar la *incrustación* con la *importación* de datos en tablas y la *vinculación*, con la *vinculación* de tablas.

En la figura 13.2 podemos ver una representación gráfica de las diferencias entre *incrustación* y *vinculación*.

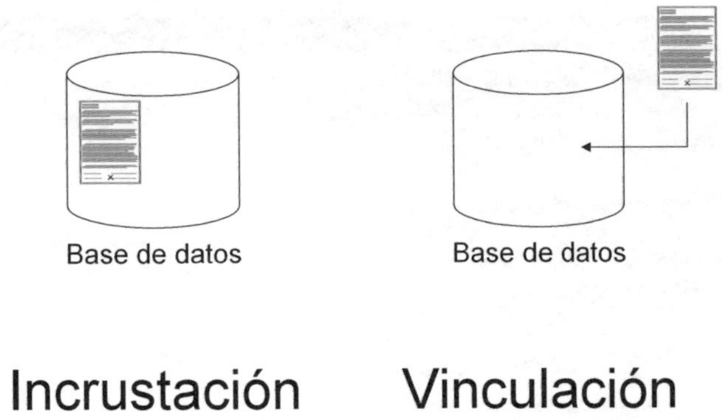


*Figura 13.2. La incrustación copia los documentos en la base de datos, mientras que la vinculación sólo almacena una referencia a un archivo*

## Utilización de objetos OLE

Como vimos en el capítulo dedicado a tablas, Access nos permite almacenar objetos OLE en campos de tipo Objeto OLE. Vamos a partir de un ejemplo sencillo para ver de qué puede servirnos OLE en nuestras aplicaciones de base de datos.

Vamos a crear una aplicación que sirva para almacenar fotografías, una especie de galería de imágenes.

Para no complicar las cosas, vamos a trabajar tan sólo con una tabla, tblFotografías, con tres campos:

- *ID*, clave primaria de la tabla. Campo Autonumérico.
- *Descripción*, donde introduciremos una breve descripción de la fotografía. Campo Texto.
- *Fotografía*, donde introduciremos el objeto OLE. Por ello, el campo es de tipo Objeto OLE.

Diseñamos un formulario bastante sencillo aunque, como va a ser para una aplicación donde la imagen es muy importante, le damos un cierto "toque".

Como sabemos, Access nos permite definir imágenes como fondo de formularios. Lo establecemos desde las propiedades (figura 13.3).

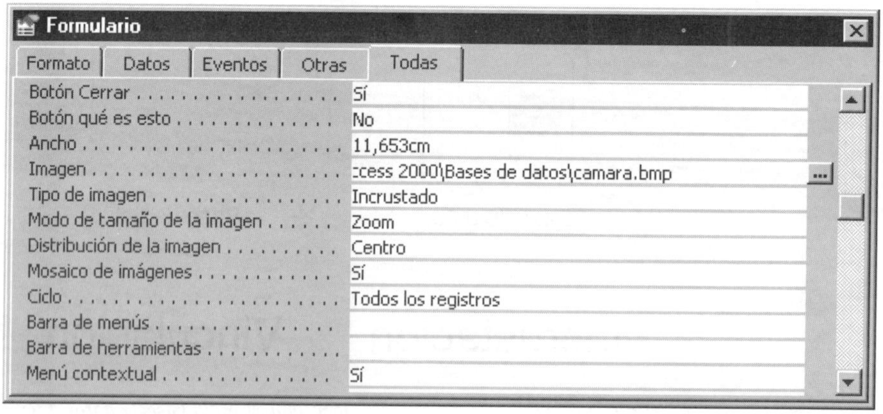


*Figura 13.3. Establecimiento de la imagen de fondo del formulario*

Como vemos en la figura, existe una propiedad que nos permite elegir entre *incrustar* o *vincular* la imagen.

El concepto es el mismo que para los objetos OLE. De hecho, en las versiones de Access anteriores a Access 95, la única forma que existía de incluir imágenes en un formulario era incrustando o vinculando un objeto OLE.

Sin embargo, este modo de trabajo hacía que la aplicación consumiera muchos recursos, por lo que, a partir de Access 95, se optimizaron las herramientas para poder incluir imágenes en formularios. Sin embargo, un poco más adelante veremos cómo incluir objetos OLE como parte de un formulario.

Bien, pues con esto, nuestro formulario tiene la apariencia que mostramos en la figura 13.4.

Como vemos, hemos reservado un generoso espacio para la fotografía. No olvidemos que precisamente el poder observar las fotografías es el objetivo principal de la aplicación.

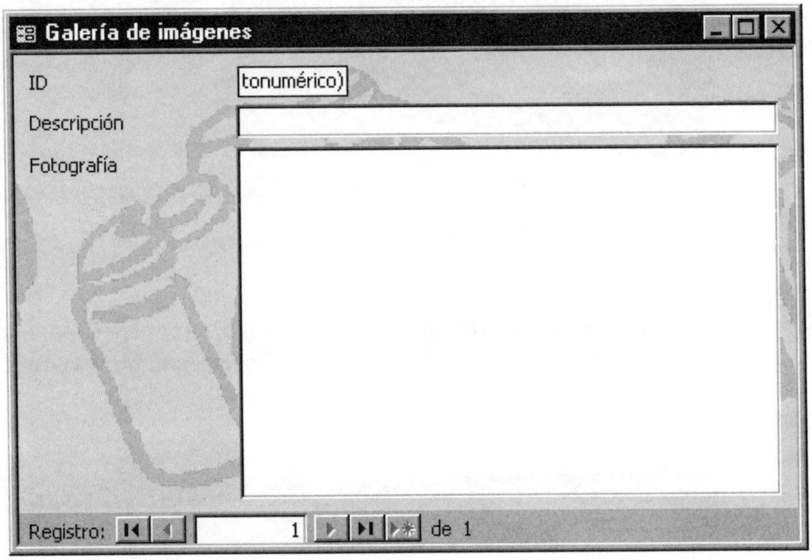


*Figura 13.4. Diseño del formulario*

Ya tenemos el formulario, por lo que podemos comenzar a introducir los datos.

Puesto que ID es Autonumérico, se asigna de forma automática, introducimos la descripción; sin embargo, a la hora de introducir la fotografía, nos encontramos con un problema: ¿cómo se incrusta o vincula un objeto OLE?

Un modo sería haciendo clic con el botón secundario del ratón sobre el espacio dedicado al objeto OLE.

En el menú contextual que aparece, seleccionamos la opción Insertar objeto. Con esto, aparece el cuadro de diálogo de la figura 13.5, que vemos seguidamente.

*Figura 13.5. Cuadro de diálogo* Insertar objeto *con la opción* Crear nuevo

En este cuadro de diálogo podemos optar entre Crear nuevo, que es lo que podemos ver en la figura 13.5 y Crear desde archivo, que vemos en la figura 13.6.

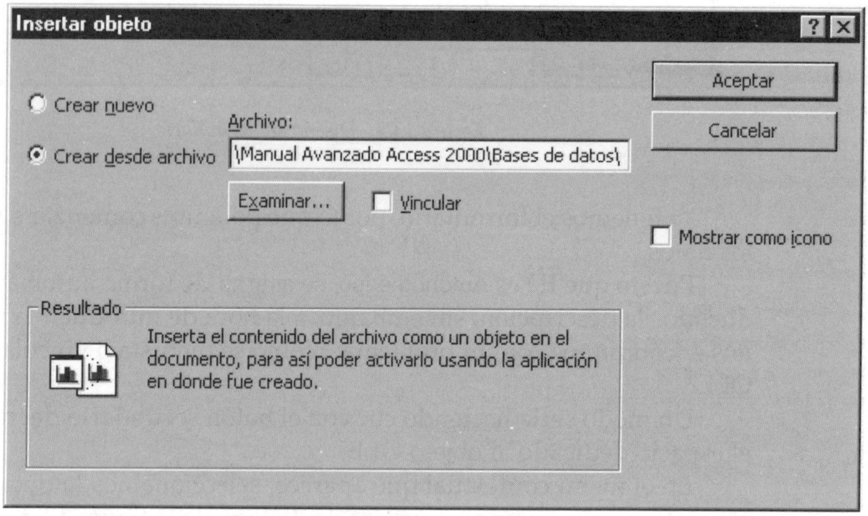


*Figura 13.6. Cuadro de diálogo* Insertar objeto *con la opción* Crear desde archivo

Examinemos las diferencias:

- Crear nuevo nos permite crear un nuevo objeto, sin partir de un archivo. Para ello, tendremos que seleccionar qué tipo de objeto queremos crear. De ahí la aparición de una lista con todas las aplicaciones que podremos utilizar para crear el objeto. Puesto que el objeto no se está creando a partir de ningún archivo, el modo en el que Access operará con él será *incrustándolo* (ya que no puede vincularlo).
- Crear desde archivo nos permite insertar un objeto en nuestra base de datos, partiendo de un archivo. Puesto que los archivos ya se encuentran asociados a aplicaciones concretas mediante el registro del sistema, una vez seleccionado el archivo no tendremos que indicar de qué tipo es. Estamos tomando los datos del objeto desde un archivo, por lo que podemos decidir entre *incrustar* el objeto (se copiará el contenido del archivo en la base de datos) o *vincularlo* (se almacenará la referencia al archivo). Por defecto, la opción es *incrustarlo*.

Además, desde este cuadro de diálogo se nos permite establecer una opción más acerca de cómo se visualizará el objeto en el formulario: si la aplicación de origen dispone de capacidades de previsualización a través de OLE, el documento se previsualizará en el formulario. Si no, o si seleccionamos la casilla Mostrar como icono, lo que se mostrará en el formulario será un icono asignado por la aplicación origen.

Éstas son las opciones de las que disponemos si queremos insertar un objeto OLE en el campo del formulario. Sin embargo, todo esto puede resultar complicado para usuarios no experimentados, por lo que vamos a intentar hacerlo más fácil.

Para empezar, queremos que todas las fotografías de la galería de imágenes se *incrusten* en nuestra base de datos. Esto hará que la base de datos ocupe mucho más, pero almacenamos datos y fotografías en el mismo archivo. Por lo tanto, no queremos que el usuario tenga que preocuparse de elegir entre *incrustación* y *vinculación*. También queremos que el usuario pueda introducir la ruta de acceso al archivo que contiene la fotografía, pero nada más.

Así que, lo que realmente necesitaríamos sería disponer de un botón Insertar imagen en nuestro formulario. Creamos el botón y se abre el asistente para la creación de botones de comando. Sin embargo, entre las opciones del asistente no encontramos la que necesitamos, así que pulsamos el botón Finalizar. Tenemos que hacerlo "a mano".

Asociamos un procedimiento al evento AlHacerClic sobre el botón InsertarImagen. Introducimos, por ejemplo, el siguiente código:

```
Private Sub InsertarImagen_Click()
   Fotografía.SourceDoc = "P:\LosBarruecos.bmp"
   Fotografía.Action = acOLECreateEmbed
End Sub
```

Al establecer la propiedad SourceDoc del objeto Fotografía, estamos indicando cuál va a ser el archivo origen con el que se insertará el objeto.

Hemos establecido esta propiedad directamente mediante una asignación por simplificar pero, esta asignación se podría realizar mediante un cuadro de diálogo en el que el usuario introdujera la ruta de acceso al archivo.

Una vez establecida la ruta de acceso al archivo, tenemos que indicar al control que debe *incrustar* el documento de ese archivo en el campo OLE. Esto se hace a través de la propiedad Action.

Cada vez que se establezca un valor sobre esta propiedad, se ejecutará una acción sobre el control asociado al campo OLE. En la tabla 13.1 mostramos las acciones que podemos realizar.

*Tabla 13.1. Conjunto de acciones que puede ejecutar un objeto OLE*

| Constante | Acción |
|---|---|
| acOLECreateEmbed | Crea un objeto incrustado. |
| acOLECreateLink | Crea un objeto vinculado. |
| acOLECopy | Copia el objeto OLE al portapapeles. |
| acOLEPaste | Pega los datos del portapapeles en el objeto OLE. |
| acOLEUpdate | Recupera los datos actuales de la aplicación que lo creó y muestra esos datos en el control. |
| acOLEActivate | Abre el objeto OLE con la operación que hayamos especificado en la propiedad Verb del objeto. |
| acOLEClose | Cierra el objeto OLE y termina la conexión con la aplicación que lo creó (solamente para objetos incrustados). |

*(continúa)*

*Tabla 13.1. Conjunto de acciones que puede ejecutar un objeto OLE (continuación)*

| Constante | Acción |
|---|---|
| acOLEDelete | Elimina el objeto OLE y libera la memoria que ocupaba. No podemos eliminar objetos asociados a tablas o consultas. |
| acOLEInsertObjDlg | Abre el cuadro de diálogo Insertar objeto. |
| acOLEPasteSpecialDlg | Muestra el cuadro de diálogo Pegado especial. |
| acOLEFetchVerbs | Actualiza la lista de verbos que admite un objeto OLE. |

Pues ya está. Vamos al modo Presentación del formulario para comprobar que, realmente, funciona.

Pulsamos a continuación el botón Insertar imagen y el objeto se *incrusta* automáticamente. Observa la imagen de la figura 13.7.

*Figura 13.7. El objeto se ha incrustado correctamente*

Realmente, tenemos que hacer notar algunos pequeños detalles:

- La imagen no tiene el tamaño exacto del marco OLE del formulario. Hemos seleccionado la propiedad Extender para que la aplicación adaptara la presentación de la imagen exactamente al tamaño del marco.

---

**Nota**

*Ten en cuenta que, de este modo, la imagen puede deformarse si las proporciones ancho y alto son diferentes entre la fotografía y el marco OLE.*

---

- Hemos seleccionado el tipo de presentación Contenido en el marco. Si hubiéramos elegido Icono, aparecería lo que se muestra en la figura 13.8.

---

**Nota**

*Aún habiendo elegido el modo de presentación* Icono*, la imagen seguirá estando allí. De hecho, podemos hacer doble clic y la aplicación asociada se abrirá automáticamente, mostrando la imagen.*

---

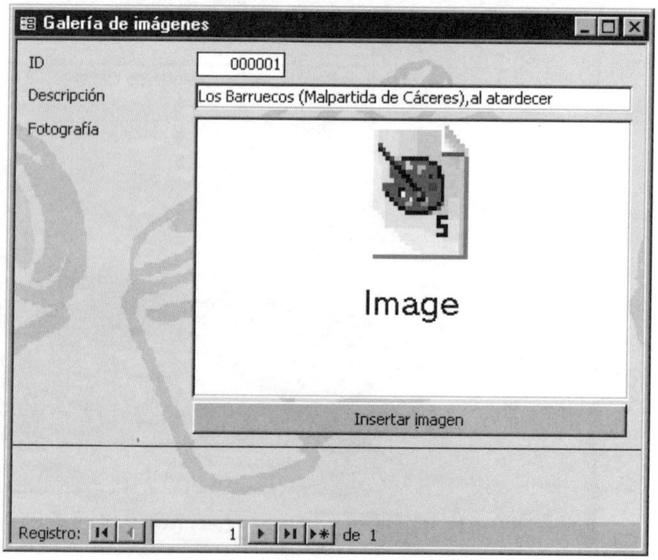


*Figura 13.8. Presentación en modo Icono*

- En la propiedad Tipos OLE permitidos tenemos que seleccionar o bien Incrustados o bien Ambos. Si no, no se permitirá la *incrustación* del objeto.

## Modificación de la operación por defecto

Si hacemos doble clic sobre la imagen se abrirá la aplicación asociada al objeto. En este caso, se dice que estamos *activando* el objeto. Pero este modo de activación no es el único. Si incluimos una hoja de cálculo en un documento de Word, podremos editar la hoja de cálculo directamente desde el entorno de Word, sin que aparezca el entorno completo de Excel. La aplicación asociada con las imágenes no permite este modo de operación, así que, para mostrarlo, vamos a *incrustar* un documento de Word.

Ahora vamos a las propiedades del marco OLE, buscamos la propiedad Verbo y cambiamos 0 (el valor por defecto) por -4. En las tablas 13.2 y 13.3 puedes encontrar una explicación acerca de estos valores.

*Tabla 13.2. Conjunto de verbos estándar*

| Constante | Valor | Descripción |
|---|---|---|
| acOLEVerbPrimary | 0 | Operación predeterminada. |
| acOLEVerbShow | -1 | Edición del objeto. |
| acOLEVerbOpen | -2 | Abre el objeto en una ventana independiente. |
| acOLEVerbHide | -3 | Oculta la aplicación que creó el objeto (si es incrustado). |

*Tabla 13.3. Otros verbos reconocidos por algunos objetos OLE*

| Constante | Valor | Descripción |
|---|---|---|
| acOLEVerbInPlaceUIActivate | -4 | Abre la edición del objeto dentro del control con las herramientas de la aplicación asociada al objeto OLE. |
| acOLEVerbInPlaceActivate | -5 | Activa el objeto dentro del control. No se ofrecen los menús ni las barras de herramientas del objeto OLE. |

Puesto que hemos seleccionado el Verbo -4, que hace que la activación del objeto implique la edición del objeto *dentro* del marco OLE, la aplicación origen se *activará* dentro del marco. Lo vemos en la figura 13.9.

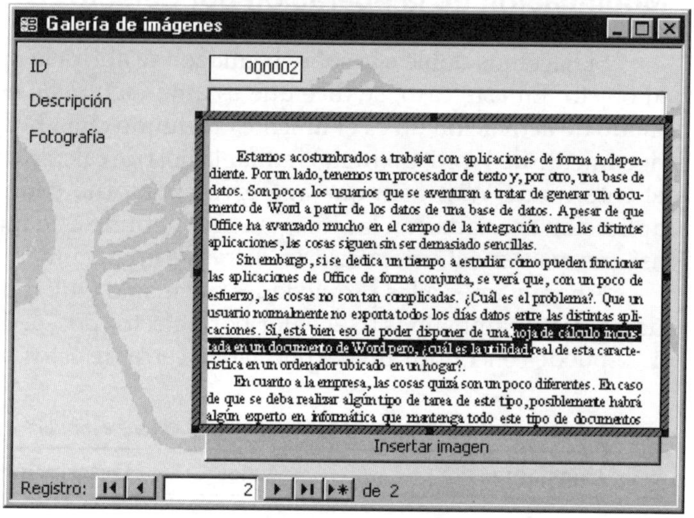


*Figura 13.9. Edición del documento de Word, sin salir de Access*

## Objetos independientes

Lo que hasta ahora hemos hecho ha sido insertar un objeto OLE en un campo de una tabla. El objeto se almacena de forma similar a como se almacena un texto o un campo numérico, pero siempre dentro de la tabla. A este modo de operación se denomina *objetos dependientes*.

Sin embargo, también podemos insertar objetos en formularios o informes directamente, en lugar de en un campo de una tabla. En caso de que así lo hagamos, el objeto será siempre el mismo, independientemente del registro que se esté mostrando. De ahí que a este tipo de objetos se les denomine en Access *objetos independientes*.

Antes comentábamos que el único modo de insertar imágenes en formularios de Access en las versiones anteriores a Access 95 era mediante objetos OLE. Pues bien, lo que realmente se hacía era insertar objetos *independientes*. El modo de trabajar con estos objetos es básicamente similar a si el objeto es *dependiente*. Una de las diferencias que encontraremos será al acceder a las propiedades del objeto, ya que encontraremos mucha más información que en el caso de los objetos dependientes. Por ejemplo, encontraremos información acerca de la Clase OLE, de la Clase, etc.

En la figura 13.10 podemos ver la inserción de un objeto OLE independiente en un formulario de Access.

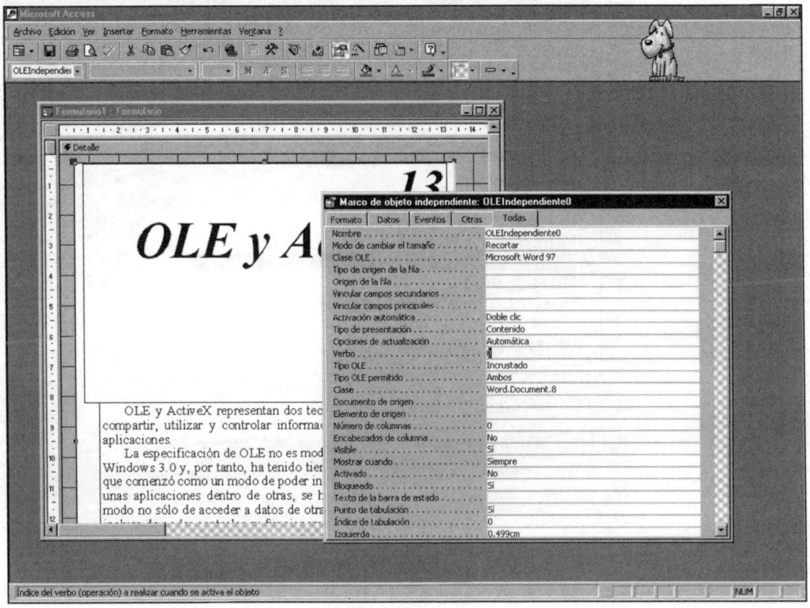


*Figura 13.10. Objeto OLE independiente en un formulario de Access*

# Automatización OLE

La automatización OLE permite a las aplicaciones ir un poco más allá de la vinculación o incrustación de objetos. Permite *controlar* las aplicaciones origen de los documentos. Gracias a la automatización, Access puede abrir Word e indicarle que desea abrir un archivo, pegar un texto, cambiar un formato de fuente, etc.

Todas estas operaciones se realizan a través de *clases*, que las aplicaciones compatibles con la automatización registran en el sistema cuando se instalan.

Para que Access pueda, por ejemplo, usar las capacidades de automatización de Word, debe *referenciar* las clases que Word registra durante la instalación.

Vamos a la ventana de referencias (desde la ventana de edición de Visual Basic), y seleccionamos las clases de Word. Lo podemos ver en la figura 13.11.

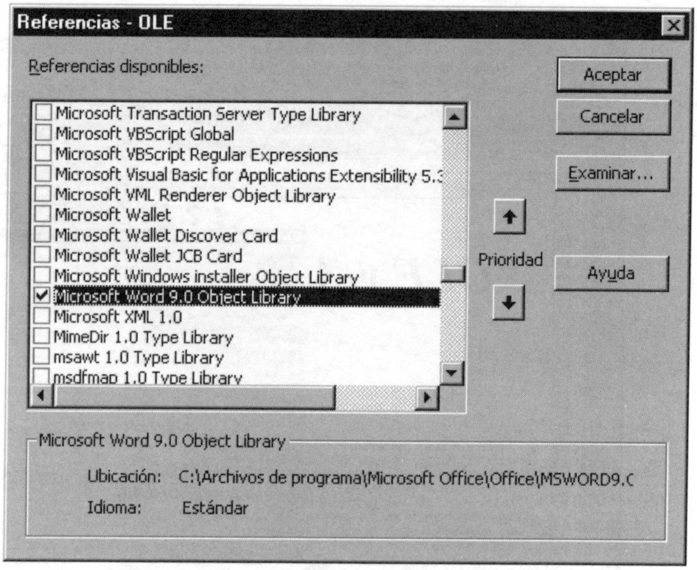


*Figura 13.11. Referenciando las clases de Word*

Una vez referenciadas las clases de Word, podemos abrir el examinador de objetos para ver qué es exactamente lo que se nos proporciona. Seleccionamos que queremos ver Word (figura 13.12).

Una vez incluidas las referencias, podemos comprobar que esto realmente funciona. Abrimos un documento en Word y volvemos a Access. Ahora nos vamos a la ventana Inmediato del editor de Visual Basic. Introducimos lo siguiente:

```
?Word.ActiveDocument
```

Tras esto, en la ventana Inmediato aparecerá el documento que está abierto en Word. Pero no sólo podemos obtener información. Podemos, por ejemplo, indicar a Word que abra un documento:

```
Word.Documents.Open("P:\CAPI13.DOC")
```

Las aplicaciones de Office permiten, mediante automatización, realizar prácticamente cualquier tarea del mismo modo que si se realizara

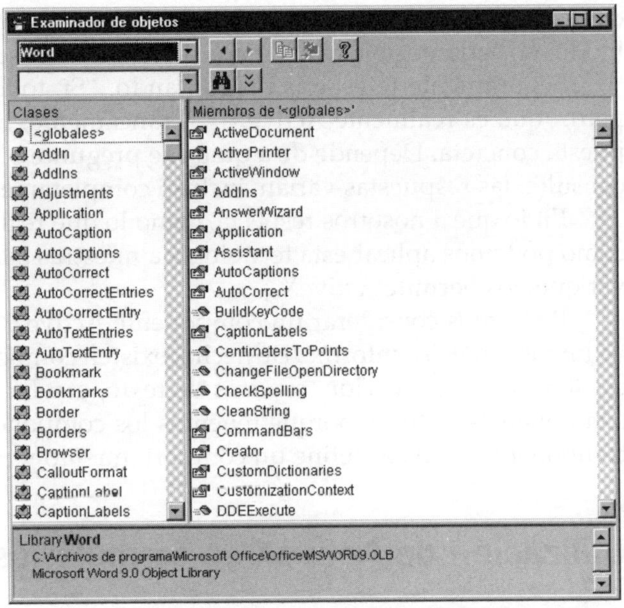


*Figura 13.12. Ahora podremos, desde Access Basic, tener acceso a todo esto*

manualmente. Las posibilidades de la automatización son tantas como las de las propias aplicaciones.

Sin embargo, no olvidemos que lo que estamos haciendo es desarrollar una aplicación de base de datos. Por ello, es posible que algunas de estas características, e incluso bastantes de ellas, puedan servir para hacer la aplicación más fácil de usar. Pero serán muy dependientes del uso concreto que se vaya a dar a la aplicación de base de datos. No ahondaremos más en este tema y te remitimos tanto a la ayuda de Access como, en este caso, a la propia ayuda de las aplicaciones.

# ActiveX

ActiveX surge en diciembre de 1995, como un término general que abarca varias tecnologías, como OLE o DDE. De hecho, a este tipo de tecnología también se le denomina como componentes OLE personalizados.

Muchos sitúan a ActiveX como una tecnología puesta al servicio de Internet, pero sin mucha más utilidad. Como veremos, esto no es del todo cierto, y ActiveX nos servirá para llevar a cabo algunas tareas que, de otro modo, no sería posible realizar con Access o sería sumamente complejo.

Seguramente te estarás preguntando: "Sí, todo esto está muy bien, pero, ¿qué es realmente ActiveX?". Francamente, no sabría dar una respuesta concreta. Depende de a quién se pregunte o la información que se consulte, las respuestas varían, incluso completamente.

En lo que a nosotros respecta, como lo que realmente nos interesa es cómo podemos aplicar esta tecnología a nuestras bases de datos, vamos a ver qué nos permite ActiveX.

Podremos considerar un componente ActiveX como un control más en un formulario o informe. De hecho, existen componentes ActiveX como casillas de comprobación, cuadros de texto, etc. En Access no utilizamos componentes ActiveX porque tenemos los componentes nativos. Así, un componente ActiveX define un comportamiento y unas propiedades.

## Utilización de ActiveX en formularios e informes

Uno de los usos más extendidos de los componentes ActiveX sobre Access es para incluir un *calendario*. La idea es disponer de un control que permita al usuario seleccionar, de forma sencilla pero sobre todo visual, una fecha determinada.

Para ello, disponemos de un control, llamado Control Calendar, que podemos insertar en nuestros formularios e informes. Vamos al menú Insertar y seleccionamos Control ActiveX. Con ello, aparecerá un cuadro de diálogo que nos permitirá seleccionar el control que deseamos insertar. Seleccionamos Control Calendar, como vemos en la figura 13.13.

*Figura 13.13. Inserción de Control Calendar*

Con esto, aparecerá el control seleccionado en nuestro formulario. Lo vemos en la figura 13.14.

*Figura 13.14. Control Calendar en nuestro formulario*

Podemos ver y establecer sus propiedades, de igual modo que haríamos con cualquier otro control (figura 13.15). En esta figura vemos que el control no sólo dispone de propiedades estándar, como la asignación de funciones a eventos o la asignación del color de fondo, sino propiedades específicas del control, como son la selección del primer día de la semana o si se deben mostrar los días del mes o no.

Del mismo modo que ocurría con la automatización OLE, las posibilidades de la utilización de componentes ActiveX son realmente amplias, y depende de la imaginación del desarrollador el aprovechar todas estas posibilidades de la mejor forma posible.

## Instalación de componentes ActiveX

Hemos visto cómo usar los componentes. Imaginemos que un componente que necesitamos incluir en nuestra aplicación de base de datos llega a nuestras manos. La primera tarea será instalarlo en el sistema.

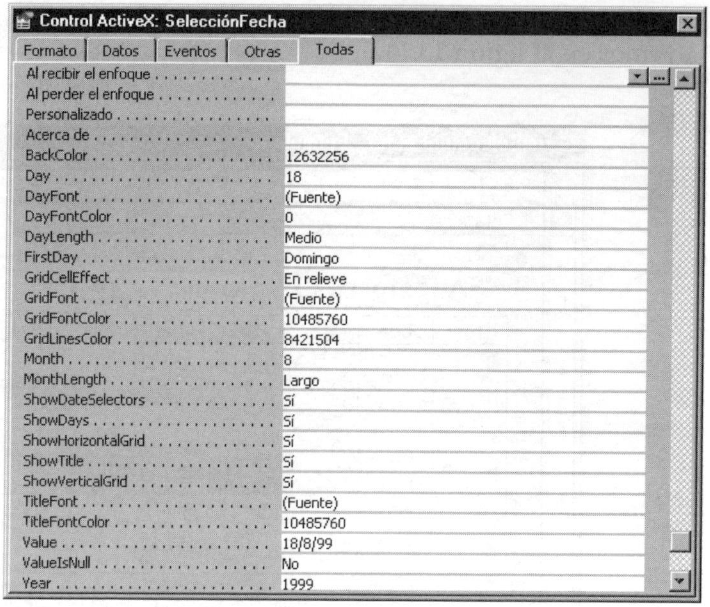


*Figura 13.15. Propiedades del control ActiveX*

La instalación de un componente ActiveX generalmente consiste en la copia del componente a un directorio de Windows y registrarlo en el sistema. Disponemos de dos herramientas diferentes para realizar estas tareas automáticamente: Access y REGSVR32.EXE (incluido en el CD-ROM del libro).

## Instalar componentes ActiveX desde Access

Si queremos instalar un componente ActiveX desde Access, iremos al menú Herramientas y seleccionaremos Controles ActiveX.

Con ello, aparecerá un cuadro de diálogo en el que se muestran todos los controles ActiveX registrados en nuestro sistema (figura 13.16).

Desde este cuadro de diálogo podremos tanto quitar controles como añadirlos. Te recomendamos que te asegures antes de quitar un control del sistema, porque puede ocurrir que haya aplicaciones que lo necesiten para funcionar. En cuanto a la adición de controles, sólo comentar que tras pulsar el botón Registrar, Access pedirá el archivo que contiene el control que queremos registrar y, una vez seleccionado, la instalación se realizará de forma automática.

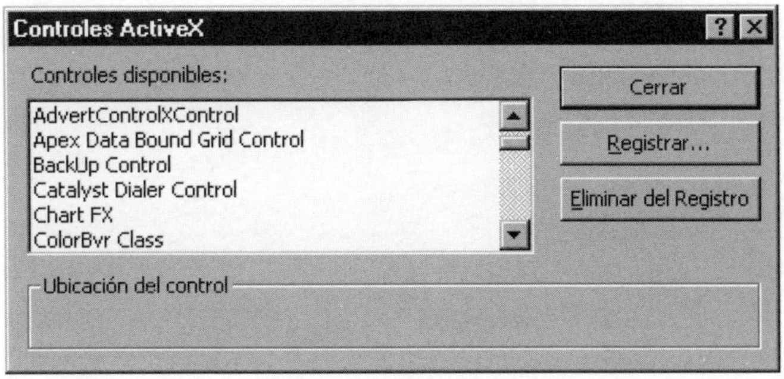


*Figura 13.16. Cuadro de diálogo de gestión de controles ActiveX*

## Instalar componentes ActiveX manualmente

También podemos instalar los componentes ActiveX manualmente desde una ventana de MS-DOS.

La forma de proceder sería:

- Copiar el archivo que contiene el componente a nuestro disco duro, generalmente mejor si es un directorio de Windows.
- Ejecutar el programa REGSVR32.EXE para registrar el componente. La sintaxis es sencilla:

```
REGSVR32 RutaDeAccesoAlComponente
```

# 14

# ODBC

Microsoft Access proporciona un entorno de desarrollo de aplicaciones de bases de datos muy apto para la creación de aplicaciones sencillas, sin grandes pretensiones.

Sin embargo, también proporciona un entorno de desarrollo que puede ser utilizado para la creación de aplicaciones que trabajen con grandes volúmenes de datos, integrándose en un sistema de información corporativo.

Microsoft Access puede acceder a datos proporcionados por sistemas gestores de bases de datos más potentes que él, y presentar de este modo un FrontEnd que permita al usuario tratar de forma más o menos sencilla cantidades masivas de datos.

¿Cómo puede Access comunicarse con estos sistemas? A través de lo que se denomina ODBC.

# Qué es ODBC

En 1991 Microsoft presentó Open Database Connectivity (ODBC) como un modo estándar para que las aplicaciones de PC (o más bien las aplicaciones Windows) pudieran acceder a datos de sistemas de bases de datos corporativos. ODBC es un estándar basado en el lenguaje de bases de datos SQL, en el que la implementación de este lenguaje es transparente al usuario, por lo que realmente no es necesario el conocimiento de SQL.

La función principal de ODBC es independizar la tecnología utilizada en los FrontEnds de la tecnología utilizada en los BackEnds en las aplicaciones de bases de datos. De este modo, una aplicación de base de datos desarrollada sobre Access puede trabajar con datos provenientes de sistemas gestores de bases de datos más potentes, como SQL Server, Oracle, Informix, etc.

Desde el momento en el que el fabricante de una base de datos proporciona un interfaz ODBC, el usuario de un PC puede utilizar cualquier aplicación compatible con ODBC (como Microsoft Access) para acceder a los datos de dicha base de datos.

## Microsoft Access y ODBC

Recordemos que una de las tareas del motor Microsoft Jet era precisamente acceder a datos contenidos en archivos de Microsoft Access, bien directamente o bien mediante tablas vinculadas.

**Nota**

*Como ya sabemos, el motor Microsoft Jet también puede acceder, gracias a los controladores ISAM, a archivos dBASE, Btrieve, FoxPro, Excel, Exchange, hojas de cálculo Lotus, así como a archivos de Texto plano o con formato HTML.*

El motor Microsoft Jet es, además, el encargado de acceder a los datos mediante ODBC o, dicho de otro modo, el nivel correspondiente al motor Jet es el que se comunica directamente con el nivel ODBC (figura 14.1).

Al igual que ocurre con las bases de datos ISAM, en las que es necesario un controlador ISAM para el acceso a los datos, en ODBC también es necesario un controlador.

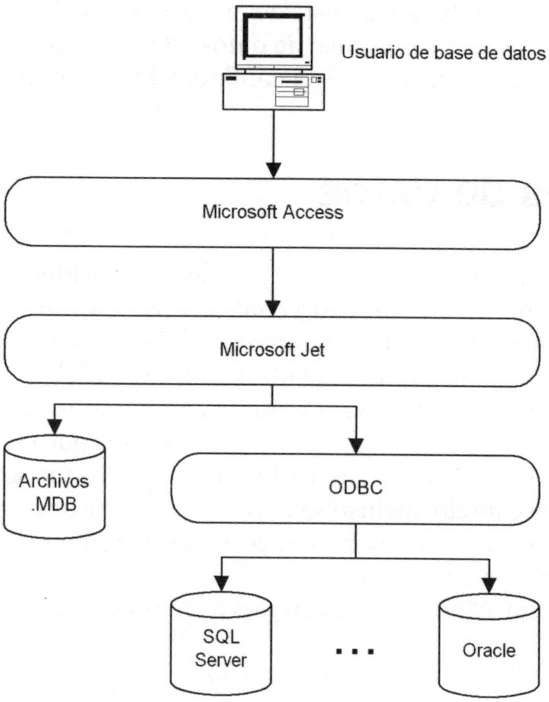


*Figura 14.1. Ubicación de ODBC*

# Controladores de ODBC

Un controlador de ODBC es una capa intermedia entre los datos y el programa de acceso a dichos datos. Los controladores de ODBC se almacenan como librerías dinámicas de Windows, generalmente en el directorio SYSTEM en Windows 9x o SYSTEM32 en Windows NT.

Un controlador implementa, por un lado, la lógica necesaria para "entenderse" con el servidor de bases de datos para el que esté diseñado y, por otro, la lógica necesaria para que el motor Jet pueda acceder a los datos, según vimos en la figura 14.1.

Así, cada fabricante de un sistema gestor de bases de datos que quiera proporcionar compatibilidad con ODBC, proporcionará un controlador ODBC correspondiente con su sistema gestor. El usuario que desee acceder a los datos vía ODBC deberá instalar dicho controlador en aquellos equipos desde los que desee realizar la conexión.

Sin embargo, la instalación del controlador de ODBC no es suficiente para acceder a una base de datos ODBC, sino que es necesaria cierta configuración adicional. Esta configuración se conoce como *orígenes de datos.*

# Orígenes de datos

Los orígenes de datos se pueden considerar como instancias específicas de un determinado controlador, es decir, contienen la información necesaria acerca de cómo acceder a datos contenidos en una base de datos accesible mediante un controlador de ODBC.

Por ejemplo, en el caso de acceder a un servidor de bases de datos ODBC, se deberá crear un origen de datos que especifique la ubicación de dicho servidor, el nombre de usuario con el que se iniciará la conexión, etc. De este modo, incluso se podrían crear varios orígenes de datos que accedan a un mismo servidor, pero con parámetros diferentes, como podría ser el nombre de usuario.

En Windows, existen tres formas de configurar un origen de datos:

- Origen de datos de usuario
- Origen de datos de sistema
- Origen de datos de archivo

## Orígenes de datos de usuario

Partiendo de que un mismo equipo pueden utilizarlo diferentes usuarios, es lógico pensar que cada uno de ellos podría desear una configuración diferente. Un usuario preferirá tener un determinado fondo, posiblemente utilizará aplicaciones diferentes, etc.

Con los orígenes de datos ocurre lo mismo: es posible que un determinado usuario sea el único que necesita acceso a los datos de una base de datos ODBC. Es más, es posible que no desee facilitar esta configuración a ninguno de los otros usuarios del equipo. En este caso, el usuario deberá crear un origen de datos de usuario.

Los parámetros de configuración relativos a cada origen de datos se almacenan en el registro de Windows. Para acceder a la configuración de los orígenes de datos de usuario del usuario actual, se utiliza la rama del registro *HKEY_CURRENT_USER\SOFTWARE\ODBC\ODBC.INI.*

**Nota**

*Como seguramente ya conocerás, se puede acceder al registro de Windows gracias a una aplicación denominada* REGEDIT. *Para ejecutarla, simplemente selecciona la opción* Ejecutar... *del menú* Inicio *de Windows, e introduce* REGEDIT *en el cuadro* Abrir.

## Orígenes de datos del sistema

Los orígenes de datos del sistema cumplen la misma función que los orígenes de datos de usuario, pero con la salvedad de que los orígenes de datos del sistema están disponibles para todos los usuarios del equipo. Es más, los servicios de Windows NT también tienen acceso a estos orígenes de datos. Así, por ejemplo, estos orígenes de datos resultan muy adecuados para la configuración de un servidor Web como IIS (Internet Information Server) que genere páginas de forma dinámica basándose en datos obtenidos mediante ODBC (figura 14.2). El origen de datos del sistema deberá estar configurado entonces en el equipo que ejecute el IIS.

**Nota**

*En el caso de que este tema te resulte interesante, te referimos al capítulo dedicado a Internet, donde se ven con mayor profundidad estos conceptos.*

Los parámetros de configuración de los orígenes de datos del sistema se almacenan, al igual que los de usuario, en el registro de Windows. Sin embargo, en este caso la rama del registro es *HKEY_LOCAL_MACHINE\SOFTWARE\ODBC\ODBC.INI.*

## Orígenes de datos de archivo

Como acabamos de ver, tanto la configuración de los orígenes de datos de usuario como los de sistema se almacena en el registro de Windows. Sin embargo, esto hace que la configuración de varios equipos para el acceso a un mismo origen de datos se deba realizar de forma individual. La configuración de un origen de datos en un solo equipo no es una tarea laboriosa, pero la configuración de, por ejemplo, veinte equipos, uno por uno, sí que puede resultar tediosa.

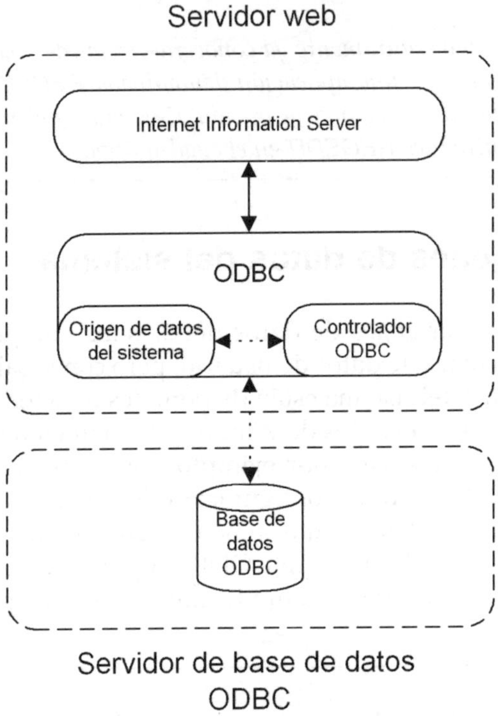


*Figura 14.2. Ejemplo de configuración de un servidor Web con acceso a bases de datos ODBC*

**Nota**

*Existen métodos para la distribución de ramas del registro, así como de las preferencias de cada usuario, a través de una red de ordenadores. Generalmente, estas soluciones pasan por la configuración de un dominio de Windows NT. Por ete motivo no entraremos en mayor detalle en este punto.*

Para facilitar el acceso a orígenes de datos desde diferentes equipos, Windows incorpora los orígenes de datos de archivo. Éstos consisten en que la configuración de un origen de datos se almacena en un archivo (con extensión .DSN), en lugar de en el registro del sistema.

Estos archivos contienen toda la información necesaria para acceder a una base de datos ODBC y, puesto que son archivos, son fácilmente almacenables en unidades de red, discos duros o disquetes.

# Vinculación de tablas a través de ODBC

Tras esta introducción del funcionamiento de ODBC en Windows, pasamos a ver para qué puede servir ODBC en Microsoft Access, cómo podemos utilizarlo y cuál es la forma más eficaz.

## ¿Está instalado el controlador de ODBC?

La primera duda que puede surgir es cómo acceder a los datos de una base de datos ODBC desde Microsoft Access. En el capítulo dedicado a tablas se describieron los mecanismos de vinculación mediante controladores ISAM. Microsoft Access proporciona además un mecanismo de vinculación similar, pero basado en ODBC. Para ver cómo funciona, vamos a ir paso por paso en la conexión a una base de datos ODBC.

En nuestro caso, vamos a partir de una base de datos Oracle, a cuyos datos queremos acceder desde un equipo en el que ya hemos instalado el controlador de ODBC para el acceso a datos Oracle. Sabemos que este controlador se encuentra instalado accediendo al icono Fuentes de datos ODBC del Panel de control (figura 14.3).

## Creación del origen de datos

Vamos a crear un origen de datos de sistema. Para ello, desde el apartado Fuentes de datos ODBC del Panel de control, seleccionamos la pestaña DSN de sistema. Pulsamos sobre el botón Agregar. Aparece un cuadro de diálogo con una lista que contiene todos los controladores de ODBC instalados. Seleccionamos Oracle ODBC Driver y pulsamos Finalizar (figura 14.4).

**Aviso**

*Microsoft también proporciona directamente un controlador de ODBC para Oracle. Se puede seleccionar uno u otro. Eso sí, en caso de ocurrir algún tipo de problema con la comunicación ODBC, es recomendable probar con el otro controlador, o buscar uno más actualizado.*

Ahora aparece el cuadro de diálogo de configuración específica del origen de datos (figura 14.5).

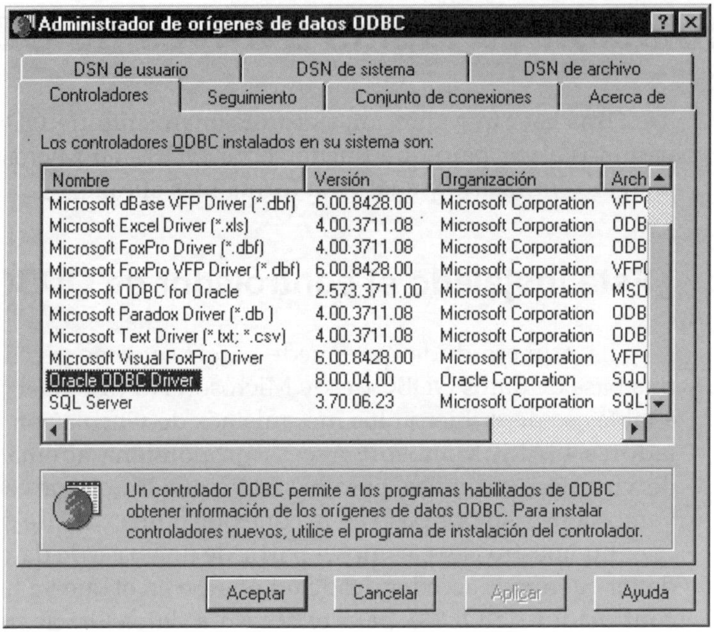


*Figura 14.3. Controladores de ODBC instalados en el sistema*

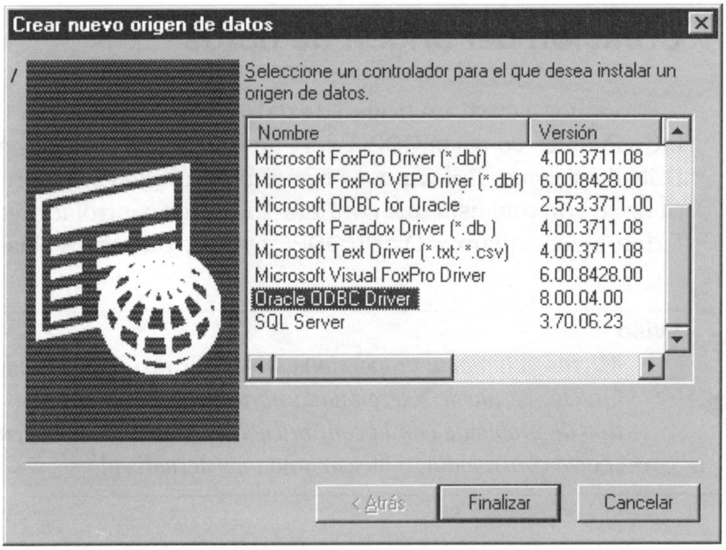


*Figura 14.4. Selección del controlador de ODBC para el origen de datos*

**Aviso**

*Este cuadro de diálogo es diferente para cada controlador de ODBC, por lo que lo que exponemos a continuación puede no ser aplicable a tu caso concreto. Sin embargo, vamos a ver cómo introducir los datos que nos pide este cuadro de diálogo porque puede ser de ayuda a la hora de comprender la información que se almacena en un origen de datos.*

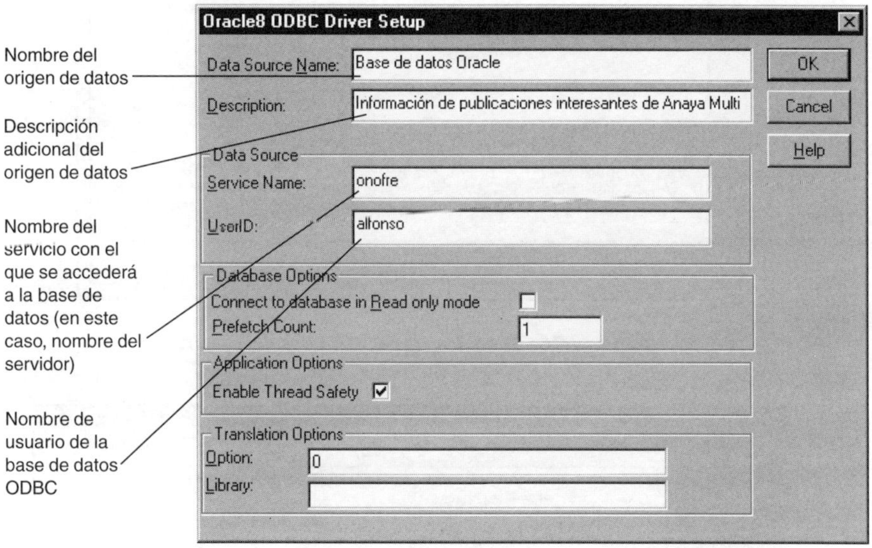


*Figura 14.5. Configuración del origen de datos*

Una vez configurados los parámetros del origen de datos, puesto que se trata de un origen de datos del sistema, cualquier usuario podrá conectar con la base de datos ODBC configurada. En la figura 14.6 tienes la lista de orígenes de datos del sistema una vez configurado nuestro ejemplo.

## Vinculación de una tabla mediante ODBC

La forma de vincular una tabla mediante ODBC es similar a la vinculación de una base de datos ISAM, con la salvedad de que en el cuadro combinado Tipo de archivo ahora se debe seleccionar la opción ODBC Databases () (figura 14.7).

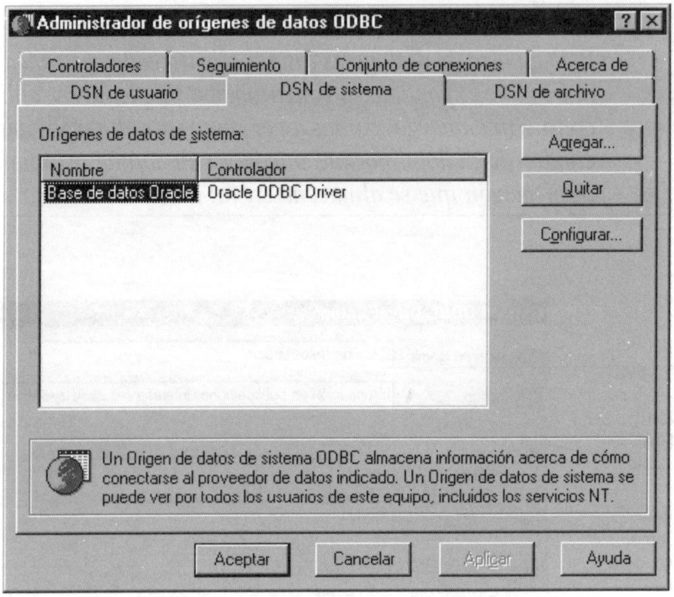


*Figura 14.6. Lista de orígenes de datos del sistema*

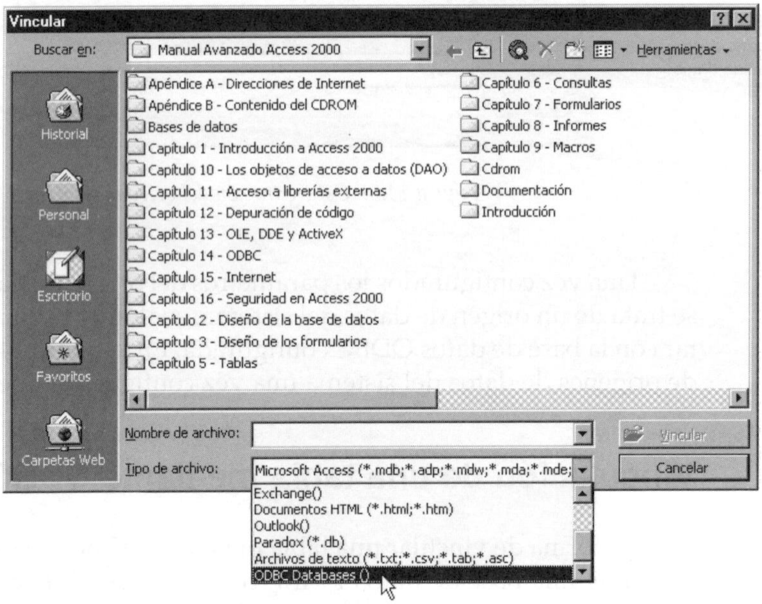


*Figura 14.7. Vinculando una tabla de una base de datos ODBC*

Tras esta selección, aparece un cuadro de diálogo como el de la figura 14.8, en el que debemos seleccionar el origen de datos.

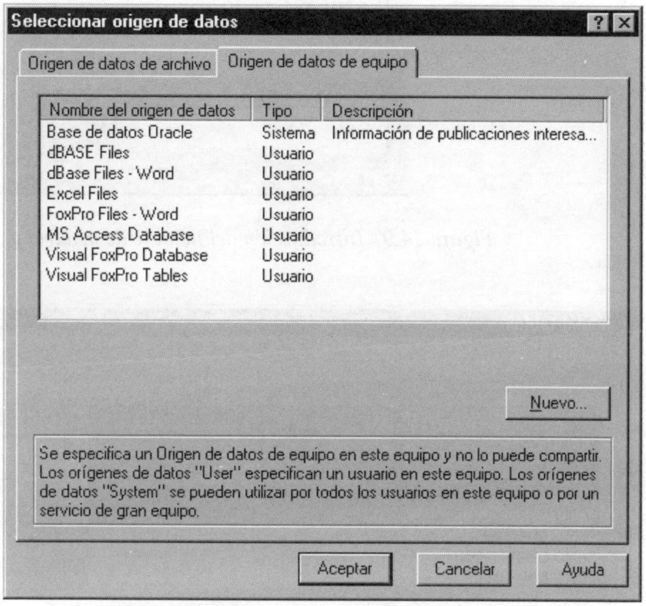


*Figura 14.8. Selección del origen de datos*

En este caso, tan sólo disponemos de dos pestañas: una para seleccionar un origen de datos de archivo y otra, para seleccionar un origen de datos de equipo. Los orígenes de datos de equipo comprenden tanto a orígenes de datos de usuario como de sistema. En este cuadro de diálogo seleccionamos el origen de datos del sistema que habíamos creado.

Tras proceder con esta selección, y dependiendo del controlador de ODBC, es posible que se nos pida la contraseña para el acceso a la base de datos. En nuestro caso concreto, aparece el cuadro de diálogo mostrado en la figura 14.9.

Tras introducir la contraseña del usuario, aparece un cuadro de diálogo mostrando aquellas tablas que podemos vincular (figura 14.10).

En este cuadro de diálogo podemos activar la casilla Guardar contraseña. Si no la activamos, Microsoft Access pedirá que introduzcamos la contraseña del usuario cada vez que se produzca un acceso a la tabla vinculada, por lo que generalmente deberíamos activarla.

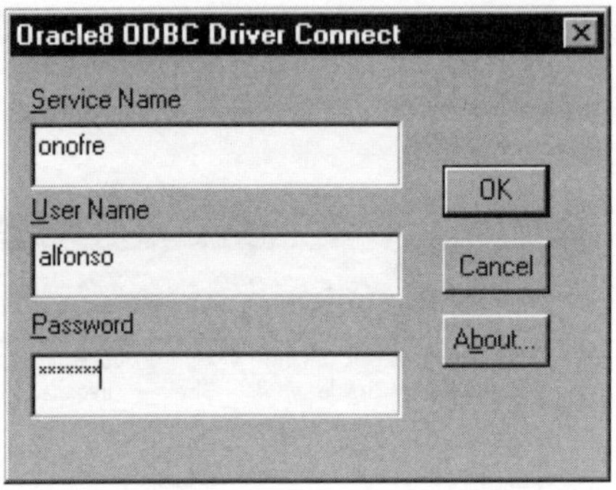


*Figura 14.9. Introducción del nombre de usuario y contraseña*

*Figura 14.10. Selección de las tablas que se van a vincular*

Una vez vinculadas las tablas, el icono que aparecerá a la izquierda del nombre es el que se muestra en la figura 14.11.

Algunos sistemas gestores de bases de datos permiten la vinculación no sólo de tablas, sino también de consultas almacenadas.

**Nota**

*Por ejemplo, en Oracle se denomina "vistas" a las consultas almacenadas. Hemos querido demostrar hasta qué punto este tipo de consultas se pueden manejar de forma similar a una tabla a través de ODBC. De esta forma, además de las tablas, en la base de datos Oracle hemos creado una vista llamada* ALFONSO.CONSULTA_AUTORES.

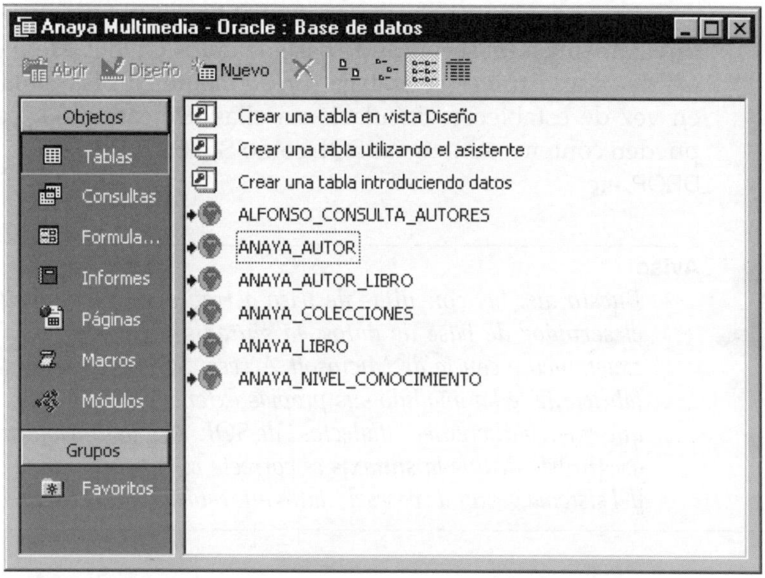


*Figura 14.11. Icono de tablas vinculadas mediante ODBC*

De esta forma, la apertura de la tabla implicará que el sistema gestor ejecutará la consulta y devolverá el resultado en formato de tabla. En el siguiente apartado vamos a ver hasta qué punto esta posibilidad puede ser importante para optimizar el rendimiento de la base de datos.

**Nota**

*Evidentemente, este tipo de "tablas" adjuntas no permitirán la adición de registros.*

# Consultas de paso a través

En el capítulo dedicado a las consultas vimos los diferentes tipos de consultas que se pueden ejecutar sobre Microsoft Access. Sin embargo, no mencionamos las consultas de paso a través ya que éstas tan sólo tienen sentido en un entorno de trabajo ODBC. Ahora que ya hemos visto en qué consiste ODBC y hemos introducido algunos conceptos básicos, pasamos a ver qué son las consultas de paso a través.

Las consultas de paso a través de Microsoft Access envían comandos directamente a un servidor de base de datos ODBC. Mediante las consultas de paso a través se trabaja directamente con las tablas del servidor, en vez de establecer vinculación a ellas. De este modo, estas consultas pueden contener sentencias SQL como SELECT, UPDATE, CREATE, ALTER, DROP, etc.

**Aviso**

*Puesto que las consultas de paso a través se ejecutan directamente en el servidor de base de datos, la sintaxis utilizada podría no coincidir exactamente con la de Microsoft Access. SQL es un estándar al que cada fabricante le ha añadido sus propias extensiones, por ello, se podría decir que existen diferentes "dialectos" de SQL. Así, la única forma que tienes de asegurarte de que la sintaxis es correcta es consultando la documentación del sistema gestor de bases de datos que está actuando como servidor ODBC.*

¿Por qué utilizar, entonces, este tipo de consultas? Para comprenderlo mejor, vamos a verlo con un ejemplo. Recordemos uno de los esquemas que hemos utilizado como ejemplo (figura 14.12). Supongamos que lo que pretendemos es ejecutar una consulta que liste:

- El título del libro.
- El nombre del autor.
- Los apellidos del autor.

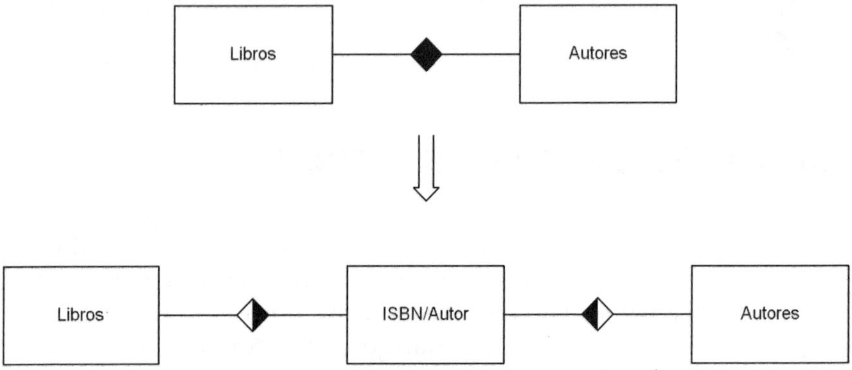


*Figura 14.12. Diagrama entidad-relación de uno de nuestros ejemplos*

## Método 1: Consulta de selección sobre tablas vinculadas

En la consulta participan tres tablas: *LIBRO* (Libros), *AUTOR_LIBRO* (ISBN/Autor) y *AUTOR* (Autores). Un método para ejecutar la consulta anterior sería vincular las tablas *LIBRO, AUTOR_LIBRO* y *AUTOR* mediante ODBC, y crear una consulta de selección (figura 14.13).

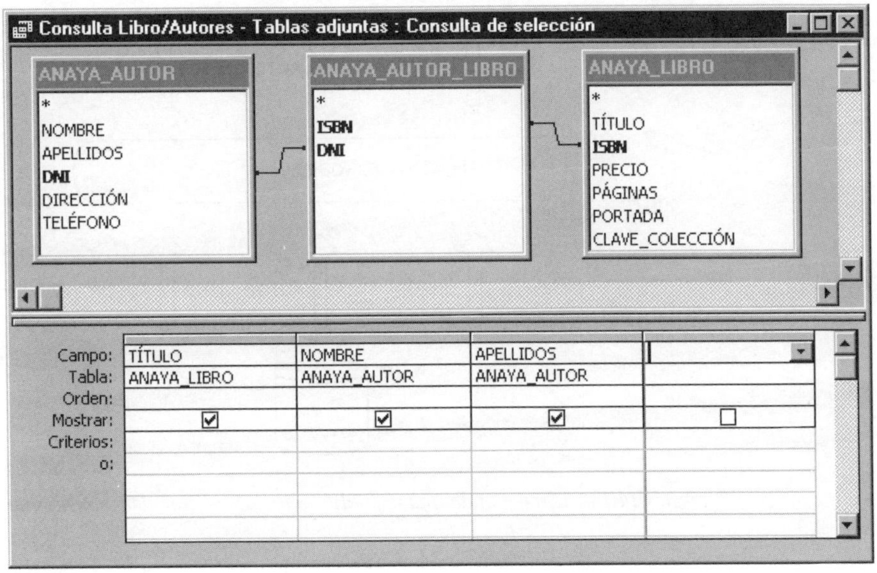


*Figura 14.13. Creación de la consulta de selección*

¿Qué se está transmitiendo a través de ODBC en este caso? El motor Microsoft Jet pide a través de ODBC *todos* los registros de las tablas *LIBRO, AUTOR_LIBRO* y *AUTOR*. Una vez que dispone de los registros, Jet ejecuta la consulta (en el equipo en el que reside la aplicación Microsoft Access), y devuelve el resultado. La figura 14.14 muestra este proceso.

## Método 2: Vinculación de una consulta

Algunos sistemas gestores de bases de datos permiten exportar con ODBC no sólo tablas, sino también consultas almacenadas. Así, otro

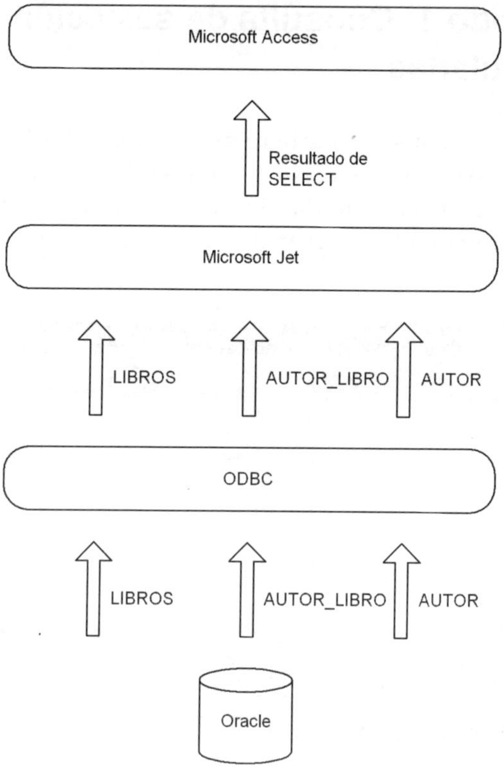


*Figura 14.14. Ejecución de una consulta sobre tablas vinculadas mediante ODBC*

método para obtener el resultado de una consulta de selección mediante ODBC es crear la consulta como una consulta almacenada en el servidor ODBC, y vincular esta consulta como una tabla de Microsoft Access. De este modo, la consulta no la ejecuta el Jet. La consulta se ejecuta en el servidor ODBC, y lo que se transmite es sólo el resultado, contrariamente a lo que ocurría con el método anterior, en el que se transmitían todos los registros de las tablas implicadas a través de ODBC, y era el motor Jet el que ejecutaba la consulta. Este método hace que las consultas se realicen más rápidamente que con el método anterior, por tres razones principales:

- La cantidad de datos que se transmiten por ODBC es menor, por lo que el tiempo de transmisión disminuye, especialmente si el servidor ODBC y Microsoft Access se encuentran en equipos diferentes conectados a través de una red.

- La consulta se ejecuta en el servidor. Este servidor dispondrá de un sistema gestor más potente que Microsoft Access. Además, generalmente el servidor dispondrá de un *hardware* más potente que el equipo en el que se ejecute Microsoft Access. Esto también disminuye el tiempo de ejecución.
- La consulta está almacenada, por lo que la ejecución es más eficiente. Como vimos en el capítulo dedicado a las consultas, almacenar la consulta en la base de datos hace que la consulta se almacene en un estado *compilado*, de forma que se ejecuta más rápidamente que una consulta enviada directamente mediante comandos SQL. Esta idea también se puede aplicar a sistemas gestores más potentes, como SQL Server u Oracle.

El proceso que se sigue para ejecutar una consulta de este modo se muestra en la figura 14.15.

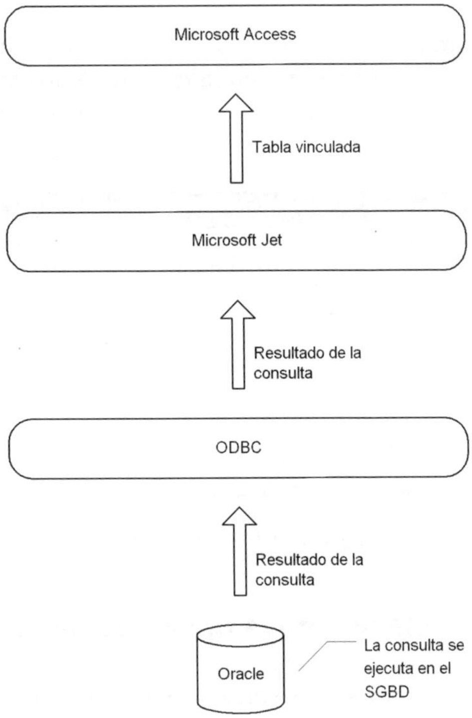


*Figura 14.15. Obtención, mediante vinculación, del resultado de una consulta almacenada*

## Método 3: Ejecución de una consulta de paso a través

El otro método para ejecutar la consulta deseada es hacerlo mediante una consulta de paso a través. Este tipo de consultas envía comandos SQL directamente al servidor ODBC, donde se ejecutan. Sin embargo, estas consultas pueden, en algunos casos, devolver registros como resultado y, en otros, no. Comandos como SELECT (que es el que nos ocupa en este ejemplo) devolverán un resultado, aunque sea un conjunto de registros vacío, pero comandos como CREATE, UPDATE, etc., sólo implicarán una acción en el servidor ODBC y no devolverán ningún resultado.

Volviendo a nuestro ejemplo, para ejecutar la consulta deseada podríamos crear una consulta de paso a través. Vamos a ver, paso a paso, cómo hacerlo.

### Paso 1: Introducción del comando SQL

Creamos una consulta, seleccionamos el tipo de consulta Paso a través y aparecerá una ventana en la que debemos introducir el comando SQL. Lo introducimos, en nuestro caso, según se muestra en la figura 14.16.

*Figura 14.16. Comando SQL que se va a ejecutar*

### Paso 2: Establecer las opciones de conexión ODBC

Todavía no se ha seleccionado el origen de datos, y ahora es el momento de hacerlo. Vamos a las propiedades de la consulta y aparece un cuadro de diálogo como el de la figura 14.17.

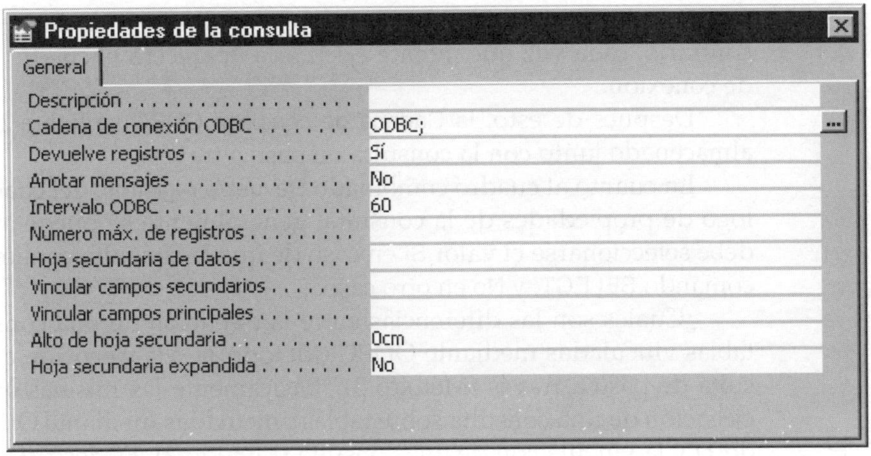


*Figura 14.17. Propiedades de una consulta de paso a través*

Centraremos nuestra atención sobre dos elementos del cuadro de diálogo: la Cadena de conexión ODBC y el cuadro combinado Devuelve registros.

La Cadena de conexión ODBC sirve para especificar parámetros como el origen de datos, el nombre de usuario y la contraseña que se va a utilizar. Todos estos parámetros se especifican como una cadena de caracteres, con distintos campos separados por el carácter punto y coma (;). Sin embargo, para no tener que conocer los nombres de estos campos, disponemos de un asistente.

**Nota**

*La Cadena de conexión ODBC contendrá el texto ODBC, mientras no se introduzca nada más.*

Pulsamos el botón del asistente y aparece un cuadro de diálogo de selección del origen de datos. Seleccionamos el origen de datos que habíamos creado y pulsamos el botón Aceptar.

Posteriormente, y dependiendo del controlador ODBC que estemos utilizando, aparecerá el cuadro de diálogo de conexión, donde se pide, entre otras cosas, el nombre de usuario y la contraseña. Lo introducimos.

A continuación aparece otro cuadro de diálogo preguntando si deseamos guardar la contraseña en la Cadena de conexión ODBC. Si contestamos afirmativamente, la contraseña quedará almacenada y Access no pedirá la contraseña cuando ejecute la consulta de paso a través. En caso contrario, cada vez que intente ejecutarla aparecerá el cuadro de diálogo de conexión.

Después de esto, la Cadena de conexión ODBC se habrá generado y almacenado junto con la consulta de paso a través.

En cuanto al cuadro combinado Devuelve registros, del cuadro de diálogo de propiedades de la consulta, generalmente se puede afirmar que debe seleccionarse el valor Sí en caso de que la consulta comience con un comando SELECT, y No en otro caso.

¿Cuáles son las diferencias entre la ejecución de una consulta sobre tablas vinculadas mediante ODBC (Método 1) y la ejecución de una consulta de paso a través (Método 3)? Básicamente las mismas que entre la ejecución de una consulta sobre tablas vinculadas mediante ODBC (Método 1) y la vinculación de una consulta (Método 2). Es decir: a) tan sólo se transmite el resultado de la consulta, y no todos los registros de las tablas implicadas, y b) la consulta se ejecuta en el servidor, mejor preparado para la ejecución de consultas SQL.

Las diferencias entre el método 2 y el 3 están relacionadas con la ejecución de comandos diferentes de SELECT. El método 1 no permite comandos como CREATE o DROP. El método 2, aunque depende del servidor ODBC, generalmente tampoco lo permitirá. El método 3 concede una mayor libertad, ya que generalmente se permitirá la ejecución de cualquier tipo de comando SQL. Por ello, este tipo de consultas serán las que habrá que utilizar en el caso de que se deseen crear, modificar o eliminar objetos de la base de datos ODBC.

Sin embargo, como ya se mencionó en el capítulo de consultas, a pesar de que las consultas pueden resultar útiles si se organizan correctamente, generalmente resulta poco adecuado crear consultas de forma indiscriminada, y las consultas de paso a través no son una excepción.

A pesar de ello, debido a la dificultad de acceder a conjuntos de registros obtenidos mediante ODBC desde formularios o informes, las consultas de paso a través generalmente resultan más útiles.

## ODBCDirect

ODBCDirect es una tecnología que permite trabajar con servidores de bases de datos ODBC sin cargar el motor Jet. ODBCDirect está diseñado sobre el modelo de objetos DAO, por lo que la creación de aplicaciones que utilicen ODBCDirect resultará sencilla para alguien con experiencia en la utilización de DAO.

Comparando la figura 14.18 con el modelo de objetos DAO para espacios de trabajo Microsoft Jet se observan varias diferencias:

- ODBCDirect no permite la administración de información de usuarios. Estas tareas le corresponden al sistema gestor de bases de datos y no se pueden realizar mediante ODBC.

**Aviso**

*En algunos casos, es posible que el sistema gestor permita la administración de usuarios mediante comandos SQL enviados a través de consultas de paso a través.*

- ODBCDirect dispone de una nueva colección: Connections que contiene objetos Connection.
- La única colección disponible desde un objeto Database es Recordsets, contrariamente a lo que ocurría con Workspace Jet, en los que además se disponía de las colecciones Containers, QueryDefs, Relations y TableDefs.

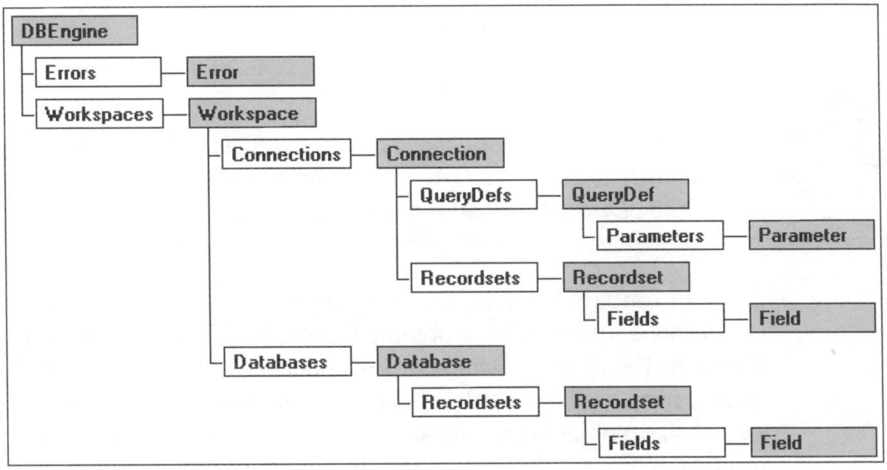


*Figura 14.18. Modelo de objetos DAO para espacios de trabajo ODBCDirect. Los cuadros blancos representan colecciones, y los grises, objetos*

## Workspace ODBCDirect

Lo primero que se debe hacer para poder utilizar ODBCDirect es crear un espacio de trabajo (Workspace) ODBCDirect. Esto se puede hacer mediante el código que aparece a continuación:

```
Dim wrkODBC as Workspace
Set wrkODBC = DBEngine.CreateWorkspace(
                    ("WorkspaceODBC",
                     "admin",
                     "",
                     dbUseODBC)
```

Una vez creado el espacio de trabajo, podemos elegir acceder a los datos de dos formas diferentes: a través de objetos Database o a través de objetos Connection.

## Database vs. Connection

Como vimos anteriormente, un objeto Database englobado en un espacio de trabajo ODBCDirect no dispone de las colecciones Containers, QueryDefs, Relations ni TableDefs. Sin embargo, sí dispone de la colección Recordsets, a través de la cual podemos acceder a datos almacenados, bien directamente o bien a través de consultas.

**Nota**

*El modo de acceder a datos a través de un objeto* Database *se explicó en el capítulo dedicado al DAO. El modo de trabajo en un espacio de trabajo ODBCDirect es similar a lo allí explicado para la colección* Recordsets.

Sin embargo, ODBCDirect pone a nuestra disposición la colección Connections, que contiene objetos Connection. Básicamente, podemos afirmar que los objetos Database y Connection pueden realizar las mismas tareas, pero lo que los diferencia es la forma de realizarlas.

Así, un objeto Connection está claramente orientado para optimizar el rendimiento cuando se dispone de conectividad remota o, dicho de otro modo, cuando se dispone de un servidor de bases de datos ODBC al que se accede a través de una red.

Las diferenticas básicas son las siguientes:

- El objeto Connection puede ejecutar operaciones sobre datos de forma asíncrona. Esto quiere decir que se puede lanzar una operación, y mientras el servidor de bases de datos la ejecuta, nuestra aplicación Access puede continuar funcionando. Un ejemplo de la utilidad de esta ejecución asíncrona es, por ejemplo, la actualización de los intereses de los clientes de un banco. Access lanza la operación y el servidor de bases de datos la ejecuta, pero Access no tiene que esperar a que el servidor finalice.
- El objeto Connection dispone de la posibilidad de crear consultas temporales (QueryDef) que tendrán la misma vida que el propio objeto Connection con el que se crearon.

Según lo que acabamos de ver, se podría decir que, en caso de que la optimización del rendimiento no sea un factor primordial, se podría utilizar el objeto Database debido a que es posible estar más familiarizado con él, ya que funciona de un modo muy similar al objeto Database de un espacio de trabajo Jet. Sin embargo, si la optimización del rendimiento es importante, quizá sería interesante contemplar la utilización de objetos Connection.

Además, ambos objetos son accesibles de forma sencilla, ya que un objeto Database dispone de una propiedad Connection que permite acceder a un objeto Connection asociado al objeto Database. Y viceversa.

# 15

# Internet

No es ningún secreto la imparable revolución que Internet está suponiendo en el mundo de la informática. Hace tan sólo siete u ocho años, Internet estaba tan sólo al alcance de unos pocos. Pero llegaron las empresas, con ellas la publicidad y con ella, el dinero. Internet comenzó a volverse popular, y se expandió de una forma que no encuentra precedentes en el mundo de la informática.

¿Cuál fue el secreto? Sin duda, las contribuciones más importantes vinieron de la mano de la aparición de herramientas sencillas de usar.

Internet se ha popularizado, y las aplicaciones informáticas que pretendan seguir figurando entre las más utilizadas (y vendidas) deben adaptarse a estos cambios. Veamos qué tal se ha portado Access.

# Introducción

Para comprender la importancia que puede llegar a tener, en determinados casos, la existencia de herramientas de interacción con Internet en Access, permíteme que exponga una anécdota.

David Scott es una de las personas más activas del Memphis Technology Group, y te recomendamos que, si tienes acceso a Internet -como esperamos que así sea o acabe siendo si estás leyendo este capítulo- eches un vistazo a la página Web de este grupo. En el apéndice que contiene direcciones de Internet podrás encontrar el URL. Pues bien, en uno de los documentos que ha publicado en el Web, habla acerca de la conectividad entre Access e Internet. Entre las cosas que comenta, figura una que me llamó especialmente la atención cuando la leí.

Sabemos que la política de Microsoft respecto a Internet ha variado a lo largo del tiempo. Microsoft comenzó colgando a Internet el sambenito de "fracaso potencial", pero después tuvo que retractarse en sus afirmaciones. A partir de esta corrección comenzó a desarrollar herramientas para trabajar en Internet. Entre ellas se encuentra su Internet Information Server (IIS, en adelante), capaz de generar páginas Web de forma dinámica gracias a su formato ASP.

Pues bien, justo antes de todo esto, Access no disponía de ninguna herramienta para la exportación de datos a Internet. Sin embargo, David Scott comenta que, aun así, utilizaba datos de Access y los publicaba en Internet. Seguramente lo haría -no he tenido la oportunidad de preguntárselo- a través de código Access Basic, y no parece sencillo, al menos no tanto como el trabajar con las herramientas que Access incorpora actualmente. Vamos a verlas.

# Exportación HTML

El modo más simple de publicar datos en Internet utilizando Access es exportar directamente los datos como código HTML. Sabemos que el código HTML es el que navegadores como Netscape o Internet Explorer son capaces de interpretar, y es el código en el que están definidas las páginas Web.

Cuando se exporta, por ejemplo, una tabla como HTML, ocurre lo mismo que si la exportáramos como texto: lo que se guarda en el archivo es una *instantánea* del contenido de la tabla. Si después el contenido se modifica, será necesario *volver a exportarla* para reflejar los cambios.

La ventaja de utilizar archivos exportados es que se pueden coger, copiar en un disquete y llevar a cualquier equipo. En el caso de que la exportación se haya realizado a un fichero de texto, podremos abrir los datos en cualquier equipo disponga o no de Office; bastará un editor de texto.

Con los datos exportados como HTML ocurre lo mismo: no importa dónde lo copiemos, en qué servidor lo publiquemos o con qué programa lo editemos. El código HTML seguirá estando ahí, y cualquier navegador podrá leerlo.

La exportación a HTML la podemos realizar desde tablas, consultas y formularios. También podremos exportar a HTML los informes, pero de forma ligeramente distinta, como explicaremos a continuación.

Vamos a verlo mejor con un ejemplo. Desde la aplicación Neptuno, vamos a exportar una de sus tablas. Para ello, hacemos clic con el botón secundario del ratón sobre la tabla que queremos exportar, y seleccionamos la opción Exportar del menú contextual. Tras esto, aparecerá un cuadro de diálogo preguntando cómo queremos llamar al archivo y de qué tipo va a ser la exportación. Lo vemos en la figura 15.1.

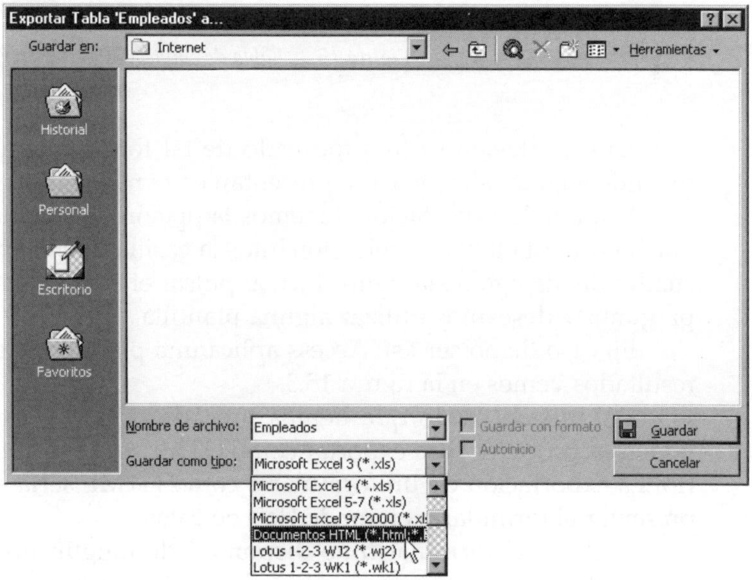


*Figura 15.1. Exportación de una tabla como HTML*

Una vez exportado el archivo, podremos verlo abriéndolo directamente en un navegador (figura 15.2).

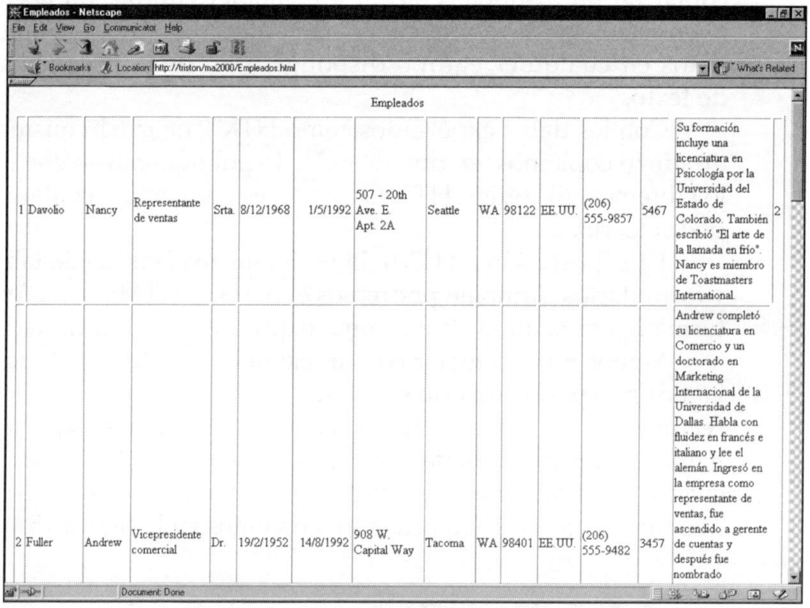


*Figura 15.2. Tabla de empleados*

La exportación se ha producido de tal forma que los datos se han incluido en una tabla, y así se presentan en el navegador.

Durante la exportación, tenemos la opción de cambiar la apariencia que tendrá esta tabla. Si seleccionamos la casilla Guardar con formato en el cuadro de diálogo de la figura 15.1, al pulsar el botón Guardar, Access nos pregunta si deseamos utilizar alguna plantilla.

En caso de no ser así, Access aplica una plantilla por defecto, cuyos resultados vemos en la figura 15.3.

Del mismo modo que hemos procedido para exportar una tabla, podemos proceder para exportar como HTML una consulta o un formulario. La exportación de un formulario como HTML sería el equivalente a presentar el formulario en modo Hoja de datos.

Es decir, el formulario no dispondrá de ningún tipo de control de tipo cuadro de texto, cuadro combinado, etc. Los archivos exportados como HTML sólo contienen datos.

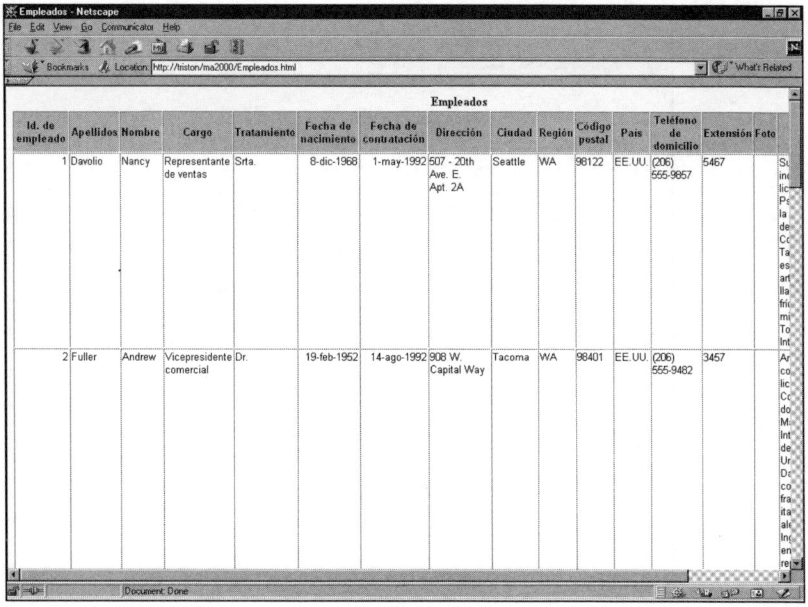


Empleados

| Id. de empleado | Apellidos | Nombre | Cargo | Tratamiento | Fecha de nacimiento | Fecha de contratación | Dirección | Ciudad | Región | Código postal | País | Teléfono de domicilio | Extensión | Foto |
|---|---|---|---|---|---|---|---|---|---|---|---|---|---|---|
| 1 | Davolio | Nancy | Representante de ventas | Srta. | 8-dic-1968 | 1-may-1992 | 507 - 20th Ave. E. Apt. 2A | Seattle | WA | 98122 | EE.UU. | (206) 555-9857 | 5467 | |
| 2 | Fuller | Andrew | Vicepresidente comercial | Dr. | 19-feb-1952 | 14-ago-1992 | 908 W. Capital Way | Tacoma | WA | 98401 | EE.UU. | (206) 555-9482 | 3457 | |

*Figura 15.3. Tabla de empleados, con un formato por defecto*

Lo mismo ocurre con la exportación a HTML de los informes, con la salvedad de que se trata de respetar el formato que los datos adquieren. Por ejemplo, cada página impresa en un informe equivale a un archivo HTML diferente. Todos los archivos generados se enlazan entre sí, de forma que desde una página HTML podremos pasar a la siguiente, a la anterior, a la primera o a la última, de forma similar a como funciona la barra de desplazamiento entre registros en Access. En la figura 15.4 podemos ver el resultado de exportar un informe como un archivo HTML.

**Consejo**

*Siempre que puedas, trata de eliminar espacios y caracteres especiales de los nombres que asignes a tus archivos HTML. A algunos navegadores y servidores Web no les gustan. Es lo que ha ocurrido en la figura 15.4, ya que el informe se llamaba "Lista alfabética de productos".*

Una vez que dispongas de los archivos HTML, podrás editarlos sin ningún problema con programas de edición de páginas Web, como son Microsoft FrontPage, Netscape Composer o Macromedia Dreamweaver.

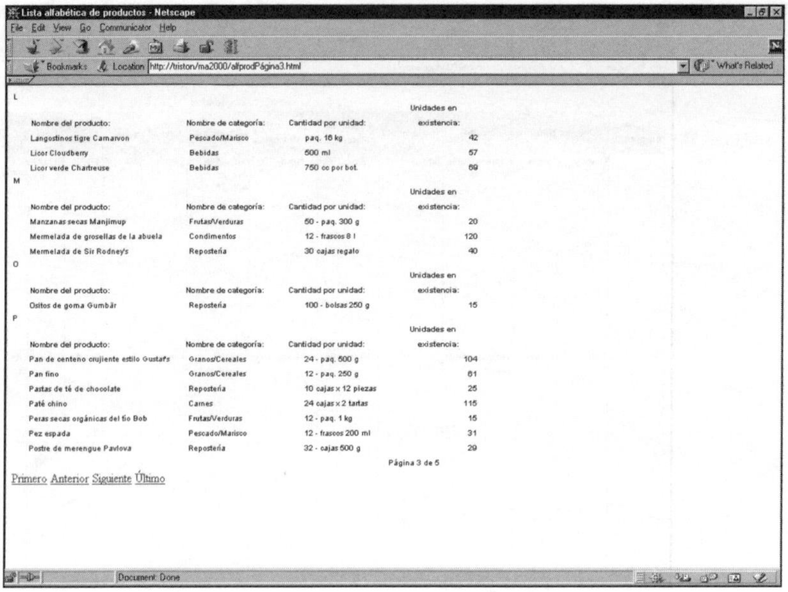


*Figura 15.4. Exportación de un informe a HTML*

# Exportación ASP

Como acabamos de ver, la exportación de datos como archivos HTML es muy sencilla, pero a la vez es muy limitada. El usuario tan sólo puede ver la tabla de datos, y no puede realizar acciones como búsquedas o filtros. Tampoco puede modificar o añadir datos desde el navegador, ya que no dispone de una conexión con la base de datos. Toda la interacción se limita a ver el contenido de un archivo. Precisamente para solventar estas carencias, Microsoft desarrolló lo que denomina ASP (Active Server Pages). Estas páginas son archivos de texto que pueden contener tanto código HTML como código VBScript o JScript. La idea es poder no sólo almacenar contenido, sino también poder definir un comportamiento.

**Nota**

*Podemos considerar VBScript como un subconjunto del lenguaje Visual Basic. Podría decirse que si algo no funciona en Visual Basic, tampoco lo hará en VBScript. Sin embargo, el hecho de que un código funcione en Visual Basic, no implica que también funcione en VBScript.*

Todo esto lo permite ASP y, sin embargo, Access no incorpora toda esta funcionalidad. Y esto es porque ASP es complejo, y requiere de herramientas dedicadas y de un estudio pormenorizado de qué es exactamente lo que se quiere hacer.

Por ello, Access se limita a utilizar ASP tan sólo para conectarse a la base de datos y realizar un listado de los contenidos actuales (lo cual no es poco). La diferencia entre la exportación HTML y la exportación ASP estriba, pues, en que la exportación HTML toma una instantánea de una tabla, consulta, formulario o informe, y almacena los datos en un archivo aparte. Sin embargo, la exportación ASP hace que lo que se almacene en el archivo ASP no sean datos, sino más bien la forma de acceder a ellos.

Pero hay una "pega". La utilización de ASP implica, por definición, la existencia de un servidor Web. No podemos abrir directamente un archivo ASP desde un disquete o disco duro en un navegador y pretender que aquello funcione. ASP necesita de un servidor porque lo que contiene son las instrucciones que el servidor debe seguir para conectarse a la base de datos y obtener los registros.

Además, puesto que ASP es un formato propietario de Microsoft, en la práctica tan sólo funciona con servidores Web de Microsoft, bien sea IIS (sobre Windows NT) o bien el Personal Web Server (PWS) incluido con Windows 98, que también se puede instalar sobre Windows 95.

A pesar de todos estos inconvenientes, vamos a ver cómo podemos hacer que la exportación a ASP funcione.

## Definir el origen de datos

Lo primero que debemos hacer es definir un *origen de datos del sistema* en el equipo en el que se está ejecutando el servidor Web.

En el capítulo dedicado a ODBC vimos cómo se podía realizar esta tarea, luego no deberían existir excesivas dificultades para poder llevarla a cabo.

**Consejo**

*Aunque también podríamos definir un origen de datos de archivo, los expertos afirman que no es recomendable, ya que este tipo de orígenes de datos implican más trabajo al sistema. Este trabajo consiste en que, cada vez que se recibe una petición al origen de datos, el sistema debe abrir el archivo que define el origen, interpretarlo y cerrarlo.*

En nuestro caso vamos a definir un origen de datos, al que denominaremos Neptuno.

Este origen de datos está haciendo referencia al archivo MDB que contiene la base de datos Neptuno. De este modo, ya podemos acceder a los datos de Neptuno a partir del origen de datos Neptuno.

## Determinar el directorio de los ficheros ASP

Para que el servidor Web pueda procesar los ficheros ASP, el directorio en el que estén almacenados debe poseer privilegios de ejecución. Asegúrate de configurarlo así en tu servidor Web.

## Exportar los ficheros como páginas ASP

Una vez que disponemos del origen de datos, y tenemos claro qué directorio vamos a utilizar para los archivos ASP, podemos proceder a exportar nuestras tablas, consultas o formularios.

**Nota**

*Los informes no se pueden exportar a ASP. Seguramente Microsoft habrá optado por esta opción ante la dificultad que tendría el formateo dinámico de la información mediante ASP.*

Vamos a volver a exportar la tabla Empleados, de la base de datos Neptuno, pero ahora como páginas ASP, en lugar de HTML. Seleccionamos la opción Exportar del menú contextual, seleccionamos el nombre del archivo, y seleccionamos que queremos exportarlo en formato ASP. Tras pulsar el botón Guardar, aparece un cuadro de diálogo como el que se muestra en la figura 15.5.

Para nuestro caso, la única opción que debemos establecer es la del nombre del origen de datos: Neptuno. El resto de opciones no las necesitamos. Exportamos el archivo como ASP, y lo guardamos en un directorio accesible a través del servidor Web.

Ahora vamos a un navegador e introducimos el URL asociado al archivo ASP que acabamos de generar.

Con esta acción, debemos obtener un resultado como el que se muestra en la figura 15.6.

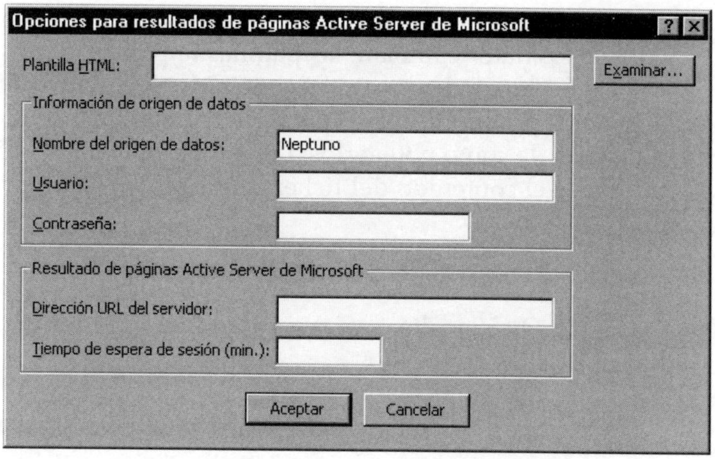


*Figura 15.5. Opciones de ASP*

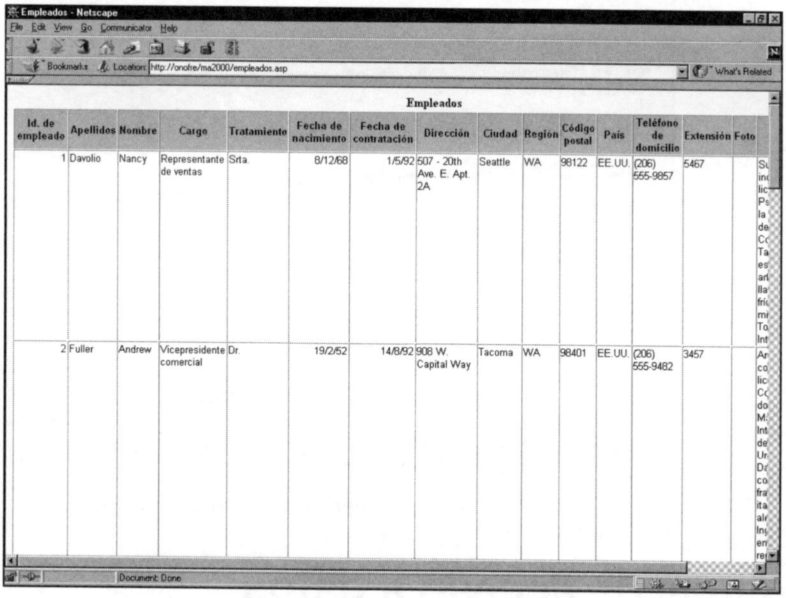


*Figura 15.6. Resultado del acceso al archivo empleados.asp*

Para asegurarnos de que todo funciona correctamente, podemos modificar o eliminar algún registro, y pulsar el botón "Volver a cargar" de nuestro navegador.

Puesto que las páginas Web se generan de forma dinámica por el servidor, si los datos cambian, las páginas también.

De hecho, podemos ver el contenido del archivo ASP que acabamos de generar para comprobar que, efectivamente no contiene datos, sino la indicación de cómo obtenerlos. Lo vemos en la figura 15.7.

Entre el contenido del fichero ASP, podemos observar precisamente una consulta:

```
SELECT * FROM [Empleados];
```

Ésta es la consulta que va a ejecutar el servidor para obtener la tabla de datos de los empleados.

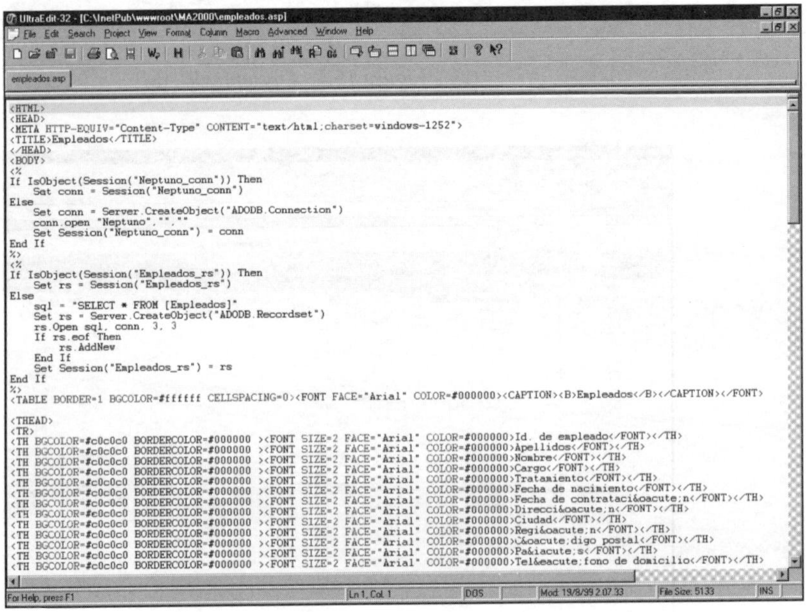


*Figura 15.7. Contenido del archivo ASP generado*

# Páginas de acceso a datos

El tercer modo que tiene Access de publicar sus datos en páginas Web es gracias a las páginas de acceso a datos. Este tipo de páginas es una de las características noveles de Access 2000, y ahora sí, proporcionan un modo de añadir interactividad a las páginas Web.

Sin embargo, el coste no es bajo, ya que los requerimientos mínimos son los siguientes:

- El cliente debe disponer de una licencia de Microsoft Office.
- El cliente debe disponer de Internet Explorer 5.0 instalado en su equipo.
- Las páginas de acceso a datos tan sólo funcionan con bases de datos Access o SQL Server.
- Si lo que se pretende es publicar las páginas en Internet, además será necesario que el servidor Web sea IIS 4.0 o posterior.

Las páginas de acceso a datos, como vamos a ver a continuación, representan una herramienta potente para la publicación de datos a través de páginas Web. Sin embargo, los requisitos mínimos para su visualización son, hoy por hoy, demasiado altos.

Es cierto que el número de usuarios que disponen de Internet Explorer 5.0 aumenta día a día, pero todavía resulta insuficiente como para que una empresa publique sus productos en Internet utilizando páginas de acceso a datos.

El obrar así reduciría el número de usuarios que pueden acceder a su Web y, con él, el número potencial de clientes.

Por todo ello, las páginas de acceso a datos se pueden contemplar más bien como un modo de compartir la información en una red de tipo Intranet, donde exista certeza de que los requisitos mínimos se cumplen, o por lo menos se cumplen para aquellos usuarios que tengan que acceder a los datos.

Debido a su potencia y a su juventud, las páginas de acceso a datos no resultan sencillas de diseñar ni de editar. Por ello, aunque a lo largo del libro hemos venido evitando, en la medida de lo posible, la utilización de asistentes, en este apartado los vamos a utilizar. La idea que perseguimos es más bien mostrar algunas de las posibilidades de las páginas de datos ya que seguramente serán muy pocos los usuarios que realmente necesiten hacer uso de esta herramienta.

Para ver cómo crear las páginas de acceso a datos, vamos a ver cómo podríamos diseñar unas páginas Web para una librería. La base de datos va a ser simple: Libros y Autores están relacionados *varios a varios*, ya que un libro puede haber sido escrito por varios autores, y un mismo autor puede aparecer en varios libros. El esquema de relaciones se muestra en la figura 15.8.

*Figura 15.8. Esquema de relaciones de la base de datos de la librería*

Queremos diseñar una página que muestre los libros disponibles, y poder conocer quiénes han sido los autores. Para ello, tendremos que crear una consulta que devuelva toda esta información. En la figura 15.9 mostramos el diseño de la consulta.

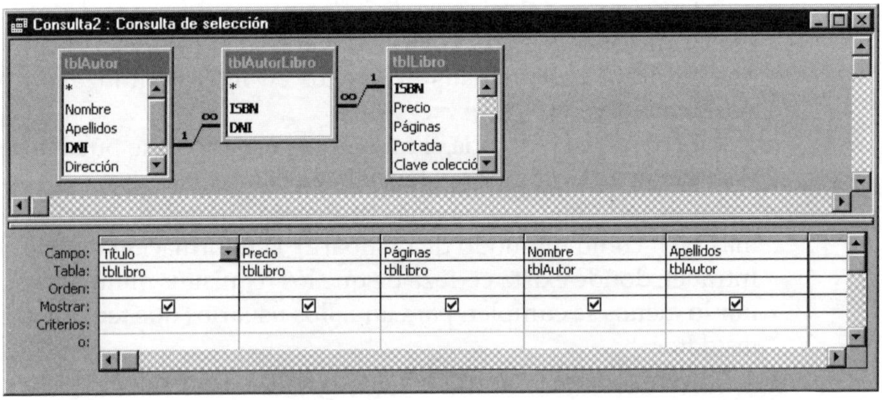


*Figura 15.9. Diseño de la consulta*

Con esto, ya podemos iniciar el asistente para la creación de páginas de acceso a datos. En el primer paso del asistente, seleccionamos la consulta que acabamos de crear, y elegimos mostrar todos los campos. Lo vemos en la figura 15.10.

Posteriormente, el asistente nos pregunta si deseamos agrupar la información por algún campo. Puesto que lo que queremos mostrar es el listado de libros, seleccionamos agrupación por Título (figura 15.11).

En el siguiente paso, se nos permiten seleccionar criterios de ordenación para los campos que no han participado en las agrupaciones.

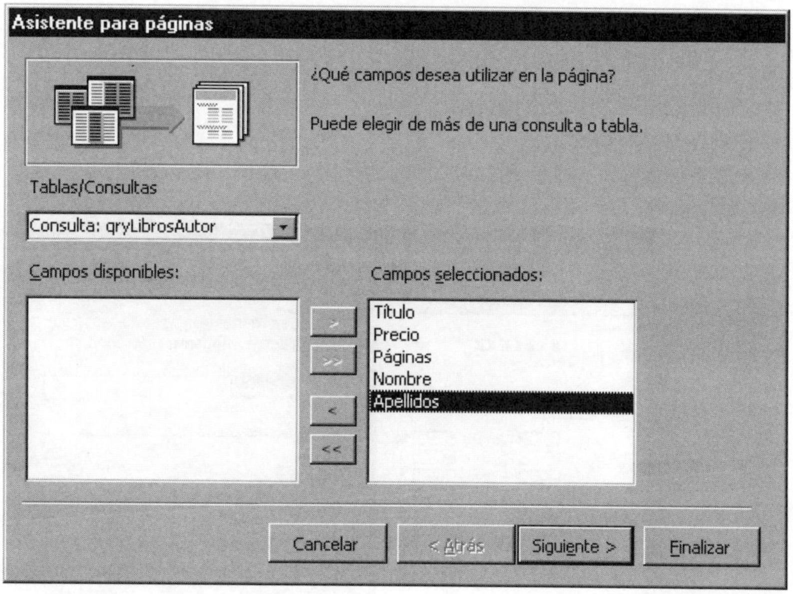


*Figura 15.10. Asistente para la creación de páginas de acceso a datos. Paso 1*

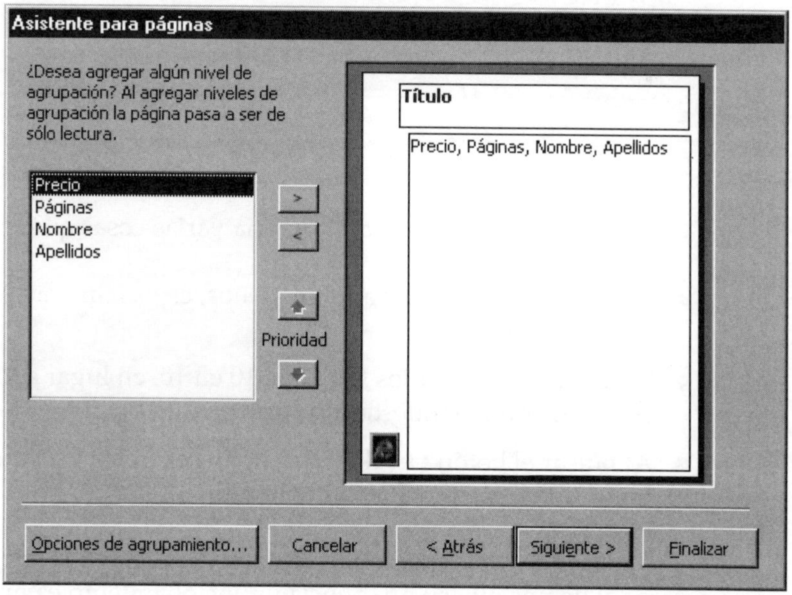


*Figura 15.11. Asistente para la creación de páginas de acceso a datos. Paso 2*

Seleccionamos por ejemplo Apellidos (figura 15.12) y vamos al siguiente paso, en el que, por último, el asistente pregunta por el título que le queremos dar a la página. Introducimos algo así como "Listado de libros".

En la figura 15.13 podemos ver el resultado de acceder a la página de acceso a datos una vez que el asistente ha finalizado.

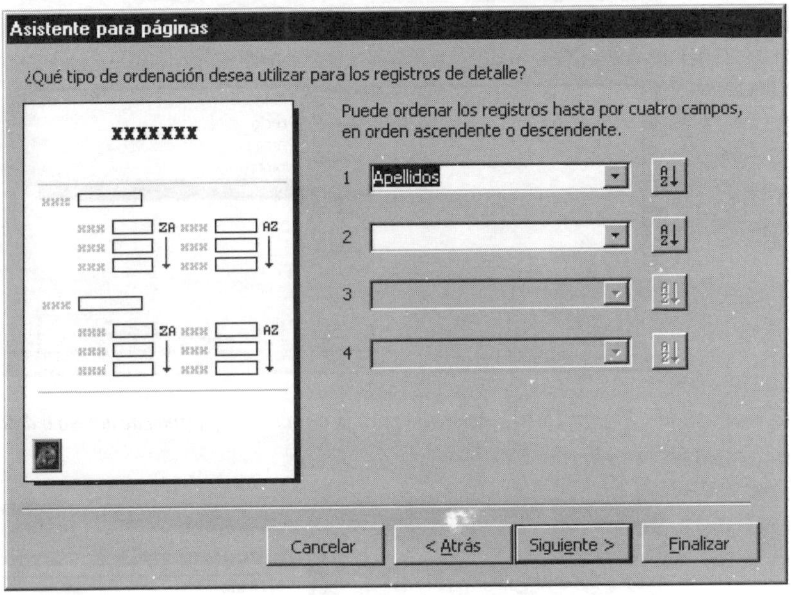


*Figura 15.12. Asistente para la creación de páginas de acceso a datos. Paso 3*

Examinando la figura 15.13, habría varias cosas que modificar:

- Los rótulos son demasiado pequeños, especialmente el tipo de letra del título.
- Sería mejor mostrar los libros de 10 en 10, en lugar a lo que ocurre ahora, que se muestran de uno en uno.
- Al pulsar el botón (+), deberían aparecer todos los autores del libro. Ahora mismo aparece sólo uno.

Manos a la obra. Vamos a la ventana de diseño de la página de acceso a datos, y vemos que su apariencia y funcionamiento es muy similar a la ventana de diseño de informes (figura 15.14).

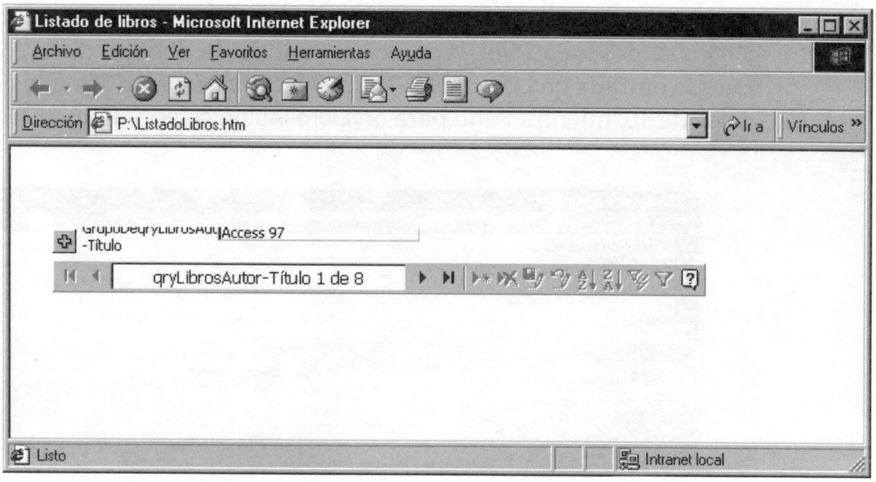


*Figura 15.13. Página de acceso a datos según la genera el asistente*

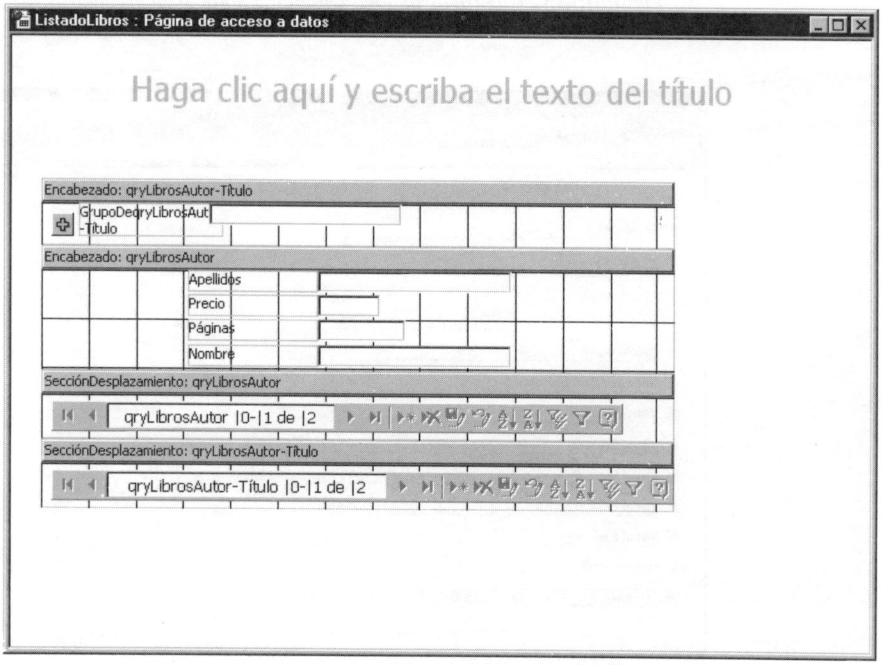


*Figura 15.14. Página de acceso a datos. Modo diseño*

Para mostrar los libros de 10 en 10, seleccionamos la opción Ordenar y agrupar del menú Ver. Aparece el cuadro de diálogo de la figura 15.15. Para la entrada qryLibrosAutor-Título seleccionamos un Tamaño de página de datos de 10, mientras que para qryLibrosAutor, seleccionamos Todo.

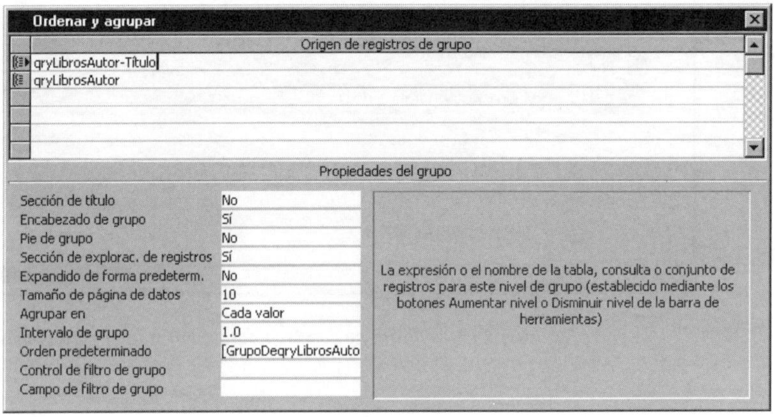


*Figura 15.15. Cuadro de diálogo* Ordenar y agrupar *en el modo de diseño de una página de acceso a datos*

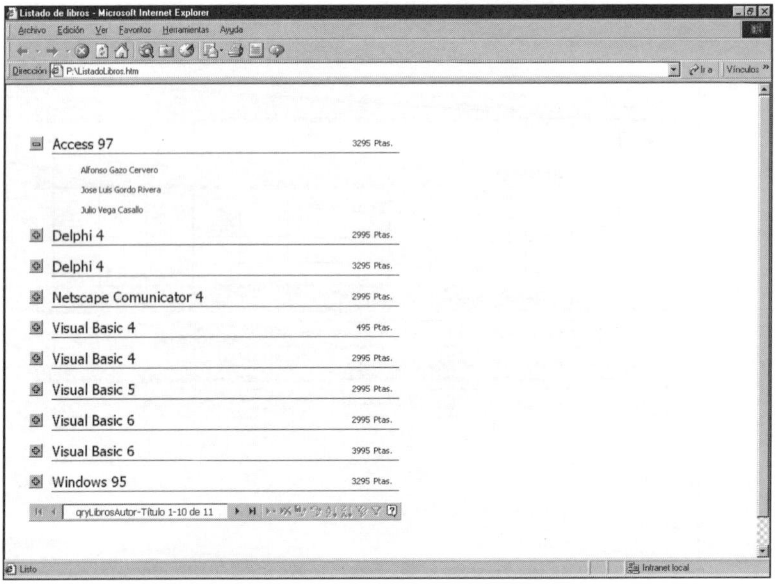


*Figura 15.16. La página de acceso a datos, una vez editada*

Con esta última acción estamos consiguiendo que aparezcan todos los autores debajo de cada libro, sin tener necesidad de desplazarse entre ellos.

Después de recomponer un poco lo que ha hecho el asistente, mostramos el resultado en la figura 15.16, que puedes ver en la página anterior.

# 16 Seguridad en las bases de datos

Hasta ahora hemos visto cómo podemos construir una base de datos eficiente y adecuada a las necesidades del usuario y las herramientas que Access nos proporciona para realizar esta tarea.

Pero los datos no tienen el mismo trato en el ámbito personal que en el empresarial. Normalmente, si diseñamos una base de datos para uso personal, por definición, nosotros seremos los únicos usuarios de la base de datos.

Sin embargo, una base de datos orientada al ámbito empresarial será utilizada por más de un usuario. Y quizás no todos los usuarios deban tener acceso total, sin restricciones, a todos los datos.

Por eso, en este capítulo veremos los mecanismos que Access nos proporciona para restringir la obtención de información para determinados usuarios, según nuestras necesidades.

# Introducción

La existencia de un sistema informático de tamaño medio o grande plantea, en la inmensa mayoría de las veces, un sistema de seguridad basado en la gestión de usuarios. Este sistema suele consistir en la asignación de una *password* (clave de acceso) a cada usuario del sistema.

En este tipo de sistemas, cada usuario tiene unos determinados objetos de su propiedad, y otros objetos que, aun sin ser suyos, puede modificar y leer. También existen otros objetos a los que tan sólo tiene permiso de lectura y no puede modificar. Por último, pueden existir objetos en el sistema sobre los que no tengamos ningún tipo de permiso, ni siquiera de lectura.

Pues bien, en Access podemos implantar este tipo de política, de forma que haya objetos propiedad de los usuarios, objetos que los usuarios puedan modificar, objetos que los usuarios puedan leer, y objetos sobre los que los usuarios no tengan derechos. Estos objetos son los siguientes: tablas, consultas, formularios, informes y macros.

**Aviso**

*No se pueden asignar permisos sobre las páginas de acceso a datos. No olvidemos que, al fin y al cabo, las páginas de acceso a datos son archivos HTML. La única forma de establecer restricciones de seguridad sobre archivos es a través del sistema operativo.*

# Los grupos de usuarios

Evidentemente, podrán existir diferentes tipos de usuarios, y se podrán definir derechos diferentes para cada usuario o para cada tipo de usuario. De hecho, podemos agrupar a usuarios de características similares dentro de los denominados grupos de usuarios.

Por ejemplo, los empleados del departamento de contabilidad de una empresa necesitarán tener acceso total a todos los datos de ámbito económico de la empresa, pero no necesitarán conocer datos acerca del desarrollo del proceso productivo.

Sin embargo, los empleados de producción de una empresa necesitarán tener acceso total a todos los datos que afecten al proceso productivo, pero no necesitarán (y posiblemente no tendrán) acceso a los datos de índole económico.

Pero podemos complicarlo más todavía: puede ocurrir que un usuario pertenezca tanto al departamento de contabilidad como al departamento de producción. En este caso, el usuario pertenecería a los dos grupos de usuarios.

¿Cuáles serían sus permisos, en este caso? Puesto que el usuario es empleado del departamento de contabilidad, necesitará tener acceso a los datos de índole económico. Pero, puesto que el usuario también es empleado del departamento de producción, también necesitará tener acceso a los datos referentes a la producción. Por ello, necesitará tener el acceso menos restrictivo.

En otras palabras, el que un usuario pertenezca a dos grupos diferentes de usuarios significará que tendrá los derechos de un grupo *más* los derechos del otro grupo. Puedes observarlo en el esquema de la figura 16.1.

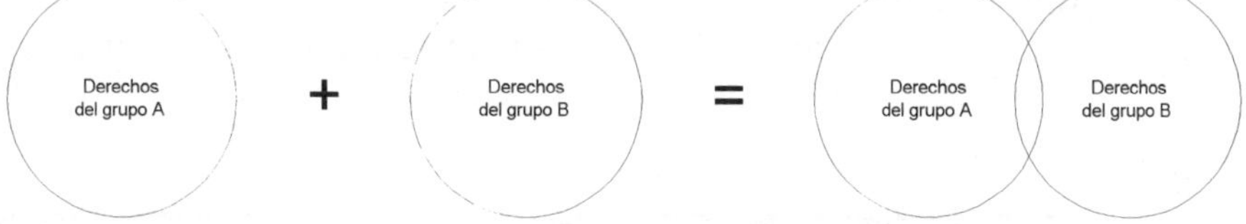


*Figura 16.1. Unión de derechos por pertenencia a más de un grupo*

# ¿Cómo asegurar una base de datos?

Ahora sabes que tu base de datos necesita ser asegurada, y también sabes qué es lo que puedes hacer en Microsoft Access en lo referente a seguridad. Pero nos falta lo más importante, saber **cómo** hacerlo. Veámoslo, paso por paso.

## El archivo de información del grupo de trabajo

En Access, toda la información acerca de los usuarios y los grupos de usuarios se encuentra en un archivo de información del grupo de trabajo.

**Aviso**

*No es lo mismo un grupo de usuarios que un grupo de trabajo. Un grupo de usuarios asocia un determinado número de usuarios que poseen unas características similares, como ocurre en los departamentos de una empresa. Un grupo de trabajo contiene la información relativa a todos los usuarios y todos los grupos de trabajo en una determinada base de datos.*

Este archivo, por defecto es SYSTEM.MDW.

**Nota**

*SYSTEM.MDW es creado cuando instalamos Access. Si no creamos ningún otro archivo de grupo de trabajo, todos los usuarios y los grupos de usuarios que creemos irán a parar a este archivo.*

Podemos cambiar el archivo de información de grupo de trabajo activo y podemos crear otros grupos usando el programa WRKGADM.EXE, que encontraremos en el directorio en el que instalamos Microsoft Office. La instalación no crea un icono para este programa. Por ello, tendremos que ir al directorio de Office y ejecutarlo "a mano" (figura 16.2).

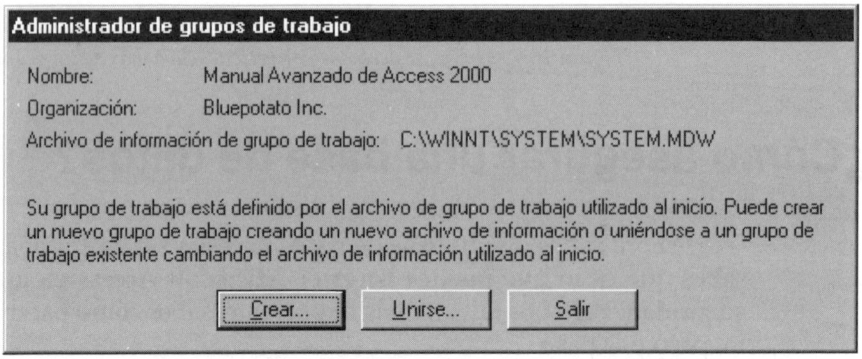


*Figura 16.2. Ventana del Administrador de grupos de trabajo*

Si hacemos clic sobre el botón Crear, se abrirá una ventana en la que se nos preguntará por la descripción del grupo de trabajo, el nombre de la organización y un ID del grupo de trabajo. El ID del grupo de trabajo es especialmente importante si deseamos que el grupo de trabajo sea único.

Debes guardar toda la información del grupo de trabajo, junto con el archivo inicialmente creado en un lugar seguro. Si alguna vez le ocurre algo al archivo de información del grupo de trabajo, dependiendo de cómo hayas implantado la seguridad, podrías perder todo acceso a la base de datos. Sin embargo, si tienes una copia del archivo inicial, o guardaste, de un modo exacto, la descripción del grupo, de la organización y el ID del grupo de trabajo, podrás iniciar una sesión en la base de datos y salvar, al menos, los contenidos de la base de datos (aunque pierdas toda la información referente a los usuarios y grupos creados, ya que esta información se perdió junto con el archivo de información del grupo de trabajo).

Cuando creas un nuevo grupo de trabajo, el administrador de grupos de trabajo asigna este grupo como el grupo con el que se inicia la sesión en Access. Si necesitas cambiar el grupo de trabajo, ve al administrador de grupos de trabajo y pulsa el botón Unirse (figura 16.2).

**Consejo**

*Es bastante improbable que necesites más de un archivo de información de grupo de trabajo. Antes de crear más de un archivo, asegúrate de que realmente lo necesitas. Por ejemplo, se suelen utilizar dos archivos diferentes cuando se desarrollan bases de datos: se utiliza un grupo para el desarrollo y otro grupo para distribuir la base de datos.*

## Alta de usuarios y grupos

Si no tenemos implantado un sistema de seguridad basado en usuarios, Access 2000 automáticamente inicia la sesión como usuario *Admin* (Administrador).

**Truco**

*Usando Access Basic puedes ver el usuario con el que se ha iniciado la sesión. Vete a la ventana de depuración (para lo cual tienes que abrir un módulo) y ejecuta* ?CurrentUser. *Aparecerá el nombre del usuario con el que se ha iniciado la sesión. Por supuesto, puedes utilizar esta función en tus bases de datos.*

*Admin* es el usuario predeterminado en Microsoft Access y existe en todos los grupos de trabajo. Contrariamente a lo que algunos libros afirman, el usuario *Admin* no puede ser eliminado. Lo que sí podemos, y debemos, hacer es quitarle permisos, como veremos a continuación.

**Nota**

*Esta confusión acerca del usuario Admin tiene historia, ya que en los manuales de Access 1.0 y 1.1 se afirmaba que había que eliminar al usuario Admin después de haber asignado la propiedad de la base de datos a otro usuario. Esto dejó de hacerse así en Access 2.0 y versiones posteriores.*

En el capítulo dedicado al DAO, vimos algo acerca de cómo dar de alta a usuarios y grupos usando Access Basic. Es cierto que se pueden dar de alta usuarios y grupos de este modo pero, de momento, los crearemos usando el propio Access.

Para crear un nuevo usuario o un nuevo grupo, selecciona la opción Cuentas de usuario y de grupo que encontrarás en el submenú Seguridad, del menú Herramientas. Con esto aparecerá la ventana de la figura 16.3.

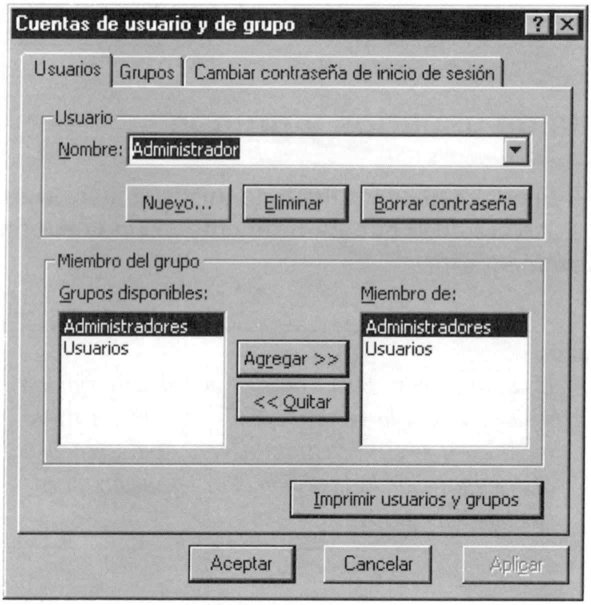


*Figura 16.3. La ventana* Cuentas de usuario y de grupo

Desde esta ventana podremos crear un nuevo usuario, pulsando el botón Nuevo, eliminar el usuario seleccionado, pulsando el botón Eliminar, borrar su contraseña, que resulta útil en el caso de que la hubiera olvidado, y cambiar los grupos a los que pertenece un determinado usuario.

Además, haciendo clic sobre la pestaña Grupos, podremos crear y eliminar grupos de usuarios.

---

**Nota**

*No podremos eliminar los grupos predeterminados* Administradores *y* Usuarios. *Todo usuario en Access forma parte de los grupos que indiquemos y siempre del grupo* Usuarios. *No podemos hacer que un usuario deje de pertenecer al grupo* Usuarios. *Por ello, la eliminación de un grupo de usuarios no elimina las cuentas de usuario que pertenecían a ese grupo, sino que tan sólo dejan de pertenecer al grupo.*

---

Para cambiar la contraseña del usuario con el que iniciamos la sesión, haremos clic en la pestaña Cambiar contraseña de inicio de sesión. Entonces se nos pedirá que introduzcamos la clave antigua, la clave nueva y una confirmación de la clave nueva (por si nos hemos equivocado al teclearla).

## Comenzar a asegurar la base de datos

Si aún no hemos asegurado nuestra base de datos, no des de alta todavía ni a los usuarios ni a los grupos. Lo que ahora mismo tenemos que hacer para comenzar a asegurar la base de datos es asignar una clave de acceso al usuario por defecto, el usuario *Admin*. Evidentemente, dejaremos en blanco el cuadro de texto Contraseña anterior, ya que el usuario *Admin* no tenía contraseña.

En el momento en el que asignemos una clave de acceso al usuario *Admin*, habremos dado el primer paso para asegurar nuestra base de datos, pero aún nos quedan bastantes cosas por hacer.

Comprueba que realmente has asignado una clave de acceso al usuario *Admin*. Cierra la sesión de Microsoft Access e inicia una nueva. Ahora se te pedirá un nombre de usuario y una clave de acceso para iniciar la sesión. Introduce "Administrador" como usuario y la clave de acceso que hayas definido antes.

Si todo ha ido bien, habremos iniciado la sesión. Ahora tenemos que dar de alta a un usuario, el que será el propietario de la base de datos.

Asegúrate de que guardas en un lugar seguro el nombre y el PID del usuario, exactamente tal y como los introdujiste en Access.

---

**Nota**

*Recuerda que el PID del usuario no es la clave de acceso. La clave de acceso se asignará después. El PID sirve, junto con el nombre, para identificar unívocamente al usuario en la base de datos.*

---

Incluye a este usuario nuevo dentro del grupo de administradores. Necesitará pertenecer a ese grupo, ya que va a ser el administrador de la base de datos.

---

**Consejo**

*Ahora es el momento de hacer una copia de seguridad de tu archivo de información del grupo de trabajo y guardarla en un lugar seguro. Esto te permitirá tener acceso a la base de datos si tu archivo de información se corrompiera o perdiera por cualquier causa.*

---

Después de haber incluido al nuevo usuario dentro del grupo de administradores, cierra la sesión de Access. Inicia una nueva sesión, pero no como "Administrador", sino como el nuevo usuario que has creado. Al iniciar la sesión, no tendrás que introducir una clave de acceso, ya que todavía no se ha definido ninguna. Es un buen momento para asignar una clave de acceso a este usuario.

Ahora vete a la ventana Cuentas de usuario y de grupo, y elimina al usuario *Admin* como miembro del grupo Administradores. Queremos que *Admin* sea un simple usuario, que no tenga más poder sobre nuestra base de datos.

---

**Aviso**

*Si intentas dejar al grupo de administradores sin usuarios, se producirá un error. Los pasos correctos son: incluir al nuevo usuario dentro de administradores y, después, eliminar a Admin del grupo.*

---

Una vez hecho esto, y habiendo iniciado la sesión como el nuevo usuario que hemos creado, deberemos hacer que la base de datos pase a ser propiedad de este nuevo usuario.

Normalmente, para cambiar la propiedad de objetos individuales, podremos ir al cuadro de diálogo Permisos de usuario y grupo, mediante la opción del mismo nombre que encontraremos en el submenú Seguridad, del menú Herramientas.

Sin embargo, desde este cuadro de diálogo no será posible cambiar la propiedad de la base de datos activa. Por ello, la forma de cambiar el propietario de una base de datos es la siguiente:

1. Inicia la sesión en Access como el usuario que será propietario de la base de datos.
2. Crea una nueva base de datos. Esta nueva base de datos será propiedad del usuario que inició la sesión.
3. Importa los objetos desde la base de datos antigua hasta la nueva. Estos objetos también pasarán a ser propiedad del usuario que inició la sesión.

Tanto la base de datos como los objetos pasarán a ser propiedad del usuario que actuará como administrador. Una vez hecho esto, podremos crear usuarios y grupos de usuarios en el archivo de grupo de trabajo.

## La creación de usuarios y grupos

Después de haber creado los grupos necesarios, es el momento de crear los usuarios y asignarlos a los grupos ya creados. Recuerda que los usuarios dispondrán de la unión de los derechos de todos los grupos a los que pertenezcan, como vimos anteriormente.

## Asignación de permisos

La asignación de permisos es la parte más crítica en el proceso de asegurar una base de datos. Una correcta asignación de permisos hará que nuestra base de datos funcione exactamente como nosotros queremos. Sin embargo, una asignación de permisos incorrecta podrá causar que nuestra base de datos deje de funcionar correctamente, o que algunos usuarios puedan tener derechos como para modificar datos que no deberían o para modificar el código de formularios o informes.

Para asignar permisos sobre los objetos de la base de datos, así como algunas características mismas de la base de datos, seleccionaremos la opción Permisos de usuario y de grupo, situada en el submenú Seguridad, del menú Herramientas. Al seleccionar esta opción, aparecerá una ventana de asignación de permisos, como vemos en la figura 16.4.

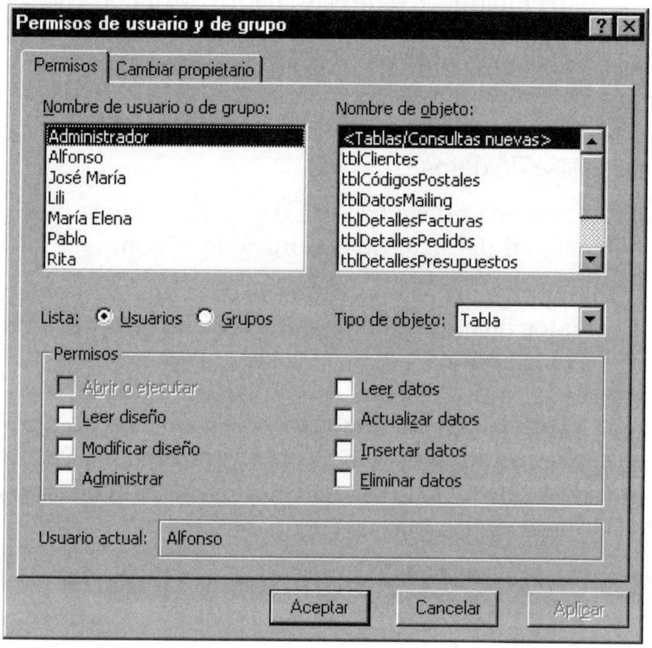


*Figura 16.4. La ventana de asignación de permisos*

En Tipo de objeto seleccionaremos el tipo de objeto de la base de datos al que queremos modificar los permisos. Por ejemplo, si seleccionamos Tabla como tipo de objeto, en la lista situada encima de este cuadro aparecerán todas las tablas presentes en la base de datos.

Podremos cambiar los permisos de varios objetos a la vez realizando una selección múltiple. Una vez seleccionados los objetos, modificamos los permisos según lo que necesitemos.

**Truco**

*Para realizar una selección múltiple, pulsa la tecla Ctrl, para seleccionar uno por uno los elementos de la lista, o pulsa Mayús para seleccionar todos los elementos consecutivos.*

Además, en esta ventana tenemos la opción de asignar derechos directamente a los usuarios, o bien asignarle los derechos a los grupos de usuarios. Para ello seleccionaremos uno de los botones de radio situados a la izquierda de la ventana. Según el botón que seleccionemos, aparecerán en la lista superior bien los usuarios o bien los grupos de usuarios.

**Consejo**

*Aunque Access permite asignar permisos directamente a los usuarios,* nunca *hagas esto. Si hay algún usuario avanzado, o que necesita mayores permisos de acceso, crea un nuevo grupo e inclúyelo dentro del grupo. La asignación de permisos directamente a los usuarios puede convertir la administración de la base de datos en una auténtica pesadilla, y seguramente hará que descuidemos algún agujero de seguridad.*

No queremos aburrirte explicándote uno por uno para qué sirven todos y cada uno de los derechos para cada uno de los objetos, y además el hacer esto haría el capítulo inmensamente largo. Una vez más, te remitimos a la ayuda de Access para consultar aquello que deseas hacer.

**Consejo**

*No olvides que, en el proceso de desarrollo de cualquier aplicación informática (incluyendo las bases de datos) la ayuda en línea es tu gran aliada. Te da un acceso directo a la información de aquello que quieres buscar. Además, si las ayudas están bien diseñadas (y suelen estarlo en los casos de pertenecer a herramientas de desarrollo), te ahorrarán mucho tiempo.*

Tan sólo resaltar que, aun pudiendo asignar permisos al grupo Usuarios, ten en cuenta que todos los usuarios de la base de datos pertenecen al grupo Usuarios, por lo que los permisos que asignes a Usuarios estarán disponibles para cualquier usuario registrado de la base de datos.

**Aviso**

*Los permisos que asignes al grupo* Usuarios *no sólo serán efectivos para el grupo* Usuarios *de tu archivo de grupo de trabajo, sino para todos los grupos* Usuarios *de cualquier grupo de trabajo. Si asignas permisos de lectura sobre tablas al grupo* Usuarios*, se podrán leer en cualquier equipo con Access, sin importar que dispongan del mismo archivo de grupo de trabajo o no.*

El modo más común de proceder en este punto es:

- Asegurarse de que no hay permisos asignados de forma individual a usuarios concretos.
- Asignar todos los permisos sobre todos los objetos al grupo Administradores.
- Quitar todos los permisos sobre todos los objetos al grupo Usuarios.
- Asignar los permisos adecuados a los grupos de usuarios que hayamos creado.

Y con esto finaliza la implantación de seguridad en la base de datos. Si quieres obtener mayor seguridad, te recomendamos que cifres la base de datos. Esto impedirá que los datos se puedan ver si se accede directamente al archivo mediante herramientas como *editores hexadecimales.*

Para cifrar una base de datos, asegúrate de que no esté abierta y selecciona la opción Cifrar o descifrar base de datos, en el submenú Seguridad del menú Herramientas. Tras esto, aparecerá un cuadro de diálogo en el que se te pedirá la base de datos que vas a cifrar y, posteriormente, cómo quieres llamar al archivo de base de datos, una vez cifrado. Tras introducir estos datos, comenzará el proceso de cifrado.

**Nota**

*También se puede realizar el proceso inverso. Si la base de datos original se encontraba ya cifrada, el seguir el proceso anterior la descifra.*

# El asistente para seguridad por usuarios

A lo largo del libro hemos evitado la utilización de asistentes en la medida de lo posible. Creemos que, aunque puedan facilitar el trabajo, además de ahorrar tiempo, todo usuario avanzado debería saber qué se "cuece" detrás de aquello que hacen los asistentes.

Por ello, hemos querido ver, paso por paso, cómo se puede asegurar una base de datos, sin utilizar el Asistente para seguridad por usuarios. ¿Por qué? Es muy posible que, cuando tengas que asegurar una base de datos (y así te lo recomendamos) utilices el Asistente para seguridad por usuarios. Sin embargo, una vez ejecutado el Asistente para seguridad por usuarios, también te recomendamos echar un vistazo a cómo han quedado grupos, usuarios, propiedades y permisos.

Conociendo cómo funciona la seguridad en Access 2000 podrás "afinar" más que el asistente en lo que a implantación de seguridad se refiere.

Sin embargo, también creemos que estudiar qué es lo que hace el Asistente para seguridad por usuarios puede resultar útil para comprender mejor cómo funciona la seguridad en Access 2000.

No vamos a explicarte cómo funciona el asistente. Tan sólo indicarte que podrás encontrarlo en la opción Asistente para seguridad por usuarios en el submenú Seguridad del menú Herramientas. La figura 16.5 muestra la primera pantalla del asistente.

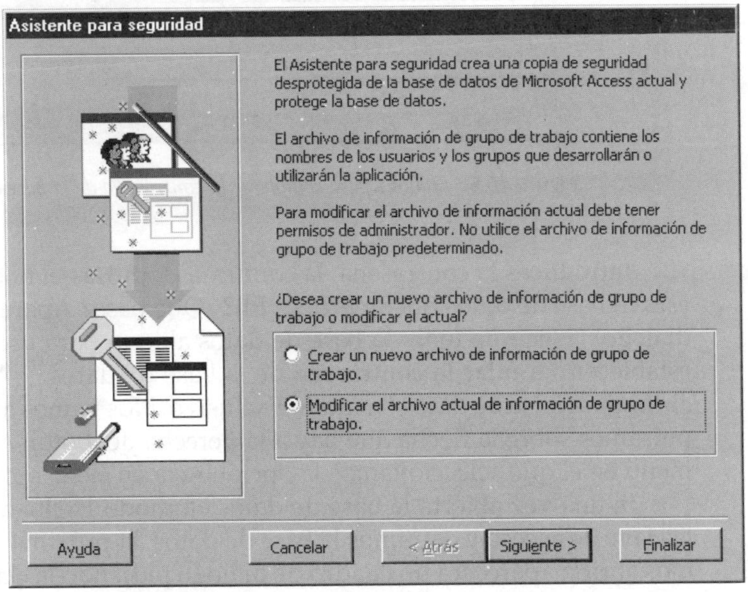


*Figura 16.5. El Asistente para seguridad por usuarios*

# La clave de acceso de la base de datos

Una vez visto todo lo que podemos hacer en Access en lo referente a seguridad, quizá pueda ocurrir que el uso que le vayas a dar a tu base de datos sea un uso estrictamente personal, sin usuarios ni grupos de usuarios dados de alta, pero te gustaría que tus datos no fueran observados por otras personas que pudieran tener acceso al archivo de la base de datos.

En este caso, Access tiene una herramienta para proteger la base de datos sin necesidad de implantar un sistema de seguridad basado en usuarios. Y como las herramientas están todas en su sitio, en el menú Herramientas está la opción para establecer la clave de acceso a la base de datos. Vete al submenú Seguridad y selecciona la opción Establecer contraseña para la base de datos. Con esto aparecerá el diálogo de la figura 16.6.

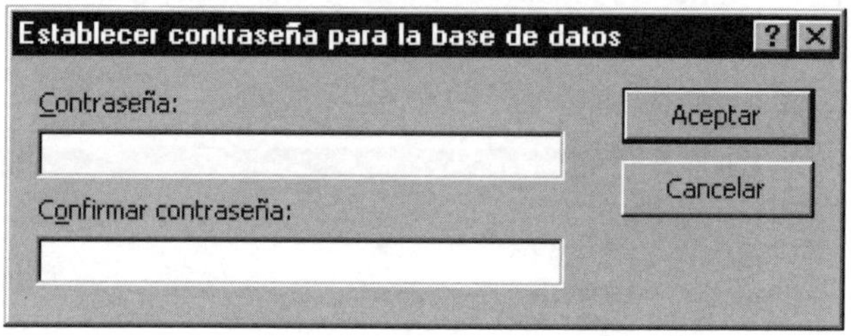


*Figura 16.6. Diálogo para establecer la contraseña de la base de datos*

Introduces la contraseña, la confirmas y pulsas el botón Aceptar. Con esto tu base de datos queda prot... ¿Eh? ¿Qué pasa? Aparece un cuadro de diálogo. "Necesita tener la base de datos abierta para uso exclusivo para establecer o anular la contraseña de la base de datos." ¡Ah sí! Es que no abrimos la base de datos en modo Exclusivo. Nos vamos al menú Archivo y pulsamos sobre la flecha que hay a la derecha del botón Abrir. Aparece un menú en el que seleccionamos la opción Abrir en modo exclusivo.

Si una vez abierta la base de datos en modo Exclusivo establecemos la clave de acceso y cerramos la base de datos, la próxima vez que intentemos abrirla aparecerá un cuadro de diálogo pidiendo la clave de acceso de la base de datos.

# Protección de módulos

En las versiones anteriores de Access, se podían establecer permisos de acceso a los módulos. De este modo, se podían establecer políticas en las que hubiera grupos de usuarios que pudieran leer y modificar módulos, grupos que tan sólo pudieran ver el código y grupos que no podían más que ejecutar el código Access Basic contenido en los módulos.

Sin embargo, esto ha cambiado en Access 2000. Ahora ya no se pueden establecer políticas de permisos sobre los módulos. En su lugar, Microsoft proporciona un mecanismo similar al existente en otras aplicaciones de Office, consistente en la protección de los proyectos mediante una contraseña.

Para hacerlo, abre uno de los módulos en modo Diseño, ve al menú Herramientas y selecciona la opción Propiedades de [nombre del proyecto]. Con ello, aparecerá un cuadro de diálogo como el de la figura 16.7. Activa la casilla Bloquear proyecto para visualización e introduce la contraseña en los cuadros de texto.

**Nota**

*En caso de que no actives la casilla* Bloquear proyecto para visualización, *pero introduzcas una contraseña, los módulos serán visibles sin necesidad de introducir la contraseña, pero lo que estará bloqueado será el cuadro de diálogo de* Propiedades.

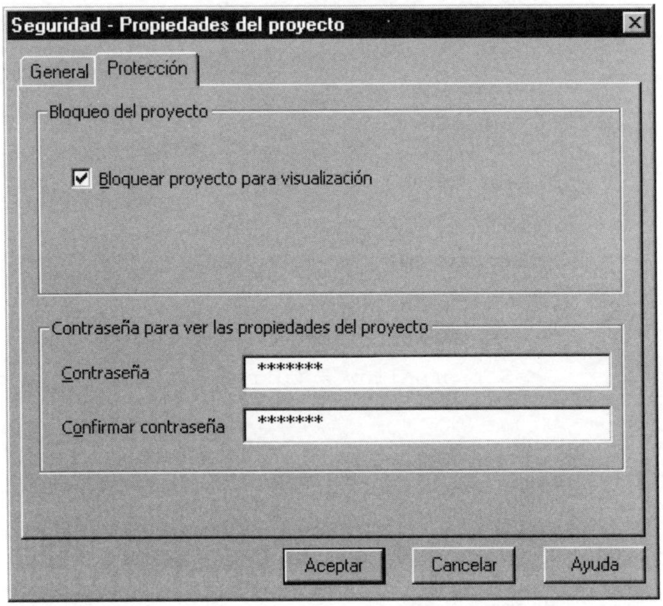


*Figura 16.7. Protección de los módulos mediante contraseña*

# La macro Autoexec

Como ya vimos en el capítulo dedicado a las macros, se puede definir una macro denominada Autoexec en una aplicación de Microsoft Access. Esta macro se ejecutará automáticamente al abrir la base de datos. También vimos que era posible evitar la ejecución de la macro si manteníamos pulsada la tecla SHIFT mientras Access arrancaba.

Pues bien, si queremos, Access nos proporciona un mecanismo para que la macro Autoexec siempre se ejecute, aunque el usuario mantenga presionada la tecla SHIFT.

En la ayuda de Access se indica que la forma de hacer que esta macro se ejecute siempre es estableciendo la propiedad AllowBypassKey en True.

El siguiente fragmento de código permite establecer esta propiedad al valor que se pasa como parámetro de la función. La función comprueba si la propiedad existe y, si no existe, la crea.

```
Public Function funcBypass(bValue As Boolean)
   'Establece la propiedad "AllowBypassKey"
   Dim prpAllow As Property
   On Error GoTo subByPassErr
      CurrentDb().Properties("AllowBypassKey")_
        = bValue
Exit Function

subByPassErr:
   'Comprobar si el error es
   '"Propiedad no existente"
   If Err.Number = 3270 Then
      'Si la propiedad no existe, crearla
      Set prpAllow = CurrentDb().CreateProperty(
                            "AllowBypassKey",
                            dbBoolean,
                            bValue)
      CurrentDb().Properties.Append prpAllow
   End If
   Resume Next
End Function
```

# Las claves de acceso

No queríamos finalizar el capítulo referente a la seguridad en Access 2000 sin mencionar algunos puntos referentes a las claves de acceso. Piensa que, realmente, una clave de acceso es lo que te permite sacar dinero desde tu cajero automático, o lo que te permite poder activar tu teléfono móvil GSM.

Por ello, deberíamos aplicar a la clave de la base de datos las mismas reglas básicas que aplicamos a estas otras claves, pero con algunas diferencias.

Del mismo modo que nunca das el número secreto de la tarjeta de crédito, no parece haber una buena razón para dar la clave de acceso que te permite iniciar una sesión como usuario autorizado en una base de datos, especialmente si esta base de datos no te pertenece. Piensa que, distribuyendo tu clave de acceso, estás regalando tu identidad. Cualquier cosa que la otra persona haga en la base de datos quedará reflejada como si hubieses sido tú quien lo hubieses hecho. Así que... ¿por qué correr ese riesgo?

Si esta persona necesita acceso a la base de datos, quien le debe proporcionar el acceso es el administrador, que para eso está.

Una buena clave de acceso debería estar compuesta por más de cinco caracteres, incluyendo números o símbolos. La clave de acceso no debería ser una palabra con sentido, no debería existir en ningún diccionario. Por ejemplo, la clave de acceso "abepueta" no es difícil de recordar y tampoco tiene sentido. Parece una buena clave.

Nunca deberías escribir una clave de acceso en un papel. Trata de elegir una clave de acceso que sea fácil de recordar para ti, pero no pongas tu fecha de cumpleaños, el nombre de tu gato o la calle donde vives.

En cualquier caso, procura no olvidar nunca la clave de acceso. Si te encuentras en un entorno de trabajo multiusuario, el administrador siempre podrá cambiar la clave olvidada, pero si la clave se le olvida al administrador, ¿quién podrá cambiársela?

Apéndice A

# Direcciones de Internet

A continuación te mostramos algunas direcciones de Internet que te podrán resultar de utilidad en el desarrollo de bases de datos. Existe gran cantidad de información disponible principalmente en Microsoft, pero también hay algunos grupos de usuarios que contienen consejos y trucos que te pueden resultar de gran utilidad.

## Direcciones Web

La mayoría de las direcciones Web que te mostramos contienen consejos, trucos y algunas aplicaciones y librerías para usar con Access. No hemos querido incluir direcciones que tan sólo contuvieran archivos de libre distribución, ya que esos son los más fáciles de encontrar.

### Manual Avanzado de Access 2000

Esta dirección pretende ser un punto de encuentro entre los lectores del Manual Avanzado de Access 2000 y, por qué no, de usuarios avanzados de Access en general. ¡No olvides visitarla!

`http://webepcc.unex.es/agazo/access`

## The Memphis Technology Group

En esta dirección encontrarás gran cantidad de trucos y consejos para todas las versiones de Access a partir de la 2.0.

Además, contiene una buena colección de enlaces relacionados con Access. Sin duda, de visita obligada para cualquier desarrollador de bases de datos.

`http://www.access-developer.com`

## The Access Web

Un completo Web con gran cantidad de trucos y recomendaciones. Entre sus mayores cualidades está su gran estructuración.

`http://home.att.net/~dashish`

## Microsoft Access Users Group (Australia)

Un grupo de usuarios de Microsoft Access ubicado en Australia. Buenos enlaces. Merece la pena echarle un vistazo.

`http://www.ssw.com.au/AccessUG/default.asp`

## Grupo de usuarios de Access de Moscú

`http://www.arimsoft.ru/msaccess/`

## Access Poweruser Website

`http://www.kunicki.com/msaccess/`

## Digital Dreamshop

`http://www.innovision1.com/msadp/`

## Computer Consulting - Access Links

http://www.computer-consulting.com/acclinks.htm

## Allen Browne's Access Tips

http://odyssey.apana.org.au/~abrowne/

## Página de Microsoft Access de Tony Toews

Una de las páginas con mayor número de enlaces relacionados con Microsoft Access.

http://www.granite.ab.ca/accsmstr.htm

## En Microsoft

El lugar donde podremos encontrar la mayor de información es, sin duda, Microsoft. El único problema es que la organización deja bastante que desear, pero con un poco de práctica encontrarás mucho más de lo que imaginas.

### Microsoft Office Developer Forum

http://msdn.microsoft.com/library/officedev

http://www.microsoft.com/accessdev

### Microsoft Personal Online Support

http://support.microsoft.com/support/search/c.asp?SPR=OFW

### Microsoft ODBC

http://www.microsoft.com/data/odbc

### Microsoft ActiveX Data Objects (ADO)

http://www.microsoft.com/data/ado

# Grupos de discusión

Los siguientes grupos de discusión son de referencia obligada para cualquier desarrollador de aplicaciones Access. En estos grupos existen personas que poseen una gran experiencia en el desarrollo de bases de datos usando Access.

- comp.databases.ms-access
- es.comp.bd.ms-access

Todos los grupos de discusión mostrados pertenecen a Microsoft. Si se sabe lo que se busca, el suscribirse al grupo adecuado resultará de gran utilidad.

- microsoft.public.access.3rdpartyusrgrp
- microsoft.public.access.activexcontrol
- microsoft.public.access.chat
- microsoft.public.access.commandbarsui
- microsoft.public.access.conversion
- microsoft.public.access.customcontrols
- microsoft.public.access.devtoolkits
- microsoft.public.access.externaldata
- microsoft.public.access.forms
- microsoft.public.access.formscoding
- microsoft.public.access.gettingstarted
- microsoft.public.access.internet
- microsoft.public.access.interopoledde
- microsoft.public.access.macros
- microsoft.public.access.modulesdaovba
- microsoft.public.access.multiuser
- microsoft.public.access.odbcclientsrv
- microsoft.public.access.queries

- microsoft.public.access.replication
- microsoft.public.access.reports
- microsoft.public.access.security
- microsoft.public.access.setupconfig
- microsoft.public.access.tablesdbdesign
- microsoft.public.msaccess.chat

Apéndice B

# Contenido del CD-ROM

## SQL Station Coder

Un componente de SQL - Station, Coder Coder es un entorno de desarrollo para bases de datos de servidor como procedimientos almacenados, funciones, tablas e índices.

Coder permite a los desarrolladores diseñar fácilmente código de servidor para mejorar la calidad y el rendimiento de las aplicaciones Cliente/servidor (Versión de prueba).

## Demos

Contiene Bases de Datos de demostración, bloqueadas o limitadas en el tiempo, de algunos de los mejores software comerciales para usuarios de Access.

Son las siguientes:

### EZ Access Developers Suite

### PC Payroll de PenSoft

### Solutions PIM

### Solutions Schedule

### Components ToolBox de Dbi Technologies

### Speed Ferret de Black Moshannon

### Visio Professional de Visio

### Wise Installer

Utilizado para crear la instalación del CD, de Wise Solutions.

## Software Access gratuito

El software siguiente extiende los usos empresariales de Access y le proporciona herramientas de productividad adicionales como:

### Business Forms Library Sampler

### Check Writer 2000

### EZ File Manager Sampler

### EZ Search Manager Sampler

### Cool Combo Box Techniques

### Picture Builder Button Sampler

## Versiones de Evaluación

Se incluyen las siguientes versiones de Evaluación:

### Administrar proyectos - Minematum

Aplicación de 32 bits para administrar proyectos.

### Analizar costes Costbenefit

Aplicación para analizar costes.

### Administrar datos Easy Object

Aplicación para la administración de datos.

### Diseño de bases de datos VisibleAnalyst

Aplicación para el diseño de bases de datos.

### Análisis de datos Cognos

Aplicación para el análisis de datos con datos de NASDAQ.

### Análisis de riesgos Palisade

Contiene diferentes aplicaciones.

## Ejemplos

En esta carpeta encontrará los ejemplos que se desarrollan a lo largo del libro.

Todos los contenidos de este CD-ROM son shareware propiedad de las casas que junto a ellos se describen, y están sujetos a sus condiciones de utilización, siendo necesario contactar con cada propietario en cuestión si se produce algún problema en su funcionamiento, licencia o duración de utilización.

En ningún caso ANAYA MULTIMEDIA se responsabiliza por su funcionamiento.

Queremos agradecerle la confianza en las publicaciones de ANAYA MULTIMEDIA, nuestro objetivo es hacer sencilla la asimilación de la informática. Esperamos que este libro se convierta en una permanente fuente de consulta y que obtenga usted una idea profunda y concisa de Access 2000.

El CD-ROM es gratuito y solo se distribuye con el libro Access 2000 Manual Avanzado; para cualquier consulta puede dirigirse a nuestro soporte técnico al teléfono 91 320 90 36 o a nuestra dirección en Internet:

http://www.AnayaMultimedia.es

# Índice alfabético

## A

## B

## C

# D

## E



## F

## G



## H



## I

## J



## L

## P

## U

## V



## W



## Y

# *Soporte técnico de Anaya Multimedia*

# Soporte Técnico

Si tiene algún problema relacionado con el contenido de nuestras publicaciones, o con el material suministrado en las mismas, por favor comuníquelo a nuestro **Departamento de Soporte Técnico** a través de alguno de estos medios:

- Teléfono, en el número **91 320 90 36**. El horario es de **Lunes a Viernes desde las 9 a las 15 horas**. En el resto del día existe un contestador automático en donde podrá dejar sus mensajes, que serán respondidos a la mayor brevedad posible.
- Fax, en el número **91 320 44 19**.
- Correo a nuestra dirección, **C/ Juan Ignacio Luca de Tena 15. 28027 Madrid**.
- e-mail a la dirección, **a_multimedia@anaya.es**.

Anaya Multimedia dispone de un servicio especial mediante el cual, cualquier persona que disponga de una DIRECCIÓN DE CORREO ELECTRÓNICO puede recibir información detallada de las nuevas publicaciones de nuestra editorial.

Si está interesado en suscribirse, puede hacerlo directamente a través de nuestro Web:

**http://www.anayamultimedia.es**

Una vez aquí, diríjase a la sección **Servicios** y después, al apartado **Novedades a usuarios**.

También puede contactar con nosotros a través de cualquiera de los medios antes mencionados.